ULLSTEIN

Feuer der Leidenschaft – große Liebesromane

Mary Balogh, **Nacht der Verzückung**
Mary Balogh, **Von dir kann ich nicht lassen**
Nina Beaumont, **Preis der Leidenschaft**
Rosanne Bittner, **Ich kämpfe um uns**
Patricia Cabot, **Verbotenes Glück**
Claire Delacroix, **Dame meines Herzens**
Claire Delacroix, **Die geraubte Schöne**
Claire Delacroix, **Erbin der Glückseligkeit**
Claire Delacroix, **Geliebte Gräfin**
Claire Delacroix, **Prinzessin meiner Liebe**
Thea Devine, **Brennendes Verlangen**
Thea Devine, **Das Liebesjuwel**
Christina Dodd, **Liebhaber meiner Träume**
Christina Dodd, **Geheime Sünden**
Jane Feather, **Engel in Gefahr**
Emily French, **Ruf nach Freiheit**
Dorothy Garlock, **Eine Liebe wie der Himmel**
Dorothy Garlock, **Paradies der Sinne**
Dorothy Garlock, **Wildes Verlangen**
Tracy Grant, **Wer der Sehnsucht erliegt**
Eloisa James, **Ekstase der Liebe**
Elizabeth Lane, **Gefallener Engel**
Theresa Michaels, **Mit Feuer und Schwert**
Karen Marie Moning, **Das Herz eines Highlanders**
Karen Marie Moning, **Küss mich, Highlander!**
Karen Marie Moning, **Zauber der Begierde**
Delia Parr, **Am Abgrund der Liebe**
Delia Parr, **Die Elfenbeinprinzessin**
Delia Parr, **Gefangene des Herzens**
Delia Parr, **Ein Himmel voller Rosen**
Candice Proctor, **Septembermond**
Candice Proctor, **Sündige Erbschaft**
Candice Proctor, **Verbannt im Paradies der Liebe**
Jaclyn Reding, **Eine Liebe wie Magie**
Jaclyn Reding, **Weiße Nebel der Begierde**
Amanda Scott, **Gefährliche Leidenschaft**
Maura Seger, **Fluten der Liebe**
Alexa Smart, **Mitternachtsrosen**
Janelle Taylor, **Wildes Land, wilde Leidenschaft**
Susan Wiggs, **Im Rausch der Leidenschaft**
Susan Wiggs, **Venezianische Verführung**
Susan Wiggs, **Verbotene Schwüre der Liebe**
Susan Wiggs, **Wild wie deine Träume**

Janelle Taylor

Gezähmter Krieger

Roman

Aus dem Englischen
von Sybille Brockhaus

Ullstein

Besuchen Sie uns im Internet:
www.ullstein-taschenbuch.de

Umwelthinweis:
Dieses Buch wurde auf chlor- und
säurefreiem Papier gedruckt.

Ullstein Taschenbuchverlag
Der Ullstein Taschenbuchverlag ist ein Unternehmen der
Econ Ullstein List Verlag GmbH & Co. KG, München
Deutsche Erstausgabe
1. Auflage Oktober 2002

Published by Arrangement with Kensington Publishing Corp.
Dieses Werk wurde vermittelt durch die
Literarische Agentur Thomas Schlück GmbH, Garbsen.
Titel der amerikanischen Originalausgabe: Lakota Dawn
(Kensington Publishing Corp., New York)
Übersetzung: Sybille Brockhaus
Redaktion: Heike Steffen
Umschlaggestaltung: Nele Schütz Design, München
Titelabbildung: Donald Case über die
Literarische Agentur Thomas Schlück GmbH, Garbsen
Gesetzt aus der New Baskerville
Satz: hanseatenSatz-bremen, Bremen
Druck und Bindearbeiten: Elsnerdruck, Berlin
Printed in Germany
ISBN 3-548-25434-9

Dieses Buch widme ich

Dawn Wren, die wie eine Schwester für mich ist,
sowie drei meiner besten Freundinnen, die
außerdem begabte Autorinnen sind:
Bobbi Smith Walton,
Constance »E. G.« O'Banyon und
Elaine Barbieri

1. Kapitel

Juli 1854

Chase Martin holte tief Luft und atmete dann langsam wieder aus. Als er sein Pferd hinter den schützenden Bäumen hervorlenkte, ließ er sein Gewehr in der Hülle und seinen Revolver im Halfter stecken, um den sich nähernden Red Shield zu zeigen, dass er keine Gefahr für sie darstellte. Er war nicht überrascht, dass der Anführer der Gruppe ihn sofort entdeckte und seine Gefolgsleute augenblicklich auf den Fremden aufmerksam machte. Chase zügelte sein Pferd und hob die Hände zum Zeichen, dass er nur reden wollte. Sein Herz klopfte laut und das Blut schoss ihm durch die Adern. Er hatte keine Angst, für eine gerechte Sache zu sterben, doch er war aufs Höchste gespannt, was ihn erwartete. Die Krieger galoppierten auf ihn zu und kreisten ihn ein. Er wandte sich an den jungen Mann, der sich auf seinem Schecken vor ihn gestellt hatte: »Ich bin hier, um mit Häuptling Großer Bär zu sprechen. Könnt ihr mich in euer Lager und zu seinem Tipi bringen?«

Als Chase merkte, dass der Anführer mit scharfem Blick die Baumreihen hinter ihm absuchte, fügte er hinzu: »Ich bin allein gekommen, um mit eurem Häuptling zu reden. Dies ist keine Falle und kein Angriff. Bist du des Englischen mächtig und kannst mich verstehen?«

Der Krieger nickte, immer noch auf der Hut. »Was willst du von meinem Vater?«, fragte er.

Chase betrachtete den Sprecher mit großem Interesse und sagte: »Meine Worte sind allein für die Ohren von Großer Bär bestimmt. Ich komme in friedlicher Absicht, Kriegerischer Adler.«

»Woher kennst du meinen Namen, *wasicun*?«

Chase wusste, dass man ihm seine indianische Abstammung ansah, auch wenn Kriegerischer Adler ihn als Bleichgesicht bezeichnete, und das in einem nahezu beleidigenden Tonfall. Doch in Anbetracht der vergangenen und gegenwärtig immer häufigeren Feindseligkeiten zwischen den beiden Rassen konnte er sich glücklich schätzen, dass man ihn nicht auf der Stelle umgebracht hatte. »In Fort Pierre wurde mir gesagt, dass Häuptling Großer Bär zwei Söhne hat: Windtänzer und Kriegerischer Adler. Bist du der zweite Sohn von Großer Bär?«

»Ja, der bin ich. Warum fragst du Männer im Handelsposten nach meiner Familie? Kommst du Blaumantel, unser Lager auszuspionieren und anzugreifen?«

»Nein, Kriegerischer Adler, ich bin kein Soldat und auch kein Feind. Ich komme von weit her und musste in Pierre nachfragen, um Großer Bär und sein Lager zu finden. Du musst mich zu ihm bringen, denn die Worte in mir sind mächtige Medizin.« *Wenn sie mich nicht heilen, was dann ...*

»Welche mächtigen Medizinwörter bringst du meinem Vater?«

»Ich kann sie nur Großer Bär anvertrauen; er allein hat das Recht, sie anderen mitzuteilen, wenn er sich dafür entscheidet.« Chase beobachtete Kriegerischer Adler, der ihn forschend betrachtete und seine kühne Forderung abzuwägen schien. Er hörte aufmerksam zu, als der Anführer sich an den Jagdtrupp wandte, und freute sich, dass er die Sprache der Oglala, die er so viele Jahre nicht gehört hatte, noch verstand.

Kriegerischer Adler spürte, dass der Eindringling etwas merkwürdig Vertrautes an sich hatte, konnte jedoch nicht sagen, was es genau war. Irgendwo tief in seinem Innern riet ihm eine Stimme – vielleicht die des Großen Geistes –, diesen Mann, der allen Fragen auswich, zu seinem Vater zu bringen. »Gib deine Waffen Flinker Otter!«

Ohne zu protestieren oder zu zögern, übergab Chase sein Gewehr, seine Pistole und sein Messer dem Krieger, der an ihn heranritt und die Waffe entgegennahm.

»Komm. Ich bringe dich zu meinem Vater. Wenn deine Worte falsch sind und du ihm Schaden zufügen willst, *wasicun,* wirst du noch vor Sonnenuntergang durch meine Hand sterben.«

»Vertrau mir, Kriegerischer Adler, denn ich spreche die Wahrheit.«

»Ich vertraue keinem Bleichgesicht, denn die Wahrheit lebt nicht in ihren Herzen und kommt nicht von ihren Lippen, das beweisen sie jeden Tag aufs Neue. Komm jetzt!«

Chase wusste, dass es sinnlos und reine Zeitverschwendung war, Kriegerischer Adler zu widersprechen, deshalb schwieg er. Er ritt hinter dem

Anführer her, zu beiden Seiten und im Rücken von den anderen Kriegern eskortiert. *So weit, so gut,* dachte er.

Sie ließen die weite Prärie hinter sich, auf der vereinzelte Halme und dichte Büschel verschiedener Gräser sich im stetig wehenden Wind hin und her bewegten, und kamen zu den Gebirgsausläufern, wo duftende Pinien, Zedern und Laubbäume wuchsen. Unterwegs stießen sie auf umherstreifende Büffel, die nicht zu den gewaltigen Herden gehörten, welche sich wie riesige dunkle Decken über das weite Grasland legten und ohne es zu ahnen auf die anstehende, alljährliche Sommerjagd der Indianer warteten. Sie sahen kleinere Gruppen von Antilopen, mehrere Koyoten, einige Truthähne und viel Rotwild. Inmitten blühender Wiesen, durch die sich Flüsse und Bäche schlängelten, sichteten sie Waldhühner und andere Vögel und Tiere, die in Höhlen und Erdlöchern hausten. Im Hintergrund erstreckten sich die Cañons und felsigen Anhöhen aus schwarzem und grauem Granitgestein, ragten steinige Gipfel und malerische, stachelige Klippen in den Himmel. Diese zerklüfteten Berge mit ihren zackigen Spitzen und erhabenen Kämmen waren die Black Hills, die heiligen Paha Sapa.

Aus Kindheitserinnerungen und den Karten, die er studiert hatte, wusste Chase, dass sie sich zwischen dem Swift und dem Bear Gulch Creek befanden, nördlich eines Ortes, der »die Höhle der Winde« genannt wurde, wo angeblich mächtige Geister wohnten. Ihm wurde bewusst, dass sie das Lager der Red Shield bald erreicht hatten und er

Großer Bär und den anderen gegenübertreten würde. Eine Fülle widersprüchlicher Gefühle und Gedanken stiegen in ihm auf: Anspannung und Gelassenheit, Ungeduld und Furcht, Zuversicht und Zweifel. Bald war der Moment der Wahrheit gekommen.

Schließlich kam das Dorf in Sichtweite. Auf einer ausreichend ebenen Fläche am Boden eines Cañons, durch Berghänge mit immergrünen Nadelbäumen und große, dunkle Gesteinsformationen gegen die rauen Kräfte des Winters geschützt, standen zahlreiche Tipis aus Büffelhäuten und hoch aufragenden Holzpfählen. Auf den meisten prangten farbenfrohe Malereien, die von den Kriegskünsten und Siegen der Bewohner kündeten. Die Tipis waren nicht in einer bestimmten Ordnung aufgestellt, wie es in der Prärie aus Gründen der Verteidigung Brauch war. Zwischen den Behausungen sah Chase Felle und Häute, die man auf Holzrahmen gespannt hatte, um sie zu trocknen und zu gerben, und Lagerfeuer, die von Steinen eingefasst waren. An dreibeinigen Gestellen hingen Kessel über den Feuern, aus denen Rauchschwaden und Essensgerüche aufstiegen. Neben manchen Tipis waren Pferde angepflockt, andere grasten und tranken am nahen Fluss. Die Waffen wurden stolz auf dreibeinigen Ständern zur Schau gestellt, wo sie die Kräfte der Erde und der Sonne in sich aufsaugen konnten. Frauen erledigten die täglich anfallenden Arbeiten, ältere Kinder spielten am Rande des Lagers, um die jüngeren und die Säuglinge kümmerten sich die Großeltern oder ältere Schwestern. Die Männer verrichteten plaudernd ihr Tagwerk, das hauptsächlich aus den Vorbereitungen für die bevorstehende jährliche Büffeljagd bestand. Für Chase war all das vertraut und fremd zugleich. Einen Augenblick lang fragte er sich, ob es ein Fehler gewesen war, hierher zu kommen, ob er nicht besser einen Strich unter die Vergangenheit gezogen hätte. Doch selbst wenn es ein Fehler war, nun war es nicht mehr zu ändern.

Chase bemerkte, dass viele Leute in ihren Tätigkeiten innehielten und flüsternd und gestikulierend auf sie zueilten – ihre neugierigen und befremdeten Blicke auf ihn gerichtet, einen Weißen, der ohne Fesseln ihr Lager betrat –, während die Reiter sich dem bunten Treiben näherten und neben dem Tipi des Häuptlings von den Pferden stiegen. Einige Jungen führten die Tiere weg, um sie zu versorgen, so auch seins. Er wartete schweigend, während Windtänzer und Großer Bär ihn aus dunklen Augen forschend betrachteten und dann prüfend und in Erwartung einer Erklärung zu Kriegerischer Adler sahen. Der Anführer berichtete eilig von Chase' »Gefangennahme« und von seiner nachdrücklichen Bitte, den Häuptling zu sprechen.

Der mit dem Wind tanzt betrachtete den Fremden erneut und hatte das merkwürdige Gefühl, ihn schon einmal gesehen zu haben. Er sprach ihn auf Englisch an, das er in den letzten Jahren von seiner Frau gelernt hatte: »Wer bist du und was willst du von meinem Vater?«

Also erkennst auch du mich nicht wieder, genauso wenig wie Kriegerischer Adler. Dasselbe gilt wohl für meinen Vater und alle anderen hier. »Ich möchte mit Großer

Bär allein sprechen, meine Worte sind nicht für die Ohren anderer bestimmt, es sei denn, es ist sein Wunsch.« Chase wartete und hörte zu, während Windtänzer seine Worte in die Sprache der Lakota übersetzte und der ältere Mann seinem Erstgeborenen antwortete.

»Mein Vater sagt, du kannst dich vor seiner Familie und seinem Volk äußern«, erklärte Der mit dem Wind tanzt. »Aber wer bist du? Was willst du in unserem Lager?«

Chase hatte gehofft, dass man sich an ihn erinnerte und dass dieses erste Treffen unter vier Augen stattfinden würde. Er war verletzt und verstimmt, deshalb antwortete er mit gerunzelter Stirn und in nahezu verärgertem Ton: »Erkennt Mato Kikta nicht das Gesicht und die Stimme von Yutokeca Mahpiya, Sohn von Großer Bär und Margaret Philips, der weißen Frau, die er wegen der goldenen Farbe ihres Haares Omaste nannte, Sonnenschein? Ist mein Vater nicht glücklich, dass ich den Weg nach Hause gefunden habe, nachdem ich ihm vor zwölf Sommern gestohlen wurde? Hat er sein eigenes Fleisch und Blut vergessen?«

Windtänzer starrte empört zu dem finster dreinblickenden Fremden und zischte ihn wütend an: »Du lügst, *wasicun!* Mein Bruder ist tot. Was bist du für ein Narr, dass du hierher kommst und behauptest, du seist er. Was ist das für ein niederträchtiger Trick?«

Chase erwiderte den Blick des Mannes, der ebenso wie er sechs Fuß maß. »Sehe ich wie ein Toter aus, Windtänzer, mein fünf Winter älterer Bruder? Erinnerst du dich nicht mehr an Wolkenjäger, der kaum von deiner Seite wich, sobald er laufen gelernt hatte? Dies ist keine Lüge und keine List. Ich habe einen Beweis: Die Kleidung, die ich trug, und die Dinge, die ich bei mir hatte, als ich vor langer Zeit verschwand, sind in der Satteltasche auf meinem Pferd. In meinem Medizinbeutel befindet sich die Feder, die du mir gabst, als du deinen ersten Vogel mit Pfeil und Bogen erlegtest. Auch der heilige rote Stein ist darin, den mein Vater mir nach meiner ersten Vision überreichte, und die goldene Haarlocke meiner Mutter. Außerdem trage ich das Medaillon mit dem Bild ihrer Eltern. Wenn ich nicht Wolkenjäger bin, wie sollte ich dann in den Besitz dieser Dinge gelangen und von ihnen wissen?«

Windtänzer blickte den Fremden erstaunt an. Als er fünfzehn und sein Halbbruder zehn Winter gezählt hatte, waren sie von bösen Mächten getrennt worden, und man hatte Wolkenjäger für tot oder doch auf immer für verloren gehalten. Sprach dieser Mann die Wahrheit? War es das, was solch unheimliche Gefühle in ihm auslöste? Wenn dies hier Wolkenjäger war, dann hatte er sich von dem fast schwarzhaarigen und dunkeläugigen Jungen, der wie ein Indianer ausgesehen hatte, in einen Mann verwandelt, der mit seinen braunen Augen und hellen Strähnen im Haar eher wie ein *wasicun* wirkte. Auch seine Gesichtszüge waren anders, gröber, aber das war wohl dem Lauf der Zeit zuzuschreiben. Als Großer Bär ihn neugierig anstieß und wissen wollte, was vor sich ging, schüttelte Windtänzer diese wirren Gedanken ab. Er übersetzte die aufwühlenden Worte seinem Vater. Großer Bär drehte sich ruckartig zu dem Fremden, der ihn so seltsam berührte, und starrte ihn mit weit aufgerissenen Augen an.

Zwei Federn knurrte in Lakota: »Das ist ein Trick! Wolkenjäger wandelt auf dem Geisterpfad, nicht auf dem Gesicht der Mutter Erde! Dieser Mann ist ein Weißer, der für den Feind spioniert! Wir müssen ihn auf der Stelle töten. Ich werde das für unseren Häuptling erledigen«, bot er sich an und zog seine Waffe.

Windtänzer wies seinen wütenden ersten Cousin in ihrer Sprache zurecht: »Sei still und steck dein Messer weg, Zwei Federn! Lass ihn reden.« Dann fragte er in Englisch: »Wer bist du *wasicun,* und warum kommst du hierher?«

Chase ignorierte seinen feindseligen Cousin und erklärte: »Ich habe ja gesagt, dass es besser gewesen wäre, diese Neuigkeiten meinem Vater allein zu eröffnen. Unser lang ersehntes Wiedersehen war nicht für die Augen und Ohren anderer bestimmt.« Als Großer Bär ihn weder anlächelte noch ihn umarmte und willkommen hieß, fühlte Chase Enttäuschung und Verbitterung in sich aufsteigen, und so stieß er wütend in Englisch hervor: »Sag mir, Vater, hättest du versucht mich zu finden und zurückzuholen, wenn ich kein Halbblut, sondern eines deiner anderen drei Kinder gewesen wäre? Beschämt meine Rückkehr dich, macht sie dich traurig und erinnert dich an vergangene dunkle Tage?«

Windtänzer konnte nicht umhin, seinem Vater das Gesagte zu übersetzen.

»Hüte dich, in Gegenwart unseres Häuptlings

solch schlechte Worte zu gebrauchen und dich solch armseligen Gefühlen hinzugeben, oder man wird dir die Zunge abschneiden!«, rief Zwei Federn drohend.

Chase beachtete seinen Cousin nicht, obwohl er dessen Drohung in Lakota verstanden hatte. »Wenn mein Vater mir keine Antwort auf die Fragen geben will, die mein Herz quälen, dann sag du mir, mein Bruder, wie lange und wie gründlich er nach mir gesucht hat, als ich von den Weißen gestohlen wurde. Warum folgte er den wolkenförmigen Wagen nicht? Sie bewegen sich nur langsam vorwärts, und er ist ein großer Krieger, also wäre es ein Leichtes für ihn gewesen, sie einzuholen und mich zu retten. War er froh über mein Verschwinden?«

»Er und andere suchten viele Tage und Nächte lang, aber man fand Wolkenjäger nicht«, entgegnete Windtänzer schroff. »Er folgte den Wagen, sah seinen Sohn jedoch nicht unter den Weißen, deshalb wäre es dumm gewesen, sie anzugreifen und einen Krieg mit den Blaumänteln zu entfachen. Neben den letzten Abdrücken der Mokassins von Wolkenjäger fand er Spuren der Crow, er folgte unseren Feinden und eroberte das Pony seines Sohnes zurück, doch bei der Schlacht wurden alle Crow getötet und in ihrem Lager gab es kein Zeichen von Wolkenjäger. Niemand wusste, was mit ihm geschehen war. Wenn du Wolkenjäger bist, warum hast du dann so lange mit deiner Rückkehr gewartet? Und warum kommst du jetzt zu uns zurück?«

»Ich wurde vom Feind verwundet«, begann

Chase. »Dann warf mein Pony mich ab und ich brach mir das Bein. Weiße Siedler fanden mich, pflegten mich und nahmen mich mit an einen weit entfernten Ort namens Oregon und nannten mich Chase Martin. Man sagte mir, meine Leute wären überfallen und getötet worden und ich müsse bei den Weißen bleiben, denn nur bei ihnen wäre ich in Sicherheit und könne wieder gesund werden. Und ich kannte den langen Weg nach Hause nicht. Bevor mein weißer Vater starb, erzählte er mir die Wahrheit, bat mich aber, ihm zu vergeben und bei der Frau zu bleiben, die mich wie ihren eigenen Sohn großgezogen hatte, um sie zu beschützen und ihr auf der Farm zu helfen. Nach ihrem Tod machte ich mich auf den Weg hierher.«

»Warum erzählten jene, die dich mitnahmen, solche Lügen?«, fragte Windtänzer.

»Weil sie sich sehnlichst einen Sohn wünschten und keine Kinder bekommen konnten. Sie glaubten auch, dass ich als Weißer von den Indianern gefangen gehalten wurde. Sie sagten, dass niemand nach mir gesucht oder einen Anspruch auf mich erhoben hätte, also hatten sie beschlossen, mich bei sich zu behalten.«

Nachdem Windtänzer diese Worte für seinen Vater übersetzt hatte, knurrte Zwei Federn: »Das Oglala Blut, das er bei seiner Geburt in sich trug, ist in den vielen Jahren bei den Weißen vertrocknet. Er ist mehr *wasicun* als Red Shield. Wir müssen ihn umbringen oder fortschicken, sonst wird er uns in große Schwierigkeiten bringen.«

Chase starrte seinen Cousin an und erwiderte:

»Das Blut von Großer Bär fließt mit voller Kraft in mir, aus diesem Grund bin ich zu ihm und den Oglala zurückgekehrt.«

»Du sprichst unsere Sprache?«, fragte Zwei Federn erstaunt.

Chase antwortete erneut in Lakota: »Ich spreche die Sprache meines Vaters und seines Volks. Ich habe nur wenig von meinem einstigen Leben hier vergessen.« Er musste möglichst bald einen Weg finden, bleiben zu dürfen, oder man würde ihn wegschicken, bevor er die Wahrheit in Erfahrung gebracht hatte. »Gib mir ein wenig Zeit, Vater, und ich werde mir deine Liebe und deinen Respekt verdienen, doch auch du musst dir meine Anerkennung und meine Vergebung verdienen. Ich werde ...«

»Was du sagst, ist dumm und gefährlich, Mischlingsbrut!«, rief Zwei Federn. »Woher sollen wir wissen, dass du wirklich Wolkenjäger bist und nicht ein *wasicun,* der uns mit seinen Erinnerungen und seinen Besitztümern austricksen will?«

»Ich weiß noch, was man mich als Kind gelehrt hat, du jedoch scheinst dich nicht mehr daran zu erinnern. Du vergisst, dass es nicht die Art der Oglala ist, die Worte eines anderen anzuzweifeln, Sohn von meines Vaters Schwester. Hegst du immer noch einen Groll gegen mich, weil ich dich viele Male im Bogenschießen und bei Wettläufen besiegt habe? Hasst du mich immer noch, nach so vielen Jahren, und wünschst mir den Tod?«

»Bist du gekommen, um Unfrieden zu stiften und unseren Häuptling zu beschämen? Bist du ...«

»Schweig, Zwei Federn, und lass ihn sagen, was

ihm auf dem Herzen liegt«, unterbrach Windtänzer seinen wütenden Cousin. »Möchtest du selbst mit meinem Vater sprechen oder soll ich übersetzen, was du ihm mitzuteilen hast?«, fragte er Chase.

»Es ist lange her, dass ich Lakota gesprochen habe, aber ich werde es versuchen.« Er wandte sich an den Häuptling. »Was ist mit den vier heiligen Tugenden, Vater? Du solltest dich mutig und großzügig zeigen und mich zurückkehren lassen, damit ich mich beweisen kann. Und ist es etwa ein Zeichen von Weisheit, mir diesen Wunsch abzuschlagen oder mich zu töten? Was ist mit deiner Seelenstärke und deiner Willenskraft in Anbetracht dieser schwierigen und schmerzlichen Lage? Wird uns nicht beigebracht, stets für unsere Familie und unser Volk da zu sein? Ich habe sie nicht aus freien Stücken verlassen, ich wurde beiden durch die Hand des Feindes gestohlen. Deine Frau hast du nicht abgewiesen, als sie aus feindlicher Gefangenschaft zurückkehrte, warum also versperrst du mir den Weg, der dein eigenes Blut in sich trägt und deinem Mannessamen entspross? Welches Gesetz der Red Shield oder Lakota habe ich gebrochen, dass man mich verbannen will? Gib mir Zeit, bis der erste Schnee vom Himmel fällt, um dir zu beweisen, dass ich mehr Lakota als Weißer bin. Wenn es mir nicht gelingt, kannst du mich töten oder wegschicken und ich werde gehorchen. Als dein leiblicher Sohn gebe ich dir mein Ehrenwort.«

Nun trat Nahemana einen Schritt vor. »Als wir vor drei Sommern für den Vertrag von Long Meadow zu Fort Laramie gezogen waren«, begann er, »hatte ich einen Traum, den ich Windtänzer anvertraute. Die Botschaft des heiligen Traums lautete: ›Die Vergangenheit ist weder in eine Decke oder in eine Büffelhaut gehüllt noch auf einer Totenstätte aufgebahrt. Sie verbirgt sich in den Wolken und wird sich zeigen, noch bevor viele Jahre vergangen sind.‹ Diese Botschaft wird nun Wirklichkeit: Wolkenjäger lebt und ist zurückgekehrt.«

Chase erinnerte sich an den Schamanen, den Vater von Großer Bärs Frau, Großvater von Windtänzer, Kriegerischer Adler und Hanmani – seinen Halbbrüdern und seiner Halbschwester. Es war offensichtlich, dass jeder den weißhaarigen alten Mann mit der vom Wetter gegerbten Haut und den hängenden Schultern liebte und respektierte, dass man ihm und seinen Worten große Weisheit zusprach.

Nahemana fuhr fort: »In der Nacht, in der deine weiße Pflegemutter starb, erschien dir in einem Traum ein indianisches Mädchen und sagte dir, dass es nun für dich an der Zeit sei, in dieses Gebiet zu deines Vaters Volk zurückzukehren. Ist es nicht so?«

Chase war von diesen Worten völlig verblüfft. »Woher weißt du von meinem Traum?«

»Der Große Geist hat mir diesen Gedanken eingegeben, denn Er weiß und sieht alles«, entgegnete Nahemana. »Es gibt einen Grund dafür, dass Er dich in dieses Land zurückgerufen hat, doch leider hat Er ihn mir nicht offenbart.«

Windtänzer wusste, dass sein Großvater die Wahrheit gesagt hatte, als er von seinem lang zurückliegenden Traum sprach. Doch selbst wenn dieser Mann Wolkenjäger war, blieb zweifelhaft, ob er tatsächlich aus edlen Beweggründen zurückkam. Vielleicht waren in Chase' Leben und in seinem Herzen üble Kräfte am Werk, böse Mächte, die seine Liebsten in Gefahr bringen konnten. Windtänzer beschloss, den Mann nicht aus den Augen zu lassen, bis er ganz sicher sein konnte, dass sein Halbbruder keine Bedrohung für seinen Vater und sein Volk darstellte.

»Du musst dich unseres Stammes erst würdig erweisen, um als Mitglied aufgenommen zu werden, wenn das der Wille des Großen Geistes ist«, teilte Nahemana Chase mit. »Wenn die Zeit gekommen ist, und das wird in der heißen Jahreszeit der Fall sein, musst du beweisen, dass du mehr ein Oglala als ein Weißer bist und uns in allen Dingen und gegen alle Feinde zur Seite stehen wirst, auch gegen jene, die das gleiche weiße Blut in sich tragen wie einst deine Mutter und die Menschen, die dich weit weg von hier großzogen. Bist du bereit, für immer mit den Weißen zu brechen? Bist du bereit, deine Waffen gegen sie zu erheben, wenn sie uns angreifen?«

»Ich werde tun, was ich tun muss, Weiser«, schwor Chase dem Schamanen.

»Er soll sich am Sonnentanzpfahl würdig erweisen«, knurrte Zwei Federn.

»Ich werde mich dem Sonnentanz unterziehen, um zu beweisen, dass ich ein würdiges Mitglied der Red Shield bin, und um Wakantanka dafür zu danken, dass er mich nach Hause geführt hat, doch erst, wenn die Zeit dafür gekommen ist und nicht, weil du mich dazu aufforderst, Cousin.«

»Hast du etwa Angst ...«

Großer Bär hob die Hand. »Genug, Zwei Federn. Unser Schamane hat gesprochen und so wird es sein, bis der Große Geist ihm etwas anderes eingibt oder unsere Gesetze gebrochen werden.« Zu Chase und seinen beiden anderen Söhnen sagte er: »Kommt in mein Tipi, es gibt viel zu besprechen.«

Als die vier Männer sich anschickten, zu der Behausung des Häuptlings zu gehen, schaute Chase kurz zur Seite. Sein Blick blieb an einer jungen Frau hängen, die ganz in der Nähe stand. Er riss die Augen auf und stolperte. Hätte er nicht genau gewusst, dass sie aus Fleisch und Blut war, er hätte schwören können, dass es sich um den weiblichen Geist handelte, der ihm in seinem Traum vor einigen Monaten erschienen war! Sie war die schönste und verführerischste Frau, die er je gesehen hatte. Er sah, wie sie den Blick senkte und zu einem jüngeren Mädchen neben sich sprach, und er richtete seine Aufmerksamkeit wieder auf seinen Vater und seine Brüder, die sich bereits zurückzogen. Dennoch verspürte er eine seltsame und mächtige Anziehung zu der Frau und er wusste, dass er herausfinden musste, wer sie war. Als Chase zu Zwei Federn sah, bemerkte er, dass der mürrische Blick des Kriegers zwischen ihm und der Frau hin und her wanderte. Dem finsteren Gesichtsausdruck seines Cousins nach zu urteilen, würde dieser ihm wie schon in der Vergangenheit Schwierigkeiten bereiten, doch darüber wollte er später nachdenken. Jetzt waren andere Dinge wichtig. Er war gespannt, wie sein Vater und seine Brüder ihn behandeln würden, wenn sie unter sich waren, denn zu seiner Bestürzung hatten sie ihm gegenüber in Gegenwart der anderen Stammesmitglieder weder Zuneigung noch Freude oder Respekt gezeigt.

Als die Menge sich auflöste und die Leute an ihre Arbeit zurückkehrten, begaben die beiden jungen Frauen sich in den Wald, um ungestört miteinander sprechen zu können.

Hanmani, Großer Bärs geliebte Tochter, sagte zu ihrer besten Freundin Macha: »Ich zählte erst vier Winter, als er verschwand, deshalb erinnere ich mich nicht so gut an ihn. Warum sollte er, nachdem er so lange Zeit wie ein Weißer gelebt hat, in ein Land zurückkehren wollen, das von Feindschaft und Hass zwischen den beiden Rassen beherrscht wird, deren Blut er jeweils zur Hälfte in sich trägt? Wie will er es fertig bringen, sich auf die Seite der einen und gegen die anderen zu stellen? Wenn er schon dem Volk seiner Mutter und seiner Pflegeeltern nicht treu ergeben ist, wie sollen wir ihm dann glauben, dass er treu zu uns stehen wird? Morgenröte, was hältst du von ihm und seinem Erscheinen?«

Macha erinnerte sich noch gut an den Jungen, den man Wolkenjäger gerufen hatte, obwohl sie erst sechs gewesen war, als er verschwand. Schon in diesem jungen Alter hatte sie ihn geliebt und nach Vorwänden gesucht, um in seiner Nähe sein zu können. Jetzt war er wieder da, ein erwachsener Mann, gut aussehend und kräftig gebaut, mutig, stark, klug und kämpferisch. »Vielleicht hat der Große Geist ihn hierher geführt, weil Er seine Hilfe braucht, um Frieden zwischen den beiden Völkern zu stiften.«

Hanmani schüttelte den Kopf. »Vater und die anderen sagen, dass es zwischen uns und den Weißen keinen Frieden geben kann, denn sie versuchen, unser Land zu stehlen und uns zu vernichten. Sie haben sogar den Vertrag von Long Meadow gegen uns und andere Stämme ausgenutzt und ihn gebrochen. Wenn ein Vertrag, der erst vor drei Sommern geboren wurde, heute schon verwelkt und tot ist, was oder wer sollte ihn dann wieder zum Leben erwecken, und wie lange würde ein zweiter Vertrag halten? Es ist aussichtslos, meine beste Freundin, denn unsere Völker und unsere Bedürfnisse sind zu verschieden.«

»Wenn ein Frieden ausgeschlossen ist, wie unsere Anführer sagen, vielleicht kann es dann einen besseren Waffenstillstand geben, denn die Weißen werden hier bleiben, Hanmani. Selbst wenn wir alle Feinde töten, die in unserem Land leben oder es durchqueren, werden immer neue kommen, noch dazu ein bitterer Krieg, wenn wir sie überfallen. Vergiss nicht, was wir gelernt haben: Sie besitzen viele mächtige Waffen und ihre Anzahl übertrifft die der Büffelherden, die auf unseren Prärien weiden. Wenn wir keinen Weg finden, um Seite an Seite mit ihnen zu leben oder sie restlos zu schlagen, werden wir verschwinden, ebenso wie die Büffel, und anders als Wolkenjäger werden wir nicht mehr zurückkehren können. Vielleicht ließ der Große Geist es zu, dass er gefangen genommen wurde, damit er die Lebensweise der Bleichgesichter kennen lernt, um dann zurückzukommen und uns davon zu berichten oder uns zu helfen, dieses Wissen gegen unseren Feind zu verwenden.«

Dieser Gedanke faszinierte und begeisterte Hanmani. Sie lächelte und fragte: »Glaubst du das wirklich, meine Freundin?«

Macha dachte eine Weile nach, gab dann einen Seufzer von sich und zuckte die Achseln. Sie konnte ihre beste Freundin nicht anlügen, aber sie war auch nicht bereit, ihre tiefsten Gefühle in dieser Angelegenheit preiszugeben. »Ich weiß nicht, warum er gekommen ist, aber ich bin mir sicher, dass der Große Geist es unserem Schamanen bald mitteilen wird.«

»Wenn er versucht, uns hereinzulegen, wird Der mit dem Wind tanzt oder Kriegerischer Adler ihn töten.«

»Meinst du, sie könnten ihren eigenen Bruder umbringen?«

»Wenn er eine Bedrohung für uns darstellt, werden sie tun, was sie tun müssen. Sie werden ihn gewiss nicht aus den Augen lassen, bis sie sich ganz sicher sind, dass man ihm vertrauen kann. Wir müssen schnell Feuerholz sammeln, damit wir zurückkehren und sehen können, was im Lager vor sich geht.«

Während sie arbeiteten, bemühte Macha sich, ihre Angst vor den schrecklichen Möglichkeiten, die ihre Freundin genannt hatte, und ihre Freude über Wolkenjägers Rückkehr im Zaum zu halten. Es war, als hätte sie all die Jahre geträumt und seit dem Tag, an dem er verschwunden war, auf seine Heimkehr gewartet. Warum, das wusste sie nicht, denn eine Verbindung mit ihm war unmöglich. Sie hatte gemerkt, dass Zwei Federn sie beobachtet hatte, als ihre Blicke sich begegnet waren. Der

Krieger wollte sie zur Frau. Doch sie konnte sich kaum etwas Traurigeres und Abstoßenderes vorstellen, als mit Hanmanis Cousin vermählt zu werden. Macha seufzte. Sie fühlte sich in einem heftigen Wirbelwind gefangen, der aus zwei Richtungen zugleich an ihr zerrte: Sie fühlte sich genauso zu ihrem Volk hingezogen wie zu dem Mann, der eine solche Hitze und ein solches Prickeln in ihrem Körper hervorrief, ihr Herz klopfen ließ und ihren Geist mit verbotenen Wünschen und Gedanken füllte.

Während Macha ihr Tagwerk verrichtete, gingen ihr verschiedene Fragen nicht aus dem Kopf. Was, wenn sein *wasicun*-Blut und die Jahre mit den Weißen Wolkenjäger verändert hatten, er nicht mehr der Junge war, an den sie sich erinnerte? Was, wenn der Grund seiner Rückkehr kein ehrenhafter war? Was, wenn er den Zorn ihrer Feinde auf ihr Volk zog? Selbst wenn sein weißes Blut nach den vielen Jahren nicht überwog, was war, wenn er es nicht schaffte, sich ganz und gar auf eine der beiden Seite zu stellen, wenn der schreckliche Moment der Entscheidung gekommen war? Und wenn er die anderen nicht von seiner Ehrlichkeit und Aufrichtigkeit überzeugen konnte, würden sie ihn dann töten oder nur fortschicken? Auch sie musste ihn im Auge behalten, um Antworten auf diese Fragen zu finden.

Als ihre Holzschlingen voll waren und sie zurück ins Lager eilten, wusste Macha, dass ihre Eltern, vor allem ihr Vater, sie nach Hause rufen würden, wann immer Wolkenjäger seine Familie besuchte, und dass sie ihr einschärfen würden, ihn gänzlich zu meiden. Konnte sie – würde sie – dieser unausweichlichen Anordnung gehorchen? Sie wusste nicht, wie sie sich verhalten würde, wenn Wolkenjäger sich ihr näherte, schon gar nicht, wenn niemand anderes zugegen sein sollte. Und sie konnte auch nicht sagen, wie sie mit dem zu erwartetenden und unerwünschten Werben von Zwei Federn umgehen würde.

Hilf mir, Großer Geist, denn mein Herz und mein Geist sind gefangen und ich weiß nicht, wie ich mich befreien kann.

2. Kapitel

Die vier Männer saßen im Schneidersitz auf länglichen Fellen im Tipi des Häuptlings, Chase gegenüber von Großer Bär und Windtänzer gegenüber von Kriegerischer Adler. Die Sitzordnung symbolisierte die vier Richtungen des Windes, der Abstand zwischen ihnen betrug jeweils etwa drei Fuß. Da der Häuptling der Red Shield den Wunsch geäußert hatte, nicht gestört zu werden, konnten sie sicher sein, dass niemand das Tipi betreten würde, auch nicht Winona, die Frau des Häuptlings, oder seine Tochter Hanmani.

Windtänzer eröffnete das Gespräch, indem er Chase aufforderte, von seiner Gefangennahme, seinem Leben an dem fernen Ort und von seiner Reise zu ihnen zu berichten. Da er glaubte, Englisch besser zu beherrschen als sein vorgeblicher Halbbruder die Sprache der Lakota, bat er Wolkenjäger, in der Sprache des weißen Mannes zu erzählen. Bevor sie beim Tipi angelangt waren, hatte Windtänzer seinem Vater zugeflüstert, dass er und Kriegerischer Adler ihm alles Gesagte übersetzen würden. Er wollte, dass Wolkenjäger sich so sicher und behaglich wie möglich fühlte. Vielleicht würde er sich so eher verraten.

Chase richtete seine ganze Aufmerksamkeit auf Großer Bär, der ihn mit undurchdringlichem Blick ansah. »Ich wurde verletzt und gefangen genommen, weil ich deine Anweisungen und die Lehren des Großen Geistes nicht befolgte, Vater. Ich stritt oft mit meinem Cousin, als wir klein waren, und nach seinem heutigen Verhalten mir gegenüber zu urteilen, hat sich das nicht geändert. Nachdem Zwei Federn den Wolf getötet hatte, der über dein Kriegspferd hergefallen war, gab er dir dessen Fell und prahlte mir gegenüber mit seiner kühnen Tat. Er nannte mich einen Schwächling, weil ich zur Hälfte weißes Blut in mir habe. Deshalb wollte ich dir unbedingt ein noch herrlicheres Geschenk machen und noch größeren Mut beweisen als er. Diese Gefühle waren falsch, aber ich war blind vor Zorn auf ihn und vor Liebe zu dir. Also machte ich mich auf die Suche nach dem Geisterpferd, das durch unsere Jagdgründe streifte und sich von niemandem fangen ließ, obwohl du das deinen Söhnen verboten hattest, weil es zu gefährlich war. Auf der Jagd nach dem Pferd stieß ich auf einige Crow, die mich gefangen nehmen wollten. Ich beschoss sie mit Pfeilen und verwundete zwei von ihnen. Das machte sie sehr wütend, und schließlich traf mich einer ihrer Pfeile am Arm«, schloss Wolkenjäger und deutete auf eine Stelle knapp unterhalb seiner linken Schulter.

»Dann trat mein Pony in ein Erdloch und stolperte und ich fiel herunter. Ich brach mir das Bein, verletzte mich am Kopf und versank in eine große Dunkelheit. Als ich nach vielen Tagen und Nächten erwachte, befand ich mich in einem der wolkenförmigen Wagen, mit denen die Siedler umherziehen. Ich sagte dem weißen Mann und seiner Frau, dass ich dem Stamm der Red Shield

Oglala angehörte und sie mich sofort freilassen und nach Hause zurückkehren lassen müssten oder sie würden sich einer großen Gefahr aussetzen, doch der Mann namens Tom Martin erklärte mir, meine Leute seien von den Crow umgebracht worden, die auch mich verletzt hatten. Er sagte, ich solle bei ihnen bleiben, um vor unseren Feinden in Sicherheit zu sein und in Ruhe gesund werden zu können. Da niemand kam und nach mir suchte, glaubte ich ihm und hielt meine Familie und Freunde für tot. Mein Herz war von weitaus größerem Schmerz erfüllt als mein Körper. Hass und Wut auf die Crow tobten in mir und ich gierte nach Rache.« Chase versuchte seine Enttäuschung und Verbitterung zu verbergen, als er merkte, dass sein Vater in keinster Weise auf seine Schilderungen reagierte.

»Die Siedlerin, eine liebenswürdige und großherzige Frau namens Lucy, versorgte meine Wunden. Sie nannte mich Chase, denn während ich in der Dunkelheit gewesen war, hatte ich diesen Teil meines Namens, der ja ›Jagen‹ bedeutet, vor mich hin gemurmelt. Meine leibliche Mutter hatte mir bereits eine Menge Englisch beigebracht und den Rest lernte ich von den Martins. Ich trug eine hölzerne Schiene am Bein und konnte weder gehen noch reiten, mein Körper und mein Geist waren schwach und ich befand mich in einer fremden Gegend, außerdem war ich verängstigt, denn ich war ein Kind von nur zehn Wintern, und man hatte mir alles genommen, was gewesen war, was ich gekannt und geliebt hatte. Die Martins waren freundlich zu mir und da ich meine Familie und meinen Stamm tot glaubte, blieb ich bei ihnen. Ich schwor mir, zurückzukehren und mich an den Crow zu rächen, sobald meine Verletzung geheilt wäre und ich den Weg nach Hause in Erfahrung gebracht hätte, doch schließlich lief mir die Zeit davon, während ich darauf wartete, älter, stärker und weiser zu werden, um einen solch mächtigen Gegner herauszufordern.«

Chase holte tief Luft, doch die anderen schwiegen. »Es stimmt, dass ich meinen Pflegeeltern mit der Zeit Vertrauen, Liebe und Respekt entgegenbrachte. Das Gebiet, in dem sie sich niederließen, um eine Farm zu gründen, war wild und gefährlich. Viele Male half ich Tom Martin dabei, sein Heim, seine Frau und sein Land zu verteidigen. Ich beobachtete alles sorgfältig und lernte so viel ich konnte über ihre Lebensweisen, denn ich hoffte, mit diesem Wissen eines Tages zum Wohle meines Stammes beitragen zu können – falls es überhaupt Überlebende gab. Es stimmt, dass sie mir nicht die Wahrheit sagten, denn sie sehnten sich nach einem Sohn und liebten mich wie ihr eigenes Fleisch und Blut. Es erging mir so ähnlich, wie es meiner Mutter vor langer Zeit bei den Red Shield ergangen war. Jene Frau, die du wegen ihres goldenen, sonnengleichen Haares Omaste nanntest, gehorchte dir und liebte und achtete dich, deine Familie und deinen Stamm. Auf seinem Totenbett gestand mein weißer Vater, dass er mir vor langer Zeit nicht die Wahrheit gesagt hatte. Er bat mich, ihm zu vergeben und bei seiner Frau zu bleiben. Lucy war alt und stets gut zu mir gewesen, also kümmerte ich mich um sie, bis sie starb. In der Nacht, in der sie ihren letzten Atemzug tat, träumte ich, wie ich nach Hause zurückkehrte, meine Familie und Freunde lebendig und wohlbehalten vorfand und bei ihnen blieb.«

Er machte eine Pause, doch da wieder niemand eine Frage stellte oder etwas sagte, fuhr Chase schließlich fort: »Ich verdingte mich als Trapper für eine Pelzhandelsgesellschaft, um mir das Geld für die Reise zu verdienen und das Land kennen zu lernen, das mich von meiner Heimat trennte. Ich spreche die Sprache der Weißen. Ich kenne ihre Bräuche, ihre Religion, ihre Denkweise. Ich kann ihre Worte auf Papier lesen. Ich weiß einiges über das, was hier geschehen ist, während ich fort war. Ich blieb viele Tage lang in Fort Laramie und Fort Pierre, um mehr über die Red Shield, ihre Verbündeten und ihre Feinde in Erfahrung zu bringen. Von den Jahren, in denen ich unter den Weißen lebte, und von meiner Reise hierher weiß ich, dass sie zahlreich sind und mächtige Waffen besitzen. Ich weiß, dass sie mit den Dakota und anderen Stämmen einen Vertrag geschlossen und nicht eingehalten haben. Einige Weiße sind gut und wünschen keinen Krieg mit uns, andere jedoch wollen uns vernichten. Wenn ihr mir erlaubt, bei euch zu bleiben, werde ich euch Auge und Ohr sein im Kampf gegen den Feind, denn ich kann mich als einer von ihnen ausgeben. Mein Vater und meine Brüder, was sagt ihr dazu?«

Chase sah, wie Windtänzer seinem Vater etwas zuflüsterte, so wie er es schon auf dem Weg zum Tipi getan hatte. Er nahm an, dass sie ihm noch immer nicht vertrauten und vielleicht versuchen würden, ihm eine Falle zu stellen.

Windtänzer wählte seine Worte klug und mit Bedacht. »Unsere Herzen und Geister sehnen sich danach, dir zu glauben und dich bei uns aufzunehmen, mein Bruder«, sagte er schließlich, »doch du hast viele Jahre lang bei unseren weißen Feinden gelebt, so dass es schwierig und vielleicht sogar gefährlich für uns ist, dich willkommen zu heißen.«

Chase nickte. »Ich verstehe, dass es euch schwer fällt, mir zu vertrauen, denn nach dieser langen Trennung bin ich beinahe ein Fremder für euch, aber warum sollte ich euch gefährlich sein?«

»Wenn du lügst oder verbittert bist und deshalb auf Rache sinnst, oder es dir nicht gelingt, dich bei Schlachten ganz auf unsere Seite zu stellen, könntest du uns verraten oder in Gefahr bringen.«

Chase fiel auf, dass sein älterer Bruder anstelle seines Vaters sprach. Er wusste, dass Windtänzer auf seine Rolle als zukünftiger Häuptling vorbereitet wurde, denn der Brauch wollte es, dass dieser Rang vom Vater auf den ältesten Sohn überging, solange kein ganz besonderer Grund dagegen sprach und ein anderer Sohn diese hohe Stellung übernahm. Trotzdem überraschte und bekümmerte es Chase, dass sein eigener Vater nicht das Wort an ihn richtete und auch sonst keinerlei Gefühlsregungen zeigte. »Als deine Mutter von den Pawnee gefangen genommen wurde und zwei Winter lang bei ihnen leben musste, vergaß sie ihre Herkunft nicht und wurde keine Pawnee, sondern versuchte immer wieder zu fliehen und nach Hause zurückzukehren.« Chase wusste, dass es dumm wäre zu erwähnen, dass Großer Bär während Winonas Abwesenheit bei seiner weißen Gefangenen Trost gesucht hatte und dass seine Geburt das Ergebnis dieser Nacht war. »Als Winona aus den Händen der Feinde zurückkehrte, hieß man sie willkommen und brachte ihr ebenso viel Zuneigung und Respekt entgegen wie zuvor. Warum ist es für mich nicht das Gleiche, mein Bruder?«

»Meine Mutter trug nicht das Blut des Feindes in sich, deshalb konnte sie nicht auf seine Seite gezogen werden«, lautete Windtänzers Antwort. »Sie war eine erwachsene Frau und sich ihrer selbst sicher. Du wurdest als Kind gestohlen, Wolkenjäger, zu einer Zeit, als dein Herz und dein Geist noch leicht zu beeinflussen waren, vor allem von denen, die dich als ihren eigenen Sohn betrachteten.«

»Mein Herz und mein Geist haben immer den Oglala gehört, mein Bruder. Die Siedler konnten mich ebenso wenig in einen Weißen verwandeln, wie man eine Hirschkuh in einen Rehbock verwandeln kann. Alles, was ich will, ist eine Chance, damit ich mich meiner Familie und meinem Stamm würdig erweisen kann. Ich bin mir sicher, dass ihr in diesen unsicheren Zeiten mein Wissen und meine Hilfe gebrauchen könnt.«

»Der weiße Vermittler namens Thomas Fitzpatrick, der uns vor drei Sommern nach Fort Laramie rief, um die Worte des Vertrags von Long Meadow zu hören, ist tot«, erklärte Windtänzer. »Gebrochene Hand war das einzige Bleichgesicht, das uns Respekt entgegenbrachte und uns zu helfen versuchte. Das Leben verließ seinen Körper vor fast fünf vollen Monden und seitdem hat es viele

Schwierigkeiten gegeben. Unsere Lakota-Brüder reiten schon gegen die Blaumäntel und die Siedler, ebenso wie einige andere Stämme.«

»Es wartet Übel auf alle, die den Vertrag gebrochen haben, Windtänzer, und dieses Übel wird auf all jene übergehen, die sich immer noch an den Waffenstillstand halten«, mahnte Chase. »Die Red Shield müssen es sich gut überlegen, bevor sie sich den anderen Lakota anschließen, um mit ihnen gegen die Weißen zu kämpfen. Ihr gabt ihnen euer Wort, und es ist gefährlich, sich nicht daran zu halten.«

»Mein Vater hat den Vertrag nicht unterzeichnet«, gab sein Halbbruder zurück. »Die weißen Anführer forderten uns auf, einen einzigen Häuptling zu wählen, der für alle Lakota sprechen und unterschreiben sollte: Der Mann namens Mitchell ernannte Mutiger Bär vom Stamme der Brule zum Häuptling der Häuptlinge und appellierte an alle anderen, diese Wahl zu akzeptieren. Doch kein anderer Häuptling kann stellvertretend für unseren Vater sprechen oder einen Vertrag unterzeichnen. Wir gaben trotzdem vor, einverstanden zu sein, denn das gab uns Zeit, stärker zu werden. Viele unserer Krieger hatten bei Angriffen der Crow den Tod gefunden und viele von uns und anderen Stämmen waren einer Krankheit des weißen Mannes erlegen. Der Vertrag wies jedem Stamm ein eigenes ...«, Windtänzer hielt inne und suchte nach dem englischen Wort, das er damals gehört hatte, »Ter-ri-to-rium zu und befahl allen, miteinander in Frieden zu leben. Wir hofften, dass diese Abmachung unsere Feinde davon abhalten würde, in unsere Jagdgründe einzudringen, so dass wir uns von den vergangenen Überfällen erholen könnten. Doch von unseren Feinden kamen nur die Crow, die Shoshonen und die Arapaho; Pawnee, Kiowa und Comanchen hingegen weigerten sich. Ansonsten unterzeichneten die Gros Ventre, die Assiniboin, die Mandan und die Arickaree sowie unsere Verbündeten, die Cheyenne. Die Blaumäntel versprachen, jeden Stamm vor den Übergriffen anderer zu schützen, doch sie hielten ihr Wort nicht. Sie ziehen viele neue Wege durch unsere Jagdgründe und bauen immer mehr Forts, die nur ihrem eigenen Schutz dienen. Als Gegenleistung für das Friedensabkommen und dafür, dass sie unbehelligt durch unser Land ziehen können, versprachen sie uns viele Waren, doch wir erhielten nur wenig, und was sie uns gaben, war von schlechter Qualität.«

»Welche Grenzen hat das Territorium der Lakota, mein Bruder, und welche Waren versprachen sie laut Vertrag zu liefern?«

»Reite von dem Ort, an dem der Cantewakpa seine Reise bei den schlammigen Wassern beendet und der Mnisose bei Fort Pierre an den Skamakawakpa grenzt, über die Prärien und Sandhügel bis zu dem Punkt, an dem der Kampeskawakpa sich teilt. Folge dem Nebenarm, der zum Land der untergehenden Sonne führt, bis Paha Luta und werde dich in die Richtung, aus der die kalte Jahreszeit kommt. Überquere dann die Paha Sapa bis zu dem Ort, an dem die Wasser des Cante aus der Erde sprudeln.«

Chase übersetzte sich im Stillen diese Grenzverläufe: den Heart River entlang bis zum Missouri, südlich davon bis zum White River, auf dem Landweg bis zum Platte River, westlich am Nebenarm des Platte entlang bis zum Red Butte, dann nördlich von den Black Hills bis zur Quelle des Heart River.

»Wir sollten Nahrung, Decken, Kessel, Beile, Messer, Kleidung, Kühe und Pferde bekommen, außerdem Werkzeug, um damit Pflanzen in der Mutter Erde anzubauen. Doch sie brachten uns diese Dinge nicht in die Lager, sondern forderten uns auf, zu ihren Handelsposten zu kommen und dort ... in einer Reihe zu stehen, während sie die Waren an die vielen Leute verteilten, als wären wir ... Bettler. Die Red Shield weigerten sich, wir nehmen keine Almosen von den Weißen entgegen. Anderen geben sie nur wenig, nehmen jedoch viel. Sie töten den Büffel, als Nahrungsquelle oder nur für sein Fell. Sie erlegen auch Büffelkühe, die ein Kalb bei sich haben, so dass der Nachwuchs ohne den Schutz und die Milch der Mutter verendet. Auf diese Weise werden die Herden aussterben. Oft finden wir Kadaver, die in der Sonne verrotten, das Leben des Tieres wurde verschwendet. Das Vieh, das sie den anderen Stämme geben, ist schwach und hat wenig Fleisch auf den Knochen. Im Mehl krabbeln winzige Tiere. Die Decken sind dünn und die Kleider reißen schnell. Sie weigern sich, uns Waffen für die Jagd zu geben, denn sie fürchten, dass wir die Feuerstöcke auf sie richten. Sie sperren uns in ein Gebiet, zerstören unsere Nahrung und verlangen, dass wir so genannte Geschenke von ihnen nehmen, um uns auf diese Weise für immer von ihnen abhängig zu machen.«

»Wenn wir die landwirtschaftlichen Werkzeuge einfordern, die in dem Vertrag versprochen wurden«, schlug Chase vor, »kann ich vor und nach der großen Büffeljagd im Sommer unseren Leuten beibringen, wie man sät und Nahrung in der Mutter Erde wachsen lässt, denn das habe ich bei den Martins gelernt. Dann hätte unser Volk genug zu essen und würde nicht eines Tages von den Weißen abhängig sein. Wenn die Weißen sich weigern, kann ich mich wie einer von ihnen kleiden und Werkzeuge und Saatgut im Handelsposten kaufen.«

»Wir sind keine Farmer, Wolkenjäger, wir sind Jäger«, sagte Kriegerischer Adler höhnisch.

Chase sah zu seinem jüngeren Halbbruder, der zum ersten Mal das Wort ergriffen hatte. Kriegerischer Adler sprach in eisigem Ton und in seinen Augen lag Verachtung. »Könnt ihr immer noch Jäger sein, wenn es keine Büffel mehr gibt oder ihre Zahl nicht mehr ausreicht, um uns den Winter über zu ernähren?«, entgegnete Chase in Englisch, nachdem er überrascht festgestellt hatte, dass seine beiden Brüder diese Sprache inzwischen sehr gut beherrschten. Während einer von ihnen das Wort an ihn richtete, übersetzte der andere das Gesagte ihrem Vater, der aufrecht und mit unbewegter, aber wachsamer Miene dem Gespräch folgte.

»Wenn dieser schwarze Tag kommen sollte, werden wir Rotwild, Antilopen, Elche, Bären, Biber, Fische und Vögel jagen und essen. Wir werden Beeren, Nüsse und essbare Pflanzen sammeln. Der große Geist versorgt uns gut. Die Red Shield brauchen nichts von ihren Feinden, den Weißen.«

»Was ist, wenn der weiße Mann auch diese Tiere wegen ihrer Felle fängt, Kriegerischer Adler, und viele von ihnen aus den Flüssen, den Wäldern und von den Prärien verschwinden? Wo werden noch genug Pflanzen, Beeren und Nüsse wachsen, wenn die Weißen das Land roden, um es zu beackern und Farmen und Häuser darauf zu bauen? Die Welt der Indianer hat sich mit der Ankunft der Weißen für immer verändert und ihr müsst euch ebenfalls ändern, wenn ihr nicht untergehen wollt, denn ihr könnt sie unmöglich für alle Zeiten von euren Jagdgründen vertreiben. Obwohl ihr euch nach den alten Lebensweisen sehnt, müsst ihr euch neue zu Eigen machen. Der Tag wird kommen, an dem ihr mit den Weißen Handel treiben müsst, um Dinge zu erstehen, die ihr zum Überleben braucht. Stolz wird euch in den kommenden Jahren nicht ernähren, Kriegerischer Adler. Ihr könnt niemals genug Waffen herstellen oder genug Pfeile abfeuern, um alle Weißen zu töten, die sich auf euren Jagdgründen niederlassen oder sie durchqueren, denn es werden immer mehr kommen und ihre Soldaten werden euch für solche Taten bestrafen. Ich kann unseren Leuten helfen, sich mit den neuen Weisen vertraut zu machen, denn man brachte sie mir bei, während ich fort war. Ich kann den Vertrag von Long Meadow lesen, um herauszufinden, wo und auf welche Weise man euch hereingelegt hat. Außerdem kann ich einen neuen Vertrag lesen und sicherstellen, dass dies nicht noch einmal geschieht.«

»Wir sind Krieger, Wolkenjäger. Wir fürchten den Feind nicht und ordnen uns keinem fremden Willen unter.«

»Selbst ein kühner und erfahrener Krieger muss wissen, wann er zu kämpfen hat, Kriegerischer Adler, und wann er sich besser zurückziehen oder einen Waffenstillstand aushandeln sollte. Wenn eure Krieger umgebracht werden, wer wird dann Frauen, Kinder und Alte beschützen und versorgen? Ist es etwa weise, in eine Schlacht zu ziehen, die man nicht gewinnen kann?«

»Ist es ehrenvoll, nicht für das zu kämpfen, was uns gehört?«, gab Kriegerischer Adler zurück. »Ein Mann ohne Ehre ist kein Mann. Ein Lakota muss ein freies und stolzes Leben führen.«

»Selbst wenn der Preis dafür der sichere Untergang ist?« Als Chase merkte, dass Kriegerischer Adler seinen letzten Einwand nicht verstanden hatte, gebrauchte er noch deutlichere Worte: »Selbst wenn die Wahrung von Stolz und Ehre dazu führt, dass ihr sterben und euer Land verlieren werdet?«

Ohne zu zögern, schwor der junge Mann: »Ein guter Krieger bringt Opfer, wenn es sein muss. Wir lassen uns nicht zu Sklaven der Weißen machen. Entweder führen wir ein freies Leben oder wir sterben.«

»Wenn unser Vater und alle Stammesmitglieder beschließen zu kämpfen, Kriegerischer Adler, werde ich an ihrer Seite kämpfen, und wenn es Wakantankas Wille ist, werde ich an ihrer Seite sterben.« Er machte eine kurze Pause, um eine Frage zu stellen, die ihn schon seit einer Weile beschäftigte. »Sagt, wann und wie haben meine Brüder so gut die Sprache des weißen Mannes gelernt?«

»Meine Frau ist ihrer mächtig und lehrte sie uns«, entgegnete Windtänzer.

»Du bist verheiratet? Ich meine, du hast dir eine Frau genommen?«

»Ich habe mich vor drei Sommern, als Mutter Erde ihr Gesicht erneuerte, mit einer Brule vom Stamme der White Shield vermählt, ihr Name ist Chumani. Wir haben einen Sohn, Tokapa, der zwei Winter zählt.«

Er hat also eine Frau namens Tautropfen und einen Sohn namens Erstgeborener. Ein verheirateter Mann mit einer Familie sollte eigentlich nach Frieden trachten, um das Leben seiner Liebsten nicht zu gefährden ... »Das ist gut, mein Bruder, und ich freue mich darauf, sie kennen zu lernen. Was ist mit dir, Kriegerischer Adler?«

»Ich habe keine Frau. Ich lebe in diesem Tipi. Ich gehöre zu den Trägern des Heiligen Bogens. Mein Bruder ist Strong Heart und Hemdträger.«

Chase erinnerte sich an die beiden Kriegergruppen und an die Hemdträger, welche die Befehle des Häuptlings und der Mitglieder des großen Rats, der Big Bellies, ausführten. Er wusste, dass nur die besten und tapfersten Krieger zu den Strong Heart zählten, die sich jeder Bedrohung als erste stellten und den Bedürftigen zu Hilfe kamen. Die Träger des Heiligen Bogens führten in Schlachten einen Kriegertrupp an und mussten bei einem Kampf mindestens einen Feind außer Gefecht setzen. Sie verließen als letzte das Schlachtfeld, denn sie waren verantwortlich für den sicheren Rückzug aller Mitglieder des Stammes. Offensichtlich waren seine Brüder äußerst gute Krieger, denn sie besetzten hohe Stellungen in ihrem Volk, wobei die Tatsache, dass sie die Söhne des Häuptlings waren, ihnen keinerlei Vorteile verschaffte.

Bevor Chase weitere vertrauliche Fragen stellen konnte, sagte Windtänzer: »Du kannst hier in der Nähe bleiben, jedoch in sicherer Entfernung von unseren Tipis, während wir dich besser kennen lernen und dich auf die Probe stellen. Du darfst das Lager nicht betreten, es sei denn, man fordert dich dazu auf.«

Chase sah Großer Bär geradewegs in die Augen und fragte: »Schämst du dich meiner, Vater? Tut es dir Leid, dass ich geboren wurde? Tut es dir Leid, dass ich zurückgekehrt bin? Fürchtest du, dass ich jeden an den schwachen Moment in deinem Leben erinnern werde, der so lange zurückliegt? Wenn der Große Geist nicht gewollt hätte, dass ich auf dem Gesicht der Mutter Erde wandle und nach Hause zurückkomme, hätte Er mich nicht zu dir geschickt, weder vor zweiundzwanzig Jahren noch heute. Wie können wir leugnen oder verhindern, was uns schon vor unserer Geburt bestimmt war? Wie können wir einen Teil unseres Lebenskreises herausschneiden, ohne daran zu Grunde zu gehen? Warum siehst du mich an, als wäre ich ein Fremder, obwohl du selbst es warst, der mich zeugte?«

Großer Bär senkte den Kopf und Windtänzer war bekümmert über den Schmerz des Häuptlings. »Vor langer Zeit sah mein Vater sich gezwungen zu glauben, dass er seine Augen nie wieder auf dein Gesicht richten würde«, erklärte er. »Nun kehrst du in schweren Zeiten zurück und er weiß nicht, was er davon halten soll. Du musst geduldig sein, Wolkenjäger, solange seine Gedanken unklar und seine Gefühle verwirrt sind. Es wäre kaum zu verschmerzen und unbedarft von ihm, wenn er einen verlorenen Sohn willkommen heißen würde, der sich vielleicht als gefährlicher Gegner entpuppt. Wir haben nur dein Ehrenwort als Beweis dafür, dass du die Wahrheit sprichst, deshalb möchten wir diese Wahrheit erst einmal prüfen. Bis zu dem Tag, an dem diese Prüfung abgeschlossen ist, wird unser Vater dich vor anderen nicht anerkennen und umarmen. Du musst dein Lager in der Nähe aufschlagen und darfst diese Gegend nicht ohne Erlaubnis verlassen. Wirst du diesen Anweisungen folgen?«

Chase wusste, dass ihm nichts anderes übrig blieb, als sich zu fügen, obwohl diese Rückkehr sich gänzlich von dem glücklichen Wiedersehen unterschied, das er sich erhofft hatte. Er wusste nicht mehr, wer oder was er war oder wohin er gehörte. »Ich bin einverstanden. Führe mich zu der Lagerstelle, damit unser Vater sich ausruhen und seine Gedanken ordnen kann.«

Windtänzer erhob sich im selben Moment wie Chase und sagte: »Komm.«

Chase blickte ein letztes Mal zu seinem Vater, der immer noch mit gesenktem Kopf dasaß, als könne er es nicht ertragen, ihn anzusehen. Dann folgte er seinem Bruder nach draußen, wo viele Leute in ihren Tätigkeiten innehielten, um ihn zu beobachten. Er kam sich vor wie ein Tier, das zum Verkauf steht und von den Käufern auf Mängel untersucht wird. Würde er es schaffen, ihr Urteil und ihre Gefühle zu ändern? Bis jetzt sah es nicht danach aus. Er war froh, dass sie nicht auf Zwei Federn trafen, denn er wollte einem weiteren Streit mit seinem Cousin aus dem Weg gehen. Stattdessen begegneten sie zwei Frauen, einer älteren, in der er Winona wiedererkannte – sie war die Tochter des Schamanen und ihr Name bedeutete »die Erstgeborene«, – und einer jüngeren, bei der es sich wohl um Hanmani handelte, seine Halbschwester, deren Name so viel hieß wie »Durch die Nacht gehen«. Chase stellte fest, dass Hanmani die Frau neben der bezaubernden Schönheit vorhin gewesen war, sie mussten also Freundinnen sein, doch die hübsche Gestalt war jetzt nirgends zu sehen, was er merkwürdigerweise mit großer Enttäuschung feststellte.

Chase bemerkte, wie die beiden Frauen ihn ansahen und dann schnell seinen Blick mieden, als hätte man ihnen befohlen, ihn zu ignorieren. So wie seine eigene Mutter sich während Winonas zweijähriger Gefangenschaft um Windtänzer gekümmert hatte, hatte Winona ihn versorgt, als seine Mutter am »Winter in der Brust« gestorben war. Er hatte sich oft – und immer nur im Stillen – gefragt, ob die Frau seines Vaters ihn dafür hasste, dass er aus der Verbindung ihres Mannes mit seiner weißen Sklavin hervorgegangen war, denn die Häuptlingsfrau hatte ihm gegenüber nie ein Wort darüber verloren. Es war offensichtlich, dass Winona ihrem Mann nach seinem einmaligen Fehltritt verziehen hatte, denn kurz nach ihrer Rückkehr waren Kriegerischer Adler und dann Hanmani geboren worden.

Sie gelangten an eine Wiese in der Nähe des Flusses, die von Schatten spendenden Bäumen umgeben war und in Sichtweite des Lagers lag, das man bald abbrechen würde, um zur Büffeljagd in die Ebenen zu ziehen. Wenn Chase nicht alles täuschte, hätte der Stamm eigentlich schon vor einiger Zeit zu dieser Jagd aufbrechen müssen. »Warum seid ihr immer noch im Winterlager, Windtänzer?«, fragte er. »Warum seid ihr nicht in den Prärien?«

»Der Winter reichte weit in die Zeit von Mutter Erdes Wiedergeburt«, erklärte er. »Gras und Büffel kamen erst spät zurück. Wir sind hier geblieben, bis Mutter Erde ihre Arbeit beendet hat, damit wir unsere beginnen können. Nach dem nächsten vollen Mond werden wir aufbrechen.«

Chase rechnete aus, dass das in etwas weniger als drei Wochen sein würde. »Vielleicht erlaubt man mir, mit euch auf die Jagd zu gehen. Wenn der Sommer in diesem Jahr kurz ist, könnt ihr einen weiteren Jäger gut gebrauchen, um im nächsten Winter genügend Fleisch und Felle vorrätig zu haben. Ich würde mich freuen, wieder mit dir zusammen zu reiten und zu arbeiten, so wie damals, als wir Jungen waren. Glaubst du, das wird möglich sein, mein Bruder?«

Windtänzer schaute Chase an. »Wir werden sehen, wie die Dinge beim nächsten vollen Mond stehen. Jetzt bleibst du erst einmal hier. Ich werde dir Holz und etwas zu essen bringen lassen, Wasser hast du reichlich. Dein Pferd bleibt bei meinem. Dein Gepäck wird dir gebracht – mit Ausnahme der Waffen.«

»Kann ich zumindest mein Messer wiederbekommen, falls ich es brauche, um mich zu verteidigen? Schließlich könnte ein wildes Tier oder ein Feind mich des Nachts überfallen.«

»Das Messer lasse ich dir schicken, damit du dich verteidigen kannst. Aber bewege dich nicht von hier fort.«

»Ich werde an Ort und Stelle bleiben, Windtänzer, du darfst mich nur nicht vergessen«, scherzte Chase, doch sein Bruder lächelte nicht, sondern nickte nur kurz und ging. Chase setzte sich auf einen umgefallenen Baumstamm und blickte in das dahinfließende Wasser.

Warum, schalt Chase sich selbst, war er bloß zurückgekehrt? Damit man ihn verspottete und zurückwies? Hatte er damit nicht vor vielen Jahren schon reichlich Bekanntschaft gemacht? Sein seltsamer Traum hatte ihn in das Land gelockt, in dem er geboren worden war, und er hatte nicht widerstehen können. Nein, verbesserte er sich, von dem Moment an, als sein Pflegevater ihm die Wahrheit gebeichtet hatte, hatte er vor seinem inneren Auge herrliche Bilder eines glücklichen und liebevollen Wiedersehens mit seiner indianischen Familie gesehen und mit der Zeit hatten ihn diese hellen und fröhlichen Tagträume immer häufiger heimgesucht. Doch er hatte sich etwas vorgemacht, die Wirklichkeit war dunkel und grausam.

Chase dachte an die Martins und an das Leben

bei ihnen. Sie hatten ihn wie ihren eigenen Sohn behandelt, und auch Nachbarn, Freunde, und andere, denen er in Geschäften, in der Kirche und in der kleinen Schule begegnet war, auf die man ihn geschickt hatte, waren nett zu ihm gewesen. Es war schrecklich, wie ein Außenseiter behandelt zu werden. Er hatte es genossen, dass man ihn liebte und akzeptierte. Er hatte die Martins Mama und Papa gerufen. Er war mit Tom Martin auf die Jagd und zum Fischen gegangen und hatte mit ihm die Felder bearbeitet. Er hatte Holz gesammelt, Wasser geholt, gelacht, gesungen, gelesen und sich mit Lucy Martin unterhalten. Zwölf Jahre lang war er in jeder Hinsicht ihr Sohn gewesen – mit der Ausnahme seines Blutes –, und ihr Tod hatte ihn geschmerzt, trotz der Lügen, die sie ihm Jahre zuvor erzählt hatten. Er verstand ihre Beweggründe und hatte ihnen verziehen. Wonach sein Herz und sein Geist jetzt verlangten, waren Liebe, Respekt und Anerkennung seines leiblichen Vaters. Würde er sie ihm je gewähren? Er wusste es nicht. Verdiente er sie? Ja, denn es war nicht sein Fehler, dass er ein Halbblut war!

Aber hatte er wirklich geglaubt, dass sie ihn mit offenen Armen empfangen würden? Welchen Grund hatten sie, nicht an seiner Loyalität bei künftigen Auseinandersetzungen zu zweifeln? Es war verständlich, dass sie Fragen stellten über die Gründe seiner Rückkehr, Bedenken hegten über seine Identität. Schließlich stand er zumindest zum Teil für jene Menschen und jenes Schicksal, das sie am meisten fürchteten und bekämpften. Vielleicht brauchten sie nur Zeit, um sich an ihn zu gewöhnen, vielleicht mussten sie erst wieder miteinander vertraut werden.

Chase lenkte seine widersprüchlichen Gedanken in eine andere Richtung. Er kannte Nebraska gut, zu dem diese Gegend gehörte, und war über den dreißigsten Mai und die Gründung der Orte Omaha und Nebraska City unterrichtet. Bald würden noch mehr Weiße in diese Region kommen. Amerika war dabei, seine Grenzen von Küste zu Küste und von Kanada bis Mexiko abzustecken. Nebraska grenzte an die Gebiete namens Washington, Oregon, Utah, New Mexiko, Kansas, Minnesota, Iowa sowie an Kanada. Chase fragte sich, wie lange es dauern würde, bis dieses neue Territorium in Staaten eingeteilt wurde, so wie es bereits im Süden und im Osten geschehen war. Diese Maßnahmen des »Fortschritts« und der »Expansion« würden die Welt der Indianer für immer verändern, und er wusste nicht, ob die Red Shield diesen Wandel überleben würden, wenn sie sich weigerten, ihn anzuerkennen und sich damit einzurichten.

Er hatte bei beiden gegnerischen Parteien gelebt und über beide eine Menge gelernt. Das Seltsame war, dass sie sich in einigen Punkten durchaus ähnlich waren: Die meisten wollten ein einfaches und friedvolles Leben im Kreise ihrer Familie und ihrer Freunde führen, genügend Land und Nahrung zur Verfügung haben und respektiert werden. Beide glaubten an einen alleinigen Schöpfer aller Dinge und an eine große Flut, welche die Erde gereinigt und neues Leben darauf ermöglicht hatte, beide verlangten, dass man seine Familie ehrte und sich an die Gesetze der Gemeinschaft hielt. Doch zugleich gab es zwischen Weißen und Indianern viele Unterschiede, wobei der wichtigste wohl darin bestand, dass die Indianer von Natur aus Nomaden waren, die Weißen sich jedoch an einem Ort niederlassen und dort bleiben wollten – und dies oft inmitten der Jagdgründe und Wanderrouten der Indianer taten.

Chase' Gedanken schweiften wieder ab zu dem Traum, der ihn hierher gelockt hatte. Die Bilder waren noch genauso lebendig wie in der Nacht, als er ihn geträumt hatte. Er sah die schöne Jungfrau mit dem weißen Lederkleid und dem langen dunklen Haar, das ihr über die Schultern fiel, ihre rehbraunen Augen, in denen Liebe und Witz funkelten, ihre leicht geöffneten lächelnden Lippen, ihre ausgestreckten Arme und die wohlklingende Stimme, die ihm zuflüsterte: »Komm nach Hause, Wolkenjäger. Komm zu mir, nach Hause, wo du hingehörst. Du musst gehorchen, oder wir werden alle sterben. Komm, mein Liebster.«

War es dumm von ihm gewesen, einem Traum eine solche Bedeutung beizumessen? Man wollte ihn hier so wenig wie die Cholera-Epidemie, die vor drei Jahren in der Gegend gewütet hatte! Und Großer Bär wollte sicherlich ebenso wenig an seinen Fehltritt mit Margaret Phillips erinnert werden wie seine Frau und der ganze Stamm, einschließlich seiner Halbbrüder und seiner Halbschwester! Wahrscheinlich waren alle erleichtert gewesen, als seine Mutter gestorben und er verschwunden war, denn so waren alle Spuren einer Verbindung zu den Weißen gelöscht und ihr geliebter Häuptling wieder makellos.

Hör auf damit, Chase!, schalt er sich selbst. Du bist hierher gekommen, um Frieden zu stiften und dich selbst zu finden. Vergiss nicht, dass diese Leute deine Mutter niemals schlecht behandelten und dass nicht sie es waren, die sie gefangen nahmen: Sie war das Geschenk eines Häuptlings der Cheyenne. Vergiss nicht, dass sie deinen Vater liebte, ihn als Mann liebte, und dass sie es vor allen verbarg, außer vor dir. Und vergiss nicht, Windtänzer sagte, Vater hat *nach dir gesucht. Aber wie lange und wie gründlich hast du gesucht, Vater? Oder hast du nur so getan, als ob? Hast du die anderen belogen und nicht wirklich gesucht? Hast du schon bald erleichtert aufgegeben, als du mich nicht finden konntest? Bin ich nichts weiter für dich als eine beschämende Erinnerung, die du vergessen willst? Von der du hofftest und dachtest, der Große Geist hätte dich für immer von ihr befreit? Oder liebst du mich und hast nur Angst davor, was andere denken könnten, wenn du mich wieder aufnimmst? Fürchtest du, dass ich nicht dein Sohn bin, oder hast du etwa Angst, dass ich dich aus Verbitterung verraten würde? Wie, wann und wo kann ich Antworten auf diese quälenden Fragen finden?*

Chase versuchte, sich zu beruhigen. Er musste einen klaren Kopf und seine Gefühle unter Kontrolle behalten, um sein Ziel zu erreichen. Es gab sicherlich einen guten Grund dafür, dass er hier geboren, dann entführt und schließlich wieder hierher zurückgerufen worden war. Doch warum kannte er diesen Grund nicht? Wann würde er sich ihm endlich offenbaren? Was musste er erleiden, bevor es so weit war? Es hatte sich so viel verändert hier in zwölf Jahren. So viele Weiße waren in das Land der Indianer eingedrungen und hatten viel Hass und Gewalt gesät. Mit der Zeit würde es wahrscheinlich noch schlimmer werden, denn immer mehr Siedler und Soldaten kamen. Das Gebiet, das man den Lakota zugesprochen hatte, war groß, aber es gab viele Sippen – alle, die zu den sieben Ratsfeuern der Hauptstämme gehörten –, die es miteinander teilen und von dem leben mussten, was das Land ihnen bot, solange diese lebenswichtigen Bestände überhaupt noch vorhanden waren. Wenn sich diese Reserven erst einmal erschöpft hatten, würden die Lakota – mussten die Lakota – ihr Wort brechen und dieses Gebiet verlassen.

Er wusste aus eigener Erfahrung, dass die Weißen die Lebensweisen der Indianer nicht verstanden und dass die Bedürfnisse der ersten nicht mit den Bräuchen der letzten in Einklang zu bringen waren. Das Volk der Dakota hatte die nördlichen Ebenen vor langer Zeit erobert und mit Hilfe ihrer Zahlenstärke und herausragenden Kriegskunst kontrolliert. Die Übergriffe der Weißen – die mit dem Pelzhandel, dem Goldrausch in Kalifornien und der Besiedlung des Weiten Westens eingesetzt hatten und nun der ständigen Ausweitung dieser drei Bereiche dienten – hatten jedoch dazu geführt, dass andere große Indianervölker näher gerückt und schließlich in das riesige Gebiet eingedrungen waren. Mit vielen dieser Stämme waren die Lakota verfeindet, wie etwa mit den Crow und den Pawnee.

Durch das Vorrücken dieser starken und gewandten Gegner waren Feindseligkeiten entstanden, die von Generation zu Generation weitervererbt wurden. Kriegerische Auseinandersetzungen um Jagdgründe, Überfälle, Rachefeldzüge und Verteidigungsschlachten waren ein Teil des indianischen Lebens geworden. Der im Vertrag vereinbarte Frieden führte dazu, dass es keine Siege, keinen Ruhm, keine hohen Ränge mehr zu gewinnen gab, keine Raubzüge mehr unternommen werden konnten, keine Herausforderungen mehr zu meistern waren, Kriegervereinigungen nicht mehr gebraucht wurden und es keine Möglichkeiten mehr gab, Mut und Männlichkeit zu beweisen. Das war, als wolle man einem Grizzly befehlen, seine Tatzen nicht mehr zu benutzen, und einem Adler den Gebrauch seiner Krallen untersagen, einem Krieger seine Kraft, seine Ehre und seinen Daseinszweck nehmen. Das Leben eines Lakota-Indianers drehte sich um seine Familie, seine Sippe, seinen Stamm, sein Volk, um die »Vier Tugenden«, das Land und den Himmel, die Jahreszeiten, um Tiere, Jagd, seine Freiheit und Unabhängigkeit, seine Feinde, um Ausdauer und Kraft, um seinen Glauben und um die Huldigung des Großen Geistes Wakantanka.

Der 1851 geschlossene Vertrag von Laramie, von den Indianern als Vertrag von Long Meadow bezeichnet, hatte zum Ziel, diese Lebensweise zu ändern. Doch man hatte zwei wichtige Dinge übersehen: Nicht alle Völker und Stämme hatten dem Vertrag zugestimmt, und nicht alle, die ihm zugestimmt hatten, wollten sich an die Abmachungen halten. Wenn aber nur ein Stamm einen Angriff auf einen anderen oder auf weiße Siedler verübte, wurden alle Indianer dafür verantwortlich gemacht, denn für die Weißen waren alle Indianer gleich. Warum konnten sie nicht begreifen, dass das Volk der Dakota mit dem der Crow oder der Pawnee so wenig gemein hatte, wie das amerikanische Volk mit dem der Briten, Spanier oder Franzosen? Warum konnten sie sich nicht mehr erinnern, wie entschlossen sie gegen ebendiese Mächte gekämpft hatten, um ihre Freiheit und Unabhängigkeit zu erlangen und dieses riesige Land in Besitz zu nehmen? Hatten sie vergessen, dass die Indianer zuerst hier gewesen waren? Hatten sie wirklich geglaubt, dass die Indianer ihnen gegen lächerliche Summen gestatten würden, in das Land ihrer Ahnen einzudringen, es zu übernehmen und ihr Leben völlig zu verändern?

Aber verstanden vielleicht andererseits sein Vater und seine Brüder den Ernst der Lage – und ihn, Chase – besser, als er selbst es tat? Wussten sie, welches tödliche Risiko sie eingingen, wenn sie einen Angriff auf die Weißen verübten? Wäre er in der Lage, Weiße zu töten, falls sie sich zum Kampf entschieden, statt sich den Bleichgesichtern zu fügen? Zumal er wusste, dass der unvermeintliche Vergeltungsschlag der Armee womöglich zur Auslöschung des ganzen Stammes führen konnte. Hegte er verborgene Zweifel, dass er zu den Waffen greifen würde, und spürten sein Vater und seine Brüder seine Unentschlossenheit?

Chase beendete seine Grübelei, als Kriegerischer Adler sich mit einigen anderen Männern näherte. Sie brachten ihm etwas zu essen, seinen Schlafsack, seine Satteltaschen, Holz und sein Messer.

»Windtänzer schickt dir Vorräte und deine Sachen. Dies ist Flinker Otter, er ist ein Freund und Träger des heiligen Bogens. Iss und bleibe hier.«

Chase nickte Flinker Otter zu, dem Mann, der heute Morgen Kriegerischer Adler begleitet und Chase' Waffen an sich genommen hatte. Der Krieger sah ihn mit undurchdringlichem Blick an. Auf Englisch sagte Chase: »Du zähltest acht Winter, als ich verschwand, Kriegerischer Adler. Erinnerst du dich an mich?«

»Ich habe einige Erinnerungen an meinen Bruder.«

Chase wusste, dass Kriegerischer Adler seine Antwort mit Bedacht gewählt hatte. »Aber du bist nicht sicher, ob ich wirklich Wolkenjäger bin?«

»Du sagst viele wahre Dinge über längst vergangene Tage. Hast du sie selber erlebt oder hat Wolkenjäger dir von ihnen erzählt?«

»Ich schwöre bei meinem Leben und meiner Ehre, dass ich Wolkenjäger bin, dein Bruder. Ich ...« Jemand schnitt ihm in Lakota das Wort ab.

»Hat dein Vater etwa gesagt, dass dieses Bleichgesicht hier bleiben kann?«

Kriegerischer Adler drehte sich zu Zwei Federn um, der mit wütender Miene zwischen den nahen Bäumen hervortrat und auf sie zukam.

»Ja, er kann hier bleiben.«

»Er muss bewacht werden, Cousin, er ist eine Bedrohung für uns.«

»Das ist nicht erwiesen, Zwei Federn. Vater hat die Befehle erteilt und wir gehorchen.«

Ebenfalls in Lakota sagte Chase zu dem Mann, der vor Wut kochte: »Die Feindschaft zwischen uns hat ihre Wurzeln in einer Zeit, als wir noch Kinder waren, Zwei Federn. Heute sind wir Männer. Wir müssen den alten Streit hinter uns lassen und ihn zum Wohle unseres Volkes für immer begraben.«

»Es kann keinen Frieden zwischen uns geben, bis du nicht bewiesen hast, dass du ein würdiger Krieger und uns treu ergeben bist. Das hast du mit Worten nicht getan und Taten werden dem ebenso wenig folgen.«

»Wenn schon kein Frieden«, drängte Chase, »dann lass uns wenigstens einen Waffenstillstand schließen, damit ...«

»Du einen Weg finden kannst, um dich in unseren Stamm und in die Herzen der Menschen zurückzuschleichen? Bitte dabei nicht um meine Hilfe, du Mischlingsbrut, denn ich werde sie dir niemals gewähren.«

»Warum hasst du mich, Zwei Federn, obwohl doch das gleiche Blut in unseren Adern fließt, das unserer Großeltern, das Blut von Häuptling Geisterkrieger und seiner Frau Roter Vogel? Die Red Shield sind ihrem Häuptling, ihrer Familie, ihrem Stamm und dem großen Volk der Dakota treu ergeben. Brüder, Schwestern und Kinder unseres Häuptlings sind die wichtigsten Mitglieder des Stammes; wir zählen zu dieser Gruppe, Zwei Federn, deshalb sollte kein Krieg zwischen uns herrschen.«

»Ich habe nur indianisches Blut in mir, in dir jedoch fließt Feindesblut, deshalb sind wir verschieden. Zwischen uns bestehen keine Familienbande.«

»Du sprichst und benimmst dich wie ein ungezogenes Kind, Zwei Federn. Zwischen uns besteht eine Blutsverwandtschaft, ob es dir passt oder nicht.« Chase wünschte, er hätte sich nicht von seinem Cousin dazu hinreißen lassen, diese Worte auszusprechen, die dieser als grobe Beleidigung auffasste. Er sah, wie Zwei Federn die Augen zusammenkniff, sein Blick noch eisiger wurde und er sich vor Wut versteifte.

»Versuchst du meine Ehre zu beflecken, du Halbblut? Willst du mich zum Kampf herausfordern? Nimm dein Messer und wir werden unseren Streit hier und jetzt austragen.«

Kriegerischer Adler packte Zwei Federn am Arm, bevor dieser sein Messer aus der Gürteltasche ziehen konnte. »Du wirst nicht gegen Wolkenjäger kämpfen«, befahl er. »Er ist hier auf Vaters Wunsch. Du brichst unsere Gesetze, wenn du mit einem Mann kämpfst, der unter dem Schutz des Häuptlings steht.«

Flinker Otter schüttelte den Kopf und sagte in entschlossenem Ton: *»Iya, Wiyaka Nanpa. Ecunsni yo.«*

Chase verstand die Worte: »Geh, Zwei Federn. Tu es nicht.« Wie Kriegerischer Adler und Flinker Otter wartete er darauf, wie sein Cousin reagieren würde.

»Mni kte lo«, entgegnete Zwei Federn seinen Freunden, wandte sich dann noch einmal an Chase und fügte hinzu: *»Tka ecana nitin tke.«* Dann spuckte er zum Zeichen der Verachtung auf den Boden und ging.

Chase hatte auch diese Bemerkung verstanden:

»Ich gehe. Aber bald wirst du sterben«. Er zog es vor zu schweigen. Er wartete, bis Zwei Federn außer Sichtweite war, dann bedankte er sich bei Flinker Otter. Abermals blieb der Gesichtsausdruck des Kriegers verschlossen, denn er war sich nicht sicher, wie er sich diesem ganz und gar nicht willkommenen Sohn des Häuptlings gegenüber verhalten sollte. Chase, der sich um sein geliebtes Pferd Sorgen machte – die einzige ihm noch verbliebene Erinnerung an die Martins –, fragte Kriegerischer Adler: »Kann mein Pferd bei mir bleiben? Der Ort und die Menschen hier sind ihm fremd und es ist unruhig, wenn ich nicht in der Nähe bin.«

»Das Pferd bleibt, wo es ist. Es ist in Sicherheit und wird gut versorgt. Wolkenjäger bleibt hier.«

Chase nahm an, dass es sich um eine Vorsichtsmaßnahme handelte, damit er nicht heimlich verschwinden konnte, und beschloss nachzugeben. Er konnte nur hoffen, dass es Red gut ging. Er nickte und bat Kriegerischer Adler, Windtänzer für das Essen zu danken. »Ich werde hier bleiben, bis Vater nach mir schickt«, versprach er.

Kriegerischer Adler nickte. Er wollte Wolkenjäger davor warnen, sich mit Zwei Federn anzulegen – vor allem durfte er den Mann nicht beleidigen, wenn dieser ihm nochmals zu nahe treten sollte –, doch dann ließ er es bleiben. Er würde diese Angelegenheit mit seinem Vater und seinem Bruder besprechen und sie würden gemeinsam dafür sorgen, dass Zwei Federn Wolkenjäger in Ruhe ließ. Kriegerischer Adler war überzeugt, dass dieser Mann tatsächlich sein Bruder war, was jedoch nicht hieß, dass man ihm trauen konnte. Die Wahrheit würde bald ans Licht kommen und dann würde der Stamm eine Entscheidung über Leben und Tod fällen ...

3. Kapitel

Während Kriegerischer Adler bei Chase war, saß Windtänzer im Tipi von Großer Bär. »Erzähl mir von deinen Gefühlen und Gedanken, Vater«, bat er.

Der Häuptling schüttelte den Kopf und gab einen lauten Seufzer von sich, bevor er antwortete: »Zwölf Jahre ist es her, dass ich meinen zweiten Sohn verlor, und da kommt dieser Mann und behauptet, er sei Wolkenjäger. Ich würde zu gern glauben, dass er zu mir zurückgekehrt ist, aber ich fürchte mich davor. Wenn er lügt und wir auf ihn hereinfallen, kann er unserem Volk sehr gefährlich werden. Selbst wenn er die Wahrheit über seine Herkunft sagt, könnte er uns viele Schwierigkeiten bereiten, erst recht, wenn er böse Absichten hegt. Ich bin Häuptling und muss das tun, was für meinen Stamm das Beste ist, auch wenn das bedeutet, dass ich aus Gründen der Standesehre und der Pflichterfüllung meinen Sohn nochmals verliere.«

Großer Bär seufzte abermals. »Ich war ihm kein guter Vater, Windtänzer, denn jedes Mal, wenn mein Blick auf ihn fiel, wurde ich an seine Mutter und meine Schwäche erinnert und sah in ihm die Strafe für diesen Fehltritt. Ich fürchtete, wenn ich ihn genau wie dich und meine anderen Kinder behandelte, müssten meine geschätzte Frau und alle anderen glauben, ich hätte seine Mutter geliebt, und ich hatte Angst, das würde mir den Zorn des Stammes einbringen und ich könnte den Gehorsam und die Achtung der Leute verlieren. Als Wolkenjäger nicht lange nach Omastes Tod von mir genommen wurde, dachte ich, der Große Geist habe mir meine Schwäche vergeben, indem er alles, was davon zeugte, aus meinem Leben strich. Mein Verhalten gegenüber Wolkenjäger war falsch, mein Sohn, denn er trug keine Schuld an meinem Fehltritt und hätte deshalb auch nicht darunter leiden dürfen. Ich war selbstsüchtig und blind und missachtete die vier Tugenden. Doch jetzt, da er so lange unter dem Einfluss der Weißen gelebt hat, ist er vielleicht mehr *wasicun* als Oglala, wenn er denn wirklich mein Sohn ist.«

Das unerwartete Geständnis seines Vaters bewegte Windtänzer. Schließlich begingen alle Menschen in ihrem Leben Fehler, doch nur ein Mensch mit einem großen und guten Herzen lernte aus ihnen und wurde stärker, so wie sein Vater. Vielleicht war aus dieser Angelegenheit noch eine Lehre zu ziehen, überlegte er sich. »Wie sollte dieser Mann über die Dinge Bescheid wissen, von denen er uns erzählte, und in den Besitz der Sachen gelangen, wenn er nicht Wolkenjäger ist?«, fragte er.

»Was ist, wenn er ein Bruder oder ein Freund Wolkenjägers ist und dieser ihm von uns berichtete und ihm die Sachen gab?«, entgegnete sein Vater. »Was ist, wenn er sein Wissen dazu benutzt, sich in unser Lager einzuschleichen und uns auszuspionieren? Wenn wir ihm erlauben, bei uns zu leben, kann er unsere Geheimnisse und die unserer Verbündeten in Erfahrung bringen und sie unseren Feinden verraten. Wenn er tatsächlich Wolkenjäger ist und in Gedanken immer bei uns war, warum hat er dann so lange mit seiner Rückkehr gewartet? Er ist seit vielen Jahren ein erwachsener Mann. Warum sollte er bei denen bleiben, die ihn belogen haben?«

»Vielleicht war sein Geist verwirrt, weil er sich ihnen verpflichtet fühlte«, gab Windtänzer zu bedenken. »Vielleicht ist er ein guter und großherziger Mann, mein Vater, und hatte das Gefühl, den Weißen etwas für ihre Hilfe zu schulden. Er war noch ein Kind und er war verletzt. Er glaubte, wir seien tot. Man brachte ihn weit fort von allem, was er kannte und liebte. Er schenkte den Siedlern sein Vertrauen und seine Zuneigung, bevor er auf die dunkle Wahrheit ihrer falschen Worte stieß.«

»Du verteidigst ihn, mein Erstgeborener? Glaubst du ihm?«

»Ich weiß nicht, ob man ihm vertrauen kann, aber ich glaube, dass er mein Bruder ist. Ich werde dir als Häuptling folgen, Vater. Um dieses Amt ausüben zu können, brachtest du und auch Großvater mir bei, ein Problem stets von allen Seiten zu betrachten. Es stimmt, dass es gefährlich sein kann, ihn aufzunehmen, wenn er nicht Wolkenjäger ist oder Böses im Schilde führt. Doch es ist falsch, ihn zurückzuweisen, wenn er dein Sohn und unser Bruder ist und es gut meint. Schließlich wissen wir nicht, ob Wakantanka oder eine dunkle Macht ihn schickt.«

»Deine Überlegungen und Worte sind weise,

Windtänzer, du hast unter der Führung des Großen Geistes viel von uns gelernt. Doch die Frage bleibt unbeantwortet: Nehmen wir ihn wieder in unseren Stamm auf und lassen ihn an unserem Leben teilhaben oder nicht?«

»Wir müssen ihn viele Tage lang beobachten und darauf warten, dass der Große Geist uns auf den richtigen und sicheren Weg führt«, riet Windtänzer seinem Vater. »Bist du nicht derselben Meinung, Großvater?«, fragte er den Schamanen, der das ernste Gespräch zwischen Vater und Sohn schweigend verfolgt hatte.

Nahemana lächelte. »Du hast viel gelernt, mein Enkel, du bist weise und schlau. Es soll so sein, wie du sagst.«

»Geh zu ihm, Weiser, und versuche mehr über ihn herauszufinden«, drängte der Häuptling.

Nahemana sah zu Großer Bär, nickte und verließ das Tipi.

Chase nahm einen letzten Schluck Wasser, um das geröstete Wildbret und das Brot herunterzuspülen, das Kriegerischer Adler ihm gebracht hatte. Als er den Schamanen auf sich zukommen sah, schraubte er den Verschluss auf seine Feldflasche und stellte sie beiseite. Er fragte sich, ob seine Rückkehr dem alten Mann missfiel oder ihn beängstigte und er ihn deshalb überreden wollte zu gehen. Er wusste, wie sehr man den Schamanen achtete und ihm vertraute. Nahemana hatte großen Einfluss auf seine Stammesbrüder und er hatte oftmals bewiesen, dass er mit dem Großen Geist in Verbindung stand. Alles, was ihm in Träumen und Visionen prophezeit worden war, hatte sich später wirklich ereignet. Welche Rolle spielte dieser mächtige und rätselhafte Mann in seinem Schicksal?

Chase grüßte und bat ihn, auf dem Baumstamm Platz zu nehmen, damit sie sich unterhalten konnten. *»Hau, Nahemana. U wo. Cankaga akan yanka. Ia.«* Während der Schamane sich setzte, fügte er hinzu: *»Tanyan yahi yelo. Ake iyuskinyan wancinyankelo«*, und teilte ihm so mit, dass er sich über seinen Besuch und das Wiedersehen mit ihm freue.

Nachdem Nahemana Chase für sein gutes Lakota gelobt hatte, fragte er: *»Taku ca yacin hwo? Takunocin yahipi?«*

Er verschwendet keine Zeit und fragt unumwunden, was ich hier zu suchen habe, dachte Chase und beteuerte dem Schamanen, dass seine Rückkehr kein Anlass zur Sorge war. *»Kopegla sni yo; wakuyelo.«* Er sprach weiter in Lakota. »Kannst du denn nicht sehen und fühlen, wie es in meinem Herzen aussieht, Weiser? Du weißt, was ich geträumt habe, aber du bist nicht sicher, ob ich die Wahrheit spreche?«

»Der Große Geist gab mir diesen Gedanken ein und legte die passenden Worte in meinen Mund. Ich wusste von nichts, und es war Sein Wille, nicht meiner, der mich diese Worte sagen ließ. Er hat mir nicht gezeigt, wie es in dir aussieht, und Er hat mich auch nicht den wahren Grund für dein Erscheinen wissen lassen. Wenn du nicht Yutokeca Mahipya bist und Böses im Schilde führst, werden Er und die Red Shield dich bestrafen.«

»Ich bin Der, der die Wolken jagt, Großvater. Doch die einzigen Wolken, die ich jage, sind solche, die von fliehenden Feinden oder von Tieren aufgewirbelt werden, die meine Beute darstellen. Ich reite nicht in den Staubwolken unserer Feinde oder böser Geister.«

»Wie soll ein einziger Mann meinem Volk helfen?«

»Ich weiß es nicht, Großvater«, gab Chase zu und war überrascht, dass der alte Mann diese Anrede, die er vor langer Zeit als Kind gebraucht hatte, nicht als Beleidigung auffasste. »Ich hatte gehofft, du könntest es mir sagen, Weiser. Wirst du den Großen Geist um eine Antwort auf diese Frage ersuchen?«

»Mein Herz fragte Ihn, sobald du uns deinen Namen nanntest. Aber Er wird mir erst eine Antwort geben, wenn die Zeit dafür gekommen ist. Wenn du lügst, solltest du besser nicht mehr hier sein, wenn Er seine Botschaft schickt, sonst kannst du dich auf deinen Tod vorbereiten.«

»Ich weiß deine Warnung zu schätzen, Großvater, aber sie wird mich nicht von hier vertreiben, denn ich spreche die Wahrheit. Nur der Große Geist und mein Vater können mich wegschicken. Ich bin Yutokeca Mahipya, ich bin ein Red Shield Oglala, hier ist mein Zuhause. Meine einzige Familie lebt hier und hier möchte ich bleiben. Sag mir, was ich tun muss, um mich zu bewähren, Weiser, und ich werde es tun.«

»Das kann nur der Große Geheimnisvolle entscheiden. Ich gehe jetzt«, entgegnete Nahemana und stand langsam und ächzend auf.

»Tanyan yahi yelo. Ake u wo.« Chase sagte ihm abermals, dass er sich über den Besuch freue, und forderte ihn auf, bald wiederzukommen.

Nahemana nickte und ging gedankenverloren davon.

Chase erinnerte sich gut an den alten Mann und an so manchen Tag, den er mit ihm verbracht hatte. Wann immer Nahemana auf seine Enkelkinder aufgepasst, ihnen Geschichten erzählt oder sie unterrichtet hatte, hatten Windtänzer und Kriegerischer Adler auf Büffelfellen an seiner Seite und Hanmani auf seinem Schoß gesessen. Chase hatte sich wie ein Außenseiter vor sie setzen müssen, auf den Boden, allein. Obwohl er nicht mit ihnen blutsverwandt war und sie seine Gegenwart meist zu ignorieren schienen, waren Nahemana und Kleine Schildkröte doch die einzigen Großeltern, die er je gekannt hatte. Er erinnerte sich, wie Kleine Schildkröte eines Tages Windtänzer und Kriegerischer Adler selbst gemachte Ponys aus Leder mit einer Füllung aus Haaren und Hanmani eine mit Gras ausgestopfte Puppe und ein Miniatur-Tipi geschenkt hatte. Er hatte mit leeren Händen und gebrochenem Herzen daneben gestanden. Es waren seine Halbbrüder gewesen, die ihm ihre Sachen gaben und ihn an ihren Spielen und Scheinjagden teilnehmen ließen. Es war Windtänzer gewesen, nicht sein Vater, der ihm geholfen hatte, seinen ersten Bogen herzustellen und seine ersten Pfeile zu schnitzen, und der ihm beigebracht hatte, wie man sie benutzte, wie man kämpfte, Spuren las und jagte. Es war Windtänzer gewesen, der Zwei Federn davon abgehalten hatte, ihn zu misshandeln und ihn von den Spielen der Jungen auszuschließen.

Warum, fragte Chase sich, wies sein älterer Bruder ihn jetzt zurück und misstraute ihm? Vielleicht gab es dafür nur einen Grund, nämlich dass Windtänzer zwischen seinen eigenen Gefühlen und den Verpflichtungen gegenüber seiner Familie und seinem Stamm hin- und hergerissen war. Wenn er den zukünftigen Häuptling und angesehenen Krieger für sich einnehmen konnte, war die Schlacht um seine Rückkehr schon fast geschlagen. Auch den Schamanen und seine Tochter musste er für sich gewinnen, denn beide hatten großen Einfluss auf seinen Vater. Aber wie sollte er diese drei von seiner Aufrichtigkeit überzeugen?

Bei Sonnenuntergang erschien Hanmani mit einem hölzernen Napf voll gebratenem Fleisch und wildem Gemüse, das mit Kräutern angerichtet war. Sie gab ihm außerdem drei fingerdicke Scheiben *wakapapi wasna* – Dörrfleisch –, das noch vom letzten Sommer stammte und sich einige Jahre lang hielt, wenn es richtig zubereitet und gerollt war.

Chase lächelte dem zurückhaltenden Mädchen mit den teefarbenen Augen und Haaren zu, das jetzt ungefähr sechzehn Jahre alt sein musste. *»Pilamaya, tanksi.«* Er dankte ihr und nannte sie seine jüngere Schwester.

»Bin ich wirklich deine Schwester? Bist du Wolkenjäger oder ein Lügner?«

Chase lächelte erneut, in der Hoffnung, sie für sich zu gewinnen und ein wenig zu hofieren. Außerdem war er beeindruckt und zugleich belustigt von ihrem Mut und ihrer direkten Art. »Ja, ich bin Wolkenjäger, dein Bruder. Du warst erst vier, als ich verschleppt wurde, deshalb erinnerst du dich wahrscheinlich nicht an mich. Du bist eine hübsche junge Frau geworden, während ich fort war. Ich bin sicher, dass unser Vater sehr stolz auf dich ist.«

»Er ist zufrieden mit mir, denn ich liebe und achte ihn und bin folgsam.«

Chase merkte, dass seine Komplimente ihr schmeichelten und dass sie sich zusammennehmen musste, um weiterhin reserviert aufzutreten. »So wie ich, Hanmani, und ich werde beweisen, dass ich meines Ranges würdig und ihm ein guter Sohn bin, wenn man mir die Chance dazu gibt. Willst du dich nicht setzen und dich ein wenig mit mir unterhalten, während ich esse? Ich möchte noch so vieles über meine Familie erfahren. Man sagte mir, dass Windtänzer eine Frau und einen Sohn hat. Gibt es einen jungen Krieger, der dein Herz betört?«

Hanmani war zwar äußerst neugierig auf diesen Mann, doch man hatte ihr aufgetragen, nicht länger als nötig bei ihm zu verweilen. Ihre Entschuldigung hörte sich nach einer Ausrede an, traf jedoch zum Teil zu. »Die Sonne geht unter und ich habe noch einiges Dinge zu erledigen, deshalb muss ich jetzt gehen. Wenn die Sonne erneut am Himmel erscheint, werde ich dir wieder zu essen bringen.« Sie bemerkte seinen enttäuschten Gesichtsausdruck, der ihr zartes Herz berührte, zumal er wohl ihr Bruder war.

»Ich verstehe, dass du gehen musst«, sagte Chase freundlich. »Ich hoffe, wir können uns ein andermal unterhalten. Vielen Dank für den netten Besuch und das Essen. Bestelle auch deiner Mutter einen herzlichen Dank von mir.«

Hanmani ging los, zögerte und drehte sich noch einmal um. »Wenn du mein Bruder bist und bei uns bleibst, werden wir uns noch oft unterhalten. Vielen Dank für deine freundlichen Worte. Es ist traurig, aber ich glaube nicht, dass ich mich an meinen Bruder erinnere. Wenn doch, so werden diese Bilder wohl bald zu mir zurückkommen. Iss jetzt, solange die Speisen noch warm sind. Hast du genug Holz für ein Feuer?«

»Mehr als genug, meine Schwester. Du hast ein gutes Herz.«

Hanmani konnte nicht verhindern, dass sie einander anlächelten, bevor sie endgültig ging. Sie war froh, dass sie noch einmal das Wort an ihn gerichtet hatte, denn das schien ihn glücklich zu machen. Wenn sie Freunde werden würden – selbst falsche, falls er nicht der war, für den er sich ausgab –, würde er ihr vielleicht Dinge anvertrauen, die er vor den anderen verschwieg.

Als Chase im Schlafsack lag, die Arme über dem vollen Bauch verschränkt, kam ihm der Gedanke, dass er mit dem Essen vielleicht vorsichtig sein sollte. Winona wäre wahrscheinlich froh, wenn er auf einer Totenstätte liegen würde statt auf der Wiese vor dem Lager ihres Mannes und somit in Sichtweite. *Warum auch sollte sie das uneheliche Kind nicht hassen, das ihr Mann mit einer anderen Frau gezeugt hatte, noch dazu mit einer Weißen, einer Feindin?*, dachte er gequält.

Augenblicklich schalt er sich selbst für diese hässlichen Gedanken, denn Winona hatte sich in dem Jahr nach dem Tod seiner Mutter gut um ihn gekümmert. Sie hatte seine Kleidung hergestellt, gewaschen und geflickt, sie hatte ihm zu essen gegeben und ihn gepflegt, wenn er krank war, sie hatte ihn mit ihren eigenen Kindern spielen lassen, und sie hatte Großer Bär nicht gedrängt, ihn fortzuschicken. Soweit er wusste, hatte sie ihn nicht einmal darum gebeten. Und doch, schrie sein Herz, hatte sie ihn niemals umarmt, nie öfter als nötig das Wort an ihn gerichtet und niemals versucht, ihn – ein kleines Kind – nach dem Tod seiner Mutter zu trösten.

Vielleicht hatte Winona ihn in gewisser Weise gefürchtet, hatte Angst gehabt, Großer Bär könne ihren Kindern nicht genug Zuneigung und Aufmerksamkeit schenken. Vielleicht hatte sie gedacht, seine Gegenwart würde den Häuptling stets an die Nacht erinnern, in der er mit der schönen Omaste die Schlafmatte geteilt hatte, und würde auch die anderen Mitglieder des Stammes den schwachen Moment ihres Häuptlings niemals vergessen lassen. Um der Gerechtigkeit willen durfte er nicht außer Acht lassen, was die Frau in den Jahren der Gefangenschaft bei den grausamen Pawnee ertragen hatte. Sie musste in den Händen ihrer Feinde unsagbare Qualen erlitten haben, nur um dann bei ihrer Heimkehr festzustellen, dass ein uneheliches Kind in ihrem Tipi lebte und ihr eigener Sohn die Weiße, die zwei Jahre lang ihren Platz eingenommen hatte, innig liebte – für jede Frau und Mutter wäre das schmerzlich gewesen. Chase sagte sich, dass er verständnisvoll, geduldig und nachsichtig mit Winona sein musste, gleichzeitig aber galt es, sich vor ihr in Acht zu nehmen.

Chase lag auf dem Rücken und betrachtete die dünne Sichel des Mondes, während ein kleines Lagerfeuer ein schwaches Licht auf das einsame Lager warf. Er war erst seit einem Tag wieder hier und hatte schon mit jedem Familienmitglied außer Winona gesprochen. In Anbetracht der kurzen Zeitspanne hatte er diese schwierige Aufgabe vielleicht gar nicht so schlecht bewältigt. Andererseits war er sicher, dass man ihm nicht traute, denn er spürte, dass er beobachtet wurde; man hatte also eine Wache auf ihn abgestellt. Ohne seine Waffen fühlte er sich wehrlos. Immerhin war sein Messer in Reichweite.

Er hörte Geräusche in der Nähe, doch er glaubte nicht, dass Zwei Federn versuchen würde, ihn zu töten, selbst wenn er hoffen konnte, dass ein Feind für den Mord verantwortlich gemacht würde. Chase stand unter dem Schutz des Häuptlings und das Risiko, das sein Cousin einging, wenn er ihm etwas antat, war zu groß. Wenigstens musste er die Nacht nicht am Marterpfahl oder am Boden gefesselt verbringen! Er entdeckte zwei Rehe, die sich dem Fluss näherten, um zu trinken, und wusste, wer die Geräusche verursacht hatte.

Hör auf, vor deinem eigenen Schatten Angst zu haben, und versuche zu schlafen, Chase!, schalt er sich selbst. *Du musst morgen ausgeruht sein und einen klaren Kopf haben. Mach die Augen zu und denk an etwas Angenehmes, dann wirst du auch etwas Schönes träumen.*

Schon bald war Chase – Wolkenjäger – Martin

friedlich entschlummert und träumte von der schönen und begehrenswerten Indianerin, die durch einen dichten grünen Wald tanzte und ihn singend und lächelnd zu sich lockte, jedoch immer außer Reichweite blieb.

Am nächsten Morgen kam Hanmani wie versprochen wieder, brachte ihm zu essen und nahm den Napf vom Abend entgegen. *»Hau, tanksi. Anpetu waste.«*

»Han, anpetu waste. Ota wayata he?« Sie fand auch, dass es ein schöner Tag war, und fragte ihn, ob er sich am Vorabend satt gegessen hatte, während sie die Morgenmahlzeit auf den Baumstamm stellte.

»Han, pilamaya.« Er dankte ihr und merkte, dass sie dem Lager den Rücken zukehrte, damit niemand sehen konnte, dass sie sich mit ihm unterhielt. Schnell fragte er: »Wer ist die Frau, mit der du dein Tagwerk verrichtest? Ich habe euch bei meiner Ankunft und gestern Abend zusammen gesehen.«

Hanmani war überrascht, dass er ihr in der kurzen Zeit, die sie miteinander verbringen konnten, ausgerechnet diese Frage stellte, denn auch Macha hatte sich sehr für ihren angeblichen Bruder interessiert. Sie antwortete hastig, während sie so tat, als müsse sie den neuen Napf auf dem Baumstamm verschieben, damit er nicht hinunterfiel. »Sie heißt Morgenröte und ist meine beste Freundin. Sie war sechs, als du verschwandst. Sie spielte mit dir, als ihr klein wart. Kannst du dich nicht an sie erinnern?«

»Vielleicht kommt sie mir deshalb so bekannt vor«, sagte er leise wie zu sich selbst. Aus ihrem Verhalten schloss er, dass sie versuchte, ihn auszuhorchen, deshalb war es vielleicht eine gute Idee, in ihrer Gegenwart »zufällig« ein »Geheimnis« auszuplaudern, um sie auf seine Seite zu bringen. Außerdem war er überzeugt, dass sie es für sich behalten würde, damit sie niemand wegen ihres Ungehorsams tadeln konnte. »Und ich dachte, es läge daran, dass sie der Indianerin so ähnlich sah, die mich in meinem merkwürdigen und eindringlichen Traum nach Hause lockte.«

Hanmani nahm den schmutzigen Napf auf, sah ihn an und fragte ungläubig: »Du hast Morgenröte in einem Traum gesehen?«

»Ich weiß nicht genau, ob sie es war, aber ich glaube schon. Es ist seltsam, erst von einer Frau zu träumen und sie dann zu sehen, nicht wahr, *tanksi*?«

Aus einem unerklärlichen Grund begann Hanmanis Herz zu rasen. Sie wollte mehr über dieses aufregende Geheimnis erfahren, doch sie konnte nicht länger bleiben. »Die Wege des Großen Geistes sind oft unergründlich, *tiblo*. Ich muss jetzt gehen. Ich werde dir später wieder zu essen und noch mehr Holz bringen.«

»*Ake wancinyankin ktelo.*« Er verabschiedete sich von ihr. Als sie fort war, lächelte er vergnügt, weil sie ihn ihren älteren Bruder genannt und er herausgefunden hatte, wer die bezaubernde Schönheit war.

Er ging davon aus, dass Macha im Morgengrauen das Licht der Welt erblickt hatte, denn es war Sitte, ein Kind nach der Tageszeit seiner Geburt zu benennen oder nach etwas Besonderem, das sich an diesem Tag ereignet hatte. Wenn nichts Ungewöhnliches geschehen war, wählte man einen Namen aus der Natur. Seine Mutter hatte ihm einen indianischen Namen gegeben, damit die Familie seines Vaters ihn als einen der Ihren annehmen konnte, doch dieser gut gemeinte und wohl überlegte Versuch war offensichtlich fehlgeschlagen. Er fragte sich, ob er den Namen seiner Kindheit nach der nächsten Visionensuche behalten würde. Er war bereits bei den Weißen gewesen, als er das Alter erreicht hatte, in dem man sich normalerweise diesem Ritual unterzog.

Chase schloss die Augen, um sich die Bilder seines Traums wieder ins Gedächtnis zu rufen. Er verglich die Frau aus dem Traum mit Macha. Er hatte seine Schwester nicht angelogen, an der Ähnlichkeit gab es nichts zu rütteln. Entweder waren die Traumfrau und Morgenröte ein und dieselbe Person oder aber sie glichen sich aufs Haar. Doch wie war es möglich, dass er von einer Fremden geträumt hatte? Macha hatte mit dem kleinen Mädchen, mit dem er als Kind gespielt hatte, nur wenig gemein. Entweder handelte es sich um einen merkwürdigen Zufall, um das hinterhältige Spiel eines böses Geistes oder um eine Botschaft des Schöpfers. Aber welche dieser drei Möglichkeiten traf zu und was hatte das zu bedeuten? War es ein gutes oder ein schlechtes Omen?

Macha, die mit Hanmani im Wald Pflanzen und Holz sammelte, hielt in ihrem Tun inne und starrte ihre beste Freundin an, denn diese hatte ihr soeben eine überraschende Mitteilung gemacht. »Dein Bruder hat nach mir gefragt? Warum? Was hat er gesagt? Du solltest doch nicht mit ihm sprechen. Du warst ungehorsam. Wenn andere davon erfahren, wird man dich bestrafen und von ihm fern halten.«

Hanmani sah sich um, so wie Macha es vor ihrem Wortschwall getan hatte, denn sie wollte sicher sein, dass niemand in Hörweite war. »Ich war vorsichtig, niemand hat gesehen, dass ich mit ihm gesprochen habe«, flüsterte sie. »Er ist einsam und verunsichert und er sucht einen Freund, deshalb wird er mir vielleicht Dinge anvertrauen, die er den anderen vorenthält. Vielleicht bin ich diejenige, die herausfinden wird, ob seine Absichten guter oder schlechter Natur sind, ob er ein Fluch oder ein Segen für uns ist. Es gibt bestimmt einen guten Grund, dass er uns in solch gefährlichen Zeiten geschickt wurde, sei es vom Großen Geist oder von einer bösen Macht. Du bist meine beste Freundin und ich vertraue dir, du wirst mich nicht verraten.« Sie berichtete, was Wolkenjäger gesagt hatte. Macha erging es ebenso wie ihr, sie riss vor Staunen die Augen auf.

»Wie kann ein Mann von einer Frau träumen, die weit weg von ihm lebt?« Ohne es zu wissen, stellte Macha dieselbe Frage, auf die auch Chase keine Antwort gefunden hatte.

»Ich weiß es nicht, meine Freundin, aber ich glaube, dass er die Wahrheit gesagt hat.«

»Warum hat er dir etwas so Vertrauliches mitgeteilt? Vielleicht ist es eine List«, gab Macha zu bedenken, obwohl sie hoffte, dass ihre Vermutung falsch war, denn womöglich würde man ihn töten oder für immer verbannen, wenn er solche Lügen verbreitete. Und in ihrem tiefsten Innern wünschte sie sich, dass er blieb. Aus einem unerklärlichen Grund fühlte sie sich unwiderstehlich zu ihm hingezogen, hatte sich schon als Kind zu ihm hingezogen gefühlt.

»Vielleicht vertraut er mir, Morgenröte. Oder vielleicht konnte er dem drängenden Wunsch nicht widerstehen, deinen Namen zu wissen«, fügte sie hinzu.

»Du machst dich über mich lustig, Hanmani, das sieht dir gar nicht ähnlich.«

»Ich meine es nicht so, meine Freundin. Das Ganze ist mir einfach ein Rätsel. Ist es nicht aufregend, Teil eines Traums zu sein, der eine heilige Prophezeiung in sich birgt?«

»Wenn Wolkenjäger wirklich einen solchen Traum hatte«, entgegnete Macha stirnrunzelnd.

»Wenn er die Wahrheit sagt, meine Freundin, was, glaubst du, hat das alles zu bedeuten?«

»Ich weiß es nicht, Hanmani, und das macht mir Angst.«

»Du brauchst dich nicht zu fürchten, meine Freundin, denn der Große Geist wird dich beschützen. Erinnerst du dich nicht, wie Er Tautropfen beschützte, als Wastemna versuchte, sie umzubringen oder zumindest mit allen Mitteln zu verscheuchen, nachdem sie mit meinem Bruder vermählt worden war? Schließlich kam man Wastemna auf die Spur und verbannte sie, und sie hatte noch Glück, dass man sie für ihr hinterhältiges Treiben nicht tötete.«

»Sie wurde überführt, weil du und Windtänzer etwas von ihren bösen Machenschaften geahnt und ihr eine Falle gestellt habt. Wirst du mich beschützen, wenn Wolkenjäger oder der Mann, der behauptet, Wolkenjäger zu sein, mir Böses antut?«

»Ich halte die Augen offen und helfe dir, wenn es gefährlich werden sollte, aber ich bin sicher, dass die Gefahr nicht von meinem zurückgekehrten Bruder ausgehen wird. Es ist mein Cousin, den du meiden und fürchten musst. Ich weiß nicht warum, aber ich glaube, Zwei Federn hat eine grausame und hinterhältige Ader. Ich bin sicher, dass er ein Auge auf dich geworfen hat, und das bereitet mir Sorgen. Er hat deutlich gezeigt, dass er Windtänzer verachtet und ablehnt. Gestern Abend forderte er meinen Bruder im Beisein von Kriegerischer Adler und Flinker Otter zu einem Kampf auf Leben und Tod heraus. Vater befahl ihm, sich von Wolkenjäger fern zu halten.«

Erschreckt von diesen schlechten Neuigkeiten, fragte Macha mit zitternder Stimme: »Glaubst du, Zwei Federn wird dem Befehl unseres Häuptlings gehorchen?«

»Das muss er, Morgenröte, sonst wird er bestraft und vielleicht für immer verbannt, und das wäre ein schlimmer Schlag für seine Eltern, meinen Vater und meine Brüder. Mein Cousin und seine Familie müssten in Schande leben.«

»Dieses Risiko hat Wastemna nicht von dem Versuch abgehalten, Tautropfen zu schaden, und fast wäre es ihr gelungen. Hätte die Tochter unseres ehemaligen Schlachtenführers ihren dunklen Sieg errungen, hätte unser Stamm mit Tautropfen eine großartige Kriegerin und Seherin verloren, die gemeinsam mit Windtänzer in den heiligen und gefährlichen Kampf zog, der unseren Leuten viel Leid ersparte und uns solange Frieden bescherte, bis der Vertrag von allen Unterzeichnern gebrochen wurde.«

Hanmani nickte, fügte aber hinzu: »Wastemna war dreist und dumm, denn sie wollte Windtänzer um jeden Preis und war blind vor Liebe.«

»Ist Zwei Federn nicht blind vor Hass und dem heftigen Verlagen, Wolkenjäger tot oder verbannt zu sehen?«, entgegnete Macha.

Hanmani runzelte die Stirn. »Das stimmt, meine Freundin, aber ich hoffe, sein Blick wird sich wieder klären und er wird sich von diesen üblen Gefühlen befreien.« Sie lächelte und wechselte das Thema. »Vielleicht bist du Teil einer neuen Prophezeiung, so wie Tautropfen es einst war. Windtänzer sah sie in einer heiligen Vision und ritt in ihr Lager, um Anspruch auf sie zu erheben. Sie wurden miteinander vermählt und taten gemeinsam viel Gutes für unser Volk. Vielleicht hatte auch Wolkenjäger einen heiligen Traum und du wirst seine Frau und gemeinsam begeht ihr viele große Taten für uns«, sagte sie begeistert.

»Ich bin keine Kriegerin wie Tautropfen. Was könnte ich schon tun, um unserem Volk zu helfen? Ich kann unsere Feinde nicht hinters Licht führen und bekämpfen, so wie sie es tat.«

»Ich habe nicht vergessen, wie sehr sie an Windtänzers Vision zweifelte und sich dagegen wehrte. Doch schließlich gab es keinen Zweifel mehr, dass die Botschaft von Wakantanka stammte, und sie fügte sich. Sie und Windtänzer lieben sich und sind glücklich und sie haben einen Sohn. Sie wird von unserem Stamm geliebt und geachtet. Vielleicht wartet ein solches Schicksal auch auf Wolkenjäger.«

»Es kann aber auch sein, dass Wolkenjäger von dieser Vision hörte und jetzt behauptet, dass er einen heiligen Traum hatte, um uns in eine Falle zu locken«, gab Macha zu bedenken, ohne selbst an ihre Worte zu glauben. Die Vorstellung, dass ein solches Schicksal auf sie wartete, war aufregend und beängstigend zugleich.

»Niemand außer uns und den White Shield, Tautropfens ehemaligem Stamm, weiß von dieser Vision. Solch ein Traum ist eine mächtige Medizin, Morgenröte. Er ist eine Botschaft des Großen Geistes und man muss ihr gehorchen. Wenn der Schöpfer will, dass eure Wege sich kreuzen, darfst du dich nicht dagegen wehren, auch wenn du dich manchmal vor den nächsten Schritten fürchten solltest.«

»Wir sprechen über Dinge, die vielleicht gar nicht eintreffen werden, Hanmani, deshalb sollten wir jetzt lieber schweigen. Wir dürfen niemandem von dem Traum erzählen.«

»Hast du vergessen, dass mein Großvater ihn gestern bei Wolkenjägers Ankunft schon erwähnt hat?«

»Aber er hat nicht gesagt, dass ich in dem Traum vorkomme.«

»Das stimmt, also werden wir niemandem etwas davon erzählen. Sind dein Herz, dein Geist und dein Körper erfüllt von merkwürdigen und neuen Gefühlen für meinen Bruder?«

»Ja, aber ich verstehe sie nicht und sie beunruhigen mich. Ich muss sie unterdrücken, denn es sind verbotene Gefühle, und ich darf mir keine falschen Hoffnungen machen.«

»Das trifft nur zu, falls Wolkenjäger von unserem Stamm zurückgewiesen wird. Vielleicht wird das nicht geschehen.«

»Und wenn doch, Hanmani? Solche Gefühle können mir nur Kummer und Pein bereiten. Ich darf mich ihnen nicht hingeben, bis er zu uns gehört, falls dieser Tag je kommen sollte.«

»Hat dieser Tag sich nicht schon angekündigt, meine Freundin?«

»Nein, Hanmani. Im Moment ist Wolkenjäger hier, aber wird er auch bleiben, selbst wenn man es ihm erlaubt? Vielleicht wird ihm der Kampf um seine Anerkennung zu schwer und er reitet wieder fort. Vielleicht wird er verbannt, denn viele misstrauen ihm. Oder vielleicht vertreibt ihn eine böse Macht, so dass er uns nicht so helfen kann, wie Wakantanka es wünscht.«

»Es gibt keine größere Macht als den Schöpfer, meine Freundin.«

»Wenn das stimmt, Hanmani, warum muss Sein Volk dann leiden und durch die Hände von weißen und indianischen Feinden sterben? Warum lässt Er es zu, dass unser Land und unsere Tiere, Sein Werk, zerstört und missbraucht werden?«

»Das Böse existiert, meine Freundin, und es ist mächtig, aber der Große Geist wird siegen. Hat er uns nicht immer in dunklen Zeiten geholfen?«

»Doch, und es ist nicht recht, dass ich solche Zweifel hege. Ich weiß nicht, aus welchem Grund ich mich heute so tadelnswert verhalte.«

»Es liegt an den verwirrenden und wundervollen

Neuigkeiten, die ich dir gebracht habe«, meinte Hanmani. »Und an den Gefahren, die Wolkenjäger bevorstehen. Dein Hunger nach ihm spielt wohl ebenfalls eine große Rolle.«

»Wie kommt es, dass ich solche Gefühle für ihn habe, wo er doch ein Fremder ist?«

»Ich weiß es nicht, Morgenröte, denn ich kenne weder die Liebe noch die Leidenschaft.«

Liebe und Leidenschaft, hallte es in Machas wirren Gedanken wider, während der Sommerwind über das Land der Lakota wehte und Grashalme und Wildblumen sich Seinem Willen beugten, so wie sie sich vielleicht bald Wolkenjägers Willen beugen würde.

Chase saß im Schneidersitz auf seinem Schlafsack und aß, was Hanmani ihm am Morgen gebracht hatte. Seit einer Woche lagerte er nun allein an diesem Ort und nur seine Halbschwester hatte sich ihm genähert, um ihm zu essen und Holz für sein nächtliches Lagerfeuer zu bringen, das ihm in diesen mondlosen Nächten ein wenig Licht schenkte. Vielleicht grenzte man ihn aus, um seine Geduld, seine Entschlusskraft, seine Willensstärke und seinen Gehorsam auf die Probe zu stellen. Er hatte jedenfalls nicht vor, irgendetwas zu tun, das gegen ihn sprechen konnte. Er würde weder ins Lager marschieren und auf einem Gespräch mit seinem Vater bestehen, noch diesen Ort ohne Erlaubnis verlassen.

In den letzten sieben Tagen hatte er zu seiner Freude einige wenige Worte mit Hanmani gewechselt, die diese Unterhaltungen weiterhin sorgfältig vor den anderen verbarg. Er hatte ein wenig mehr über seine Familie und über die jüngsten Ereignisse erfahren, doch da niemand von ihren Gesprächen wissen durfte, dauerten sie nie lange genug, um viel herauszufinden. Inzwischen war er aber überzeugt, dass Hanmani ihm glaubte, ihn sogar mochte und respektierte. Wenn er das doch nur auch von den anderen behaupten könnte, dachte er betrübt.

Er hatte Macha heimlich beobachtet, wenn diese die ihr aufgetragenen Arbeiten verrichtete, und dabei von Tag zu Tag größere Lust verspürt, mit ihr zu sprechen und sie kennen zu lernen. Er konnte weder erklären noch verstehen, warum er sich so sehr zu ihr hingezogen fühlte, doch es gab keinen Zweifel daran, dass dem so war. Mit größtem Vergnügen hatte er ihre verführerische Stimme vernommen, ihr strahlendes und häufiges Lächeln betrachtet, ihre grazilen Bewegungen bewundert, das Glitzern der Sonnenstrahlen auf ihrem glänzenden schwarzen Haar gesehen und seinen Blick über ihr liebliches Antlitz und ihren geschmeidigen Körper wandern lassen. Er hätte gern gewusst, was sie von seinen romantischen Gefühlen halten würde, sollte er sie ihr jemals gestehen. Vielleicht hatte Hanmani diese Aufgabe ja bereits übernommen. Würde Macha sich geschmeichelt fühlen und sich freuen, oder würden seine Gefühle sie abstoßen und ihr missfallen? Könnte sie sich zu einem Halbblut hingezogen fühlen, einem Außenseiter? Und selbst wenn sie seine Gefühle eines Tages erwidern sollte, würden ihre Eltern und ihre Familie in eine solche Heirat einwilligen? Das war eher zweifelhaft, deshalb sollte er sich solchen Tagträumen besser gar nicht erst hingeben. Vor seiner Ankunft im Lager hatte er keine Gedanken an Romantik, Liebe und Heirat verschwendet, und jetzt war wahrhaftig nicht der geeignete Zeitpunkt, um sich von solchen Hirngespinsten den Verstand rauben zu lassen.

Stattdessen sollte er lieber über seinen Cousin nachdenken. In der letzten Woche war Zwei Federn einige Male stehen geblieben und hatte in seine Richtung geschaut, und er hatte zurückgestarrt, um zu zeigen, dass er sich keineswegs eingeschüchtert fühlte. Seine Brüder hatte er des Öfteren dabei beobachtet, wie sie mit kleineren Gruppen auf die Jagd gingen oder fortritten, um die Gegend auszukundschaften, und er wäre nur zu gern bei ihnen gewesen. Er hoffte, dass man sich gut um sein Pferd kümmerte. Der Stamm war mit den Vorbereitungen für die große Büffeljagd beschäftigt, die bald in den Ebenen stattfinden sollte, und er fragte sich, ob man ihm erlauben würde, dabei zu sein. Oder würde man ihm den Befehl geben, die Gegend zu verlassen, oder ihn gar töten?

Er hatte versucht, sich die Zeit mit der Lektüre von James Fenimore Coopers »Der Wildtöter« und der Hausbibel der Martins zu vertreiben, die er beide in seine Satteltasche gepackt hatte. Doch allmählich wurde er gereizt und wütend über diese erzwungene Einsamkeit.

Als Windtänzer Bogen und Köcher vom Waffenständer nahm, fragte Chumani ihn: »Was wird heute geschehen?«

Windtänzer betrachtete seine geliebte Tautropfen, die ihr gemeinsames Kind im Arm trug. »Das weiß nur der Große Geist«, entgegnete er. Er strich seinem zwei Jahre alten Sohn über den dunklen Haarschopf und sagte: »Ich werde Großvaters klugen Plan ausführen, um die Wahrheit ans Licht zu bringen. Vor Sonnenuntergang werden wir entscheiden können, ob Wolkenjäger leben oder sterben soll.«

»Diese Aufgabe ist schwierig und schmerzvoll für dich«, sagte Chumani wissend, als sie seinen traurigen und besorgten Blick bemerkte.

»Meinen Bruder ein zweites Mal zu verlieren, wäre in der Tat noch schwieriger und schmerzvoller, als es beim ersten Mal war, denn heute wird es vielleicht ein endgültiger Verlust, der ihm den Tod und meiner Familie große Schande bringen kann.«

»Deine Familie trägt an seinem Schicksal und an seinem Betrug keine Schuld«, versicherte Chumani.

»Er ist ein Nachfahre von Geisterkrieger und Roter Vogel und trägt das Blut und den Samen von Großer Bär in sich. Wenn er die Red Shield betrügt und sie in Gefahr bringt, sind wir dafür verantwortlich und werden entehrt, denn es ist seine Verbindung zu uns, die ihn hierher gelockt hat. Vergiss nicht, Liebling, ein Mann steht und fällt mit seiner Familie und die Familie steht und fällt mit ihm. Alles, was einem Familienmitglied widerfährt, betrifft auch alle anderen.«

»Ich werde dafür beten, dass nur Gutes in ihm lebt und von ihm kommt.«

»Ich auch, Tautropfen. Pass heute besonders gut auf dich und unseren Sohn auf.«

Als Chase sah, dass sein älterer Bruder sich ihm näherte, und er Windtänzers entschlossenen Gesichtsausdruck bemerkte, fragte er sich, ob das Warten nun endlich ein Ende hatte und ein Entschluss über sein weiteres Schicksal gefällt worden war ...

4. Kapitel

Während sie auf die Pferde stiegen und das Lager hinter sich ließen, erklärte Windtänzer, dass er Chase auf einen Ritt zu den nahen Prärien mitnehmen wolle um sie auszukundschaften. Vielleicht würden sie auch ein Reh oder eine Antilope für das Abendessen erlegen. In Wahrheit jedoch hatte sein Großvater diesen Ausritt angeregt, bei dem Wolkenjäger auf die Probe gestellt werden sollte. Man wollte sehen, ob sein Bruder versuchen würde zu fliehen, ihn als Geisel zu nehmen oder ihn zu töten. Er wusste, dass einige Krieger, angeführt von Kriegerischer Adler, ihnen heimlich folgten, um Wolkenjäger wieder einzufangen, falls er fliehen sollte, oder ihm zuvorzukommen, falls sein Bruder versuchen würde, ihm etwas anzutun. Windtänzer spürte den bitteren Geschmack dieser List im Mund, aber er musste dem Schamanen und dem Häuptling gehorchen und auch für sich selbst musste er die Wahrheit herausfinden. Bei jedem Schritt seines gut ausgebildeten und wachsamen Pferdes betete er darum, dass nichts Schlimmes geschehen möge.

Während sie an einem klaren Fluss entlangritten, der sich durch eine blühende Wiese schlängelte, sagte Wolkenjäger in Lakota: »Ich danke dir, mein Bruder, denn es tut mir gut, mich zu bewegen und endlich wieder auf meinem Pferd zu sitzen. Ihr scheint es gut versorgt zu haben, aber es braucht diesen Ausritt ebenso wie ich. Es ist seltsam und ermüdend, so viele Tage lang faul herumzuliegen und nichts zu tun.«

Windtänzer blickte stur geradeaus. »Wie kommt es, dass du die Sprache der Lakota so gut beherrschst, obwohl es doch schon so lange her ist, dass du sie sprachst und hörtest?«

Chase lächelte und erklärte: »Auf meinem Weg hierher reiste ich in Begleitung einiger Pelzhändler. Einer von ihnen sprach sehr gut Lakota und half mir, meine Erinnerungen aufzufrischen.«

»Hat er dich gefragt, warum du unsere Sprache lernen wolltest?«

»Ja, und ich sagte ihm, dass ich vorhätte, in dieser Gegend zu leben und zu arbeiten und deshalb die Sprache der Einheimischen lernen wolle.«

»Fand er es nicht merkwürdig, dass du unsere Sprache schon so gut kanntest?«

Chase war über die Gelegenheit froh gewesen, seinen Wortschatz und seine Kenntnisse der Zeichensprache der Lakota aufzufrischen. Er konnte verstehen, dass die Übersetzer bei Verhandlungen so leicht Fehler begingen – manchmal vielleicht auch absichtlich –, und er hoffte, dass ihm bei den Unterredungen mit seiner Familie keine groben Patzer unterliefen. »Ich sagte ihm, dass ich früher schon einmal hier gelebt hätte und dabei eure Sprache lernte, leider jedoch viele Wörter und Zeichen nicht mehr wüsste. Doch es spielt keine Rolle, was ich ihm gesagt habe, denn er fiel von einer Klippe und starb, bevor ich in diese Gegend kam.«

Nach einer längeren Pause fragte Chase: »Warum hat man mich so viele Tage und Nächte allein gelassen? Wollte man mich prüfen?«

»Warst du es nicht selbst, der uns dazu riet?«

Chase nickte. »Habe ich die Prüfung bestanden?«

»Was glaubst du?«, fragte Windtänzer.

»Ich hätte es verdient, mein Bruder. Ist es nicht so?«

»Wenn es nicht so wäre, würdest du dann heute mit mir ausreiten?«

Chase lachte und sagte: »Du beantwortest jede Frage mit einer Gegenfrage, mein Bruder. Soweit ich weiß, hast du das als Kind nicht getan.« In der Hoffnung, in seinem Bruder Erinnerungen an alte Zeiten zu wecken, fügte er hinzu: »Wenn du als Kind zu mir sprachst, waren deine Worte klar und zeugten von großem Verstand. Erinnerst du dich an den Tag, als Großmutter dir und Kriegerischer Adler die Lederponys gab? Du sagtest zu mir: ›Sei nicht traurig, mein Bruder, du kannst mit meinem spielen. Großmutter hatte nicht genug Leder, um drei Ponys zu machen.‹ Und wenn Großvater uns Geschichten erzählte oder uns über unsere Vorfahren und die alten Bräuche belehrte und meine Brüder an seiner Seite saßen und meine Schwester auf seinem Schoß, sagtest du: ›Sei nicht traurig, mein Bruder, dafür kannst du von deinem Platz aus sein Gesicht sehen, während er spricht.‹ Und wenn unser Cousin mit Steinen nach mir warf und mich beschimpfte, versorgtest du meine Wunden und rietest mir, niemandem davon zu erzählen, denn er sei nur eifersüchtig auf mich und es wäre ein Zeichen des Mutes und der Großzügigkeit zu schweigen. Du halfst mir, meinen Medizinbeutel anzufertigen und gabst mir eine Feder, die von dem ersten Vogel stammte, den du erlegtest, und die mir Glück bringen sollte. Du gabst mir auch einen roten Stein, der von der heiligen Pfeife abgebrochen war, die mein Vater damals herstellte, und sagtest, es sei ein Geschenk von ihm für meinen Medizinbeutel. An vielen Tagen wich ich nicht von deiner Seite. Vor langer Zeit brachtest du mir allerhand bei und warst mein Beschützer, jetzt sprichst du in Rätseln, die ich nicht verstehe, und gehst einen verschlungenen Pfad, auf dem ich dir nicht folgen kann.«

Windtänzer war gerührt von diesen Erinnerungen, denn niemand anderes als sein Bruder konnte etwas von diesen besonderen Momenten wissen. Aber vielleicht hatte Wolkenjäger sie nur erwähnt, um ihn in eine Falle zu locken? »Ich bin ein Strong Heart, Hemdträger und zukünftiger Häuptling. Meine größte Pflicht ist das Wohlergehen meines Volkes. Ich muss sagen und tun, was für alle das Beste ist. Wenn du bewiesen hast, dass du unserer würdig bist, werde ich dir erzählen, was mein Herz und meinen Geist bewegt.«

»Das ist klug und gerecht, mein Bruder«, *aber du weichst mir aus und bist auf der Hut. Irgendetwas ist im Gange, denn du verhältst dich merkwürdig und dein Blick ist seltsam. Nun gut, ich werde noch früh genug erfahren, was hier heute vor sich geht.* Während sie am Rande der weitläufigen Prärien entlangritten, versuchte Chase das Gespräch fortzusetzen. »Die Weißen kennen deinen Namen und wissen, dass du ein kühner Krieger bist. Auch von unserem Vater haben sie gehört«, sagte er. »Du wirst ein großer und mächtiger Häuptling sein, wenn unser Vater eines Tages auf dem Geisterpfad wandelt.«

Windtänzer nickte zum Dank für dieses Lob, während er seinen scharfen Blick über das Gelände schweifen ließ, das sich vor ihm ausbreitete. Er sah Gebirgszüge, verstreute Tannenhaine und vereinzelte Baumgruppen, Sträucher und Wiesen, auf denen zahlreiche Wildblumen und verschiedene Grassorten wuchsen. Hinter ihnen befanden sich die bewaldeten Gebirgsausläufer und die schwarzen Gesteinsformationen der Paha Sapa sowie Kriegerischer Adler mit seinem Gefolge. Windtänzer vermied es, quer über die weiten Prärien zu reiten, denn dort gab es für die Gruppe keine Deckung. Er achtete auch darauf, nicht aus Versehen den linken Arm zu heben, denn auf dieses Signal hin würde sein jüngerer Bruder ihm zur Hilfe eilen. »In den kommenden Jahren will ich versuchen, mein Bestes zu geben, um ein guter Häuptling zu werden, Wolkenjäger. Das heißt, wenn ich und mein Stamm die Gier der Weißen und ihre ständigen Übergriffe auf unser Land überleben.«

»Wenn ihr den Vertrag nicht brecht und mit den Soldaten und den Siedlern in Frieden zu leben versucht, werdet ihr überleben, Windtänzer.«

»Der Vertrag wurde bereits gebrochen, Wolkenjäger, aber von den Weißen, denn ihre Anführer hielten sich nicht an das Wort, das sie uns und anderen gaben.«

»Wie kannst du das wissen, Windtänzer, wenn du

die Worte des Weißen Mannes auf dem Papier des Vertrags nicht verstehst?«

»Ich weiß es, denn was sie in Long Meadow sagten, entspricht bis heute nicht ihrem Verhalten.«

Als sie sich auf der Kuppe eines Berges befanden, entdeckte Windtänzer am Fuße desselben drei Krieger der Crow auf ihren Pferden, die plötzlich anhielten und zu ihm hinaufspähten. Alle möglichen Reaktionen gingen ihm durch den Kopf. Was er am liebsten getan hätte, wusste er: angreifen und sie besiegen, denn sie hatten seinem und anderen Stämmen der Lakota viel Leid zugefügt. So hatte er es von Geburt an gelernt und so hatten er und seine geliebte Frau vor drei Sommern einen großen Sieg gegen die Crow errungen. Doch seit dem Vertrag hatten die Dinge sich geändert, denn die Soldaten könnten für solche Angriffe Vergeltung üben. Als hochrangiger Krieger und zukünftiger Häuptling wusste er, dass er keinen Krieg entfachen durfte, der sich in ein wildes und zerstörerisches Feuer verwandeln und seinen Stamm vernichten könnte.

Als Windtänzer das verächtliche Hohngelächter seiner Feinde vernahm, verfinsterte sich sein Blick. Gefolgt von Wolkenjäger, ritt er eilig auf sie zu, zügelte sein Pferd und fragte in der Sprache der Crow: »Was habt ihr auf den Jagdgründen der Lakota zu suchen? Der Vertrag von Long Meadow, den euer Volk unterzeichnet hat, verbietet es, fremde Gebiete zu betreten. Wollt ihr die Aufmerksamkeit der Blaumäntel auf euch lenken?«

Der Anführer der Crow antwortete in der Sprache seines Gegners: »Lange bevor die Lakota aus der Gegend weit hinter dem großen schlammigen Wasser kamen, gehörte dieses Land den Apsaalooke, und eines Tages wird es sich wieder in unserem Besitz befinden. Wir sind auf dem Weg ans andere Ufer des Platte River, um unseren Verbündeten, den Pawnee, einen Besuch abzustatten. Du vergisst, Der mit dem Wind tanzt vom Stamme der Red Shield, dass der Vertrag uns erlaubt, dieses Land zu durchqueren und darauf zu jagen, so wie wir es schon taten, bevor es euer Volk überhaupt gab. Es wird dir nicht helfen, die Freundschaft einiger Weißer zu suchen, denn die Blaumäntel und die Weißen hassen die Lakota mehr als alle anderen Indianer und werden euch eines Tages auslöschen.«

»Ich trage das Blut der Oglala in mir«, entgegnete Wolkenjäger und erwiderte den Blick des Vogelkriegers, der seine letzten Worte an ihn gerichtet hatte.

Der Anführer der Crow musterte ihn verächtlich von Kopf bis Fuß und zischte: »Du bist ein Halbblut, niedriger als der Bauch einer Schildkröte und abstoßender als der Geruch des *maka.* Du bist zu niedrig, um den Blick auf mich zu richten«.

Chase ärgerte sich, dass man ihn mit einem Stinktier verglich und ihn wegen seiner Herkunft verspottete. Außerdem wurde ihm klar, dass er möglichst bald eine Kopie des Vertrags in die Hände bekommen musste, denn solange den Lakota der genaue Wortlaut unbekannt war, konnte es zu Konflikten kommen, weil sein Stamm aus Unwissenheit gegen die Abmachungen verstieß oder weil listige Feinde diese Wissenslücke zu ihrem

Vorteil nutzten. Während er den Wortwechsel verfolgte, wünschte er sich, seine Waffen dabeizuhaben, um seinem Bruder zur Hilfe kommen zu können, falls die Crow ihn angriffen, denn es wäre ein großer Sieg für sie, einem so berühmten Krieger das Leben, den Skalp und die Habseligkeiten zu nehmen. Chase war vom Mut seines Bruders beeindruckt, aber er hoffte, dass Windtänzer die Crow nicht zu einem Kampf herausforderte, denn die Gegner waren unzweifelhaft im Vorteil.

»Können wir unseren Weg jetzt fortsetzen, mein langjähriger Feind, oder sollen wir kämpfen? Hast du vergessen, dass laut Vertrag kein Indianervolk einen Besitzanspruch aufgeben muss und in dem betreffenden Gebiet reiten, jagen und fischen darf?«

»Dee, Apsaalooke.«

Als Windtänzer den Anführer der Crow aufforderte zu verschwinden, lachte dieser über die erzwungene Zurückhaltung seines Feindes, trieb sein Pferd an und galoppierte unter Siegesgeschrei davon.

»Ich bin stolz auf dich, mein Bruder«, sagte Chase, »denn du warst mutig, geduldig und weise. Aber sprach der Crow die Wahrheit?«

Windtänzer runzelte die Stirn. »Die Worte, die er sagte, stehen im Vertrag.«

Chase war verwirrt. »Warum sollten die Anführer der Weißen das Land in verschiedene Gebiete aufteilen, nur um dann allen die Erlaubnis zu geben, in die Gebiete der anderen einzudringen? Es ist dumm und gefährlich, verfeindete Stämme zu zwingen, ihre Gebiete miteinander zu teilen, und sich nicht zu bekämpfen, wenn sie aufeinander stoßen.«

»Das ist nur einer der vielen Gründe, warum wir den Vertrag nicht unterzeichnen konnten. Lakota können nicht mit Crow und Pawnee friedlich in ein und demselben Gebiet leben. Wir können nicht zulassen, dass sie alles Wild in unseren Jagdgründen erlegen, während die Tiere in ihrem Gebiet sich ungestört vermehren. Denn wenn die Zeit der Jagd kommt und unsere Herden verschwunden sind, würden sie uns nicht in ihre Jagdgründe lassen. Sie würden den Vertrag brechen, damit wir im Winter verhungern und erfrieren.«

Chase teilte seinem Bruder mit, dass er versuchen wollte, eine Kopie des Vertrags zu bekommen, um herauszufinden, was wirklich darin stand. »In der Sprache der Weißen gibt es viele Wörter, die in der indianischen Sprache fehlen, und umgekehrt, denn Wörter entstammen dem Leben, das wir führen. Ich verstehe die Sprache der Weißen und kann den Vertrag übersetzen, um zu prüfen, ob wirklich das darin steht, was man euch in Long Meadow gesagt hat.«

»Wo willst du dieses ... Papier herbekommen? Wie willst du das anstellen?«

»Vermutlich befindet sich der unterzeichnete Vertrag beim Präsidenten, dem obersten Häuptling der Weißen, weit weg von hier. Aber vielleicht gibt es in Fort Laramie ähnliche Papiere, denn die Soldaten dort sind für die Einhaltung des Vertrags verantwortlich. Ich kann zum Fort reiten und herausfinden, ob es dort einen Vertrag gibt und bei wem er sich befindet. Dann schleiche ich mich nachts in das Tipi, nehme die Papiere an mich, bringe sie hierher und übersetze sie euch.«

»Ich glaube nicht, dass die anderen damit einverstanden wären, dass du verschwindest und wiederkommst.«

»Es ist die einzige Möglichkeit, an den Vertrag zu gelangen, Windtänzer. Ein solches Vorhaben kann ich nur allein durchführen, denn nur ich kann sprechen, mich kleiden und mich verhalten wie ein Weißer. Du musst mir vertrauen, mein Bruder, denn vielleicht hängt das Überleben unseres Stammes von diesem Vertrag ab.«

»Ich werde über deinen Plan nachdenken und Vater davon erzählen, aber ich glaube, das Risiko ist zu groß. Komm, wir reiten ins Lager zurück! Wenn wir Tiere sehen, die eine gute Beute abgeben, wollen wir sie jagen.«

Chase sah die kleine Gruppe von Kriegern, die unter der Führung seines jüngeren Bruders kurz nach ihm und Windtänzer das Lager erreichte. Es war offensichtlich, dass man ihnen gefolgt war und sie beobachtet hatte. Doch selbst wenn er unterwegs nicht ein paar Mal einen der Männer gesehen hätte, hätte er ihre Gegenwart gespürt. Er lächelte in sich hinein, denn er hatte eine weitere Prüfung bestanden. Doch wie viele, überlegte er, warteten noch auf ihn? Lange konnte es nicht mehr so weitergehen, denn in zehn Tagen würde man zur Büffeljagd aufbrechen.

* * *

Als der Abend dämmerte, ging Chase in den Wald, um sich zu erleichtern, denn dazu hatte er die Erlaubnis. Er wollte gerade wieder zu seiner Lagerstelle zurückkehren, als er eine Melodie vernahm. Er hielt inne und horchte: Es war Morgenröte, die leise vor sich hin summte. Er konnte dem Verlangen nicht widerstehen, zu ihr zu gehen und mit ihr zu sprechen.

»Hau, Macha«, grüßte Chase, nachdem er sich vergewissert hatte, dass niemand in der Nähe war. Sie wirbelte überrascht herum und sah ihn mit weit aufgerissenen Augen an. »Es ist schon spät, um Blumen zu pflücken.« Sie sah sich hastig um, bevor sie antwortete, offensichtlich hatte man ihr untersagt, mit ihm zu reden.

»Mutter braucht *wayuco-onzinzintka* und sie blühen nur in der Abenddämmerung«, erklärte sie. »Ich muss mich beeilen, denn bald wird es dunkel sein.«

»Du siehst anders aus als das kleine Mädchen, an das ich mich erinnere«, sagte Chase und ignorierte den Wink, mit dem sie ihm zu verstehen gab, dass sie nicht bleiben konnte. »Du bist eine hübsche junge Frau geworden. Es ist schön, dich wiederzusehen.«

Macha freute sich über sein Kompliment und seine Gegenwart. Er war größer und kräftiger, als sie ihn in Erinnerung hatte. Und er sah noch besser aus. Sie bemühte sich, ihn nicht anzustarren oder gar zu stottern. »Danke für die freundlichen Worte. Du siehst auch nicht mehr so aus wie damals, Wolkenjäger, du hast dich sehr verändert in der langen Zeit, die du fort warst. Aber anschleichen kannst du dich immer noch sehr gut, denn ich habe dich nicht kommen hören.«

Sie war so bezaubernd, dass Chase sich zwingen musste, sie nicht anzustarren. Ihr gegenüberzustehen war, als würde ein wunderschöner Traum in Erfüllung gehen. Er fühlte, wie sein Herz vor Freude und Aufregung laut pochte. »Ich wollte mich nicht anschleichen und dich erschrecken. Ich war in der Nähe und hörte eine Stimme. Jemand sang so süß wie die Nachtigall und ich musste einfach nachsehen, woher diese lieblichen Töne kamen.« Er wusste, dass sie nur wenig Zeit hatten, deshalb beschloss er, sie etwas Wichtiges zu fragen: »Hast du Mann und Kinder?«

Macha war von dieser Frage überrascht und hätte gern gewusst, warum er sie stellte. »Nein. Und du, hast du Frau und Kinder?« Sie hielt fast den Atem an, während sie auf die Antwort wartete, die jedoch sehr schnell kam.

»Nein. Aber vielleicht wird sich das bald ändern, denn ich bin jetzt zweiundzwanzig Jahre alt. Und du, wie viele Winter hast du schon erlebt?«

»Achtzehn. Kommst du mit uns auf die Büffeljagd? Wir werden bald aufbrechen.«

Chase zuckte die Achseln. »Die Entscheidung liegt bei meinem Vater und bis jetzt hat er sie noch nicht gefällt. Aber ich hoffe, dass ich mitkommen kann. Gibt es Leute, die sich dagegen aussprechen?«

Sie blickte beschämt zu Boden. »Darauf kann ich dir keine Antwort geben.«

Chase betrachtete ihren gebeugten Kopf und

vermutete, dass sie ihm die Wahrheit nicht sagen wollte. »Das heißt also ja.«

»Nicht alle reden so ...«, versuchte Macha zu beschwichtigen, hielt jedoch inne, als ihre Blicke sich trafen und sie den Schmerz in seinen Augen sah. »Dreh mir nicht die Worte im Mund um«, bat sie ihn.

Chase lächelte. »Du hast immer noch ein gutes Herz und eine rasche Auffassungsgabe. Ich erinnere mich daran, wie du als Kind mit mir spieltest und mir Naschereien zustecktest, während andere Kinder das nicht taten. Es ist gut, dass du dich in dieser Beziehung nicht geändert hast.«

»Der Große Geist sagt, dass Grausamkeit falsch ist. Ich versuche, allen Menschen freundlich zu begegnen, obwohl das bei einigen gar nicht so leicht ist.«

»Das stimmt«, murmelte er, während er ihr Gesicht betrachtete.

»Haben die Weißen dich schlecht behandelt, als du bei ihnen lebtest?«, fragte Macha sanft.

»Nein. Das heißt, nur ganz wenige. Sie hielten mich für den Sohn des weißen Paares, das mich fand, als ich verletzt war, und mich großzog.«

»Hanmani sagt, du bist nicht eher zurückgekehrt, weil du dachtest, dein Volk sei vom Feind getötet worden.«

»Das stimmt«, entgegnete er und erzählte ihr von den anderen Gründen, die ihn an seine weiße Familie gebunden hatten. »Ich habe keine Ahnung, warum ich so weit fortgebracht wurde oder warum der Große Geist mich wieder hierher zurückrief, aber Er wird es uns noch wissen lassen.«

Macha wandte den Kopf zur Seite und versteifte sich. »Meine Mutter ruft nach mir«, erklärte sie. »Ich muss jetzt gehen. Bleib noch etwas hier, nachdem ich fort bin.«

»Können wir uns wieder unterhalten, wenn man mich als Mitglied des Stammes anerkannt hat?«

Sie nickte. »Aber bis zu diesem Tag sollten wir nicht mehr miteinander reden.«

»Das verstehe ich. Geh, bevor uns noch jemand zusammen sieht. Bis irgendwann?«

Macha lächelte und sagte flüsternd: »Bis irgendwann, Wolkenjäger.«

Chase sah, wie sie eilig verschwand, und atmete dann tief durch. Ihr strahlendes Lächeln konnte die Schwärze einer mondlosen Nacht besiegen und einem an kalten Tagen das Herz erwärmen! Ihre freundliche Natur und ihre sanfte Stimme konnten die verwirrteste Seele beruhigen! Sie war gut, liebenswert und hatte ein großes Herz – wie seine Mutter und seine Pflegemutter. Sie war so schön, dass es nur zu verständlich war, warum er sie so sehr begehrte. Seine Gefühle zu ihr übertrafen alles, was er je für eine Frau verspürt hatte.

Chase ging zu seiner Lagerstelle zurück und traf dort auf Zwei Federn, der gerade dabei war, seine Habseligkeiten zu untersuchen. Er hätte es vorgezogen, sich mit erfreulichen Gedanken und Gefühlen schlafen zu legen, deshalb unterdrückte er ein Stirnrunzeln und versuchte, möglichst harmlos zu klingen, um einem Streit mit dem Mann aus dem Weg zu gehen. »Was willst du hier, Cousin?« Als zwei Federn sich zu ihm umdrehte, sah Chase puren Hass und bodenlose Verachtung im Blick des Mannes und spürte dessen unbändige Wut. Warum, fragte er sich erneut, verabscheute sein Cousin ihn so sehr?

»Du warst nicht an deiner Lagerstelle. Großer Bär hat dir aufgetragen, sie nicht zu verlassen.«

»Es ist mir erlaubt, meinen Körper im Wald zu entleeren. Hat man dich geschickt, um mich zu bewachen oder damit du mich zu meinem Vater führst?«

»Ich traue dir nicht, Mischlingsbrut«, knurrte Zwei Federn.

»Wenn du mich beleidigst, beleidigst du auch meinen Vater, denn ich trage sein Blut in mir.«

»Das weiße Blut in dir ist stärker und es färbt dein Gesicht.«

»Willst du damit sagen, dass der Samen und das Blut deines Onkels und Häuptlings schwach sind? Willst du damit sagen, dass sie nicht stärker sind als das Blut einer einfachen weißen Frau?«

Windtänzer hatte sich den beiden Männern genähert, die einander mit Blicken und Worten bekämpften. »Was hast du hier zu suchen, Cousin?«, fragte er Zwei Federn. »Man hat dir befohlen, dich von Wolkenjägers Lagerstelle fern zu halten. Warum gehorchst du nicht?«

»Er war weg. Ich wollte ihn suchen. Er ...«

Chase unterbrach ihn und erklärte den Grund für seine Abwesenheit, wobei er die Unterredung mit Macha verschwieg. »Mein Cousin hofft, dass ich fliehe oder gegen eure Anweisungen verstoße, deshalb spioniert er mir nach und beleidigt mich und meinen Vater.«

Windtänzer sah seinen Cousin an und fragte: »Stimmt das?«

Da Zwei Federn statt zu antworten Chase einen drohenden Blick zuwarf, mit dem er ihn zum Schweigen bringen wollte, erzählte Chase seinem Bruder von dem Wortwechsel, den dieser zum Teil gehört hatte.

Windtänzer hob die Hand, um die anderen zum Schweigen zu bringen, während er über diese schwierige Angelegenheit nachdachte und eine Lösung suchte. Er wollte mit keinem der beiden Männer über den lang zurückliegenden Fehltritt seines Vaters sprechen, und er hielt es auch nicht für ratsam, anderen von diesem Streit zu erzählen, denn das konnte im Lager zu Unstimmigkeiten führen. »Geh jetzt, Cousin, und halte dich von Wolkenjägers Lagerstelle fern, solange Vater dir nicht ausdrücklich erlaubt, hierher zu kommen«, befahl Windtänzer. »Wenn du nicht gehorchst, werde ich ihm von deinen beleidigenden Worten erzählen.«

Nachdem Zwei Federn mürrisch von dannen gezogen war, stellte Chase seinem Bruder eine Frage, die ihn nicht mehr losließ: »Mein Cousin hasste mich bereits als Kind und er hasst mich auch als Mann. Warum?«

»Er fürchtet, dass du seinen geliebten Onkel und Häuptling betrügst und somit Schande über ihn bringen und ihm Schmerzen zufügen wirst«, vermutete Windtänzer.

Chase nahm an, dass diese Vermutung nicht die ganze Wahrheit barg, aber er war für jede Antwort dankbar. Er freute sich, dass er endlich ein richtiges Gespräch mit seinem Bruder führte, obwohl er spürte, dass Windtänzer angespannt und auf der Hut war. »Teilst du diese Befürchtung, mein Bruder?«

Die Blicke der beiden Männer trafen sich und Windtänzer gestand notgedrungen: »Ich kenne meine wahren Gedanken und Gefühle noch nicht, aber sie werden bald zutage treten.« Er wollte noch mehr sagen, aber es war nicht der rechte Augenblick dazu. Er hatte seinen Bruder geliebt und getrauert, als dieser verschwunden war, und er wollte einen solchen Verlust nicht ein zweites Mal erleben. Er wünschte sich, dass alles einfacher wäre, doch das war es nun mal nicht, und ein Fehlurteil konnte für seinen Stamm und seine Familie schlimme Folgen haben.

»Sind deine Zweifel der Grund, dass Kriegerischer Adler uns heute Morgen mit einigen Männern gefolgt ist? Was dachtest du, würde geschehen?«, fragte Wolkenjäger seinen staunenden Bruder.

»Sie folgten uns für den Fall, dass es Probleme geben sollte«, gab Windtänzer ehrlich zu.

»Warst du es, der den Befehl dazu gab, oder Vater?«

»Es war Großvaters Befehl, denn er will den zukünftigen Häuptling beschützen.«

»Will er dich vor mir beschützen? Fürchtet er, ich könnte meinem eigenen Bruder etwas antun?«

»Er will mich rundherum beschützen, mehr kann ich dir nicht sagen.«

»Ich danke dir, dass du ehrlich zu mir bist, es freut mich sehr. Glaubst du, dass man mich eines

Tages aufnehmen wird oder verschwende ich hier nur meine Zeit? Soll ich bleiben oder lieber gehen?«

»Die Entscheidung liegt bei dir, Wolkenjäger.«

»Nein, mein Bruder. Diese Entscheidung liegt bei meinem Vater und seinem Volk.«

»Wenn du aufrichtig bist und es ernst meinst, dann warte auf diesen Tag. Jetzt muss ich gehen, denn es ist schon dunkel und meine Familie erwartet mich.«

Chase lächelte. »Ich freue mich darauf, deine Frau und deinen Sohn kennen zu lernen, mein Bruder, wenn es an der Zeit dazu ist.«

»Es hängt von dir ab, wann dieser Tag kommen wird, Wolkenjäger. Ich gehe jetzt.«

Chase sah seinem Bruder gut gelaunt nach. Er hatte Windtänzers vorsichtige Ermutigung bestimmt nicht missverstanden: »*Warte auf diesen Tag.*« Vielleicht war er seinem Ziel heute tatsächlich ein Stück näher gekommen. Vielleicht musste er nur geduldig und gehorsam sein und jeglichem Ärger aus dem Weg gehen. *Wäre es nicht wundervoll, hier mit einer eigenen Familie in einem eigenen Zuhause zu leben?*, dachte er, während er es sich im Schlafsack bequem machte. Dann fragte er sich, warum er auf einmal so zuversichtlich war. Es musste wohl an der Unterredung mit Macha liegen, denn aus der Nähe war sie noch anziehender als aus der Ferne. Und es hatte auch mit seinen früheren Erfahrungen zu tun. Schon als Kind hatte er das Leben eines Außenseiters geführt, eines zur Hälfte indianischen Kindes mit einer weißen Mutter, die ihm genommen worden war, als er neun war. Er hatte sich danach gesehnt, dass sein Vater ihn wie seine anderen Söhne behandelte, und hatte immer daran geglaubt, dass dies eines Tages geschehen würde. Trotz der Zuneigung der Martins hatte er sich auf der Farm und bei den Weißen nie wirklich zu Hause gefühlt. Er hatte nicht wirklich dazugehört, er war anders, ein Gast in seinem Zuhause in Oregon. Einige Klassenkameraden und Nachbarn waren seine Freunde gewesen, doch diese Freundschaften waren nichts im Vergleich zu seiner engen Bindung zu Windtänzer und Kriegerischer Adler, die *Tokapa* und *Icinunpa* gerufen wurden, bevor sie bei einer heiligen Vision ihre Mannesnamen erhalten hatten. Chase hatte seinen Vater, seine beiden Brüder und seine Schwester sehr vermisst. Er hatte immer gewusst, dass dies sein Zuhause war, hier würde er seine Erfüllung finden. Tief in seinem Innern wusste er, dass er zu den Red Shield Oglala und dem Land der Lakota gehörte, und Macha an seine Seite.

Icinunpa. Chase wiederholte im Geiste den Namen, auf den eigentlich er einen Anspruch gehabt hätte, denn er war Großer Bärs »zweiter« Sohn, und nicht Kriegerischer Adler, obwohl er es seinem jüngeren Bruder keineswegs übel nahm, dass er diesen Namen so viele Jahre getragen hatte. Windtänzer stand der Name des »Erstgeborenen« zu, so wie dessen eigenem zweijährigen Sohn.

Ein Sohn ... ein Kind, dass ich mit Liebe und Stolz großziehen kann. Ein Kind, das nicht in Ablehnung und Angst aufwachsen muss. Aber ist das in einem Land möglich, in dem Konflikte und feindliche Auseinandersetzungen an der Tagesordnung sind? Ich weiß es nicht.

Am nächsten Morgen erschien Hanmani und brachte Chase wie üblich sein Essen, außerdem hatte sie eine Überraschung für ihn dabei. Als sie ihm das kleine Bündel überreichte, flüsterte sie: »Das ist von Morgenröte, sie hat Brot mit getrockneten Nüssen und Beeren gebacken. Sie hat mir von eurem Gespräch im Wald erzählt. Du musst vorsichtig sein und darfst ihr nicht zu nahe kommen, bis du wieder zu den Red Shield gehörst. Wenn mein Cousin von eurer Unterredung erfährt, wird er euch beiden großen Ärger bereiten, denn er will bald um ihre Hand anhalten.«

Chase war von diesen Neuigkeiten wie vor den Kopf geschlagen. »Liebt Morgenröte Zwei Federn? Will sie seine Frau werden?«

»Nein, mein Bruder, sie liebt ihn nicht und möchte sich nicht mit ihm vermählen. Er gehört zu meiner Familie und ist ein Nachfahre meiner verstorbenen Großeltern, aber ich fürchte, er ist ein schlechter Mensch. Er hat mir erzählt, dass er sich ihr nähern möchte, und ich habe versucht, ihn davon abzubringen. Er ist ein angesehener Krieger und in seinen Adern fließt Häuptlingsblut, deshalb werden ihre Eltern ihn für einen guten Ehemann halten und von ihr verlangen, seinen Antrag anzunehmen. Ich kann vor anderen nicht gegen meinen eigenen Cousin sprechen, denn das würde zu Streit führen. Morgenröte hat Angst, denn sie weiß nicht, wie sie ihn zurückweisen soll, ohne sein Ehrgefühl zu beleidigen und sich ihren Eltern zu widersetzen.«

»Warum erzählst du mir diese traurigen Dinge, meine Schwester?«

»Weil du einen heiligen Traum hattest und sie meine beste Freundin ist und ich nicht will, dass man sie mit ihm vermählt.«

»Was kann ich tun, um das zu verhindern, meine Schwester?«, fragte Chase.

»Ich weiß es nicht, aber du musst versuchen, ihr zu helfen.«

Chase spürte, wie besorgt und verzweifelt Hanmani war, und Machas Gefühle wollte er sich gar nicht erst ausmalen. »Wann wird Zwei Federn zur Tat schreiten?«

»Nach der Büffeljagd, es sei denn, er erfährt von deinen Gefühlen zu ihr. In diesem Fall wird er schnell und mit Nachdruck um sie werben, nur um dich zu verletzen und zu besiegen. Ich muss jetzt gehen, aber denk an meine Worte, denn Morgenröte ist dein Schicksal.«

Chase konnte auf diese erstaunliche Behauptung nichts entgegnen, denn Hanmani eilte davon, um ihre tägliche Arbeit zu verrichten. Er saß auf seinem Schlafsack und begann zu essen, während er über seine verzwickte Lage nachdachte. Er war überzeugt, dass seine Schwester ihm glaubte und ihm ganz und gar vertraute, obwohl sie es nicht wagte, irgendjemand anderem als Macha von ihren Gefühlen zu erzählen. Doch wie sollte er sich zwischen Zwei Federn und dessen erklärtes Ziel stellen, solange man ihn ausschloss und auf die Probe stellte? Hanmani hatte in einem Punkt Recht: Wenn ihr Cousin auch nur ahnte, dass er, Wolkenjäger, die Tochter von Weidenbaum und Ohute begehrte, würde er augenblicklich um sie werben, nur um ihm eins auszuwischen.

Als Chase sich die heimlich mitgebrachte Nascherei im Mund zergehen ließ und über das weiche Hasenfell strich, das Morgenröte darum gewickelt und in Händen gehalten hatte, dachte er: *Eher wird es am heißesten Tag des Sommers schneien, als dass mein Cousin sie auch nur anrührt!*

* * *

Am nächsten Vormittag näherten sich Kriegerischer Adler und Flinker Otter der abgeschiedenen Lagerstelle und fragten Chase: »Möchtest du mit uns ausreiten und auf die Jagd gehen? Dein Pferd braucht Auslauf.«

Chase freute sich, dass sein Bruder in Lakota und nicht in Englisch sprach. Er musterte ihn eingehend und kam zu dem Schluss, dass eine weitere Prüfung auf ihn wartete, aber er war froh über jede Ablenkung, und ein wenig Bewegung konnte ihm auch nicht schaden. Er lächelte und dankte Kriegerischer Adler für die Einladung, dann begrüßte er den anderen Krieger, der wie sein Bruder zu den Bogenträgern gehörte.

Während sie zu den Pferden gingen, fragte Kriegerischer Adler sich, ob Wolkenjäger ahnte, dass sie ihn nur auf die Jagd mitnahmen, um ihn zu beobachten und auszuhorchen. Alles, was sie in Erfahrung brachten, würde er später seinem Vater, Bruder und Großvater erzählen. Außer Flinker Otter gehörten noch drei weitere Männer zur Gruppe: Flussufer, Gebrochener Speer und Zwei Federn. Sein Cousin Gebrochener Speer ging oft mit ihm auf die Jagd, Zwei Federn hingegen nicht. Er war auf Windtänzers Veranlassung dabei, der sehen wollte, wie ihr Cousin sich Wolkenjäger gegenüber benahm. Sein Bruder hatte ihm von dem schwelenden Konflikt erzählt und wollte wissen, ob Zwei Federn seine Warnung ernst nahm. Wenn es Streit geben sollte zwischen Wolkenjäger und seinem Cousin, musste Windtänzer, der als Hemdträger für solche Streitigkeiten zuständig war, darauf vorbereitet sein, zumal der Stamm bald in die Ebenen ziehen würde.

Während Chase sein Pferd sattelte, sagte er zu Kriegerischer Adler: »Für die Jagd werde ich meine Waffen brauchen. Kann ich sie bekommen?«

»Du darfst die Kreaturen des Großen Geistes nicht mit einem Feuerstock töten. Es wäre schändlich für sie, ihr Leben der Waffe eines weißen Mannes zu opfern.«

Chase hielt inne und drehte sich um, obwohl er bereits wusste, wer hinter ihm stand und in solch dreistem Ton zu ihm gesprochen hatte. Seine Befürchtung bewahrheitete sich also, Zwei Federn ritt mit ihnen und er würde ihm den Ausflug ganz gewiss verderben. »Ich würde Pfeil und Bogen benutzen, Cousin, wenn ich welche hätte. Es dürfte schwierig sein, das Wild vom Rücken meines Pferdes aus mit einem Messer zu erlegen.«

»Kannst du mit unseren Waffen überhaupt umgehen?«, knurrte Zwei Federn und starrte ihn wütend an.

»Ja, ich weiß, wie man mit Pfeil und Bogen umgeht, denn ich habe diese Waffen in der Ferne eigenhändig hergestellt, um in Übung zu bleiben für den Fall, dass ich eines Tages wieder nach Hause zurückkehren würde.«

»Wenn das stimmt, warum hast du sie dann nicht mitgebracht?«

»Ich hielt es für unvorsichtig, die Gebiete der Weißen und anderer Indianerstämme mit solchen Waffen zu durchqueren. Ich werde mir bald einen neuen Bogen anfertigen.«

Kriegerischer Adler war auf diese Situation vorbereitet. Er überreichte Chase seinen alten Bogen und einen Köcher mit vier Pfeilen. »Nimm die hier«, bot er ihm an. »Ich werde meinen neuen Bogen ausprobieren, damit er für die große Büffeljagd auch einsatzbereit ist.«

»Vielen Dank, mein Bruder. Es ist eine gute Waffe«, sagte Chase, während er den Bogen betrachtete und ihn sich nach Art der Lakota um den Oberkörper hängte.

Kriegerischer Adler nickte und blickte zu den anderen drei Männern des Jagdtrupps, die bereits auf ihren Pferden saßen. »Kommt, wir reiten los«, sagte er und schwang sich behände auf sein Pferd.

Zwei Federn starrte Chase an und sagte mit gepresster Stimme: »Wenn du versuchst zu fliehen, Schwächling, werde ich meinen Pfeil schneller in deinen Rücken jagen, als du über unser Land galoppieren kannst.«

»Deine Beleidigungen sind dumm und sollten endlich aufhören, Cousin«, gab Chase zurück. »Wir sind keine Kinder mehr, wir sind jetzt erwachsene Männer und sollten uns auch so benehmen. Ich habe dir die Hand zum Frieden gereicht, aber statt sie zu ergreifen, versuchst du sie abzuschneiden. Es hat keinen Sinn, dir einen weiteren Waffenstillstand anzubieten, also werde ich es auch nicht tun.«

Kriegerischer Adler, der diesen Wortwechsel mit angehört hatte, warnte seinen Cousin: »Solche Worte sind überflüssig. Wenn du nicht an seiner Seite reiten willst, dann geh mit anderen oder an einem anderen Tag mit uns auf die Jagd. Ein Bogenträger muss nach den vier Tugenden leben. Was du sagst, fühlst und tust, zeugt nicht gerade von Mut, Weisheit, Großherzigkeit und geduldigem Ausharren.«

Zwei Federn warf ihm einen finsteren Blick zu und sagte: »Ich reite mit euch, Kriegerischer Adler.«

Chase saß auf und folgte den vier Männern, die von seinem jüngeren Bruder angeführt wurden. Kriegerischer Adler verdiente seinen Dank und seinen Respekt, denn er hatte sich ihrem jetzt mürrisch wirkenden Cousin gegenüber klar geäußert. Chase war überrascht, dass er ihn verteidigt und Zwei Federn so nachdrücklich gerügt hatte, das Verhalten des Kriegers schien seinen jüngeren Bruder richtiggehend zu verärgern. Chase hatte nicht gewusst, das Zwei Federn ein Bogenträger war, ein hoher Rang, den stets nur vier Krieger des Stammes innehalten. Wie hatte dieser streitsüchtige Mann es geschafft, eine solch hohe Position zu besetzen? Anscheinend wusste er längst noch nicht alles über seinen Cousin.

Obwohl Kriegerischer Adler erst zwanzig war, wirkte er auf Chase selbstbewusst und klug, und offensichtlich respektierte man ihn. Ein Bogenträger musste außerdem äußerst kräftig, ausdauernd und ein guter Krieger sein. Chase war stolz auf die Erfolge seiner beiden Brüder und er sehnte sich danach, es ihnen gleichzutun. Mit ihrer Hilfe und ihrer Anerkennung, überlegte er sich, würde er dieses neue Ziel erreichen können. Bei der Vorstellung, wie sie zu dritt Seite an Seite über die Ebenen galoppierten, lachten und redeten und ihr Land und ihr Volk verteidigten, verspürte er einen Rausch der Begeisterung, tosend wie das Meer an Oregons zerklüfteter Küste, das er einmal gesehen hatte.

Der Große Geist und die Mutter Erde hatten diesem weiten Land grenzenlose Schönheit und unendliche Vielfalt geschenkt, dachte Chase, deshalb war es nur verständlich, dass zwei Kulturen es begehrten und eine davon sogar eigens den weiten Weg über das große Wasser zurückgelegt hatte. Es war eine Schande, dass sie nicht in Frieden miteinander leben konnten. Wenn zumindest die indianischen Völker – Verbündete ebenso wie Feinde – sich einigen und einen Waffenstillstand vereinbaren würden, könnten sie es immerhin schaffen, die Weißen eine Zeit lang unter Kontrolle zu halten. Dann wäre Nebraska indianisches Gebiet, das die Weißen aus allerlei Gründen meiden würden. Schließlich besaßen sie reichlich Land, auf dem sie sich niederlassen konnten, und brauchten nicht auch noch dieses zu besetzen. Das wusste er, weil er durch weite Teile dieses großen Staates gereist war und von den übrigen Gebieten Karten gesehen hatte. Sein Vater und die anderen hatten Recht: Dieses Gebiet durfte nicht dem Feind in die Hände fallen, es gehörte den Indianern.

Nach einer Weile, die Chase tief in Gedanken versunken hinter den anderen hergeritten war, hob Kriegerischer Adler plötzlich die Hand und bedeutete ihnen, stehen zu bleiben. Dann winkte er sie zu sich heran und gab ihnen flüsternd Anweisungen. Chase nickte ebenso wie die anderen, denn alle mussten den Befehlen des Anführers gehorchen.

Kriegerischer Adler hatte beschlossen, Elche zu jagen. Diese Tiere verweilten am liebsten auf üppigen Wiesen in der Nähe eines Waldes oder in sumpfigen Landstreifen in der Nähe von Flüssen oder Seen. Die Krieger wurden in Paare eingeteilt, damit sie sich aus drei verschiedenen Richtungen an ihre Beute anschleichen konnten: Flinker Otter und Zwei Federn, Kriegerischer Adler und Gebrochener Speer sowie Flussufer und Wolkenjäger.

Sie ritten los, um das ausgewählte Gebiet und alle dort grasenden Tiere einzukreisen, bevor sie die Falle zuschnappen ließen. Chase war gut gelaunt. Er war mit seinem älteren Bruder ausgeritten, der ihn mit einem leisen Hinweis auf einen möglichen Entscheid zu seinen Gunsten zum Bleiben ermutigt hatte. Jetzt befand er sich auf der Jagd mit seinem jüngeren Bruder, der sich gegen einen nahen Verwandten, welcher zur selben Kriegergruppe gehörte, auf seine Seite gestellt hatte, ebenso wie Windtänzer zwei Tage zuvor, wenn auch weniger vehement. Viele Dinge, die er als Kind gelernt hatte, kamen ihm wieder in den Sinn. Es war, als hätte er dieses Wissen in Oregon unterdrückt, vielleicht um der Angst entgegenzuwirken, es ein für alle Mal zu verlieren. Jetzt, da er wieder zu Hause war, durchfluteten ihn die Erinnerungen.

Chase blickte verstohlen zu dem Krieger, der neben ihm ritt. Er fragte sich, ob Flussufer sich ärgerte, dass er mit ihm zusammen jagen musste. Sie hatten nicht miteinander gesprochen, um keine Vögel oder kleineren Tiere aufzuschrecken, denn das hätte ihre Beute vor der lauernden Gefahr gewarnt.

An einer bestimmten Stelle stieg Flussufer vom Pferd und suchte den Boden nach frischen Spuren ab. Er entdeckte welche und bedeutete Wolkenjäger, auf der Stelle zu verharren und ruhig zu bleiben. Flussufer schlich ohne sein Pferd weiter. Als er sich hinter einigen Büschen verbarg, um die Gegend nach Beute abzusuchen, hörte er hinter sich ein Rascheln und ein drohendes Knurren, schnellte herum und sah einen Dachs, der auf ihn zukam. Flussufer verlor das Gleichgewicht, fiel rückwärts zu Boden und begrub seinen Bogen und den Köcher mit den Pfeilen unter sich. Hastig griff er nach dem Messer, das in seiner Gürteltasche steckte. Mit weit aufgerissenen Augen sah er, wie ein Pfeil sich in den Körper des wütenden Tieres bohrte und es zu Fall brachte. Dann erblickte er Wolkenjäger, der angelaufen kam, den zappelnden Dachs am Genick packte und sich seiner erbarmte, indem er sein Leben schnell beendete.

In diesem Moment sah Flussufer, wie sein erschrecktes Pferd in Panik umhertänzelte, in ein Loch trat und zu Boden fiel. Er sprang auf und eilte zu dem geliebten Tier, das sich ein Bein gebrochen hatte und große Schmerzen erlitt. Als Wolkenjäger sich neben den Krieger kniete, um die Verletzung zu untersuchen, sagte dieser: »So ein Bruch heilt nicht, mein Pferd muss von seinem Leiden erlöst werden. Es war mir ein guter Gefährte, deshalb fällt es mir schwer, es zu töten.«

»Ich erledige das für dich, Flussufer, denn einem Freund das Leben zu nehmen ist eine Qual für Herz und Geist, auch wenn es das Beste für dein Pferd ist.«

Flussufer holte tief Luft und starrte auf das sich vor Schmerzen windende Tier. »Ich bin dir dankbar, wenn du diese Aufgabe übernimmst. Mache es kurz und bündig, wie mit dem Dachs.« Er schaute sich das Loch an, in dem die Reste eines faulen Baumstumpfs steckten, der mit Blättern und Zweigen bedeckt war. Es war auf der anderen Seite abgestiegen und hatte diese Gefahr übersehen.

Chase wischte sein scharfes, blutiges Messer am Gras ab und blickte zu dem gequälten Krieger. »Es ist vorbei. Du kannst mit mir aufsitzen, dann reiten wir zu den anderen. Soll ich dem Dachs das Fell für dich abziehen?«

»Ich werde es selber tun, aber vielen Dank für deine Hilfe, Wolkenjäger. Es ist gut, an einem solch harten Tag einen Freund zu haben, dessen Schwester die beste Freundin meiner Schwester ist.«

Chase musterte den Krieger und verstand, warum er ihm so vertraut erschienen war, obwohl er Machas Tipi von seiner Lagerstelle aus gar nicht sehen konnte und diesen Mann folglich nie zuvor zu Gesicht bekommen hatte. »Du bist Morgenrötes Bruder?«

»Ja. Wir wurden bei Sonnenaufgang in der Nähe eines Flussufers geboren, daher stammen unsere Namen. Ich kam zuerst, dann sie. Wir sehen nicht gleich aus, aber wir sind uns in vielen Dingen sehr ähnlich. Ich habe meinen Kindesnamen noch nicht abgelegt, denn ich habe mich noch nicht der Vision unterzogen. Wir spielten als Jungen nicht miteinander, denn du bist älter als ich, aber ich bin froh, dass wir heute Partner sind. Ich werde deinem Vater und deinen Brüdern von deinem Mut und deinem Einsatz berichten.«

»Ich danke dir, Flussufer, es ist mir eine Ehre, mit dir zu reiten.«

»Ich muss ein Totenlied für meinen vierbeinigen Gefährten anstimmen, bevor ich ihn den Kräften der Natur überlasse. Ich komme gleich.«

Chase begriff, dass Flussufer allein sein wollte, um diesen Verlust zu betrauern, deshalb nickte er und entfernte sich mit seinem Pferd ein paar Meter. Hinter ihm erklang ein ergreifender Gesang und einige Wortfetzen wehten zu ihm herüber. Chase streichelte den Hals und die Stirn seines Pferdes, denn auch sie waren schon seit langer Zeit Gefährten – seit seinem sechzehnten Geburtstag, oder vielmehr, seit dem Tag, den die Martins zu seinem Geburtstag erklärt hatten. Er erinnerte sich, wie Tom Gemüse und Feuerholz und Lucy zwei eigens hergestellte Decken verkauft hatten, um den Preis für das Tier zahlen zu können. Er rechnete ihnen dieses Geschenk und ihre zahlreichen freundlichen Gesten hoch an. Er zweifelte nicht daran, dass sie ihn geliebt und geschätzt hatten. Doch wie sollte er die Verbundenheit mit seinen Pflegeeltern und seine Gefühle ihnen gegenüber seiner richtigen Familie und den Stammesbrüdern erklären, wenn sie alle Weißen als Feinde betrachteten? Ja, eine Zeit lang hatte es ihn geschmerzt, war er sogar wütend gewesen, dass sie ihn belogen hatten, doch schließlich hatte er ihr Verhalten verstanden und ihnen verziehen. Wenn nur ...

»Ich bin so weit. Lass uns losreiten und die anderen suchen.«

Chase drehte sich zu Flussufer um. Er war so in Gedanken versunken gewesen, dass er weder das Ende des Gesanges gehört noch bemerkt hatte, wie der Krieger dem Dachs das Fell abgezogen hatte, das er jetzt über dem Arm trug.

Anstatt etwas zu sagen, nickte Chase nur, denn die Trauer schnürte ihm die Kehle zu. Er saß auf und streckte die linke Hand aus, damit Flussufer sich daran hochziehen konnte. Dann warf er einen letzten Blick auf das am Boden liegende Pferd und sah, dass dessen Körper fast gänzlich von trockenen Zweigen bedeckt war. Er hatte Verständnis für den Kummer des Kriegers, denn er wusste, wie es ihm ergehen würde, wenn sein Pferd dort läge.

Chase ritt in die angezeigte Richtung, um auf die anderen Jäger zu treffen. Vielleicht würde seine Tat einen guten Eindruck auf Macha und ihre Eltern machen. Das mochte ein recht selbstsüchtiger Gedanke sein, aber schließlich war er auch nur ein Mensch.

Wie Chase erwartet hatte, gefiel es Zwei Federn gar nicht, dass er Flussufer gerettet hatte, und auch das, was sich kurze Zeit später ereignete, war ganz und gar nicht im Sinne seines Cousins ...

5. Kapitel

Chase erblickte einen stattlichen Elch mit einem imposanten Geweih, der ganz in ihrer Nähe graste. Das Tier hatte sie weder gesehen noch gehört oder gerochen, denn der Wind stand zu ihren Gunsten und sie hatten sich äußerst leise und behutsam vorwärts bewegt. Chase machte Flussufer mit einer Handbewegung auf die Beute aufmerksam.

Die zwei Männer stiegen vom Pferd und Chase ließ die Zügel lose herabbaumeln. Er wusste, dass sein gut trainiertes und treues Reittier sich ruhig verhalten würde. Flüsternd bedeutete er Flussufer, die Führung zu übernehmen, und fügte noch hinzu: »Du musst als Erster deinen Pfeil abfeuern, denn ich bin im Umgang mit dieser Waffe nicht so geübt wie du. Aber sobald dein Pfeil den Bogen verlässt, schieße ich einen zweiten hinterher.«

Flussufer nickte und schlich mit gespanntem Bogen auf das Ziel zu. Er suchte Deckung hinter Bäumen und Büschen und führte sie mit Bedacht so nah wie möglich an das Tier heran, wobei er sorgfältig darauf achtete, nicht die scharfen Sinne des Elches zu wecken. Als sie sich in Schussweite befanden, gab er das Zeichen zum Anhalten und bereitete sich darauf vor, den ersten Pfeil abzufeuern.

Chase legte ebenfalls seinen Bogen an und wartete. Er wusste ebenso gut wie Flussufer, dass ein einziger Pfeil ein Tier dieser Größe nicht töten konnte und dass der verwundete Elch davonjagen würde, sobald er getroffen war. Ein Erfolg hing von der Genauigkeit der ersten beiden Pfeile sowie von ihrer Ausdauer und Schnelligkeit bei der anschließenden Verfolgungsjagd ab, denn sie mussten unbedingt weitere Pfeile abfeuern, bevor der Elch sie abschüttelte. Selbst wenn das Tier verwundet war, würde es wahrscheinlich überleben, es sei denn, die Pfeile bohrten sich ausgerechnet in das Herz oder die Lunge. Chase' Herz klopfte vor Aufregung.

Flussufer zielte und schoss, dann zog er einen zweiten Pfeil aus seinem Köcher, während Chase seinen ersten abfeuerte. Beide Pfeile bohrten sich in den Körper des Tieres, der erste in die Lunge, der zweite in das Herz. Dennoch raste der stattliche Elch mit bewundernswerter Geschwindigkeit los, um die offene Wiese hinter sich zu lassen und im schützenden Wald Deckung zu suchen.

»Komm, wir werden ihn jagen, mein Freund!«, rief Flussufer begeistert und rannte quer über die saftige, von bunten Blumen bewachsene Wiese.

»Komm, Red!«, rief Chase seinem Pferd auf Englisch zu, das augenblicklich gehorchte und Chase folgte, der hinter dem flinken Oglala herrannte. Es gab ihm ein gutes Gefühl, mit diesem bemerkenswerten Mann hinter dem Elch herzujagen und nicht mehr von allem ausgeschlossen zu sein. Man vertraute ihm bereits so weit, dass man ihn mit einem anderen Red Shield allein ließ. Er wusste zwar nicht warum, aber er war sich sicher, dass man ihn heute nicht überwachte. Er wusste auch nicht, warum man ihm den jüngsten Krieger des Jagdtrupps als Partner zugewiesen hatte, dem es sicherlich noch an Erfahrung fehlte. Aber vielleicht war dieser Mann auch stärker und geschickter, als er dachte. Er war zumindest ein sehr guter Schütze.

Die beiden Männer wichen Bäumen und Büschen aus und sprangen über am Boden liegende Stämme hinweg, während sie den rasenden Elch verfolgten. Als das Tier kurz anhielt und den Kopf zu ihnen umwandte, um zu prüfen, ob die Gefahr vorüber war, feuerten sie beide fast gleichzeitig einen Pfeil in dessen Hinterhand.

Flussufer lachte. »Wir denken beide dasselbe, mein Freund: Mit einem verwundeten Bein kann der Elch nicht mehr so schnell laufen. Bald gehört er uns.«

»Du bist ein guter Schütze und ein ausdauernder Läufer, Flussufer. Deine Familie kann sich sicher nicht über mangelndes Fleisch und zu wenige Felle beklagen.«

Der Krieger lächelte erfreut, ließ jedoch seine Beute nicht aus den Augen und setzte die Verfolgung ohne Pause fort. »Das stimmt, und ich danke dir für dein Lob, denn es kommt aus dem Mund eines erfahrenen Jägers.«

Beim dritten und vierten Treffer war der Elch zusammengezuckt und gestrauchelt, hatte aber augenblicklich seine Flucht fortgesetzt. Während er versuchte, seine entschlossenen Verfolger abzuschütteln, blieb einer der Pfeile, die in seiner Flanke steckten, an einer kräftig gewachsenen Pinie hängen und brach in der Mitte entzwei. Zwei andere Pfeile verfingen sich mehrmals in Bäumen oder dichtem Buschwerk, hatten sich jedoch so tief ins Fleisch gebohrt, dass sie stecken blieben. Doch jedes Mal, wenn die Schäfte der Pfeile sich im Geäst verfingen, rissen sie größere Wunden in Muskeln und Organe, und die Blutungen und der Schmerz des Tieres wurden immer stärker.

Als sie einen breiten, aber seichten Fluss durchquerten, holten sie sich nasse Füße und das klatschende Geräusch des Wassers scheuchte kleinere Tiere und Vögel auf. Bald waren ihre Kehlen ausgedörrt, ihr Atem ging stoßweise und der Schweiß lief ihnen über die Stirn. Ihre Muskeln ermüdeten, und ihr Herz raste.

Eine Zeit lang blieb der Elch noch in Sichtweite, dann verschwand er hinter dicht belaubten Bäumen und sie sahen und hörten ihn nicht mehr. Dennoch stellten sie dem Tier weiter nach, indem sie den Hufspuren und Blutstropfen folgten.

»Er wird langsamer«, erklärte Flussufer, als er die Veränderungen in Form und Tiefe der Spuren bemerkte.

Schließlich entdeckten sie das erschöpfte und schwankende Tier auf einer kleinen Lichtung im Wald. Sie blieben stehen, denn sie wollten verhindern, dass der Elch erneut losstürmte. An dem geschwächten Zustand des Tieres erkannten sie, dass die Jagd vorüber war. Blut quoll aus der Brust der Kreatur und floss an Vorder- und Hinterbeinen hinab. Als der Elch hörte, dass sich jemand näherte, hob er den Kopf, schüttelte in einer Drohgebärde sein scharfes Geweih und gab Warnschreie von sich, die jedoch alsbald von dem Blut, das sich in seiner Kehle gesammelt hatte, erstickt wurden. Schnell gewährte Flussufer ihm den Tod.

Völlig außer Atem sah er zu Chase hinüber und grinste, bevor er drei noch brauchbare Pfeile sowie den gebrochenen Schaft, dessen Steinspitze wiederverwendet werden konnte, aus dem Körper des Tieres zog und feststellte: »Es ist ein starker und stattlicher Elch. Die Zahl der Enden an seinem Geweih ist beeindruckend und er hat ein schönes Fell. Er wird viele Menschen mit Fleisch versorgen. Wir müssen ihm für sein Opfer und dem Großen Geist dafür danken, dass Er ihn zu uns geschickt hat und uns die Fähigkeiten gab, ihn zu erlegen.«

Sobald sie die Dankesworte in Form eines Gebetes gesprochen hatten, sagte Flussufer: »Wir sollten die anderen rufen.« Er drehte sich in alle vier Windrichtungen und rief laut ihre Namen. Dann horchte er, erhielt aber keine Antwort. »Falls sie noch nicht da sind, wenn wir die Arbeit hier beendet haben, suchen wir sie.«

Während sie auf die anderen warteten, zogen sie das schwere Tier mit Hilfe eines Seils und Wolkenjägers Pferd an einem starken Ast in die Höhe und schlangen das Seil um einen starken Ast, so dass der Elch nicht hinabrutschen konnte. Schließlich schnitt Flussufer ihm mit seinem Messer die Kehle durch, damit er ausblutete. Erst dann konnte er mit dem Enthäuten und Ausweiden beginnen, wobei Chase ihm so gut er konnte zur Hand ging.

»Du hast einen großen Sieg errungen, Flussufer«, lobte Kriegerischer Adler lächelnd seinen

Freund, als er und die anderen auf der schmalen Lichtung erschienen.

Flussufer hielt in seinem Tun inne und strahlte übers ganze Gesicht. »Das ist wahr. Wir verwundeten, jagten und töteten den Elch. Er lief weit, bevor er seinen letzten Atemzug tat. Jeder von uns erzielte zwei Treffer, nur so konnten wir ihn erlegen.«

Kriegerischer Adler bemerkte, dass der junge Mann stets »wir« sagte, und warf seinem Bruder einen kurzen Blick zu. Er war erleichtert, dass es keinen Streit zwischen den beiden gegeben hatte, und war stolz auf Wolkenjägers Geschick und seinen Anteil an der erfolgreichen Jagd. Man hatte ihm aufgetragen, Wolkenjäger die Möglichkeit zur Flucht zu geben, und hätte dieser die Chance genutzt, hätten er und Flinker Otter ihn verfolgt, während die anderen ins Lager zurückgekehrt wären. Windtänzer hatte ihm außerdem aufgetragen, ihren Bruder bei der Jagd nicht zu beschatten, denn beim letzten Mal hatte er seine Verfolger bemerkt, und das hatte ihn womöglich von einer Flucht abgehalten. Er war froh, dass sein Bruder nicht geflohen oder Flussufers Leben in Gefahr gebracht hatte, und es machte ihn glücklich, dass der junge Krieger sich so vorteilhaft über Wolkenjäger äußerte.

»Wir kommen mit leeren Händen zu euch, mein Freund, denn kein Wild kreuzte unseren Pfad«, sagte Kriegerischer Adler. »Wir fanden eure Spuren und die des blutenden Elchs auf der Mutter Erde und folgten ihnen. Wo ist dein Pferd? Wir sahen nur die Spuren von Wolkenjägers Pferd. Wir wussten nicht, was wir davon halten sollten, bis wir die Abdrücke deiner Mokassins neben denen seiner Stiefel fanden. Dann folgten wir ihnen bis hierher.«

Unwillkommene Gedanken schossen Chase durch den Kopf: *Hattest du Angst, ich hätte Flussufer getötet, um zu fliehen, kleiner Bruder? Ich bezweifle, dass Zwei Federn über diesen Verlust getrauert hätte, denn Flussufers Tod hätte endlich meine bösen Absichten unter Beweis gestellt! Wie hast du dich gefühlt, als du feststellen musstest, dass er mit mir zusammen und immer noch am Leben war? Erleichtert oder enttäuscht? Hör auf, solche Sachen zu denken, Chase,* ermahnte er sich selbst, *und sei nicht ungerecht zu Kriegerischer Adler.*

Flussufer holte tief Luft und blickte betrübt drein. Mit zitternder Stimme erzählte er von dem Dachs und dem Tod seines geliebten Pferdes. »Dein Bruder hat mir sehr geholfen. Ein wütender Dachs kann einem Mann die Kehle durchbeißen. Wolkenjäger hat mir das Leben gerettet. Und er beendete das Leben meines vierbeinigen Gefährten, als ich es aus Kummer und Schmerz nicht fertig brachte. Er hatte Erbarmen und schickte mein Pferd schnell auf den Geisterpfad.«

Als wolle er diese quälenden Gedanken abschütteln, wechselte Flussufer schnell das Thema: »Wolkenjäger überließ es mir, den ersten Pfeil abzufeuern, denn er hat lange Zeit keinen Bogen benutzt, aber er hat sein Können nicht verloren. Er durchbohrte den Dachs mit nur einem Pfeil und tötete ihn dann ohne jede Furcht. Er ist ein guter Jäger.«

Kriegerischer Adler war beeindruckt von diesen

Neuigkeiten und dankbar für die wohlwollenden Bemerkungen über seinen Bruder. Es war offensichtlich, dass Flussufer nicht verärgert war, zu Wolkenjägers Partner bestimmt worden zu sein, und falls er diese Einteilung anfangs als Beleidigung empfunden hatte, so war davon jetzt nichts mehr zu spüren. Kriegerischer Adler sah zu Wolkenjäger und sagte: »Ich danke dir, dass du unserem Freund das Leben gerettet hast. Du hast eine große Tat vollbracht.«

Chase nickte seinem Bruder dankbar zu und nahm an, dass dieser in Gegenwart anderer nicht mehr sagen wollte. Er hatte bemerkt, wie Zwei Federn bei den freundlichen Worten seines Cousins aus lauter Wut das Gesicht verzerrt hatte. Aus Wut und vielleicht ... aus *Eifersucht?* Er blickte zu Gebrochener Speer und sah Wertschätzung und Bewunderung in den Augen seines Cousins. Doch als er nickte und ihn anlächelte, wandte der Gruppenjüngste den Blick ab. *Zumindest beginnen sie, mich zu respektieren und zu schätzen, auch wenn sie es nicht zeigen wollen.*

»Wir haben viel zu tun«, sagte Kriegerischer Adler und gab seine Befehle.

Während der Elch zerteilt wurde, suchte der Rest des Jagdtrupps Äste, um eine hölzerne Zuglade zu bauen, auf der man das Fleisch zum Lager transportieren konnte. Nachdem Fleischbrocken, Keulen, Elchhaut, Geweih und Dachsfell aufgeladen waren, band man das Zuggestell an das Pferd von Gebrochener Speer, dem kleinsten und leichtesten Krieger, damit keines der Tiere zu sehr belastet wurde.

»Wir sind fertig«, erklärte Kriegerischer Adler. »Wir reiten zurück ins Lager.«

»Du kommst mit mir«, sagte Zwei Federn zu Flussufer.

»Danke, mein Freund, aber ich werde heute mit meinem Jagdgefährten ins Lager zurückreiten«, entgegnete dieser und schwang sich hinter Chase aufs Pferd.

Kriegerischer Adler, der fürchtete, diese mutige Wahl könne zu neuem Streit führen, rief schnell: »Auf geht's, Freunde!«

Chase würdigte seinen Cousin keines Blickes, er konnte sich das empörte Gesicht des Mannes auch so vorstellen. Zwei Federn fühlte sich verhöhnt, und das konnte den Mann dazu bringen, verbale oder sogar körperliche Gewalt anzuwenden. Er freute sich über Flussufers Freundlichkeit und hoffte, dass sie ihm keine Schwierigkeiten einbringen würde. Er hoffte auch, dass Kriegerischer Adler für seine Worte keine Schwierigkeiten mit seiner Familie und seinen Freunden bekommen würde, denn dann würden diese beiden Menschen, deren Zuneigung er am schnellsten gewonnen hatte – mit Ausnahme von Hanmani und Macha – ihre Haltung ihm gegenüber alsbald wieder ändern. Chase erkannte, dass er sein Ziel, wieder ein Red Shield zu werden, am besten erreichen konnte, indem er nach und nach das Herz jedes einzelnen Mitglieds der Sippe gewann. Er musste Stück für Stück und Tag für Tag daran arbeiten.

Als sie am Nachmittag das Lager erreichten, waren sie müde, durstig, hungrig und verschwitzt, aber bei den meisten herrschte gute Stimmung. Flussufer glitt von Chase' Pferd, dankte ihm noch einmal und ging dann neben Gebrochener Speer zum Tipi seiner Familie, wo die Zuglade abgelegt wurde. Dort angelangt, durfte Flussufer sich als erster ein Stück des Elches aussuchen, da er das Tier erlegt hatte. Danach war der Anführer des Jagdtrupps, Kriegerischer Adler, an der Reihe, dann die anderen Jäger, bis die Beute unter allen gerecht aufgeteilt war – nur Wolkenjäger würde leer ausgehen.

Während Flussufer nach Hause eilte, ritten die anderen zu ihren eigenen Tipis oder an den Waldrand, um dort ihre Pferde anzupflocken. Nachdem Kriegerischer Adler sich von Flinker Otter und Zwei Federn verabschiedet hatte, führte er Chase zu dem Weideplatz, der Großer Bär gehörte. Zwei junge Krieger, die ihre Hilfsbereitschaft unter Beweis stellen wollten, eilten auf sie zu und boten ihnen an, sich um ihre Pferde zu kümmern.

Chase war froh, dass das Pferd seines Cousins an anderen Stelle angepflockt wurde, denn er wollte der schlechten Laune und dem hasserfüllten Blick des Mannes unter allen Umständen entgehen. Er sattelte sein Pferd ab und strich ihm über Hals und Stirn. Dann lächelte er einem der beiden schüchternen Jungen zu und erklärte ihm auf Lakota: »Er heißt Red, das bedeutet Luta, aber du musst seinen Namen auf Englisch sagen, denn er versteht deine Sprache nicht. Wenn du ihn streichelst, solange ich in der Nähe bin, wird er dein Freund werden und sich von dir herumführen und am Fluss tränken lassen.«

Der Junge zögerte und sah zu Kriegerischer Adler, um dessen Erlaubnis einzuholen. Die Pferde von Besuchern wurden stets bestens versorgt, aber er wusste nicht, was für einen Rang dieser seltsame Fremde einnahm.

Kriegerischer Adler nickte dem Jungen zu und beobachtete, was sich zwischen ihm, seinem Bruder und dem Tier abspielte. Er war belustigt über den Versuch des Kindes, den Namen des Tieres auszusprechen, denn der Junge hatte Schwierigkeiten, das »R« nachzumachen. Kriegerischer Adler lächelte stolz, als es dem Kind schließlich gelang und das Pferd tatsächlich auf den Namen reagierte. Dann führte sein Bruder die Hand des Jungen, bis Red zuließ, dass der Junge ihn streichelte. Schließlich führte er das Pferd ohne Schwierigkeiten zum Fluss.

»Dein Red ist ein guter Gefährte. Hast du ihn schon lange?«

»Ja, mein Bruder, seit ich ihn besitze, sind alle vier Jahreszeiten sechs Mal gekommen und gegangen. Ich habe ihn nach meinem Stamm und der Farbe seines Fells benannt. Ich danke dir, dass du mich heute mit auf die Jagd genommen und mich sogar mit Flussufer allein gelassen hast. Es war ein guter Tag. Muss ich jetzt wieder zu meiner Lagerstelle zurückkehren?«

Kriegerischer Adler sah zu Windtänzer, der hinter Chase' Rücken stand und seinem jüngsten Bruder in Zeichensprache Anweisungen gab. Kriegerischer Adler war von diesen heimlichen Anordnungen etwas verwirrt, gehorchte aber. »Nein, mein Bruder. Komm mit zum Tipi unseres Vaters.«

Chase hoffte, dass die Ereignisse des heutigen Tages, die Anrede »mein Bruder«, das »unser Vater« und die Tatsache, dass man ihn nun in das Tipi der Familie einlud, gute Zeichen waren. Das würde sich bald herausstellen, sagte er zu sich selbst, als sie das Tipi von Großer Bär erreichten, das über und über mit Zeichnungen von den zahlreichen Siegen seines Vaters dekoriert war. Er wusste, dass Gebrochener Speer den Beuteanteil von Kriegerischer Adler schon gebracht hatte, denn er sah, dass Winona und Hanmani gerade das Fleisch zubereiteten. Die beiden Frauen schauten nicht auf, als er vorüberging. Im Tipi stießen sie auf Windtänzer, der sie bereits erwartete, woraus Chase den Schluss zog, dass dieses Treffen ohnehin vorgesehen gewesen war – natürlich nur für den Fall, dass er mit den Jägern zurückkehrte. Er nahm denselben Platz ein wie bei seinem ersten Besuch. *»Hau, Ate; ake iyuskinyan wancinyankelo.«* Großer Bär antwortete nur mit einem Kopfnicken auf seine Versicherung, dass er sich freue, ihn wiederzusehen. Chase' gehobene Stimmung begann sich zu verflüchtigen, als er feststellen musste, dass abermals Windtänzer der Wortführer sein würde. Diesmal sprachen sie nur in Lakota.

»Als ich an Weidenbaums Tipi vorbeiging, hörte ich, wie Flussufer seinen Eltern von dem Dachs und der Elchjagd berichtete. Erzähl uns, was geschehen ist«, forderte er seinen jüngsten Bruder auf.

Die ausführliche Schilderung der aufregenden Ereignisse versetzte Kriegerischer Adler erneut in

Hochstimmung und erfüllte ihn mit Stolz auf seine Familie. Später wollte er Windtänzer unter vier Augen von dem Wortwechsel zwischen seinem Cousin und Wolkenjäger erzählen. Er beendete seinen Bericht mit den Worten: »Wolkenjäger ist mutig und geschickt. Er hat all meine Anordnungen auf dieser Jagd befolgt.«

»Sein Handeln beweist dieses Urteil. Du bist heute nicht geflüchtet.«

Chase musterte Windtänzer und fragte sich, worauf er hinauswollte. »Warum sollte ich die einzige Familie, die ich habe, verlassen wollen? Das wird nur geschehen, wenn ich getötet, gefangen genommen oder von unserem Vater fortgeschickt werde.«

»Bist du bereit, dich weiterhin von uns auf die Probe stellen zu lassen?«, fragte Windtänzer und spürte, dass sein Bruder etwas verärgert war, was er ihm nicht übel nehmen konnte, wenn er wirklich kein Betrüger war.

Chase sah zu Großer Bär. Er fühlte sich hin- und hergerissen und hörte eine innere Stimme schreien: *»Warum sprichst du nicht mit mir? Ich bin weder ein Gefangener noch ein Feind, noch ein Fremder, ich bin dein Sohn!«* Sein verletztes Herz schmerzte und seine Seele schrie auf vor Enttäuschung. *Mal sehen, ob ich dich nicht zum Sprechen bringen kann. Aber sei vorsichtig, Chase,* schärfte er sich ein, *sonst machst du alles wieder kaputt, was du so mühsam erreicht hast, und das ist ohnehin nicht viel. Achte auf deinen Ton und halte deine Zunge im Zaum. Sei nicht vorlaut oder mürrisch.* Schließlich fragte er in aller Aufrichtigkeit: »Was muss ich sagen oder tun, damit mein

Vater und sein Stamm mir vergeben, dass ich als Halbblut geboren, als Kind gestohlen und von Weißen großgezogen wurde? Ich kann die Vergangenheit nicht ändern. Auch mein Aussehen und meinen Charakter kann ich nicht ändern, denn der große Geist hat mich so und nicht anders geschaffen. Zu welchem Zweck Er das tat, weiß ich nicht. Ich werde jede Aufgabe und jede Prüfung auf mich nehmen, um sobald wie möglich wieder ein Red Shield und Häuptlingssohn zu sein. Ich werde mich in der Schwitzhütte reinigen. Ich werde mich auf die Suche nach einer Vision begeben. Ich werde mich mit jedem Krieger messen, den ihr dafür bestimmt. Ihr könnt meine Kriegskunst auf die Probe stellen. Ich werde mich dem Sonnentanzritual unterziehen, obwohl ich nicht glaube, dass die Zeit dafür schon reif ist. Ich werde mich pfählen lassen.«

Ich tue alles, was ihr wollt, schwor sich Chase. *Nehmt mich nur wieder als Mitglied in euren Stamm auf. Nur als wahrhaftiges Mitglied kann ich mich meiner Familie beweisen und Morgenröte vor Zwei Federn retten.*

Windtänzer war gerührt von den Worten seines Bruders, von dem Leid, das er als Junge hatte ertragen müssen, und seinem Kampf gegen das Misstrauen, das ihm nun als Mann entgegenschlug. Er wünschte sich, es möge kein Hindernis zwischen ihnen stehen, wünschte sich, dass sein Bruder nie verschwunden wäre. Doch Wolkenjäger war nun einmal bei Weißen aufgewachsen und es bestand die Möglichkeit, dass er log, um sich zu rächen oder sie im Verbund mit ihren Feinden zu vernichten. Wenn nur nicht so viel auf dem Spiel stünde und er sich sicher sein könnte, dass sein Bruder die Wahrheit sprach, wie gern würde er ihn noch heute willkommen heißen und jeden anderen dazu anhalten, es ihm gleichzutun! Aber er konnte nicht riskieren, noch eine Frau – seine teure Chumani – und noch einen Sohn an den Feind zu verlieren. Takapa war jetzt genauso alt wie sein erster Sohn, als dieser getötet wurde, und das sollte ihm eine Warnung sein, nicht schnell und unvorsichtig zu handeln. Er durfte das Leben seiner Familie, das Leben des ganzen Stammes und ihre Jagdgründe nicht in Gefahr bringen. Und auch seine Ehre stand auf dem Spiel. Wegen dieser Unsicherheiten konnte der künftige Häuptling nur eine ausweichende Antwort geben: »Das Pfählen halten wir für eine unnötige Qual. Wir praktizieren es nicht, Wolkenjäger«, sagte er.

Das ist alles, was du mir nach all dem zu sagen hast? Und du, Vater, hast du mir denn gar nichts mitzuteilen? Bleib ruhig und denk nach, Chase, ermahnte er sich selbst. *Keine Anschuldigungen, kein Streit.* »Ich weiß, dass es nicht zu den Bräuchen der Oglala gehört, aber ich werde mich dieser Qual unterziehen, wenn ich so beweisen kann, dass ich die Wahrheit spreche und meiner Familie und meines Stammes würdig bin.« *Du musst an meiner Aufrichtigkeit zweifeln, Windtänzer, sonst würdest du nicht so lange mit einer Antwort zögern. Oder leidest du an dieser Situation etwa genauso wie ich?*

Windtänzer wusste, dass es für ihren Vater mindestens ebenso schwierig und schmerzvoll war, zu schweigen und sich zurückzuhalten, wie für ihn –

wenn nicht sogar noch schwieriger –, doch auch für Großer Bär stand die Sicherheit der Familie und des Stammes an erster Stelle. »Wir werden die Wahrheit auf andere Weise ans Licht bringen«, sagte er. »Morgen brechen wir das Lager ab, um in die Ebenen zu ziehen; wir werden nicht noch sechs aufgehende Sonnen bis zum vollen Mond warten, wie geplant. Wenn du mit uns kommen möchtest, halte dich morgen früh bereit. Geh jetzt für den Rest des Tages zu deiner Lagerstelle zurück, meine Schwester wird dir später etwas zu essen bringen.«

Nun, Vater, ist mein kleiner Plan also gescheitert und ich konnte dich nicht zum Sprechen bringen. Du hast keine Miene verzogen, während ich um Anerkennung flehte. Aber wahrscheinlich bist du geübt darin, eine Maske aufzusetzen, vor allem in Gegenwart von Feinden. Ich weiß, dass du ein mutiger Mann bist, denn deine Siege sind auf dein Tipi und deinen Schild gemalt, und ich hörte viele Geschichten über deine Kühnheit, schon als ich klein war, aber auch später in den Forts. Was willst du damit beweisen, dass du mir die kalte Schulter zeigst und mich nicht erhörst? Chase holte tief Luft. »Ich muss mich waschen; ich bin verschwitzt und blutverschmiert von der Jagd. Wo gibt es einen geeigneten Ort? Ich kann nicht im Fluss baden, wenn die Frauen dort ihre Arbeiten verrichten.«

Nachdem Windtänzer ihm einige geeignete Stellen genannt hatte, fragte Chase: »Kann ich allein dorthin gehen oder willst du jemanden schicken, der mich bewacht?«

»Ich werde keine Wache schicken.« *Es ist deine Entscheidung, ob du fliehst, und die des Großen Geistes.*

Aber ohne Pferd und ohne Waffen wirst du nicht weit kommen. Und selbst, wenn du bis zum Feind gelangen solltest, kannst du uns nicht gefährlich werden, denn bis dahin haben wir das Lager längst abgebrochen. Ich hoffe trotzdem, dass du keine Dummheit begehst und nicht all das Gute, das du heute geleistet hast, wieder zunichte machst, mein Bruder. Ich kann dir diese Dinge nicht sagen, denn meine Worte könnten dich daran hindern, so zu handeln, wie du es sonst tun würdest. »Hanmani wird dir etwas zu essen bringen, bevor du dein Bad nimmst.«

Chase sah erst zu seinem Vater, der den Blick gesenkt hielt, dann zu Kriegerischer Adler, der ihn ruhig anschaute. Er nickte seinem jüngeren Bruder zu, der die Geste erwiderte, und verließ das Tipi. Er ging zu seiner einsamen Lagerstelle und setzte sich traurig und bedrückt auf den Baumstamm. Oder war es sogar mehr als Trauer?, fragte er sich. War er der Sache nicht gewachsen und musste sich geschlagen geben? Verschwendete er hier nur seine Zeit und seine Energie? Verfolgte er ein unerreichbares Ziel, wie damals als Zehnjähriger, als er dem Geisterpferd hinterherjagte? Beide Male hatte er das Gleiche gewollt: die Anerkennung seines Vaters. Vielleicht sollte er sich einfach eingestehen, dass er einen Fehler gemacht hatte, sollte endlich aufhören, sich selbst zu bestrafen, so schnell wie möglich von hier verschwinden und an einem anderen Ort zu sich selbst finden und Frieden mit sich schließen. Er seufzte laut. Nein, er konnte nicht gehen, nicht jetzt, nicht nach der Begegnung mit Macha. Auch wenn es nicht zu seinem Schicksal gehörte, wieder in den Schoß der

Familie zurückzukehren, Macha war für ihn bestimmt. Vielleicht war er nur wegen ihr hierher gerufen worden.

Hanmani kam und brachte Windtänzer sein Essen. Sie hatte wieder etwas von Macha dabei und ein Geschenk von Machas Eltern, als Dank dafür, dass er ihren Sohn vor dem Dachs gerettet hatte, denn es war Sitte, jemanden für eine gute Tat zu belohnen. »Weidenbaum und Wurzel konnten nicht selber kommen, deshalb baten sie mich, dir dieses Hemd zu bringen. Wurzel hat es heute Morgen fertig gestellt, eigentlich war es für ihren Mann bestimmt, aber sie glauben, dass es dir gehören sollte, und du bist von gleicher Statur wie Weidenbaum. Sie sehen darin ein Zeichen, dass das Hemd für dich bestimmt war, als Dank für deine mutige und selbstlose Tat. Das Brot aus Nüssen und Beeren ist von Morgenröte.«

Chase war über die beiden Geschenke überrascht. Er nahm das Hemd entgegen und betrachtete mit Freuden die feinen Perlenstickereien und die Fransen, die von Ärmeln und Taille herabbaumelten. Aber das in Leder gewickelte Brot von Macha bedeutete ihm noch mehr. »Bevor ich Flussufer zu Hilfe kam, wusste ich nicht, dass er Morgenrötes Bruder ist«, sagte er zu Hanmani, »aber ich bin froh, dass ich jemandem das Leben gerettet habe, der ihr nahe steht. Sende Morgenröte und ihren Eltern meinen Dank für ihre Geschenke und ihre Güte.«

Hanmani nickte, blickte sich dann um und flüsterte: »Ich werde dir genug Zeit geben, damit du essen und dich am Fluss im Wald waschen kannst. Warte dort auf Morgenröte. Ich werde Wache stehen, solange ihr miteinander sprecht, denn man darf euch nicht zusammen sehen.«

»Morgenröte möchte sich mit mir im Wald treffen?«

»Ich habe sie nicht gefragt, aber ich bin sicher, dass sie kommen wird, wenn ich ihr Bescheid gebe.«

Chase erinnerte sich an die trüben Gedanken, die ihm vor Hanmanis Kommen durch den Kopf gegangen waren, und er wusste, dass er seiner Schwester vertrauen konnte. Es freute und beunruhigte ihn zugleich, dass Hanmani ihm helfen und Macha ein solches Risiko auf sich nehmen wollte. »Wie wollt ihr euch aus dem Lager stehlen?«, fragte er.

»Wir müssen vor Einbruch der Dunkelheit noch Holz sammeln. Ich habe gehört, wie mein erster Bruder dir sagte, wo du dich waschen kannst. Ich werde Morgenröte dorthin bringen.« Sie musterte ihn und fragte: »Möchtest du sie denn nicht sehen? Es ist die letzte Gelegenheit, bevor wir das Lager abbrechen. Während der Reise und im Sommerlager auf den Prärien wird ein heimliches Treffen nicht möglich sein.«

Chase begriff, dass sie sein Zögern missverstanden hatte. »Ich möchte sie so oft sehen, wie es nur geht, aber ich will euch nicht in Schwierigkeiten bringen. Wir müssen gut aufpassen, damit man uns nicht erwischt.«

Hanmani verstand die Beweggründe für das Verhalten ihres Vaters und ihres ältesten Bruders in dem Gespräch, das sie belauscht hatte, aber sie war sich sicher, dass sie ihre Familie und ihren Stamm nicht in Gefahr brachte. Selbst wenn sie sich in Wolkenjäger täuschen sollte, würde seine Zuneigung Macha den Mut und die Kraft geben, Zwei Federn abzuweisen oder ihn zumindest zu vertrösten. Hanmani, die sonst stets gehorchte und die Wahrheit sprach, glaubte ganz fest daran, dass ihre beste Freundin und ihr Bruder füreinander bestimmt waren. Und sie fürchtete, etwas oder jemand könne zwischen die beiden treten und großen Schaden in den Plänen des Großen Geistes anrichten, wenn sie ihnen nicht schnell half, einander näher zu kommen. Da dies der Wille des Schöpfers war, den Er in einem Traum offenbart hatte, konnte ihr Tun nicht falsch sein, auch wenn andere das nicht so sehen würden. »Iss und geh«, sagte sie zu Chase. »Ich werde deine Lagerstelle im Auge behalten, damit ich weiß, wann du dich zum Fluss begibst. Wir werden dich dort treffen.«

Chase fühlte, wie ihn neue Lebenskraft durchströmte. »Ich danke dir, Schwester. Du bist meine beste Freundin hier, meine einzige. Du und Morgenröte«, fügte er hinzu.

»Der Tag wird kommen, an dem du viele Freunde haben wirst.« Sie lächelte und ging.

Chase erinnerte sich daran, was Lucy Martin ihm stets gesagt hatte, wenn die Dinge nicht so liefen, wie er wollte: »Manchmal haben wir das Gefühl, dass Gott im Schneckentempo vorwärts kriecht oder uns in aberwitzige Richtungen schickt, aber Er hat seine Gründe dafür. Sei geduldig und vertrauensvoll und gehe den Pfad, den Er vor dir ausbreitet, wie seltsam er dir auch erscheinen mag, und du wirst es nicht bereuen.«

So schnell wie möglich nahm Chase ein Bad und zog frische Kleidung an. Sein Geist war von Vorfreude erfüllt und sein Körper zitterte vor Anspannung. Er war froh, dass er zumindest in einem Punkt nach seinem Vater und den Indianern kam – er musste sich nicht rasieren und seine Arme und Beine waren kaum, seine Brust gar nicht behaart. Während er am Flussufer auf- und abging und auf Macha wartete, fürchtete er, dass sie vielleicht nicht kommen würde. Doch vielleicht war er einfach schneller fertig geworden, als seine Schwester vermutet hatte. Aber wenn sie nicht bald auftauchte, würde das Treffen vorüber sein, noch ehe es begonnen hatte.

Endlich sah er sie und sein Herz machte einen Freudensprung. Seine Schwester war sehr vorsichtig und schaute sich unentwegt nach allen Seiten um. Er hingegen konnte den Blick nicht von Macha abwenden, als sie auf ihn zukam. Er hörte, wie Hanmani sie an den Schrei des Vogels erinnerte, den sie nachahmen würde, falls sich jemand näherte. Er lächelte und dankte seiner Schwester, die ihn aus dunklen Augen fröhlich und übermütig anschaute.

Nachdem Hanmani sich ein paar Meter entfernt hatte, um ihren Bruder und ihre Freundin nicht zu stören, während sie Wache hielt, flüsterte Chase: »Ich bin froh, dass du gekommen bist, Morgenröte, aber ich möchte nicht, dass du in Schwierigkeiten gerätst. Vielen Dank für die Geschenke, die du mir geschickt hast, jeder Bissen war ein Genuss. Deine Großzügigkeit macht mich sehr glücklich.«

»Ich bin gekommen, um dir für dein großes Herz und deinen Mut zu danken, Wolkenjäger. Es hätte meine Familie schlimm getroffen, wenn meinem Bruder etwas zugestoßen wäre. Wir sind dir sehr dankbar dafür, dass wir weiterhin mit ihm zusammen sein dürfen.«

Chase wusste, dass die Hitze, die ihn durchströmte, nicht nur auf das warme Wetter zurückzuführen war. Macha hatte in seinem Herzen die Flamme der Liebe und in seinen Lenden das Feuer der Leidenschaft entfacht. Wie sie das in so kurzer Zeit geschafft hatte, wusste er nicht. »Es war gut, deinen Bruder bei der Jagd zum Gefährten zu haben. Ich wusste nicht, dass er zu deiner Familie gehörte, bevor ich ihm zu Hilfe kam, und ich hätte mich nicht anders verhalten, wenn es nicht so gewesen wäre, aber ich freue mich, dass du seine Schwester bist und ich das Glück hatte, dein Herz zu erwärmen.«

Macha fühlte sich allein durch seine Nähe schwach, zittrig und erhitzt. Er füllte ihren Kopf mit verträumten Gedanken und ihren Körper mit heftigem Verlangen. Sie hatte ihn schon als Kind geliebt, und dieses Gefühl war seit seiner Rückkehr noch stärker geworden, so als würde sie von einem Wirbelwind davongetragen. »Wie sollte es anders sein, wo wir doch schon als Kinder Freunde waren, Wolkenjäger, und es auch heute noch sind?«

»Ist es zu früh dir zu gestehen, dass ich eines Tages mehr sein möchte als ein Freund?« Als sie ihn mit weit aufgerissenen Augen ansah, fragte er: »War ich zu voreilig, oder habe ich Worte gesprochen, die du nicht hören willst?«

»Ich weiß nicht, was ich sagen soll.« Wie sollte sie ihm antworten? Was bedeutete »mehr als ein Freund« für ihn?

»Ich möchte dich nicht verängstigen oder dir zu nahe treten, Morgenröte, aber ich will dir mein Herz öffnen. Morgen werden wir in die Ebenen ziehen; dann werden wir keine Möglichkeit mehr haben, miteinander zu sprechen. Wenn du mir jetzt keine Antwort geben möchtest, so kann ich das verstehen. Aber ich will verhindern, dass Zwei Federn mir zuvorkommt.«

Machas Herz schlug schneller. Die Bedeutung seiner Worte war jetzt so klar wie das Wasser des Flusses, an dem sie standen. Sie war zu aufgewühlt und zu glücklich, um ihm zu antworten, deshalb hörte sie nur aufmerksam zu, während er fortfuhr.

»Schon als Kind hat mein Cousin mich als seinen Feind gesehen und daran hat sich als Mann nicht geändert. Wenn er von meinen Gefühlen zu dir erfährt, wird er um deine Hand anhalten, nur um mir zu schaden. Vermähle dich nicht mit ihm«, bat Chase, »denn er ist deiner nicht würdig. Auch ich habe dir bis heute noch nicht bewiesen, dass ich deiner würdig bin, aber von nun an werde ich jeden Tag daran arbeiten.«

Macha sah in seine goldbraunen Augen und war überzeugt, dass er die Wahrheit sprach. »Hab keine Angst, Wolkenjäger, denn ich weiß um Zwei Federns Bösartigkeit. Ich liebe und begehre ihn nicht. Ich werde mich nicht mit ihm vermählen, es sei denn, man zwingt mich dazu. Meine Eltern und die anderen sehen seine schlechte Seite nicht, denn er weiß sie geschickt zu verbergen. Die Leute halten ihn für einen großen Krieger und er ist der Nachfahre eines Häuptlings, deshalb wird man kein Verständnis dafür haben, wenn ich ihn abweise, falls er um mich wirbt.«

Während Chase ihr zuhörte und sie betrachtete, stürmten auf einmal von allen Seiten Erinnerungen auf ihn ein. Er erinnerte sich daran, wie sie leise flüsternd hinter Büschen und Felsen gesessen und miteinander gespielt hatten und wie sie diese Freundschaft vor den anderen Kindern verborgen hielten, denn Mädchen und Jungen spielten nur sehr selten miteinander und viele Kinder verachteten ihn. Schon vor langer Zeit hatte sie ihm kleine Geschenke zugesteckt, ihn für seine knabenhafte Kraft bewundert, ihn dazu angehalten, an sich selbst zu glauben, und ihn getröstet, wenn andere Jungen oder sein Vater seinen Stolz und seine Gefühle verletzten. Er erinnerte sich daran, wie er ihr das Fell eines Schneehasen geschenkt und sie einen Beutel daraus genäht hatte, in dem sie ihre Habseligkeiten aufbewahrte. Wie hatte er solche Momente vergessen können? Warum erinnerte er sich ausgerechnet jetzt wieder daran? War sie es, die diese Dinge zurück an die Oberfläche brachte?

»Wie kommt es, dass du lächelst, Wolkenjäger, obwohl die Dinge schlecht stehen?«

Er erzählte ihr, woran er gedacht hatte, und ein

Lächeln erschien auf ihren Lippen. »Erinnerst du dich ebenfalls an diese gemeinsamen Augenblicke?«

»Ja, denn selbst in den kältesten Jahreszeiten haben sie mich gewärmt. Als du verschwandst, habe ich sehr unter dem Verlust meines besten Freundes gelitten. Um dir dennoch nahe zu sein, wurde ich die Gefährtin deiner Schwester. Ich habe immer daran geglaubt, dass du eines Tages zurückkehren würdest.«

Chase hatte nicht gewusst, dass ein Mensch so glücklich sein konnte. Alles an dieser Frau war bezaubernd. Sie hatte ihn früher nicht verachtet und tat es auch heute nicht. Es gab gewiss einen Weg, wie er ihr Herz gewinnen konnte, es sei denn ...

»Was ist, wenn man mich nicht in den Stamm aufnimmt und wieder fortschickt?«

Machas Blick verfinsterte sich vor Bestürzung, dann lächelte sie wieder. »Das wird nicht geschehen, denn der Große Geist hat dich aus einem guten Grund hierher geführt.«

»Was ist, wenn dieser Grund sich schon erfüllt hat?«

»Ich verstehe nicht, was du damit sagen willst. Du bist noch nicht wieder ein vollwertiges Mitglied der Red Shield.«

»Was ist, wenn Er uns nur wieder zusammenbringen wollte?«

Bevor sie antworten konnte, hörte Macha Hanmanis Vogelschrei.

»Hanmani ruft nach mir. Ich muss gehen.«

Chase nahm ihr warmes Gesicht in seine Hände, beugte sich vor und gab ihr einen zarten Kuss.

»Denk an mich, Morgenröte, denn du wirst bei jedem Atemzug, den ich tue, in meinen Gedanken sein. Geh jetzt, Sonnenschein meines Herzens.«

»Ich werde oft an dich denken, Wolkenjäger«, sagte sie und verließ ihn, nur um festzustellen, dass Hanmani übervorsichtig gewesen war. Niemand war zu sehen. Sie wünschte, sie hätte ihr Gespräch mit Wolkentänzer beenden können, aber vielleicht war es besser, nicht zu lange fortzubleiben, um nicht entdeckt zu werden. Überglücklich erzählte sie ihrer Freundin von der Unterredung.

Hanmani umarmte sie und lachte. »Habe ich dir nicht gesagt, dass eure Lebenskreise sich eines Tages vereinen werden, so wie die Traumbotschaft des Schöpfers es bereits vermuten ließ? Auch du wirst mir eines Tages helfen, das Herz des Mannes zu gewinnen, der meines stehlen wird«, murmelte sie geheimnisvoll und seufzte gedankenverloren.

Chase wartete einen Augenblick und eilte dann zurück zu seiner Lagerstelle, um sich schlafen zu legen. Er hoffte, dass er von Macha träumen würde. Morgen früh würden die Red Shield zur alljährlichen Büffeljagd in die Prärien aufbrechen und man erlaubte ihm, dabei zu sein. Doch er konnte nicht ahnen, dass sich bis dahin noch einiges ereignen würde ...

6. Kapitel

Mitten in der Nacht wurde Chase von lautem Donnergrollen geweckt. Blitze zuckten über den Himmel und ein starker Wind wehte. Er fühlte die Feuchtigkeit in der Luft und konnte sie fast schmecken, als er den Mund öffnete und tief durchatmete. Er wusste, dass heftige Sommerstürme zu dieser Jahreszeit nichts Ungewöhnliches waren. Sie entluden sich ohne Vorwarnung und mit gewaltiger Kraft.

»Ein heftiger Sturm zieht auf, Wolkenjäger; er wird eine Weile andauern. Nimm deine Sachen und komm in mein Tipi, dort kannst du ungestört weiterschlafen.«

Erschreckt wirbelte Chase herum und griff automatisch nach seinem Messer, bis er begriff, dass es sein älterer Bruder war, der hinter ihm stand. Vom Boden aus wirkte Windtänzer noch größer und stämmiger, als er es ohnehin war. Da er nichts als Lendenschurz und Mokassins trug, waren seine kräftigen Muskeln unter der glatten Haut gut zu sehen. Das Licht des dreiviertel vollen Mondes, der noch nicht von Wolken verdeckt war, schien auf die Sonnentanznarben, die neben einigen anderen auf seiner breiten Brust prangten. Chase betrachtete seinen Bruder. Windtänzer würde in jeder Welt, bei Indianern und Weißen, als gut aussehend und männlich gelten. Mit Kriegsbemalung und Haarschmuck musste er jeden Feind in Angst und Schrecken versetzen.

Chase steckte sein Messer weg, schob diese Gedanken beiseite und sagte: »Du hast ein gutes Herz, mein Bruder, ich danke dir.« Während er hastig seine Sachen einsammelte, fügte er noch hinzu: »Dein Können und dein Geschick sind groß. Ich habe dich nicht kommen hören.« Er sah zu Windtänzer, der zum Dank nur nickte, klemmte seinen Schlafsack unter den Arm, zog die Satteltaschen heran und stand auf. »Ich bin fertig. Wir müssen uns um die Pferde kümmern«, sagte er, denn er sorgte sich um seinen geliebten Rotfuchs.

»Das habe ich schon getan; sie sind in Sicherheit.«

»Vielen Dank, mein Bruder, denn Red ist wie ein Freund für mich.«

Sie eilten zu einem farbenprächtigen, stabil gebauten Tipi und traten leise ein, um Tokapa nicht zu wecken. Im Schein eines kleines Feuers deutete Windtänzer auf den Platz, an dem Chase seine Matte ausrollen und seine Sachen unterbringen konnte, dann legte er sich neben Chumani und seinen Sohn.

Bevor Chase sich ausstreckte, um die restliche Nacht im Warmen und Trockenen zu verbringen, warf er einen Blick auf die Familie und lächelte erfreut. Wenn ihm nur das Glück und der Schöpfer eine Frau und ein Kind bescheren würden, dachte er, wäre er der seligste Mensch auf Erden. Er legte sich nieder, schloss die Augen und war bald friedlich eingeschlummert.

Kriegerischer Adler war aus demselben Grund wie sein älterer Bruder von seiner Schlafmatte aufgestanden. Er hatte sich der offenen Eingangsklappe genähert und in den aufziehenden Sturm hinausgespäht. Erst als er sah, dass Windtänzer ihren Bruder zu seinem Tipi führte, war er beruhigt. Er verschloss den Eingang gegen die drohenden Regenfälle und kehrte wieder zu seiner Schlafmatte zurück. Als er sich hinlegte, hörte er seine Mutter mit seinem Vater flüstern. »Ein schlimmer Sturm braut sich zusammen, Großer Bär, und Wolkenjäger ist draußen.«

Er war angenehm überrascht, dass Winona sich Sorgen um Omastes Sohn machte. Bevor Großer Bär über eine Lösung des Problems nachsinnen konnte, flüsterte Kriegerischer Adler: »Mein Bruder hat ihn in sein Tipi geholt, Mutter. Wolkenjäger ist in Sicherheit und im Trockenen.«

»Das ist gut, mein zweiter Sohn«, entgegnete Winona. »Schlaf jetzt wieder.«

Hanmani tat, als hätte sie von der kurzen Unterredung nichts mitbekommen. Sie hatte ihrer Familie den Rücken zugedreht und lächelte. Es war ein gutes Zeichen, dass die anderen sich Sorgen um Wolkenjäger machten, selbst wenn sie es nicht zugegeben hätten. Sie dachte daran, dass sicherlich auch ihre beste Freundin beunruhigt war und wach lag.

Als der Sturm zu wüten begann, zerrten heftige Windböen an Weidenbaums Tipi, als wollten sie es umstürzen. Macha warf sich unruhig auf ihrer Schlafmatte hin und her und sorgte sich um Wolkenjägers Wohlergehen. Der Regen prasselte auf das Tipi und jeder Tropfen hörte sich an wie ein harter Stein, den jemand mit aller Kraft dagegen warf. Der Donner grollte wie ein wütender Bär und Blitze zuckten mit lautem Krachen über den Himmel. Sie fürchtete, ein Blitz könne ihren Liebsten treffen oder in den Baum neben seiner Lagerstelle einschlagen und ein schwerer Ast auf ihn fallen. Sie würde es nicht ertragen, ihn noch einmal zu verlieren, ohne Hoffnung auf Wiederkehr! Sie wollte zu ihm laufen, sich an ihn schmiegen und gemeinsam mit ihm dieser Gefahr ins Antlitz sehen, damit er sich nicht allein und verlassen fühlte.

Warum, dachte sie wütend, dauerte es so lange, bis man endlich über sein Schicksal entschied? Konnte nicht jeder sehen, dass er die Wahrheit sprach und dem Stamm nicht schaden wollte? Was sollte er denn noch tun, damit sie ihn endlich wieder aufnahmen? Wie kam es, dass nur sie und Hanmani ihm glaubten? Es war unmöglich, dass sie sich beide irrten, auch wenn alle anderen ihn zurückwiesen und ihm misstrauten. Vielleicht gab es sogar einige, die sich mit ihm anfreunden wollten, wie etwa ihre und seine Brüder, aber sie waren ebenso in der augenblicklichen Situation gefangen wie sie und Hanmani.

Großer Geist, lenke und beschütze Wolkenjäger auf dem Pfad, den du für ihn bestimmt hast, betete sie. *Öffne die Herzen aller Menschen und lass ihn wieder ein Mitglied der Red Shield sein. Schick uns und unserem Land Sicherheit und Frieden. Füge unsere Lebenskreise zusammen, denn ich liebe und brauche ihn.*

Ohne dem heftigen Sturm Beachtung zu schenken, begab Zwei Federn sich am nächsten Morgen aufgeregt und durchnässt zum Tipi von Großer Bär. Nachdem man die Eingangsklappe geöffnet und ihn hineingebeten hatte, blickte er sich um und entdeckte nur vier Personen, was ihm außerordentlich gefiel. »Wolkenjäger ist geflohen, mein Häuptling; er und seine Sachen sind fort«, verkündete er. »Ich habe den Wald nach ihm durchforscht, denn ich dachte, er hätte vielleicht dort Unterschlupf gesucht, aber ich habe ihn nicht gefunden. Wir müssen ihn verfolgen, gefangen nehmen und bestrafen, bevor er zusammen mit dem Feind zurückkehrt und uns überfällt. Wir dürfen nicht warten, bis der Sturm vorüber ist. Ich werde den Spähtrupp anführen und wir werden ihn finden und zurückbringen.«

Kriegerischer Adler unterdrückte seinen Ärger und fragte ruhig: »Hast du nachgesehen, ob sein Pferd fehlt?«

»Es ist noch da. Er muss ein fremdes Pferd gestohlen haben. Er wird uns gewiss verraten und in Gefahr bringen. Wir dürfen nicht zulassen, dass er einen solchen Sieg erringt.«

Kriegerischer Adler verbarg seine Verärgerung nun nicht länger und schalt seinen Cousin: »Du lässt dich von deinen schlechten Gefühlen in die Irre leiten, Cousin. Wolkenjäger suchte Schutz vor den mächtigen Kräften der Natur im Tipi meines Bruders.« Er sah die Enttäuschung und Verwunderung im Gesicht des anderen, bevor dieser seine Gefühle verbarg.

»Er ist bei Windtänzer?«

»So ist es. Geh in dein Tipi zurück, denke nach und versuche den Grund für deine üble Nachrede zu finden, damit du ihn ausmerzen kannst, bevor wir morgen das Lager abbrechen.« Er beobachtete, wie Zwei Federn nickte und forteilte, zweifelsohne war er gekränkt, in Gegenwart von Großer Bär getadelt zu werden. Kriegerischer Adler wandte sich an seine Eltern und seine Schwester, welche die Szene schweigend verfolgt hatten. »Es ist an der Zeit, dass ich mit euch über das schlechte Benehmen meines Cousins rede«, sagte er und erzählte von Zwei Federns Beleidigungen und seinem Verhalten.

»Warum versucht er, Wolkenjäger mit allen Mitteln das Leben schwer zu machen?«, fragte Winona.

»Ich weiß es nicht, Mutter, denn ich habe nicht gesehen, dass Wolkenjäger ihn dazu verleitet hat. Zwei Federn will nicht, dass er hier bleibt.«

»Diese Entscheidung liegt bei Vater und dem Großen Geist«, sagte Hanmani.

»Was du ihm gesagt hast, war klug, mein zweiter Sohn«, lobte Großer Bär. »Wir müssen darum beten, dass der Große Geist ihn von diesen schlechten Gefühlen befreit.«

»Wenn das nicht bald geschieht, Vater, wird er uns Schwierigkeiten machen, denn sein Hass auf meinen Bruder ist groß.«

»Lass ihn nicht aus den Augen, vielleicht findest du etwas heraus. Sprich ihn auf seine Schlechtigkeit an, wenn sein verwirrter Geist sich beruhigt hat. Aber erzähle weder seiner Familie noch anderen Leuten davon, denn vielleicht erledigt es sich bald von selbst. Wenn nicht, werde ich außerhalb des Lagers mit dem Sohn meiner Schwester sprechen.«

Kriegerischer Adler nickte gehorsam, zweifelte jedoch daran, dass sein Cousin sich ändern würde. Alles, was er tun konnte, war darauf zu achten, dass der Mann sich von seinem Bruder fern hielt. »Wenn wir gegessen haben«, sagte er, »gehe ich zu Windtänzer, vielleicht kann ich dort etwas herausfinden. Bei meiner Rückkehr werde ich dir Bericht erstatten, aber es kann sein, dass ich eine Weile fortbleibe.«

»Kommt, setzt euch, das Essen ist fertig«, forderte Winona sie auf.

Während Chase das Frühstück verspeiste, das Chumani ihm serviert hatte, beobachtete er seinen Neffen, der zwischen Windtänzers Beinen aß und vor sich hin plapperte. »Es schmeckt gut, Tautropfen«, sagte er zu der Frau seines Bruders.

Chumani lächelte ihn verhalten an, setzte sich und nahm Tokapa, damit sie ihn füttern und ihr Mann in Ruhe essen konnte.

Chase fühlte sich ruhig und gelassen, denn er hatte tief und fest geschlafen, während der Sturm draußen getobt und an dem Tipi gezerrt hatte. Da das Unwetter anhielt, war der Aufbruch in die Ebenen auf morgen verschoben worden. Man hatte ihn nicht aufgefordert, zu seiner Lagerstelle zurückzukehren, und er würde solange bei Windtänzer bleiben, wie man es ihm erlaubte. Er hoffte, auf diese Weise die Zuneigung dieser Familie zu gewinnen und ein Band zwischen sich und ihnen zu knüpfen. Er beobachtete Tokapa beim Essen.

»Du hast einen fabelhaften Sohn, mein Bruder. Viele Dinge fesseln seine Aufmerksamkeit«, sagte Chase über das wissbegierige Kind, das alles untersucht und einige Dummheiten angestellt hatte, während seine Mutter ihrer Arbeit nachgegangen war. Chase hatte das Verhalten des Jungen amüsiert verfolgt. Tokapa hatte mit seinen Satteltaschen gespielt, war auf dem merkwürdigen Schlafsack herumgetollt, dann zur Eingangsklappe gelaufen und hatte versucht, sie zu öffnen, um den Regen zu sehen. Einmal war der Junge auf seinen Schoß geklettert und hatte nach dem Anhänger gegriffen, den Chase um den Hals trug und der seiner Mutter gehört hatte. Es befanden sich Porträts ihrer Eltern darin, und Chase kannte seine Großeltern nur von diesen Bildern, denn sie waren schon lange tot. Er hatte den Anhänger geöffnet und dem Jungen die Porträts gezeigt, der ein paar Mal mit seinem winzigen Zeigefinger darauf getippt hatte. Chase war erleichtert gewesen, dass Tokapa nicht schrie und tobte, als Chumani ihm erklärte, dass er den Anhänger nicht haben und auch nicht an ihm ziehen durfte, um die goldene Kette nicht zu zerreißen. Chase erfreute sich an dem Kind und an diesem friedlichen Ort und wünschte sich mehr als je zuvor eine eigene Familie.

Windtänzer nickte und lächelte. »Er lernt jeden Tag etwas Neues und hält uns mit seinen Erkundungszügen ganz schön auf Trab. Seine Beine sind noch so langsam wie die der Schildkröte, aber sein

Geist ist schon so flink wie ein Reh. Sobald sich etwas in seiner Reichweite befindet, das er noch nicht kennt, versucht er, hinter dessen Geheimnis zu kommen. Wenn er bei seinen Großeltern ist, ist Großmutter jedes Mal schon müde, bevor die Sonne hoch am Himmel steht, und Großvater hat keine Stimme mehr, weil er so viele Fragen beantworten musste.«

Chase beobachtete, wie sich das Paar liebevolle Blicke zuwarf, und wusste, dass die beiden tiefe und starke Gefühle füreinander hegten. »Der Große Geist hat dich mit einer wunderbaren Frau und einem prächtigen Sohn gesegnet«, sagte er zu Windtänzer. »Ihr passt gut zusammen, du und Tautropfen.«

»Hast du in der Ferne eine Frau zurückgelassen?«, fragte Chumani und sammelte die Holznäpfe und die Tassen aus Büffelhorn ein, die in einem Klotz aus Pinienholz steckten, damit sie nicht umfielen. Während sie das Geschirr wusch und wegräumte, hörte sie Chase zu und sah ihn verstohlen an.

»Keine weiße Frau hat mein Herz gestohlen wie du das meines Bruders. Aber vielleicht wird Wakantanka schon bald eine Frau für mich aussuchen, uns vermählen und uns einen Sohn wie Tokapa schenken.«

Kriegerischer Adler, der die letzten Worte des Gesprächs gehört hatte, während er mit dem Öffnen der Eingangsklappe des Tipis beschäftigt gewesen war, trat ein und nickte Chase grüßend zu. Als er sich zwischen ihn und Windtänzer setzte, musste er daran denken, wie sehr er Wolkenjäger als Kind geliebt und verehrt hatte, und er wünschte sich, ihm diese Gefühle auch heute noch zeigen zu dürfen. Aber während der Abwesenheit seines zweiten Bruders hatte er sich zum Krieger gewandelt und hoffte, einmal der Schlachtenführer des Stammes zu werden, wenn Blaue Eule zu alt für diese gefährliche und erschöpfende Aufgabe sein würde. Und auch als Träger des heiligen Bogens und – im Fall von Windtänzers Tod – zukünftiger Häuptling konnte er es sich nicht leisten, sich diesen Empfindungen und Erinnerungen hinzugeben. Er wusste, dass es sich bei seinem Vater ebenso verhielt: Großer Bär fürchtete, dass es seine Ehre beschmutzen und zu Streit führen würde, wenn es Wolkenjäger misslingen sollte, seine Aufrichtigkeit unter Beweis zu stellen. Dennoch wollte Kriegerischer Adler mehr über den Mann erfahren, der sein zweiter Bruder heute war, ganz so wie dieser fast fremde Mann mehr über seine Familie wissen wollte. »Erzähl Wolkenjäger, wie du Tautropfen gefunden und hierher gebracht hast«, bat er Windtänzer, »und welche Taten ihr vollbrachtet, um unseren Stamm zu retten.«

Während Chumani im hinteren Bereich des Tipis Perlen aufzog und Tokapa neben ihr spielte, erzählte Windtänzer seinem Bruder, wie er bei einem Überfall der Crow seine erste Frau, Chumani ihren ersten Mann und beide ihre Söhne verloren hatten. Dann berichtete er von der Vision, die er empfangen und die ihn zum Häuptling der White Shield Brule vom Volke der Lakota geschickt hatte, um dort Anspruch auf die Frau zu erheben, die Wakantanka für ihn erwählt hatte und die zugleich seine kühne Gefährtin in einem gefährlichen Feldzug gegen die Crow sein sollte. Schließlich erzählte er von den Abenteuern, die sie erlebt hatten, und berichtete mit ehrfürchtiger Stimme und anhaltendem Staunen von einem rätselhaften Wolfshund und einer alten Frau, die ihnen mehrmals geholfen hatten, und von Chumanis Falken.

Chase war voller Mitleid über den Verlust ihrer Familien, denn er konnte sich vorstellen, wie qualvoll es sein musste, den Partner und das eigene Kind durch Feindeshand zu verlieren, und er konnte nachempfinden, welch ungeheuren Rachegefühle die beiden verspürt haben mussten. Er war beeindruckt, als er hörte, wie Chumani den Falken Cetan großgezogen hatte, als sie selbst noch ein Kind gewesen war, und wie der Vogel später seine Klugheit bewiesen und ihnen geholfen hatte. Schließlich war Cetan einem Falkenweibchen begegnet und wieder in die freie Wildbahn zurückgekehrt. Chase betrachtete die zarte und frauliche Siebenundzwanzigjährige und war verblüfft, dass sie eine solch erfahrene Kriegerin war und ihren Mann bei diesem gefährlichen Unternehmen so tatkräftig unterstützt hatte. Er wusste, dass es keine bessere Frau für einen zukünftigen Häuptling gab als eine Häuptlingstochter, noch dazu wenn sie von einem verbündeten Stamm kam: eine Frau, die ihr Heim und ihre Familie verteidigen konnte, wenn er auf der Jagd oder im Gefecht war, eine Frau, die ihn sichtlich achtete und bewunderte und die seine Liebe und seine Wertschätzung besaß. *Du bist ein glücklicher Mann, mein*

Bruder, und ich hoffe, dass ich mit Morgenröte ebenfalls ein solches Glück teilen werde, dachte er.

»Erinnerst du dich an die Geschichte über die alte Frau, die am Rand der Welt den Faden spinnt? Großvater erzählte sie uns, als wir klein waren«, fragte Kriegerischer Adler, als sein zweiter Bruder schwieg.

Chase nickte nur ehrfürchtig.

»Wir glauben, dass es die alte Frau und ihr Wolfshund waren, die uns zur Seite standen«, erklärte Kriegerischer Adler, »denn sie ließen niemals Spuren auf dem Gesicht der Mutter Erde zurück.«

Wolkenjäger dachte über all die Abenteuer nach, die Windtänzer und Chumani gemeinsam bestritten hatten, und fragte die junge Frau: »Hattest du keine Angst, als du dich in das Lager der Crow schlichst, um meinen gefangenen Bruder zu befreien, und als du dich als weiße Büffelfrau vor die versammelten Crow stelltest? Hast du dich nicht gefürchtet, als du in die hölzerne Umzäunung von Fort Pierre eingeritten bist, um die Weißen auszustricksen?«

»Die Angst kroch durch mich hindurch wie eine Schlange, die nach einer verwundbaren Stelle sucht, um anzugreifen, aber es war die Angst um meinen geliebten Mann und meine Freunde und die Angst, bei dieser heiligen Aufgabe zu versagen. Ich habe darauf vertraut, dass der Große Geist mich lenken und beschützen und uns seine Helfer senden würde. Vielleicht wird er sie erneut schicken, wenn uns wieder dunkle Tage bevorstehen.«

Chase dachte daran, dass die Weißen solche Ereignisse als Mythen oder Legenden abtaten, aber er glaubte, dass im Leben jedes Menschen viele unergründliche Kräfte wirkten. Er kannte die Geschichte von der schönen Büffelfrau Pte Skawin, die vor langer Zeit zu den Dakota gekommen war, um ihnen die sieben heiligen Zeremonien und andere Rituale sowie die Gebetspfeife zu schenken. Er kannte auch die Geschichte von der Schöpfung und der großen Flut, welche die Welt von allem Bösen gereinigt und nur ein auserwähltes Paar übrig gelassen hatte: einen großen Häuptling und eine mutige Frau. Diese Legende erinnerte ihn an die biblische Sintflut und an Adam und Eva. Er hatte die Geschichte über die alte Frau, die täglich an einem Faden sponn, nicht vergessen. Wenn sie aufstand, um neues Holz in ihr Feuer zu geben und ihre Suppe umzurühren, machte ihr Gefährte, der Wolfshund, ihre Arbeit wieder zunichte, denn sollte sie ihre Arbeit eines Tages zu Ende bringen, würde die Welt der Dakota aufhören zu existieren.

Chase freute sich schon darauf, die Freunde kennen zu lernen, die ebenfalls an dem heiligen Kampf teilgenommen hatten: Rote Feder und Zitkala. »Der Schöpfer gab dir Weisheit und viele Fähigkeiten, Tautropfen, und du nutztest diese Gaben an der Seite meines Bruders mutig und geschickt, was euch zum Sieg über eure Feinde verhalf. Wenn ich eines Tages eine Frau finden sollte, hoffe ich, dass sie ebenso viele gute Eigenschaften besitzt wie du.« *Und bei Morgenröte ist das der Fall.*

»Ich danke dir für deine freundlichen Worte,

Wolkenjäger. Leider machen uns beide Feinde – die Crow und die Weißen – erneut das Leben schwer. Der Frieden währt oft nur so kurz, wie die Nachtpflanzen Blüten tragen. Doch wenn sie blühen, sind sie schön anzuschauen und bringen dem Betrachter viel Freude.«

Als sein Bruder das Wort ergriff, musste Chase sich bemühen, seine Gedanken nicht zu der ersten Begegnung mit Macha abschweifen zu lassen, die gerade solche Nachtpflanzen gepflückt hatte.

»Meine Frau spricht die Wahrheit. Mit dem Tod von Gebrochene Hand Fitzpatrick werden die Auseinandersetzungen zwischen Weißen und Indianern wieder zunehmen. Thomas Twiss, der neue Vertreter, denkt und handelt anders, denn er kennt uns nicht so gut wie Fitzpatrick. Gefleckter Schwanz, Kleiner Donner und andere Brule Häuptlinge haben bereits Angriffe auf die Blaumäntel und die Siedler verübt und alle Lakota werden dafür verantwortlich gemacht. Der Vertrag wird keine der beiden Seiten davon abhalten, sich so viel Land zu nehmen, wie sie wollen.«

Als Windtänzer schwieg, sprach Kriegerischer Adler weiter: »Die Blaumäntel haben auf den Jagdgründen der Lakota und auf denen unserer Verbündeten und Feinde viele Forts gebaut. Die Siedler bauen überall ihre Handelsposten, um ihre Leute zu versorgen und Felle von den Indianern zu kaufen. In der letzten heißen Jahreszeit verjagten die Weißen, die man Mormonen nennt, Bridger von seinem Handelsposten am Green River, weil er den Indianern Schießpulver und Kugeln für die Jagd und das Gefecht verkauft hatte, denn diese merkwürdigen Weißen behaupteten, die Indianer hätten diese Waffen benutzt, um sie und andere Siedler anzugreifen. Die größten und mächtigsten Handelsposten sind Fort Laramie und Fort Kearny. Wir hörten, dass unsere Feinde, die Pawnee, den Weißen das Land am Platte River verkauft haben, auf dem jetzt Fort Kearny steht, dabei gehörte dieses Gebiet ihnen gar nicht. Alles Land gehört dem Großen Geist, seinen Völkern und Tieren. Die Blaumäntel behaupten, die Forts seien da, um friedliche Stämme und Siedler, die den Oregon-Trail bereisen, vor feindlichen Angriffen zu schützen. Sagtest du nicht, dass man dich nach Oregon gebracht hat?«

»Das stimmt, mein Bruder. Es ist eine lange und gefährliche Reise. Oregon ist ganz anders als dieses Land hier mit seinen vielen Prärien. Es gibt dort zahlreiche Flüsse, Bäume und Berge und ein großes Wasser, dessen anderes Ende man nicht sehen kann. Auf dem Weg dorthin gibt es viele Forts und Handelsposten, aber sie liegen weit auseinander, und viele Siedler sterben oder werden verwundet, bevor sie den nächsten Posten erreichen. Wir stießen unterwegs auf kleine Orte, an denen Siedler sich niedergelassen hatten. Am Wegesrand sahen wir Gräber, Tierknochen und alle möglichen Gegenstände, weil die Wagen oft zu schwer beladen und die Tiere zu schwach waren, um sie die hohen Berge hinaufzuziehen, oder weil die Siedler nicht genug Proviant hatten und sie töten mussten, um nicht zu verhungern. Viele wurden von diebischen weißen Männern und feindlichen Indianern überfallen und ausgeraubt. Es herrschten auch seltsame Krankheiten unter den Reisenden, aber Lucy Martin gab gut auf mich Acht. Wenn nicht genug zu essen da war, überließ sie mir ihren Anteil oder aß nur die Reste, damit ich wieder zu Kräften kommen und gesund werden konnte.«

»Warum nehmen die Siedler auf der Suche nach neuem Land solche Prüfungen auf sich?«

»Um frei zu sein, Tautropfen, und um etwas zu haben, das ihnen gehört, denn auf diesem neuen Land bauen sie Häuser, in denen sie das ganze Jahr über leben. Im Land der aufgehenden Sonne herrscht viel Streit zwischen den Weißen. Viele haben nur wenig zu essen und kaum etwas anzuziehen. Im Land der aufgehenden Sonne zu leben ist wie ...« Chase suchte nach einem passenden Vergleich, um den Konflikt zwischen den Nord- und den Südstaaten zu beschreiben, von dem viele Amerikaner glaubten, dass er eines Tages zu einem großen Krieg führen würde. »Es ist, als würde man von den Crow oder den Pawnee als Sklave gehalten. Die Siedler versuchen zu fliehen, um in sicherer Entfernung ein glückliches Leben zu führen. Einige Weiße kommen aber auch in das Land der schlafenden Sonne, um ...« *Wie erkläre ich ›um reich zu werden‹?* »Um viele Gegenstände um sich zu versammeln, denn sie sind gierig und dumm. Sie sind schlecht auch ihren eigenen Leuten gegenüber, denn ihre Herzen sind verdorben. Ihre Bräuche und ihre Lebensweisen sind anders als unsere, aber mir fehlen die Worte in unserer Sprache, um sie euch zu erklären. Wenn ihr es nicht mit eigenen Augen gesehen habt, so wie ich, werdet ihr es nicht verstehen.«

»Aus diesem Grund können wir nicht in Frieden miteinander leben«, sagte Kriegerischer Adler. »Wir sind zu verschieden, deshalb müssen wir Feinde sein.«

»Nicht alle Weißen sind schlecht, mein Bruder«, entgegnete Chase freundlich. »Die Martins waren gut, sie wollten ein ruhiges und beschauliches Leben führen und sich von dem ernähren, was das Land ihnen gab. Sie brachten mir bei, einen Acker zu bestellen, und schenkten mir Red, mein Pferd.« Er erzählte ihnen, wie die Martins Geld verdient und gespart hatten, bis sie ihm ein Pferd kaufen konnten. Er erzählte ihnen auch, wie die Weißen jedes Jahr den Tag feierten, an dem man das Licht der Welt erblickte. »Weißt du noch, wie es war, als deine Mutter von den Pawnee gestohlen wurde und ihr sie für immer verloren glaubtet?«, fragte er Windtänzer, der nickte.

»Meine Mutter Omaste kümmerte sich um dich und sie liebte dich wie einen eigenen Sohn. Du sagtest mir, dass sie wie eine zweite Mutter für dich war, bis Winona wiederkam. Mit Lucy Martin verhielt es sich genauso. Ich wurde Chase Martin, ihr Sohn, mit der einzigen Ausnahme, dass ich nicht dasselbe Blut in mir trug. Doch innerlich trauerte ich um meinen Vater, meine Brüder und meine Schwester. Ich sehnte mich nach ihnen, und der Gedanke, dass sie alle tot waren, für immer verloren, schmerzte sehr, so wie der Verlust deines ersten Sohnes dich schmerzte. Ich war überglücklich, als ich erfuhr, dass meine Leute noch leben, und ich wollte so schnell wie möglich zu ihnen zurück. Ich wurde von Weißen aufgezogen, meine Brüder, aber mein Herz und mein Geist blieben davon unberührt. Kurz vor dem Tode Tom Martins erfuhr ich die Wahrheit, konnte jedoch die schutzlose Frau, die mich wie ihren Sohn behandelt hatte, nicht allein lassen. War es falsch, einem alten Mann, der mich liebte und brauchte, zu vergeben und ihm seinen Herzenswunsch zu erfüllen? Wenn ja, dann habe ich mich schuldig gemacht. Ich werde tun, was ihr verlangt, um mich reinzuwaschen, meine Ehre wiederherzustellen und wieder bei euch leben zu dürfen.«

»Nur der Große Geist kann deine Frage beantworten und dir sagen, was du tun musst, um wieder zu uns zu gehören«, sagte Windtänzer. »Warte, bis es so weit ist.«

Chumani hatte die drei Männer während der langen Unterredung beobachtet. Sie mochte und vertraute Wolkenjäger und fühlte sich wohl in seiner Gegenwart. Doch sein Schicksal lag nicht in ihren Händen. Sie fand, dass ihr Mann nach diesem anstrengenden Gespräch eine Atempause verdient hatte, deshalb stand sie auf und sagte lächelnd: »Der Sturm ist vorbei. Ich muss Wasser und Holz holen und mich um einige andere Dinge kümmern. Und vergiss nicht, Windtänzer, dass du mit Rote Feder sprechen wolltest. Wolkenjäger kann bis zu unserer Abreise am morgigen Tag wieder zu seiner Lagerstelle zurückkehren.«

Windtänzer entgegnete seiner rücksichtsvollen und klugen Frau: »Ich werde Tokapa mitnehmen, während du deiner Arbeit nachgehst, denn er ist unruhig und braucht Bewegung, sonst ist er am Abend nicht müde.« Zu Kriegerischer Adler sagte er: »Du solltest dich mit den Bogenträgern versammeln, um sicherzustellen, dass für morgen alles gut vorbereitet ist, denn unterwegs können uns viele Gefahren begegnen.« Schließlich wandte er sich an Chase: »Geh zu deiner Lagerstelle und bereite dich auf den langen Ritt morgen vor. Ich hole dich, wenn der Morgen graut.«

Chase begriff, dass Chumani ihren geliebten Mann vor einer Fortsetzung dieser schwierigen Unterhaltung bewahren wollte, und er nahm es ihr nicht übel. Er lächelte und erklärte: »Tautropfens Worte sind weise. Es gibt noch viel zu tun, bevor wir morgen aufbrechen können. Ich werde zu meinem Lager zurückkehren, während ihr eure Vorbereitungen trefft. Es hat mich sehr glücklich gemacht, ein wenig Zeit mit euch zu verbringen.«

»Es ist gut, einander besser kennen zu lernen«, entgegnete Windtänzer, »aber wir können diesen Pfad nur langsam gehen, denn es steht viel auf dem Spiel.«

Während Chase zu seiner Lagerstelle zurückkehrte, fragte er sich, ob dieses Gespräch, wie er hoffte, eine Wendung zum Besseren darstellte. Doch das würde er gewiss bald erfahren ...

7. Kapitel

Nachdem Chase sich wieder an seinem Lagerplatz eingerichtet hatte, setzte er sich an den nahen Cheyenne River, der von den Indianern »Gutes Wasser«, Wakpawaste, genannt wurde. Er blickte in die Richtung, in der die große Steppe lag, die Makosica, ein riesiges, tief liegendes Gebiet mit zerklüfteten spitzen Felsen, malerischen Schluchten, steilen Felswänden, verschlungenen Pfaden und verborgenen Wasserlöchern. Die Lakota bezeichneten die Grenze zur Steppe auch als »Tiefen Fall«, denn urplötzlich endete das üppige Grasland und fiel senkrecht ab. Zwischen der wüstenartigen Steppe, die sich auf einmal auftat, und den saftig grünen Prärien der Ebenen herrschte ein Unterschied wie Tag und Nacht. Bevor es Pferde gegeben hatte, hatte man sich »das Ende der Welt« und ähnliche Orte für die jährliche Büffeljagd zunutze gemacht, indem die Krieger die Herden in Panik versetzten, so dass sie auf die Abgründe zustürmten. Unten in den Cañons warteten die Frauen, um die toten Tiere auszunehmen, zu zerlegen und das Fleisch und die Häute mit hölzernen Laden, die von Hunden gezogen wurden, in die Lager zu bringen.

Chase dachte daran, wie er mit seinem Vater und seinen Brüdern durch das Ödland gezogen war, bevor man ihn nach Oregon verschleppt hatte. Er erinnerte sich noch sehr lebhaft an diese Ausritte. Ebenso lebhaft erinnerte er sich an den Tag, an dem Zwei Federn ihn an einen unbekannten Ort in dieser Wildnis gelockt und ihn dann allein zurückgelassen hatte. Chase hatte sich im Gewirr der Engpässe verlaufen, deren Seitenwände zu steil waren, um an ihnen hochzuklettern, und sein hinterhältiger Cousin hatte auf dem Rückweg seine Fußspuren verwischt, so dass die »kleine Mischlingsbrut« nicht ins Lager zurückfinden konnte. Schließlich hatte Windtänzer ihn gefunden und gerettet, und Zwei Federn hatte geschworen, dass es sich nur um ein Spiel gehandelt und er plötzlich nicht mehr gewusst habe, wo er Wolkenjäger zurückgelassen hatte. Chase, der nicht petzen wollte, hatte die niederträchtige Tat seines Cousins gedeckt. Vielleicht hätte er lieber die Wahrheit sagen sollen.

Nachdem sie fünf Tage lang von den dicht bewaldeten Paha Sapa hinunter in die Prärien gezogen waren, errichteten die Red Shield neben dem südlichen Arm des Cheyenne River und nordwestlich der Steppen ihr erstes Sommerlager in dem üblichen spiralförmigen Muster. Wasser gab es genug, die vielen Bäume und Büsche, die das Flussufer säumten, spendeten Mensch und Tier Schatten und für die Kochfeuer gab es getrockneten Büffeldung und Reisig. Die Stelle, die der große Rat für das Lager ausgesucht hatte, war eben, jedoch an drei Seiten von niedrigen Hügeln umgeben. Das Gras wuchs dicht, die Wildblumen blühten, vereinzelt gab es Bäume und Büsche und hin und wieder ließen sich verschiedene wilde Tiere blicken.

Zu Chase' Erleichterung war die Reise gut verlaufen. Es hatte ihn ein wenig enttäuscht, dass man ihm nicht die Chance gegeben hatte, zu helfen oder in einem Gefahrenmoment sein Können unter Beweis zu stellen, doch er schalt sich selbst für diese kindischen Anwandlungen. Unterwegs hatte er stets am Rande der Gruppe geschlafen. Nur Hanmani hatte es gewagt, sich ihm zu nähern, doch ihre Besuche waren kurz. Sie beschränkte sich darauf, ihm etwas zu essen zu bringen, denn aufgrund der großen Nähe des Lagers blieb den Blicken der anderen nichts verborgen. Er wusste, dass viele ihn neugierig beobachteten, aber alle folgten dem Vorbild von Großer Bär und niemand wagte sich an ihn heran.

Inmitten seiner Familie und ihrer Freunde fühlte Chase sich einsam, denn er war ihnen nur räumlich nah, nicht aber im Geiste, und man versagte ihm jegliche Anerkennung. Doch im Grunde konnte er es den Red Shield nicht übel nehmen; selbst wenn die meisten sich an ihn erinnerten, war er nun ein Fremder für sie, ein Mann, dessen weiße Abstammung und Erziehung nicht zu übersehen waren.

Chase sah zu, wie die Leute ihren verschiedenen Aufgaben nachgingen. Die Frauen errichteten Tipis, verstauten ihre Habseligkeiten darin, legten für die Lagerfeuer einen Kreis aus Steinen, stellten dreibeinige Ständer mit Kesseln darüber, holten frisches Wasser und kochten die Abendmahlzeit. Die Männer versorgten die Pferde, bauten Waffenständer auf, errichteten Wigwams für die unterschiedlichen Kriegervereinigungen und versammelten sich, um die erste Jagd am morgigen Tag zu planen. Ältere Kinder halfen ihren Eltern: die Mädchen den Frauen und die Jungen den Männern. Jüngere Kinder spielten unter der Aufsicht ihrer Geschwister oder Großeltern. Säuglinge und Kleinkinder schliefen oder wurden von anderen Familienmitgliedern versorgt, während die Mutter beschäftigt war. Die Hemdträger, darunter Windtänzer, und alle, die mit ihrer Arbeit fertig waren, halfen den Alten und Kranken bei der Erledigung ihrer Aufgaben. Kleine Gruppen von Kriegern, wie die Bogenträger und einige Mitglieder der Strong Heart, kundschafteten auf ihren Pferden die Gegend aus und hielten nach Feinden, nach anderen Stämmen vom Volk der Lakota und den lebenswichtigen Büffelherden Ausschau.

Chase wünschte, jemand möge ihn um seine Hilfe bitten, damit die Zeit schneller verging. Er sehnte sich danach, Macha zumindest aus der Ferne zu sehen. Er war immer noch beunruhigt über das, was Hanmani ihm bei einem ihrer hastigen Besuche an seiner abgelegenen Lagerstelle zugeflüstert hatte: Weidenbaum und Ohute würden es nicht zulassen, dass er sich Macha näherte. Obwohl er Flussufer gerettet hatte, würden sie einer künftigen Verbindung unter den gegenwärtigen Umständen niemals zustimmen.

»Sei vorsichtig, mein Bruder«, hatte Hanmani ihn gewarnt. »In deinen Augen glühen Liebe und Verlangen, wenn du sie anschaust oder von ihr sprichst. Du musst lernen, diese Gefühle vor allen mit Ausnahme von Morgenröte zu verbergen, bis du ein Red Shield bist, sonst kannst du in große Schwierigkeiten geraten.«

Während Chase über diese entmutigenden Worte nachdachte, fragte er sich, wie er es schaffen sollte, sich an diesen Rat zu halten, wo es einfacher war, nicht mehr zu atmen, als seine Gefühle für Macha zu verstecken. Er sehnte sich Tag und Nacht nach ihr. Er sehnte sich danach, sie in den Armen zu halten, ihre süßen Lippen zu küssen, sie langsam und innig zu lieben, sein Leben mit ihr zu teilen. Jetzt, da er Macha gefunden und ihr sein Herz geöffnet hatte, durfte er sie auf keinen Fall wieder verlieren. Sie war die Einzige, die ihn so liebte und achtete, wie er war. Was auch immer der Preis dafür sein würde, er musste sie haben, und zwar für immer.

Er blickte erneut zu dem emsigen Treiben hinüber und war enttäuscht, dass weder seine Brüder noch sein Vater oder Flussufer ihm auf der Reise einen kurzen Besuch abgestattet hatten. Es war, als habe er nichts gesagt oder getan, das die Meinung der Red Shield und ihr Verhalten ihm gegenüber hätte beeinflussen können. Wie lange noch, dachte er verzweifelt, würde er fast wie in der Verbannung leben, und was konnte er bloß tun, um sie von seiner Aufrichtigkeit zu überzeugen?

Am nächsten Morgen sah Chase erfreut, dass Windtänzer und Kriegerischer Adler auf ihn zukamen. Zu seiner Überraschung luden sie ihn ein, mit einigen Red Shield an der ersten Büffeljagd des Jahres teilzunehmen. Kriegerischer Adler borgte ihm wieder seinen alten Bogen und einen

Köcher vortrefflich geschnitzter Pfeile. Windtänzer lieh ihm sein zweites Büffelpferd, da Chase' Rotfuchs nicht für die Büffeljagd abgerichtet war. Er dankte seinen Brüdern für ihre Aufmerksamkeit und Großzügigkeit und hoffte, dass er alle Prüfungen bestehen möge, die sich ihm heute stellen würden.

Während die Gruppe sich am Rande des Sommerlagers versammelte, stieg Chase auf das Büffelpferd und hängte sich den Bogen über den Oberkörper. Er war aufgeregt und ein wenig angespannt, denn er nahm zum ersten Mal an einer Büffeljagd teil. Er war froh, dass ihm seine Brüder noch einige Anweisungen gegeben hatten, während sie gemeinsam zu den anderen Jägern gegangen waren, die ihn mit unbewegten Gesichtern betrachteten. Er war sich sicher, dass Zwei Federn verärgert gewesen wäre, hätte er zu dem Trupp gehört, doch er konnte seinen Cousin nirgends entdecken. Vielleicht war der lästige Bursche mit anderen Kriegern unterwegs, um nach Feinden Ausschau zu halten oder die Herden zu beobachten, und würde sich später zu ihnen gesellen; vielleicht musste er auch das Lager bewachen und nahm an dieser ersten Jagd überhaupt nicht teil, was Chase außerordentlich entgegenkommen würde. Er sah viele Frauen, die sich darauf vorbereiteten, ihnen mit ihren Laden zu folgen, denn sie würden den toten Tieren in der Prärie die Felle abziehen und sie zerlegen. Dann brachten junge Krieger die Häute und das Fleisch ins Lager und zogen mit den leeren Laden wieder auf die Prärien zurück.

Auch Macha befand sich nicht unter den Teilnehmern der Jagd, und Chase war enttäuscht, dass er nicht wenigstens einen kurzen Blick auf sie erhaschen konnte. Wahrscheinlich wusste Hanmani, dass er mitreiten würde, und hatte es Macha gesagt, die es daraufhin für zu gewagt gehalten hatte, sich unter die Menge zu mischen, die den Jagdtrupp verabschiedete.

Nachdem der weißhaarige Nahemana, der in sein feinstes Gewand gekleidet war und das Geweih eines Elches auf dem Kopf trug, den Großen Geist um Schutz und Geleit gebeten und ihm für die Büffel – ihre wichtigste Nahrungsquelle – gedankt hatte, stießen die Krieger ein lautes Geheul aus und galoppierten davon, um mit der Jagd zu beginnen. Die ausgelassene Gruppe preschte über die Ebene in die Richtung, in der die Späher eine große Büffelherde entdeckt hatten, und die Hufe ihrer Pferde wirbelten Grasklumpen und Staub auf.

Macha, die in der Nähe einiger Tipis ihrer Arbeit nachging, beobachtete verstohlen, wie der große Jagdtrupp sich versammelte, die erforderlichen Vorbereitungen traf und davonritt. Sie wagte es nicht, sich der Gruppe zu nähern, damit niemand sie eines allzu großen Interesses an Großer Bärs zweitem Sohn verdächtigen konnte. Als sie ihn in der Menge ausgemacht hatte, klopfte ihr Herz vor Freude und die Glut des Verlangens machte sich in ihrem Körper breit. Sie bat den Großen Geist, ihm während der Jagd Seinen Schutz zu gewähren.

Kurz nach Sonnenaufgang, während sie mit ihrer Mutter die erste Mahlzeit des Tages vorbereitet hatte, war Zwei Federn am Tipi ihrer Familie vorbeigegangen. Der bedrohlich wirkende Mann hatte seine Schritte verlangsamt und sie von Kopf bis Fuß gemustert, doch sie hatte sein Lächeln nicht erwidert. Sie war erleichtert, dass er sie nicht angesprochen hatte, doch auch so war ihrer Mutter sein auffälliges Verhalten nicht entgangen.

»An vielen Tagen lächelt er dich an und betrachtet dich, meine Tochter«, hatte Ohute ihr zugeflüstert, nachdem er gegangen war. »Ich sehe es, auch wenn er versucht, es zu verbergen. Er ist ein großer Krieger und entstammt einer hoch angesehenen Familie. Es ist an der Zeit für dich, einen Mann zu nehmen, und er wäre eine gute Wahl. Vielleicht will er herausfinden, ob er dir gefällt und du ihn respektierst, bevor er um dich wirbt. Du musst klug handeln, meine Tochter, und ihn wissen lassen, dass du ihm wohlgesonnen bist.«

Macha wurde bei diesen Worten Angst und Bange. Sie hatte sich vor diesem Augenblick gefürchtet, aber nicht damit gerechnet, dass er so bald eintreffen würde. »Seine Kriegskünste und seine Abstammung sind beeindruckend, Mutter, aber ich habe ihn nicht in mein Herz geschlossen und ich möchte nicht, dass er sich falsche Hoffnungen macht, denn ich will seine Gefühle und seinen Stolz nicht durch eine Zurückweisung verletzen.«

Ohute betrachtete sie. »Gibt es unter den Red Shield einen anderen Krieger, den du magst?«

Macha war erleichtert, dass ihre Mutter nicht nach »einem anderen Mann« gefragt hatte, denn so konnte sie in aller Aufrichtigkeit antworten: »Bis heute hat kein Mitglied unseres Stammes mein Herz erwärmt.« Schließlich betrachtete man Wolkenjäger nicht als vollwertiges Stammesmitglied.

»Du musst Zwei Federn erlauben, mit dir unter der Decke zu sprechen und dich zu einem Ausritt einzuladen, wenn er dich danach fragt. Wenn du ihm diese Dinge abschlägst, bringst du Schande über ihn und seine Familie. Vergiss nicht, er ist der Neffe unseres Häuptlings. Es wäre eine Beleidigung für Schöne Wiese und Schneller Läufer, wenn du ihren Sohn grundlos zurückweisen würdest, ohne dass ein anderer Krieger zwischen euch steht, ebenso wie für unseren Häuptling und unseren Schamanen. Hör mir gut zu, meine Tochter: Zwei Federn ist eine gute Wahl. Dein Vater und ich würden uns freuen, wenn du ihn zum Mann nehmen würdest. Wenn Zwei Federn mit dir sprechen will, und ich bin mir sicher, das wird noch vor Ende des Sommers sein, musst du ihn aus Achtung vor deinen Eltern erhören und dich gehorsam seinen Wünschen fügen.«

Macha fühlte sich, als habe man ihr eine Schlinge um den Hals gelegt, die sich immer weiter zuzog und ihr schließlich die Luft abdrückte. »Auch wenn ich Zwei Federn weder liebe noch begehre, muss ich mich für ihn opfern, nur um ihm und anderen zu Gefallen zu sein?«

»Diese Gefühle werden sich schon noch einstellen, wenn du erst bei ihm lebst. Du willst doch nicht ein Leben wie Kleines Reh führen – kinderlos, allein und bis zum Ende deiner Tage im Tipi deiner Eltern.«

»Winonas Schwester hat sich nicht vermählt, weil der Große Geist ihr in einem Traum offenbart hatte, dass sie allein bleiben solle. Sie war glücklich im Tipi ihres Bruders Starker Fels. Ich bitte dich, Mutter, sage nichts, dass ihn oder seine Eltern in dieser Hinsicht ermutigen könnte, denn es wäre eine wahre Qual für mich.« Macha sah, wie ihre Mutter die Stirn runzelte.

»Na gut, ich werde deinen Wunsch respektieren, meine Tochter. Aber wenn er aus eigenen Stücken zu dir kommt, sei nicht abweisend und bringe keine Schande über seine Familie, indem du ihn verschmähst. Es wäre äußerst dumm von dir, und dein Vater könnte sich gezwungen sehen, dich gegen deinen Willen mit ihm zu vermählen.«

* * *

»Mach dir keine Sorgen«, beruhigte Hanmani ihre Freundin später, als sie gemeinsam Wasser holten und Feuerholz und Büffeldung suchten. »Der Große Geist wird diese Verbindung verhindern, denn Er hat Wolkenjäger zu deinem künftigen Mann auserkoren. Du musst dich stark und mutig zeigen und meinen Cousin dadurch zum Schweigen bringen. Ich werde ihm so oft ich kann zu verstehen geben, dass es noch zu früh ist, sich dir zu nähern, und dass er besser damit warten sollte, bis du sein Lächeln erwiderst.«

»Was ist, wenn er sich nicht davon abhalten lässt, Hanmani? Wenn Zwei Federn um mich wirbt und mein Vater mir befiehlt, ihn zum Mann zu nehmen?«

»Vertrau mir, meine Freundin. So etwas wird nicht geschehen, denn bald ist mein zweiter Bruder ein Red Shield und dann werden alle deine Wahl gutheißen.« Hanmani schenkte Macha ein Lächeln. »Ich bin sicher, dass eure Lebenskreise sich eines Tages überschneiden werden. Wenn eine böse Macht versucht, den Plan des Großen Geistes zu vereiteln, werden wir einen Weg finden, um sie zu besiegen. Du liebst und begehrst Wolkenjäger sehr, nicht wahr?«

»So sehr, dass es mich manchmal ängstigt, denn ich fürchte mich davor, ihn für immer zu verlieren.«

»Das wird nicht geschehen, Morgenröte, weil ich es zu verhindern weiß. Wenn etwas schief geht, rette ich dich, das verspreche ich. Aber du musst mir helfen und Zwei Federn weiterhin auf Abstand halten, während Wolkenjäger zu einem von uns wird.«

Chase lag in seinem Schlafsack, betrachtete den Vollmond und dachte angestrengt nach. Als Hanmani ihm sein Abendessen gebracht hatte, war sie kurz auf die erschreckenden Neuigkeiten zu sprechen gekommen und hatte ihm von der Begegnung zwischen Macha und Zwei Federn, Machas Unterredung mit ihrer Mutter und dem Gespräch, das sie selbst mit ihrer Freundin geführt hatte, erzählt. Alles in ihm schrie danach, schnell zu handeln, um seine Liebste nicht zu verlieren, aber er wusste im Augenblick einfach nicht, was er tun sollte. Dennoch hatte er Hanmani aufgetragen,

Macha zu sagen, dass sie sich keine Sorgen machen und sich an die Anweisungen ihrer besten Freundin halten solle, bis er eine Lösung für dieses unausweichliche Problem gefunden hatte.

So vieles hing davon ab, dass er bald wieder ein Mitglied der Red Shield wurde. Dabei war es, als ob er jedes Mal, wenn er glaubte, einen Fortschritt in diese Richtung gemacht zu haben, zu seinem Ausgangspunkt zurückgestoßen würde. Die Jagd war außerordentlich gut verlaufen: Er hatte viele Büffel getötet und niemand hatte ihn schlecht behandelt. Allerdings hatte auch niemand versucht, seine Freundschaft zu gewinnen; man hatte ihn einfach ignoriert. Bei ihrer Rückkehr hatte ihn niemand zum Essen eingeladen und man hatte ihn auch nicht aufgefordert, sich zu den Männern zu gesellen, die Geschichten von der heutigen Jagd und von früheren Abenteuern erzählten. Er hatte seine Mahlzeit allein verzehrt und zugesehen, wie die anderen sich nach dem Essen versammelten, und es hatte ihn geschmerzt und wütend gemacht, dass man ihn ausschloss.

Es stand so viel auf dem Spiel, wesentlich mehr, als bei seiner Ankunft im Lager seines Vaters. Wenn die Situation sich nicht irgendwann zu seinen Gunsten änderte, musste er zwei wichtige Entscheidungen treffen: erstens, für immer zu gehen; zweitens, Macha zu überzeugen, mit ihm zu kommen. Würde sie alles für ihn aufgeben, für ein unbekanntes Leben in weiter Ferne, ein Leben inmitten derer, die sie als Feinde betrachtete?

Hilf mir, Großer Geist, denn Du warst es, der mich hierher rief. Sag mir, was ich tun muss, damit Großer

Bär mich als seinen Sohn anerkennt. Beschütze Morgenröte vor der Gier meines Cousins und hilf mir, sie zu meiner Frau zu machen.

Drei Tage später nahm Chase erneut mit seinen Brüdern und vielen anderen Kriegern an der Jagd teil. Auch Zwei Federn war dabei. Die Jagd hatte gerade begonnen, als es Schwierigkeiten gab. Chase und die anderen hörten Gewehrfeuer, das von den Hügeln vor ihnen kam. Die Büffel, die sich in ihrer Nähe befanden, rannten bei dem Geräusch erschreckt los, wobei sie zum Glück nicht die Richtung des Lagers einschlugen.

Einer der Späher galoppierte auf Windtänzer zu, der neben Chase ritt, und Kriegerischer Adler und die anderen kamen eilig herbeigeritten, um die Lage zu besprechen. Alle lauschten den Worten des besorgten Kriegers, der von sechs weißen Männern berichtete, die dabei waren, mit ihren »Feuerstöcken« auf die Büffel zu zielen.

Zwei Federn blickte sich wütend um. »Wir werden sie zum Kampf herausfordern.«

»Warte, mein Bruder, nicht so hastig!«, rief Chase. »Es könnte eine Falle sein.«

»Sie haben die Dummheit begangen, in unsere Jagdgründe einzudringen und unsere Tiere zu töten! Schaut nur, wie sie die Herde in die Flucht getrieben haben.«

»Das stimmt«, sagte Chase, um seinen aufgebrachten Cousin zu beschwichtigen. »Aber sagt der Vertrag nicht, dass Weiße dieses Gebiet durchqueren dürfen? Nimm mich mit, mein Bruder, dann spreche ich mit ihnen und sorge dafür, dass sie verschwinden. Wenn ihr sie tötet, werden ihre Soldaten euer Lager angreifen.«

»Windtänzer und Kriegerischer Adler sprechen Englisch. Deine Hilfe wird nicht gebraucht.«

Chase betrachtete Zwei Federn und sagte: »Das stimmt, mein Cousin, aber sie sollten ihren Feinden ein solch mächtiges Geheimnis besser verschweigen. Sie sprechen Englisch, also werden sie unser Gespräch verstehen. Vielleicht sagen die Weißen eher, was sie denken, wenn sie nicht wissen, dass ihr sie versteht. Auf jeden Fall ist es gefährlich, sie anzugreifen.«

»Dein Plan ist gut«, sagte Kriegerischer Adler zu Chase. »Wir haben in diesem Sommer viel zu tun, wir können nicht gleichzeitig jagen und kämpfen. Wenn wir nicht genug Büffel erlegen, solange es warm ist, werden wir in der kalten Jahreszeit hungern und frieren.«

Windtänzer betrachtete seinen Halbbruder und dachte über dessen Vorschlag nach. Er kam zu dem Schluss, dass es die beste Möglichkeit war, um herauszufinden, ob Wolkenjäger sie hinters Licht führen wollte. Außerdem hatte sein jüngerer Bruder einen klugen Plan ersonnen. Er sah zu Rote Feder und sein Freund nickte ihm kaum merklich zu. »Gut, wir gehen zu ihnen und du wirst für uns sprechen, Wolkenjäger«, entschied Windtänzer.

Als sie auf die bärtigen weißen Männern zuritten, sahen diese ihnen entgegen, die Waffen schussbereit. Chase wusste, dass sie sich wunderten über diesen Mischling, der wie ein Weißer gekleidet war, sich in Begleitung von fünf bewaffneten Indianern befand und ihnen Zeichen machte, dass er mit ihnen sprechen wollte. Er zügelte sein Pferd und betrachtete erst sie, dann die toten Tiere, von denen man zweien bereits das Fell abgezogen hatte. »Warum jagt ihr auf dem Gebiet der Lakota, wenn es doch nur für beide Seiten Schwierigkeiten bringt?« Chase sah einen ziemlich stämmigen Mann nach vorn treten und ging davon aus, dass es sich um den Wortführer handelte.

»Ich heiß Jake Hardin. Und du, Fremder?«

»Chase Martin. Was wollt ihr hier?«

»Im Vertrag steht, dass wir in diesem Gebiet jagen dürfen. Wir sind hier, weil die Büffel hier grasen. Wir schießen heute nicht mehr als fünfzig oder sechzig; da bleibt noch 'ne ganze Menge übrig für die Indianer. Wie kommt es, dass du mit denen unterwegs bist?«

»Ich bin zu Gast bei ihnen. Ich denke, es ist besser, wenn ihr weiterzieht. Sie werden die nächsten Wochen hier jagen, und das Gebiet ist nicht groß genug, um es mit euch zu teilen. Wenn ihr hier bleibt, würde sie das nur provozieren, und das ist nicht nötig, wo ihr genauso gut ein paar Tagesritte weiter eurer Arbeit nachgehen könnt.«

»Wir haben schon um die zwanzig Büffel erwischt und müssen ihnen noch das Fell abziehen, sonst wär die ganze Zeit und das Schießpulver umsonst verschwendet. Morgen früh ziehen wir weiter.«

»Wie ich schon sagte, Hardin, mit euren Schüssen jagt ihr die Herde in die Flucht, deshalb solltet ihr besser die Beine in die Hand nehmen, bevor die Lakota wütend werden.«

»Willst du sagen, diese Indianer greifen uns an, wenn wir nicht abhauen?«

»Sie haben zuerst hier gejagt, genauer gesagt seit fünf Tagen, und ihr stört sie. Für euch ist es einfacher, euer Lager woanders aufzuschlagen, als für sie. Warum wollt ihr euch Ärger einhandeln, wenn ihr doch einfach woanders jagen könnt?«

»Wie ich schon sagte, Martin, wir haben mit unserer Arbeit schon angefangen, deshalb können wir heute nicht mehr weiterziehen. Wenn sie uns angreifen, kriegen sie Schwierigkeiten; die Soldaten werden es ihnen schon zeigen. Sag ihnen das. Schließlich wissen sie, was im Vertrag steht, und sie haben unterzeichnet. Es sind Sioux, nicht wahr?«

»*Sioux* ist ein Wort des weißen Mannes, Hardin, das sie als Beleidigung empfinden. Wenn ich du wäre, würde ich es lieber nicht mehr gebrauchen. Es sind Krieger der Lakota, kampferfahren und äußerst mutig, und ich würde dir empfehlen, dich nicht mit ihnen anzulegen.«

»Ist mir egal, wer oder was sie sind; wir haben das Recht, hier zu jagen. Greift uns ruhig an, unsere Soldaten werden den Streit schon beenden.«

»Wenn ihr nicht auf der Stelle verschwindet, nehmen wir euch gefangen und bringen euch ins Fort. Dann werden wir ja sehen, ob es euch tatsächlich erlaubt ist, auf diesem Gebiet zu jagen. Ich glaube nicht, dass die Soldaten begeistert sind, wenn ihr Ärger macht, den sie dann bereinigen müssen. Warum reiten wir nicht einfach ins Fort und überprüfen eure Behauptungen? Ich kann nur hoffen, dass auf dem langen Weg kein Unfall passiert und niemand verletzt oder getötet wird, denn so was kommt vor, wenn du verstehst, was ich meine.« Chase merkte, dass der Mann und seine Gefährten die Indianer jetzt genauer betrachteten, um ihre Stärken und Schwächen abzuschätzen.

»Sag, Martin, warum schlägst du dich auf deren Seite?«

»Sie sind meine Freunde und ich versuche, unnötigen Ärger zu vermeiden. Ich bin mir sicher, dass die Soldaten da meiner Meinung wären.«

Jake steckte mit seinen Gefährten die Köpfe zusammen, drehte sich dann wieder um und sagte: »Wir gehen, aber ihr solltet uns besser nicht noch einmal über den Weg laufen. Könnte ungesund für dich sein und auch für sie, wenn du verstehst, was *ich* meine.«

»Nur zu gut«, entgegnete Chase kühl auf diese versteckte Drohung. Während die Weißen davonritten, wandte er sich an Windtänzer: »Wir müssen unbedingt diesen Vertrag in die Hände bekommen, mein Bruder, um herauszufinden, was wirklich darin steht.«

»Ich denke darüber nach«, entgegnete Windtänzer ausweichend, obwohl er die Meinung seines Bruders teilte.

»Wir sollten die Frauen bitten, die toten Büffel zu häuten und zu zerlegen. Das Fleisch ist noch frisch«, schlug Chase vor.

»Nein, die Stahlkugeln haben es vergiftet«, knurrte Zwei Federn.

»Dann schneidet die Stelle heraus, an der die Kugel das Tier getroffen hat«, gab Chase zurück. »Den Rest könnt ihr verwenden. Wenn man ein

Dankgebet spricht und es lange genug kocht, wird es bestimmt von allem Bösen gereinigt.«

»Wenn die Weißen uns beobachten, denken sie, wir hätten sie davongejagt, um ihnen ihre Beute wegzunehmen. Wir erlegen unsere eigenen Tiere. Nicht wahr, Windtänzer?«

Um weiteren Ärger zu vermeiden, sah der Häuptlingssohn sich gezwungen, seinem Cousin zuzustimmen, der seine Freude über diesen Sieg kaum verbergen konnte. »Wir werden die Büffel den Koyoten und den Geiern überlassen. Kommt, wir müssen vor Sonnenuntergang noch einige Tiere erlegen.«

* * *

Als sie am Abend ins Lager zurückkehrten, warteten Großer Bär und viele andere Männer bereits gespannt auf den Bericht von den Ereignissen des Tages.

Nachdem die Männer des Jagdtrupps von dem Zwischenfall mit den Weißen erzählt hatten, fragte Winonas Bruder: »Was machen wir, wenn sie mit mehr Männern und Waffen zurückkommen und die Büffel in die Flucht schlagen? Setzen wir die Jagd dann an einem anderen Ort fort oder kämpfen wir gegen sie?«

»Ihr solltet sie besser nicht angreifen, Starker Fels«, warnte Chase, »sonst werden die Soldaten zum Vergeltungsschlag gegen die Red Shield ausholen. Die Weißen behaupten, dass der Vertrag ihnen die Jagd auf diesem Gebiet gestattet. Erinnerst du dich an so eine Vereinbarung, Vater?«

»Ich kann mich nicht daran erinnern, dass uns das in Long Meadow gesagt worden wäre.«

Chase freute sich, dass sein Vater ihm selbst geantwortet hatte. Bevor er weitersprechen konnte, ergriff Starker Fels erneut das Wort.

»Die Weißen haben uns ausgetrickst und Worte in den Vertrag aufgenommen, von denen wir nichts wussten.«

»Das mag stimmen, Vater«, pflichtete Chase dem älteren Mann bei. »Lasst mich nach Fort Laramie reiten; dort werde ich versuchen, an den Vertrag zu kommen, damit wir genau wissen, was darin steht. Ich kann die Worte des Weißen Mannes für euch lesen.«

Schneller Läufer, der Vater von Zwei Federn und Gebrochener Speer, sagte: »Es ist gefährlich, den Vertrag zu stehlen. Die Soldaten werden dich verfolgen und uns angreifen.«

Chase sah zu Schneller Läufer und hoffte, dass dieser nicht so leicht reizbar war wie sein Sohn. »Ich werde mich ins Fort schleichen und nach den Papieren suchen. Ich werde sie abschreiben und wieder an ihren Platz legen. Dann bringe ich euch die Abschrift und lese sie vor. Ich werde vorsichtig sein und mich nicht erwischen lassen.«

»Ich sage, es ist zu gefährlich, Wolkenjäger ins Fort reiten zu lassen.«

Chase ärgerte sich. Er wusste, dass viele der Unterredung folgten und fürchtete, dass die Behauptung des Mannes die anderen misstrauisch machen und gegen ihn aufbringen könnte. »Warum hältst du es für gefährlich, Schneller Läufer?«

»Du könntest unser Vertrauen missbrauchen und uns hintergehen.«

»Ich würde meine Familie und meinen Stamm niemals in Gefahr bringen. Ich will nicht, dass ihnen etwas zustößt. Die Dinge in diesem Land verändern sich mit großer Geschwindigkeit, und um zu überleben, müssen die Red Shield sich anpassen. Ich werde euch beibringen, wie man Landwirtschaft betreibt. Wir können auch Bäume fällen und das Holz an die Handelsposten und Dampfschiffe verkaufen. Mit dem Geld können wir gute Waren kaufen und sind nicht mehr abhängig von den Weißen und ihren schlechten Handelsgütern. Wir können Vieh kaufen und züchten und uns so auf den Tag vorbereiten, an dem es nicht mehr genügend Büffel und andere Tiere geben wird, um den ganzen Stamm zu kleiden und zu ernähren. Vielleicht hat der Große Geist mich aus diesem Grund zu euch geschickt.«

»Das Vieh der Weißen ist zu dürr, um uns zu ernähren«, entgegnete Zwei Federn. »Wir haben die Tiere gesehen, die sie den anderen Stämmen gegeben haben; sie bestehen nur aus Haut und Knochen.«

»Wir können sie auf den Prärien mästen, Cousin, denn dort gibt es viel Gras, und wir können Mais und andere Pflanzen anbauen und das Vieh in der kalten Jahreszeit damit füttern. In der heißen Jahreszeit können wir Zäune ziehen, damit sie in der Nähe des Lagers bleiben; in der kalten Jahreszeit können sie in den Cañons grasen, die nur zu einer Seite hin offen sind. Sie werden uns viel Fleisch und zahlreiche Häute liefern.«

»Tiere sind nicht dazu da, um zwischen Holzpfählen und Seilen gefangen zu sein«, knurrte Zwei Federn. »Sie müssen in Freiheit leben, so wie wir. Wir dürfen die Tiere nicht zu unseren Sklaven machen.«

»Die Red Shield müssen sich auf die dunklen Tage vorbereiten, die kommen werden, wenn es nicht mehr genügend Büffel gibt, mein Cousin, oder sie werden hungern und frieren. Die Kühe, die wir züchten könnten, versorgen uns mit allem, was wir jetzt von den Büffeln bekommen: Häute, Fleisch, Hörner, Hufe, Magen, Sehnen, Knochen und Ähnliches. Die Weibchen geben Milch, die für Alt und Jung sehr nahrhaft ist.«

»Du versuchst, Weiße aus uns zu machen. Demnächst sollen wir dann aussehen, sprechen und leben wie sie. Das wird niemals geschehen, oder, meine Brüder? Dein Geist wurde von bösen Geistern geraubt und du sprichst wie ein Narr.«

Es war offensichtlich, dass Zwei Federn versuchte, die Leute gegen ihn aufzuwiegeln. Chase sah, dass einige zustimmend nickten. *Du musst klug und schnell reden und denken oder du verlierst eine weitere Schlacht gegen diese erbärmliche Schlange.* »Nein, Cousin, ich versuche, euch zu helfen, die Veränderungen, die der weiße Mann mit sich bringt, unbeschadet zu überstehen. Ich spreche aus Erfahrung. Die Weißen sind zahlreich und ihre Waffen sind mächtig; es ist schwierig, sie aus diesem Land zu vertreiben, denn sie halten es fest im Griff. Ihr müsst versuchen, in Frieden mit ihnen zu leben, denn viele Weiße sind den Indianern gar nicht so unähnlich.«

Zwei Federn lachte laut. »Worin sollten wir unseren Feinden ähnlich sein?«

Chase versuchte die Gemeinsamkeiten zwischen den beiden Kulturen herauszustellen, besonders die Tatsache, dass die meisten Siedler nur ein freies und friedliches Leben führen wollten. »Es gibt auf beiden Seite gute und böse Menschen«, erklärte er. »Vergesst nicht, dass viele Stämme sich untereinander bekämpfen, dass die Jagdgründe von den Stärksten vereinnahmt werden, einige Stämme ihre Feinde zu Sklaven machen und sie für ihr Hab und Gut überfallen; bei den Weißen ist es das Gleiche. Selbst wenn es keinen dauerhaften Frieden geben kann, müsst ihr dafür sorgen, dass die Weißen und alle verfeindeten Stämme so lange wie möglich daran glauben, denn mit jedem Friedenstag wird unser Stamm stärker und größer, bis der Zeitpunkt kommt, an dem der Feind zum Kampf herausgefordert werden muss.«

»Wenn du wirklich ein Red Shield sein willst, unterzieh dich dem Sonnentanz und der Visionenbeschwörung und beweise, dass deine Worte und Gefühle aufrichtig sind«, sagte Zwei Federn. »Wenn du stark und ehrlich bist, wirst du am Pappelstamm siegreich sein.«

»Ich habe dir bereits erklärt, Cousin, dass jetzt nicht der richtige Zeitpunkt dafür ist. Ich glaube, dass der Tag kommen wird, an dem ich mich unter die Weißen und ihre Soldaten mischen muss, um sie auszuhorchen. Wenn ich mich dem Sonnentanz unterziehe, werden Narben zurückbleiben, die verraten, wer und was ich bin.« Chase sah, wie sein Cousin vor Wut das Gesicht verzerrte, als der

Schamane mit erhobener Hand um Ruhe bat und zu der Gruppe sprach.

»Ich werde mich bald auf eine heilige Visionensuche begeben, damit der Große Geist uns sagt, was wir tun sollen«, erklärte Nahemana. »Bis zu diesem Tag wird die Jagd fortgesetzt.« Dann wandte er sich an Wolkenjäger. »Als du mit den Eindringlingen sprachst, hast du ihren Worten geglaubt?«

»Nein, Weiser. Ich glaube, sie sprachen mit falschen Zungen.«

»Warum habt ihr sie nicht getötet und ihre Leichen versteckt?«, fragte Nahemana.

»Vielleicht wussten andere, dass diese Männer sich hier in der Gegend befanden, oder beobachteten uns und hätten die Soldaten auf uns gehetzt. Ihr solltet alle Englisch lernen, damit ...«

»Wir ganz zu Weißen werden, mit Ausnahme unserer Hautfarbe? Deine Worte sind ...«

Nahemana warf Zwei Federn einen strengen Blick zu. »Lass ihn ausreden.«

»Nein, Cousin, ich möchte keine Bleichgesichter aus euch machen. Doch es wäre gut, wenn ihr ihre Sprache lernt, damit ihr merkt, wenn sie euch betrügen wollen. Bitte, Vater, lass mich im Fort Erkundungen anstellen.«

»Wenn er sich mit unseren Feinden trifft, wird er unsere Geheimnisse verraten.«

Chase starrte seinen dickköpfigen Cousin an. *Über welche verdammten »Geheimnisse« sprichst du? Anscheinend weiß ich nicht alles ...*

Großer Bär sah Zwei Federn mit finsterem Blick an und sagte: »Wir werden nichts unternehmen, bis Nahemana eine Vision empfangen hat.«

»Wenn der Große Geist ihm befiehlt, Wolkenjäger zu töten oder zu verbannen, wirst du dich dann daran halten?«

Großer Bär betrachtete den störrischen Sohn seiner einzigen Schwester und stellte fest, dass Windtänzer und Kriegerischer Adler Recht hatten mit ihren Worten über sein Misstrauen und seine Feindseligkeit gegenüber Wolkenjäger. »Du solltest wissen, dass ich den Befehlen des Schöpfers ohne Ausnahme gehorche. Geht jetzt alle zu euren Tipis zurück. Esst und ruht euch für die Aufgaben des morgigen Tages aus.«

Chase nickte und kehrte an seine abgeschiedene Lagerstelle zurück. Die Art, wie viele der Männer ihn während des Gesprächs angeschaut hatten, beunruhigte ihn. Er fürchtete, dass die Red Shield nicht bereit waren, sich der grausamen Wahrheit zu stellen. Ihn überkam das Gefühl, dass eine große und gefährliche Aufgabe vor ihm lag.

8. Kapitel

Am dritten Morgen nach der Begegnung mit den weißen Jägern traf Nahemana mit Großer Bär und anderen Kriegern zusammen und teilte ihnen mit: »Der Große Geist bescherte mir in der letzten Nacht einen heiligen Traum. Ich sah Wolkenjäger im Gespräch mit Blaumänteln und anderen Weißen, die darauf brennen, uns zu vernichten. Ich konnte nicht hören, was sie sagten, aber als Nächstes sah ich viele Blaumäntel, die zum Kampf gegen die Lakota aufbrachen.«

»Was soll der Traum bedeuten, Weiser?«, fragte Großer Bär, ohne Chase eines Blickes zu würdigen, der in der Nähe stand und zugehört hatte, denn er wartete auf seine Brüder, um mit ihnen auf die Jagd zu gehen.

»Ich weiß es nicht; mehr wurde mir nicht offenbart«, entgegnete Nahemana. Bevor die anderen irgendwelche Vermutungen anstellen konnten, mischte Chase sich ein: »Unser Schamane sah, wie ich mich bei den Weißen und ihren Soldaten einschlich, um ihre Pläne gegen uns und unsere Verbündeten zu erkunden, denn ich glaube, aus diesem Grund rief der Große Geist mich zu euch. Ich habe immer wieder darum gebeten, dass man mich fortlässt, damit ich den Vertrag stehlen kann, aber man verbietet es mir, weil man mir nicht traut und mich nicht respektiert. Wie sollen wir Angriffe abwehren und Schwierigkeiten vorbeugen, wenn wir nicht wissen, wann und aus welcher Richtung sie kommen? Ich könnte es im Fort herausfinden, zurückkehren und dir Bericht erstatten, Vater.«

Da Großer Bär hartnäckig schwieg, entgegnete Nahemana: »Ich werde mich morgen auf eine Visionensuche begeben und den Schöpfer um Antworten bitten. Er wird uns sagen, was wir in dieser gefährlichen Jahreszeit und allen kommenden tun sollen.«

Zwei Federn konnte nicht länger an sich halten: »Er hat dir die Antworten bereits gegeben, Weiser, aber du willst sie nicht verstehen. Wakantanka hat sich gegen den zweiten Sohn unseres Häuptlings ausgesprochen, doch ihr wollt einfach nicht glauben, dass einer der Nachfahren von Großer Bär Böses im Schilde führt.«

Um Streit zu vermeiden, antwortete der besorgte Schamane so schnell er konnte: »Was du da sagst, ist nicht bewiesen, Zwei Federn.«

»Der Beweis wird nicht mehr lange auf sich warten lassen, Weiser. Ich sage, wir sollten Wolkenjäger zum Schutze des Stammes töten. Wenn wir ihn verbannen, wird er zu den Weißen reiten und sich ihnen anschließen.«

Nahemana schüttelte den Kopf. »Wolkenjäger hat bis zum heutigen Tag nichts getan, das seinen Tod rechtfertigen würde. Bis er uns verrät oder der Große Geist in einer Vision zu mir spricht, bleibt er am Leben und in unserer Nähe.«

»Aber er versucht Weiße aus uns zu machen.«

»Nein, Cousin«, entgegnete Chase. »Ich versuche, meine Familie und meinen Stamm zu beschützen und ihnen zu zeigen, wie sie sich in dieser neuen Welt zurechtfinden können. Wer sagt, dass der Große Geist nicht alle Menschen schuf und sie alle verschieden machte? Vielleicht ist das der Grund dafür, dass der Glaube der Weißen unserem so ähnlich ist? Ich habe euch von ihrer großen Flut erzählt und dass ihr Schöpfer einen Mann und eine Frau erwählte, um die Erde wieder zu bevölkern. Vielleicht gab er jedem Volk ein eigenes Land, aber als die Weißen zu zahlreich wurden, zogen sie in Länder, die anderen gehörten.«

»Deine Worte sind schändlich; es waren böse Geister, die unsere Feinde schufen, nicht Wakantanka.«

»Woher willst du das wissen, Cousin? Kannst du bis in Wakantankas Herz sehen? Verstehst du all sein Tun?«

»Jetzt ist nicht der geeignete Zeitpunkt, über solch unergründliche Dinge zu streiten«, mischte Nahemana sich ein. »Geht jetzt und bereitet euch auf die Jagd vor, meine Freunde, denn wir haben noch viel zu tun.«

Während die Männer auseinander gingen, um ihre Waffen und Pferde zu holen, wurde Chase klar, dass es an der Zeit war zu handeln.

* * *

Als Hanmani ihm das Abendessen brachte, sagte Chase: »Es ist so klar wie das Wasser dort drüben, meine Schwester, dass ich mich hier nicht bewähren kann. Außerdem wird Zwei Federn jeden Tag hartnäckiger in seinem Bestreben, andere gegen mich aufzuhetzen. Ich muss gehen und die Aufgabe erfüllen, die der Große Geist mir ans Herz legte, denn nur so kann ich meinem Volk helfen und seine Anerkennung gewinnen. Ich breche heute Nacht nach Fort Laramie auf. Dort werde ich versuchen, an den Vertrag zu gelangen und mehr über die Pläne der Weißen in Erfahrung zu bringen. Wenn ich auf diese Weise meine Liebe und Treue bewiesen habe, kehre ich zurück. Sage Morgenröte, dass ich sie liebe.«

»Nein, mein Bruder, du musst sie mitnehmen«, flüsterte Hanmani, »sonst wird Zwei Federn morgen Abend um ihre Hand anhalten, und sie hat keine Möglichkeit, sich gegen seine Absichten zu wehren. Sie wird mit dir gehen.«

Chase' Herz begann vor Furcht und Aufregung laut zu schlagen. »Woher weißt du das, meine Schwester?«

»Ich hörte, wie mein Cousin seinem Bruder von seinen Plänen berichtete. Vielleicht hat er Verdacht geschöpft und will dich jetzt verletzen und dir zuvorkommen. Es ist sinnlos, bei ihren Eltern vorzusprechen, sie werden ihre Tochter nicht mit jemandem vermählen, der kein Red Shield ist; sie werden ihr befehlen, Zwei Federn zum Mann zu nehmen. Du musst einen alten Brauch wiederbeleben, um sie zu gewinnen: Wenn ihr beide euch davonschleicht und vereint, wird man euch bei eurer Rückkehr in den Stamm als Mann und Frau betrachten.«

»Und du glaubst, dass sie mit mir kommt?«, fragte er und hielt vor Spannung den Atem an.

»Ja, da bin ich mir ganz sicher, denn sie liebt dich sehr und glaubt ebenso wie du und ich, dass eure Lebenskreise zusammengehören. Rette sie vor Zwei Federn und wähle den Pfad, den Wakantanka dir gezeigt hat, um unser Volk von deiner Aufrichtigkeit zu überzeugen.«

»Ich danke dem Großen Geist, dass er dein Herz und deine Seele für mich öffnete. Ohne dein Vertrauen und deine Hilfe wäre ich längst besiegt.«

»Wir müssen verhindern, dass das Böse über das Gute siegt; dafür bin ich bereit zu handeln. Ich glaube, dass dein Herz und deine Worte aufrichtig sind und du mein Bruder bist.«

Chase wusste, dass er ihre Hilfe brauchte, um einen so gewagten Plan in die Tat umzusetzen, aber er machte sich Sorgen darum, was mit ihr geschehen würde, wenn sich herausstellte, dass sie ihn unterstützt hatte. »Was werden unser Vater und deine Mutter tun, wenn sie erfahren, dass du mir geholfen hast? Ich möchte dich nicht in Schwierigkeiten bringen.«

Hanmani holte tief Luft, bevor sie ihm antwortete: »Ich werde niemandem sagen, was ich getan habe, aber falls man mir auf die Spur kommt oder mich fragt, werde ich nicht lügen. Ich muss tun, was der Große Geist mir befiehlt.«

»Du bist mutig und klug, Schwester, und ich schätze dich sehr. Ich bin sicher, dass der Große Geist dich beschützen und eines Tages auch belohnen wird.«

»Das Wohlergehen meiner Familie und meines Stammes ist für mich Belohnung genug.«

»Ich werde tun, was ich kann, um genau dafür zu

sorgen, Schwester«, schwor er. Dann machte er Pläne für die nächtliche Flucht mit Macha.

Machas Herz klopfte laut, als sie sich zu der Wiese schlich, auf der die Pferde ihrer Familie des Nachts grasten. Sie atmete hastig und ihr Mund war völlig ausgetrocknet von der warmen Sommerluft. Ihre Hände, in denen sie ein kleines Bündel mit einigen Habseligkeiten und etwas Nahrung hielt, zitterten vor Angst, ihre Beine waren schwach, und sie musste daran denken, welche Strafe auf sie warten würde, wenn man sie erwischte. Sie hatte unbemerkt aus dem Tipi ihrer Familie schlüpfen und das Lager durchqueren können. Jetzt verbarg sie sich hinter dem letzten Tipi, um sicherzugehen, dass sich niemand in der Nähe der Tiere befand. Die Wachen hielten sich normalerweise etwas weiter weg auf. Da sie niemanden sah oder hörte, kroch sie zu ihrem Pferd, entfernte die Beinfessel, schnappte sich das Seil, das am Halfter des Tieres befestigt war, und führte es in Richtung des Flusses, wo sie sich mit Wolkenjäger treffen würde. Sie ging langsam und leise, wandte unablässig den Kopf nach allen Seiten und blickte immer wieder hinter sich, um sich zu vergewissern, dass sie allein war. Am Flussufer angelangt, ging sie in südlicher Richtung weiter, wo Wolkenjäger bereits auf sie wartete und für sie beide eine gemeinsame ungewisse Zukunft beginnen würde. Sie merkte nicht, dass ihr jemand folgte ...

* * *

Chase hatte sich hinter einem Baum versteckt und erblickte Macha im Schein des Mondes schon von weitem. Dann bemerkte und erkannte er den Mann, der ihr dicht auf den Fersen war. Er ließ sein Pferd zurück und kroch im Schatten von Bäumen und Büschen am Flussufer entlang, um sich der Gestalt von der Seite zu nähern. Als Zwei Federn hinter einer Pappel Deckung suchte, schlich Chase sich geräuschlos an und schlug ihm mit einem dicken Ast von hinten auf den Kopf, so dass der Krieger bewusstlos zusammensackte. Chase fesselte seinen Cousin mit Lederschnüren an Händen und Füßen, band ihn an einen Baum, den man vom Lager aus nicht sehen konnte, und knebelte ihn mit einem Halstuch. Nachdem er sich vergewissert hatte, dass Zwei Federn sich nicht selbst befreien oder um Hilfe rufen konnte, aber am Morgen sicherlich von den Frauen gefunden werden würde, die am Fluss Wasser holten und sich wuschen, eilte er zu Macha. Abermals wurde er sich der Tatsache bewusst, dass all seine Waffen – Gewehr, Pistole und Munition – im Tipi seines Vaters lagen und er nichts als den alten, geliehenen Bogen, einige Pfeile und sein Messer hatte, um sich auf dem langen Weg nach Fort Laramie zu verteidigen.

Macha seufzte glücklich und erleichtert, als Wolkenjäger zu ihr stieß. Sie umarmte ihn und flüsterte: »Ich dachte schon, es wäre etwas passiert.«

Chase schenkte ihr ein beruhigendes Lächeln und berichtete ihr von Zwei Federn. Er sah, wie ihre dunklen Augen sich weiteten: »Was ist, wenn mich noch jemand gesehen hat und uns aufhalten will?«, fragte sie ängstlich.

»Ich habe mich gut umgeschaut, wir sind in Sicherheit. Komm, mein Liebling, wir müssen uns beeilen und uns im Schutze der Dunkelheit so weit wie möglich vom Lager entfernen. Macht dir noch etwas anderes Angst?«, fragte er, als er ihren besorgten Gesichtsausdruck sah.

»Du nimmst mich doch mit, weil du mich liebst und weil der Große Geist mich für dich bestimmt hat, und nicht, weil du meinem Cousin zuvorkommen und ihm eins auswischen willst, nicht wahr?«

Chase verstand, dass sie sich seiner Gefühle versichern wollte, bevor sie ein solches Wagnis für ihn einging. Er streichelte ihre warme Wange, sah ihr tief in die Augen und antwortete: »Ich nehme dich mit, weil ich dich liebe und brauche, Sonnenschein meines Herzens. Ich will es so und ich glaube, dass auch der Schöpfer es so will. Ich wünschte, wir hätten unter anderen Umständen zusammengefunden, aber es gibt keinen anderen Weg als diesen. Ich werde dich niemals hintergehen oder belügen. Ich muss dem Pfad des Großen Geistes folgen, aber ich könnte dich niemals in der Nähe meines boshaften Cousins zurücklassen.«

»Das ist gut, denn ich liebe dich sehr.«

»Wir reden später weiter, jetzt müssen wir aufbrechen. Hab keine Angst, Morgenröte, ich werde dich mit aller Kraft beschützen, auch wenn es mich das Leben kosten sollte.«

»Das will ich auch für dich tun, der mich jagte und mein Herz stahl.«

Sie lächelten sich an und küssten sich verstohlen, bevor sie aufbrachen, um am südlichen Rand der Paha Sapa entlang nach Fort Laramie zu reiten.

Am nächsten Morgen ging Machas Mutter zum Tipi von Großer Bär, um nachzusehen, ob ihre Tochter bei Hanmani war, und stieß dort auf Gebrochener Speer, der seinen Bruder bei Kriegerischer Adler oder nebenan im Tipi von Windtänzer vermutete. Zur gleichen Zeit entdeckten einige Frauen den gefesselten und geknebelten Red Shield am Fluss, ganz so, wie Chase es vorausgesehen hatte.

Sobald Zwei Federn von seinen Fesseln befreit war, eilte er zu Chase' Lagerstelle, grinste höhnisch, lief zum Tipi von Großem Bär und verkündete laut: »Wolkenjäger ist geflohen, mein Häuptling, und er hat Morgenröte mitgenommen.«

Viele Männer, darunter Nahemana und Windtänzer, hatten Zwei Federn aufgeregt ins Lager eilen sehen und waren ihm – in der Annahme, dass ein Unglück geschehen war – auf dem Weg zum Häuptling, der vor seiner Behausung saß, gefolgt. Alle hörten zu, als der Mann aufgebracht berichtete, wie er Macha in der Nacht gefolgt und niedergeschlagen worden war. Er beschuldigte Wolkenjäger dieser Tat, der sich nicht an seiner Lagerstelle befand und mitsamt Pferd und seinen Habseligkeiten verschwunden war.

»Wir müssen ihn verfolgen und für diese schlimme Tat bestrafen. Ich werde einen Kriegertrupp zusammenstellen und hinter ihm herreiten.«

»Warum behauptest du, Morgenröte sei mit ihm geflohen?«, fragte Ohute. »So etwas würde sie nicht tun. Wenn sie wirklich fort ist, dann hat er sie gefangen genommen.«

»Ich möchte dir keinen unnötigen Schmerz zufügen, Ohute, aber sie ist freiwillig mit ihm gegangen«, entgegnete Zwei Federn. »Sie hat ihr Pferd und ihre Habseligkeiten mitgenommen. Sie schlich sich zum Fluss, wo Wolkenjäger auf sie wartete. Sie sind fort. Wir müssen unser Lager an einen anderen Ort verlegen, mein Häuptling, bevor er die Blaumäntel auf uns hetzt.«

Großer Bär wusste, dass der Augenblick der Wahrheit gekommen war, in dem er sein Herz sprechen lassen musste. Er konnte es nicht zulassen, dass Wolkenjäger getötet wurde und Zwei Federn den ganzen Stamm gegen seinen Sohn aufbrachte. »Wir brauchen das Lager nicht zu verlegen«, sagte er. »Wenn sich tatsächlich Soldaten auf die Suche nach uns machen, könnten sie einfach unseren Spuren folgen. Wir werden für den Fall eines Angriffs Wachen aufstellen, aber ich glaube nicht, dass mein Sohn die Blaumäntel zu uns führen wird. Er handelt nicht grundlos, und bei seiner Rückkehr, mit der wir mit Sicherheit rechnen können, wird er uns alles erklären. An diesem Tag werde ich ihn umarmen, so wie ich es schon bei seiner ersten Ankunft hätte tun sollen. In seinen Adern fließt das Blut zweier verfeindeter Völker, aber er hat mehrfach bewiesen, dass das Lakota-Blut in ihm stärker ist. Es war falsch und grausam von mir, ihn zurückzuweisen und dasselbe von meinem Stamm zu verlangen, und das so viele Tage lang. Ich werde diesen Fehler nicht noch einmal begehen, denn Wolkenjäger steht unter dem besonderen Schutz des Großen Geistes. Ich bitte euch, ihn in eurer Mitte aufzunehmen.«

»Wieso sollten wir das tun, mein Häuptling, wo er doch in böser Absicht zu unseren Feinden geflohen ist?«

»Wenn Wolkenjäger Böses im Schilde führen würde, Zwei Federn, hätte er dich getötet«, entgegnete Nahemana, »denn du hast ihn oft genug beleidigt. Ich bin gekommen, um Großer Bär von einem Traum zu erzählen, den ich letzte Nacht hatte. Ich glaube, Wolkenjägers Rückkehr ist von großer Bedeutung für das Überleben unseres Stammes. Ich glaube, dass seine Worte klug und ehrlich waren. In meinem Traum sah ich, wie unser Häuptling mit zweien seiner Söhne dastand und zusehen musste, wie unser Stamm vernichtet wurde. Dann sah ich, wie er mit allen drei Söhnen dastand und zusah, wie unser Stamm siegte. Der Traum ist eine heilige Botschaft, die uns sagt, dass wir Wolkenjäger in unserer Mitte aufnehmen sollen. Vielleicht wurde mir diese Botschaft nicht eher gesandt, damit er von unserem Misstrauen fortgescheucht wurde und den Pfad einschlagen konnte, den der Große Geist für ihn bestimmt hat. Ich glaube, er ist gegangen, weil er einen Weg finden will, um uns zu helfen und sich zu bewähren, und nicht um uns zu betrügen.«

Großer Bär bedankte sich mit einem Kopfnicken für die Weisheit und die Hilfsbereitschaft des Schamanen. »Nahemana spricht aus, was auch ich denke und fühle. Ich glaube, es gibt einen guten Grund, dass der Große Geist mir meinen zweiten Sohn nahm, ihn vieles über unsere Feinde lehrte und ihn zu uns zurückschickte. Ich bewundere, achte und liebe ihn sehr; während wir ihn prüften, hat er Geduld, Stärke, Mut und Klugheit bewiesen. Ich sage, er ist ein Red Shield. Wer ist anderer Meinung?«

»Wenn er ein Red Shield ist, warum hat er dann die Frau gestohlen, die meine werden sollte?«, fragte Zwei Federn.

»Du hattest noch nicht um ihre Hand angehalten«, entgegnete Kriegerischer Adler. »Ist es nicht so, Ohute?« Morgenrötes Mutter nickte staunend.

»Das wollte ich heute tun, mein Cousin. Er nahm sie mit, um mein Herz und mein Ehrgefühl zu verletzen und mich dafür zu bestrafen, dass ich mich ihm so oft entgegenstellte.«

»Wie kann das sein, Zwei Federn, wo er doch deine Gedanken nicht lesen kann?«, meinte Windtänzer, der über die erstaunliche Wendung der Ereignisse ebenso erfreut war, wie Kriegerischer Adler es zu sein schien. »Er ist mein Bruder und der Sohn meines Vater; schlecht über ihn zu sprechen, heißt, schlecht über uns zu sprechen. Warum versuchst du ihn zu beleidigen und zu erniedrigen?« Er bemerkte ein seltsames, kurzes Aufflackern in Zwei Federns Augen, das dieser schnell verbarg. Windtänzer war überzeugt, dass die Antwort seines Cousins nicht die ganze Wahrheit enthielt.

»Ich teile die Meinung deiner Familie und unseres Schamanen nicht. Ich bin überzeugt, dass er Böses im Schilde führt und uns in große Gefahr bringen wird, deshalb ist es meine Pflicht, ihn zum Kampf herauszufordern.«

»Wenn du bei der Rückkehr meines Sohnes gegen ihn kämpfen willst, musst du auch gegen mich kämpfen«, sagte Großer Bär.

»Und gegen mich«, fügte Windtänzer hinzu.

»Und gegen mich«, nahm Kriegerischer Adler die Worte seines älteren Bruders auf.

Zwei Federn sah die drei Männer mit finsterem Blick an: »Es sollte keinen Streit in unserer Familie geben.«

»Es wird keinen Streit geben, wenn du keinen heraufbeschwörst«, gab Großer Bär zurück. »Wir haben viel zu tun, denn die Jagdzeit ist in diesem Jahr sehr kurz. Wenn niemand anderes sich gegen meinen zweiten Sohn aussprechen möchte, sollten wir jetzt zu den Büffeln aufbrechen.«

Als alle schwiegen, fragte Hanmani: »Darf ich etwas sagen, Vater?«

Großer Bär betrachtete seine Tochter eindringlich und nickte dann.

»Ich habe mit meinem zweiten Bruder Freundschaft geschlossen, denn ich habe mich oft mit ihm unterhalten, seit er bei uns ist. Vor vielen aufgehenden Sonnen, als wir noch in unserem Winterlager waren, erzählte er mir von dem heiligen Traum, der ihn zu uns gerufen hat. Er teilte mir und Morgenröte etwas mit, das er allen anderen verschwieg, aber jetzt ist es an der Zeit, dass auch ihr es erfahrt.« Nachdem sie gesagt hatte, was sie wusste, erklärte sie, warum sie diese Neuigkeit für sich behalten hatte, und fügte noch hinzu: »So wie bei Windtänzers Vision, in der er Tautropfen sah, wählte der Große Geist Morgenröte für Wolkenjäger.« Hanmani wusste, dass sie Zwei Federn nicht noch mehr verärgern durfte, indem sie Machas Abneigung gegen ihn erwähnte. »Gestern teilte Wolkenjäger mir mit, dass er fortgehen würde, um sich zu bewähren, und Morgenröte mitnehmen wolle, denn sie ist die Hüterin seines Herzens. Nun sind sie nach altem Brauch miteinander vermählt. Schon als Kinder waren sie heimlich befreundet und sie lieben sich sehr. Nachdem ich Wolkenjäger besser kennen gelernt hatte, wusste ich, dass er gut und aufrichtig ist, und der Große Geist trug mir auf, ihm zu helfen. Wenn ich falsch gehandelt habe, will ich mich einer Bestrafung nicht widersetzen.«

Großer Bär lächelte sie an. Er war erleichtert, dass Wolkenjäger in seinem Lager und seiner Familie wenigstens bei einer Person auf Freundlichkeit gestoßen war. »Du hast richtig gehandelt, meine Tochter; ich liebe dich sehr und bin sehr stolz auf dich. Ich werde dich nicht bestrafen.«

»Er wird wiederkommen, Vater, und große Taten für uns vollbringen, so wie Windtänzer und Tautropfen.« Und zu Machas Mutter gewandt, fügte Hanmani noch hinzu: »Hab keine Angst, Wurzel, denn sie lieben sich und ein ruhmreiches Schicksal wartet auf sie. Wolkenjäger rettete deinen Sohn vor dem Dachs und er wird Morgenröte beschützen und sie glücklich machen. Er ist ein großer Krieger, denn er trägt das Blut unseres Häuptlings sowie das vieler früherer Häuptlinge in sich. Du kannst stolz sein, dass er ein Mitglied eurer Familie ist.«

Ohute lächelte. »Du sprichst kluge Worte für dein junges Alter, Hanmani. Es ist gut, dass meine Tochter dich zur Freundin hat. Wir werden unseren neuen Sohn in unserer Mitte aufnehmen.«

»Das ist gut, Mutter«, meldete Flussufer sich zu Wort. »Wenn er zurückkommt, werden wir nicht nur als Gefährten reiten, sondern auch als Brüder.«

In weiter Ferne kuschelte Macha sich an diesem Abend in Chase' Arme und tauschte zärtliche Küsse mit ihm. Sie waren beide todmüde, weil sie fast die ganze letzte Nacht und den ganzen Tag geritten waren und nur angehalten hatten, um die Pferde zu tränken und grasen zu lassen. Ununterbrochen hatten sie nach möglichen Verfolgern Ausschau gehalten und diese Anspannung hatte ihnen zusammen mit der körperlichen Anstrengung des langen Ritts jegliche Energie geraubt. Doch während sie sich zaghaft küssten und streichelten und einander Liebesworte zuflüsterten, belebten sich ihre Geister wieder. Die zunächst noch zärtlichen und spielerischen Küsse wurden schon bald langsamer, länger und heftiger.

»Weißt du, wie sehr ich dich liebe und wie sehr du mein Herz und mein Leben mit Freude erfüllst?«, flüsterte Chase ihr ins Ohr und knabberte an ihrem Ohrläppchen.

»Wenn du so fühlst wie ich, ist deine Liebe unendlich wie der Himmel und deine Freude so weit wie die Prärie. Ich zittere vor Verlangen nach dir.«

»So wie ich, Sonnenschein meines Herzens.«

Erneut verschmolzen ihre Lippen zu einem innigen Kuss, während jeder den Körper des anderen mit einer solchen Zärtlichkeit erforschte, dass es sie fast um den Verstand brachte. Dem Kuss folgte ein weiterer und dann noch einer und noch einer, bis sie völlig außer Atem waren.

Chase versuchte an andere Dinge zu denken, um sich von dem unermesslichen körperlichen Begehren abzulenken, denn bald würde er der Versuchung, die von Macha ausging, nicht mehr widerstehen können. Doch er wollte sich ihrer Leidenschaft erst hingeben, wenn sie im Fort geheiratet hatten. Er lehnte sich zurück, blickte ihr in die Augen und sagte mit heiserer Stimme: »Wir sollten aufhören, mein Liebling, bevor wir nicht mehr zurückkönnen. Wir sollten unsere Körper hier nicht vereinen, denn ein feindlicher Kriegstrupp oder eine Gruppe der Red Shield könnte uns finden. Unsere Vereinigung soll nicht durch Störenfriede verdorben oder in Hast vollzogen werden. Bald, wenn wir in Sicherheit sind und uns nichts mehr im Weg steht, werden wir eins miteinander werden.«

Macha sah ihn an und lächelte. Sie atmete einige Male tief durch, um ihr stürmisches Verlangen zu zügeln. Sie wusste, dass er Recht hatte, aber es war schwer, solch herrlichen Freuden Einhalt zu gebieten. Er war der einzige Mann, der solche Gefühle in ihr wachrief, doch zugleich bewunderte sie ihn für seine aufmerksame Zurückhaltung. »Du bist klug und stark, mein Liebster, aber mich hast du ganz schwach und wehrlos gemacht.«

Chase lächelte. »Auch mein Körper ist schwach und mein Verstand ist vor Liebe und Verlangen nach dir ganz betäubt; deshalb müssen wir diesen gefährlichen Pfad jetzt verlassen. Lass uns reden, damit unsere Körper abkühlen und wir auf andere Gedanken kommen.«

»Das ist ein kluger, aber schwieriger Vorschlag, mein Liebster. Worüber sollen wir reden?«

»Weißt du, von welchen Geheimnissen mein Cousin fürchtete, dass ich sie unseren Feinden verraten könnte?«, fragte er.

Macha zögerte nicht mit der Antwort. »Er fürchtete, du könntest den Weißen von den glänzenden gelben Steinen erzählen, nach denen sie gieren und für die sie töten, denn in unseren heiligen Bergen gibt es so viele davon wie Sterne am Nachthimmel. Die beiden Weißen, die sie fanden, wurden umgebracht und ihre Leichen versteckt, damit sie niemandem von ihrem Fund berichten konnten.«

Diese Enthüllung verblüffte und beunruhigte Chase, denn Gold konnte in der Tat einem anhaltenden Frieden im Wege stehen und eine ernsthafte Gefahr für die Lakota darstellen. Er setzte sich auf, nahm den Anhänger vom Hals und sagte: »Das war eine kluge Entscheidung, denn viele Bleichgesichter würden alles tun, um in den Besitz dieser gelben Steine zu gelangen. Die Weißen nennen sie *Gold* und messen ihnen großen Wert bei. Dieses *wanapin* ist aus Gold, es gehörte meiner Mutter und darin sind Bilder von meinen Großeltern. Als sie starb, gab man es mir, und nun möchte ich, dass du es zum Zeichen meiner Liebe und Hingabe trägst. Dreh dich um und heb dein Haar hoch, dann will ich es dir umhängen.«

Macha gehorchte glücklich und flüsterte: »Ich danke dir für dein Geschenk. Ich werde gut darauf Acht geben und es für immer tragen.«

Während Chase den Verschluss in ihrem Nacken schloss, erklärte er: »In dem weit entfernten Land, in dem die Sonne untergeht, fand man viele dieser gelben Steine. Nun wollen die Weißen dorthin, um sie zu suchen, deshalb durchqueren sie dieses Gebiet. Wenn sie hören, dass es in unseren heiligen Bergen Gold gibt, werden sie in Scharen in dieses Land kommen und unseren Stamm in große Bedrängnis bringen. Es ist gut, dass das Geheimnis gewahrt wurde, und ich verstehe, warum Zwei Federn sich vor einer Entdeckung des Goldes fürchtet.«

»Er fürchtete auch, du könntest den Blaumänteln von dem großen Rat erzählen, der nach der Büffeljagd stattfindet und bei dem alle Oglala-Indianer und andere Stämme der Lakota sich zum Reden und Handeln treffen, so wie jedes Jahr vor Einbruch des Winters.«

Diese Enthüllung beunruhigte Chase noch mehr als die Neuigkeit über die Goldvorkommnisse in den heiligen Bergen. Er erinnerte sich an das große Treffen, das stets am Ende des Sommers stattfand und an dem viele Oglala und einige Sippen der anderen sechs Stämme der Lakota teilnahmen, um Güter zu tauschen, zu reden, Freunde und Verwandte wiederzusehen und alle wichtigen Ereignisse miteinander zu besprechen. »Werden sie über einen möglichen Krieg verhandeln oder sogar darüber abstimmen, ob sie das Kriegsbeil ausgraben?«, fragte er besorgt.

»Das weiß ich nicht, denn mehr hat Hanmani nicht aufgeschnappt. Gefleckter Schwanz und Kleiner Donner haben zu der Versammlung aufgerufen, beide sind Häuptlinge der Brule, die den weißen Mann hassen und fürchten. Mutiger Bär, der Häuptling einer anderen Sippe der Brule, will sich für den Frieden einsetzen, denn er wurde bei den Verhandlungen von Long Meadow zum Häuptling aller Lakota-Häuptlinge gewählt. Er sagt, dass alle Stämme sich an den Waffenstillstand halten sollen, denn sonst werden alle Stämme der Lakota bestraft.«

»Zwei Federn fürchtet nicht zu Unrecht, dass den Soldaten in Fort Laramie etwas von der Versammlung zu Ohren kommen könnte. Wenn sie erfahren, worüber bei dem großen Treffen geredet werdet soll, werden sie vor lauter Angst das Lager überfallen, noch bevor eine Abstimmung erfolgen kann und die Krieger die Möglichkeit haben, sich auf eine Schlacht gegen die Armee und die Siedler vorzubereiten. Die Red Shield und andere Stämme verstehen nicht, welche Macht die Weißen besitzen und wie entschlossen sie sind, dieses Gebiet in die Hände zu bekommen. Sie haben Waffen, die mit tödlicher Geschwindigkeit und über eine große Entfernung harte Kugeln schleudern können, während indianische Krieger mit dem Bogen kämpfen, nur wenige Pfeile in ihren Köchern tragen und ihrem Ziel sehr viel näher kommen müssen, um es zu treffen. In anderen Forts sind noch viel mehr Soldaten, die herbeigerufen werden können, während die einzelnen Stämme sich weigern, zusammen unter einem

Häuptling als mächtige Kraft zu kämpfen. Die Armee verfügt über viele Vorräte, die sie mit Wagen transportieren kann, um ihre Soldaten vor Ort zu ernähren, während die Indianer auf ihren Pferden nur wenig mitnehmen können und anhalten müssen, um zu jagen und zu kochen, wenn sie bei Kräften bleiben wollen. Außerdem wäre ein so großer Krieg für beide Seiten schlimm.«

»Das ist wahr, mein Liebster«, stimmte Macha ihm zu, »aber sie sind unsere Feinde und sie fordern uns zum Kampf heraus, indem sie unser Land und unsere Tiere stehlen. Sie behandeln uns wie Gefangene, wir müssen ihren Befehlen gehorchen, sonst bestraft oder tötet man uns. Ein solches Leben ist eine Schande; für die Gerechtigkeit zu sterben, ist jedoch ehrenvoll.«

Chase strich ihr über die Wange und lächelte. »Du bist klug und weise, Sonnenschein meines Herzens. Was du sagst, ist richtig, aber dieser Kampf wird nicht einfach sein. Wenn wir im Fort sind, werde ich unsere Feinde beobachten und belauschen und versuchen, so viel wie möglich über sie herauszufinden. Ich muss dir ihre Sprache beibringen, damit du dasselbe tun kannst.«

Macha lächelte und sagte auf Englisch: »Morgenröte sprechen ein wenig Englisch. Hanmani Lehrer.«

Chase lachte und lobte sie in Lakota: »Das ist gut, Morgenröte, unterwegs werde ich dir noch mehr beibringen. Du musst vor allem lernen, was du zu sagen hast, wenn wir uns wie die Weißen vermählen.« Als sie ihn überrascht und etwas verwirrt ansah, erklärte er: »Es handelt sich um eine Vermählungszeremonie, Hochzeit genannt, die uns einen guten Vorwand liefert, uns im Fort aufzuhalten, so dass ich meine Aufgabe in Ruhe erledigen kann. Und falls es in diesem Land zum Krieg kommen sollte, stehst du als meine Frau unter dem Schutz der Weißen, denn da ich bei ihnen aufwuchs, betrachten sie mich als einen der ihren. Jetzt sollten wir aber schlafen, denn wir müssen schon bald weiterreiten.«

Im Laufe der vielen Tage, die sie unterwegs waren, wurde es für beide immer schwieriger, sich in ihrem Verlangen zu zügeln. Am schlimmsten war es nachts, wenn sie gemeinsam in Chase' Schlafsack lagen, den sie sich teilen mussten, denn es war Macha nicht möglich gewesen, eine Decke mitzubringen. Jede Nacht wachten sie mehrmals auf, weil die Nähe ihre Leidenschaft auch noch im Schlaf entfachte. Die unerfüllte Begierde und der Schlafmangel machten sie unruhig und erfüllten sie zugleich mit großer Vorfreude auf den Augenblick, an dem sie sich endlich einander hingeben konnten.

Die Reise dauerte länger, als es normalerweise der Fall gewesen wäre, da sie einen Bogen um Indianerlager und Späh- und Jagdtrupps anderer Stämme der Lakota machen mussten, die auf der Suche nach Büffelherden die Prärien durchquerten. Oft sahen sie sich gezwungen, meilenweit in östliche Richtung zu reiten, bevor sie ihren Weg nach Südwesten fortsetzen konnten. Außerdem kostete es sie Zeit und Kraft, ständig nach drohenden Gefahren Ausschau zu halten, aber sie durften nicht riskieren, von Lakota oder Weißen angehalten und nach dem Zweck ihrer Reise gefragt zu werden.

Wann immer sie sich ausruhten oder ein Nachtlager aufschlugen, erzählten sie sich alles, was sie noch nicht voneinander wussten. Macha schilderte Chase alle wichtigen Dinge, die sich während seiner Abwesenheit ereignet hatten, und Chase brachte ihr Englisch bei – unter anderem die Worte, die sie während der Hochzeitszeremonie sagen musste. Sie einigten sich auch auf bestimmte Zeichen, die er ihr geben würde, wenn sie an der Reihe war und antworten musste. Obwohl sie darauf geachtet hatten, keine Spuren zu hinterlassen, waren sie überrascht, dass ihnen keine Red Shield gefolgt waren. Falls man eine Gruppe von Kriegern auf sie angesetzt hatte, überlegten sie sich, hätte diese sie längst einholen müssen, zumal Chase' Brüder im Spurenlesen unschlagbar waren. Sie dankten dem Großen Geist, dass er für einen ruhigen Ablauf ihrer Reise sorgte, damit sie sich ungestört auf ihre wichtige Aufgabe vorbereiten konnten.

Am achten Tag nach ihrer Flucht aus dem Lager der Red Shield gerieten sie aller Vorsichtsmaßnahmen zum Trotz in Schwierigkeiten ...

9. Kapitel

Die Route, die Chase und Macha einschlagen mussten, um anderen Stämmen aus dem Weg zu gehen, führte sie in südwestliche Richtung in die Gegend des Platte River. Das Flusstal war von gezackten, grauen Felsen und grünen Wäldern umgeben und eine lange, mit dichtem Gras und vereinzelten Sträuchern bewachsene Böschung führte hinunter zum Wasser. In den höheren Gefilden dieser Flusslandschaft erblickten sie Ponderosa-Pinien und Wachholderbüsche, weiter unten standen vornehmlich Buchsbäume und Pappeln und am Ufer des Flusses wuchsen Weiden, deren lange Zweige Hohlwege bildeten. Die Gegend bot ihnen somit nicht nur einen herrlichen Anblick, sondern auch die Möglichkeit, im Schutze der Bäume und Büsche ungesehen weiterzureiten, was in den weiten Prärien nicht möglich gewesen war.

Am Fluss angekommen, wollten sie einem Weg folgen, der von so vielen Siedlern und Soldaten benutzt wurde, dass er fast schon einer Straße glich: dem Oregon-Kalifornien-Mormonen-Trail. Der Weg führte zum Scotts Bluff, dem nächsten wichtigen Orientierungspunkt, und war übersät mit tiefen Furchen von den Wagen der Siedler, den Armeewagen, die Vorräte transportierten, und den Postkutschen, die Passagiere und Briefe nach Fort Laramie und weiter beförderten.

Chase sah die Narben auf dem Gesicht der Mutter Erde nicht zum ersten Mal. Er kannte sie von damals, als er aus seinem Land verschleppt worden war, und von dem späteren Rückweg in seine Heimat. Er musste daran denken, dass ihn vielleicht ein anderes Schicksal erwartet hätte, hätten die Red Shield nicht vor zwölf Jahren in dieser Gegend ihr Lager aufgeschlagen und gejagt. Um den Schmerz, den er bei diesem Gedanken verspürte, zu lindern und um Hassgefühlen und Wut vorzubeugen, musste er einfach daran glauben, dass es einen wichtigen Grund für diese qualvollen Ereignisse in seinem Leben gab und dass niemand anderes als der Große Geist, der für ihn derselbe war wie der Gott der Christen, sein Schicksal lenkte. Chase schob diese Gedanken beiseite und richtete seine Aufmerksamkeit wieder auf die Umgebung.

Als sie an Felsen, Hügeln und Bäumen vorbei auf den Fluss und den Weg zuritten, hörten sie plötzlich Schüsse und zügelten ihre Pferde.

»Feuerstöcke«, murmelte Macha, wobei ihr Herz vor Angst raste und ihr mehrere Gedanken zugleich durch den Kopf schossen. »Es sind Weiße in der Nähe. Jagen sie Büffel oder reiten sie einen Angriff auf ein Lager der Lakota?«

Chase wusste, dass sie nur ihre Befürchtungen laut aussprach und nicht eine Frage stellte, die er ohnehin nicht beantworten konnte. »Wir müssen uns näher ranschleichen und nachsehen. Stell dich darauf ein, dass wir schnell flüchten müssen, falls man uns entdeckt und verfolgt«, sagte er sanft. »Geh kein Risiko ein, mein Sonnenschein, denn ich könnte es nicht ertragen, dich zu verlieren.«

Macha nickte und folgte ihm, immer hinter Büschen und Bäumen Deckung suchend. Sie schwieg, um Chase nicht abzulenken, und betete um ihr Leben sowie um das der Opfer ihrer Feinde, denn sie war sicher, dass sie auf solche stoßen würden, wenn sie am Ort des Geschehens eintrafen. Sie wusste, dass ihr Liebster vorhin einigen schmerzhaften Erinnerungen begegnet war, das hatte ihr das Mienenspiel auf seinem makellosen Gesicht verraten. Vermutlich hatte er in Gedanken vergangene Ereignisse noch einmal durchlebt, denn in dieser Gegend hatte sie ihn zum ersten Mal verloren, und das durfte nie wieder geschehen. Sie hatte viel aufgegeben, um jetzt bei ihm zu sein, aber er war jedes Opfer wert, das man von ihr verlangte. Sie wusste nicht, wohin sie gehen und was sie tun würden, wenn sie nicht zu ihrem Stamm zurückkehren konnten, doch was sein musste, musste sein, denn es war ganz gewiss Wakantankas Wille, dem sie gehorchten.

Sie näherten sich den Geräuschen. Hinter einer großen Sandsteinformation hielt Chase an und ließ sich von seinem Pferd gleiten. Er flüsterte Macha zu, nicht abzusitzen, sondern sich für eine etwaige Flucht bereitzuhalten. Als sie nickte, lächelte er, dankbar dafür, dass sie sich so mutig und tapfer zeigte. Er nahm seinen Feldstecher, kroch zum Rand eines hohen Felsens, der mit Büschen bewachsen war, kniete sich dahinter und spähte durch das Gestrüpp. Ein furchtbarer Anblick bot sich ihm. Er nahm den Feldstecher zur

Hilfe, denn er wollte fast den eigenen Augen nicht trauen.

Sein Blick verfinsterte sich und er war wie versteinert, während er Zeuge der niederträchtigen Szene wurde, die sich nach dem Morden ereignete. Selbst wenn er bewaffnet gewesen wäre, hätte er den Opfern nicht mehr helfen können. Er konnte nur noch zuschauen und warten, bis die Angreifer fortreiten würden.

Nachdem sie verschwunden waren, kehrte Chase zu Macha zurück und erzählte ihr, was er gesehen hatte: »Weiße Männer, die als Indianer verkleidet waren, haben fünf Blaumäntel überfallen und erschossen. Sie stahlen einen Wagen, der mit Feuerstöcken und harten Kugeln beladen war. Nachdem sie die Blaumäntel getötet hatten, schossen sie Pfeile in ihre Körper und skalpierten sie.«

Mit offenem Mund und weit aufgerissenen Augen vernahm Macha diese Schilderung. »Warum tun sie ihren eigenen Leuten so etwas an?«, fragte sie.

»Um Streit zu säen zwischen Blaumänteln und Indianern, die man für die Täter halten und bestrafen wird, und aus Gier nach den Waffen«, erklärte Chase traurig. »Bleib hier, ich werde versuchen, die falschen Spuren zu beseitigen. Danach verfolgen wir die Weißen, um herauszufinden, wohin sie reiten und wer sie sind. Ich werde dafür sorgen, dass sie eines Tages überführt und bestraft werden.« Am liebsten hätte er die Morde angezeigen, damit die Leichen begraben werden konnten, aber das Risiko, dass man dann ihn der Tat bezichtigen würde, war zu groß. Außerdem würden die Soldaten ihm kaum glauben, dass die Schuldigen unter den Weißen zu suchen waren, denn er konnte den Truppen keine Beweise liefern. Er schüttelte den Kopf über dieses sinnlose Gemetzel und machte sich an seine Aufgabe. Als er fertig war, kehrte er zu Macha zurück, spülte mit Wasser aus der Feldflasche das Blut der Soldaten von den Pfeilspitzen und steckte die Pfeile in seinen Köcher. Dann sagte er: »Ich bin so weit. Lass uns gehen.«

* * *

Mit äußerster Vorsicht folgten Macha und Chase den Männern mit dem Munitionswagen bis zu einer Farm, die viele Meilen entfernt lag. Als sie dort ankamen, dämmerte es bereits. In der Nacht würde ein schwaches Mondlicht ihnen den Weg weisen.

Chase ließ Macha für kurze Zeit mit den Pferden an einem sicheren Ort zurück und schlich sich näher an das Haus heran. Einer der Männer, bei dem es sich wohl um den Anführer der Gruppe handelte, lenkte den Wagen in eine Scheune. Die anderen stiegen von den Pferden und folgten ihm. Äußerst vorsichtig kroch Chase zu dem großen Holzhaus und belauschte die Männer, die dabei waren, ihren nächsten Anschlag zu planen – einen Überfall auf eine Postkutsche. Er musste einen Weg finden, sie aufzuhalten.

Chase spähte durch ein offenes Fenster und sah, wie die Weißen die gestohlenen Gegenstände in einem Keller verstauten und dann die Falltür unter alten Strohballen versteckten. Aber es war nicht davon auszugehen, dass die Kisten und Fässer noch dort sein würden, wenn er nach Fort Laramie geritten war, die Armee von seinen Anschuldigungen überzeugt und die Truppen hierher gebracht hatte, um ihnen das Diebesgut als Beweis vorzuführen. Auf keinen Fall würde er Macha allein als Wache zurücklassen, außerdem konnte sie den Schurken unmöglich folgen, wenn diese die Waffen während seiner Abwesenheit abtransportierten. Er konnte nur hoffen, ihre Taten eines Tages aufzudecken, ohne dabei das Leben seiner Liebsten in Gefahr zu bringen.

Als Chase zu Macha zurückkehrte, die sich bereits Sorgen gemacht hatte, blieb ihnen gerade noch genug Zeit, um einen sicheren Abstand zwischen sich und die Farm zu legen, bevor es dunkel wurde. Sie setzten sich eng nebeneinander auf den Schlafsack und verzehrten die Reste der Speisen, die zum Teil Macha mitgebracht und zum Teil Hanmani aus dem Lager geschmuggelt hatte, als sie das letzte Mal mit einer Mahlzeit zu ihrem Bruder geschickt worden war. Chase berichtete Macha von dem Versteck und dem Vorhaben der Diebe und erklärte ihr, was er zu tun gedachte.

Macha sagte aufgeregt: »Das ist ein guter Plan, mein Liebster, denn sie müssen bestraft werden, und es ist das Beste, wenn ihr eigenes Volk dafür sorgt.«

»Das stimmt. Zumindest wissen wir, warum sie diese niederträchtige Tat begangen haben: Wenn ihnen ihre List gelungen wäre, hätte die Armee die Stämme von Häuptling Kleiner Donner und Häuptling Gefleckter Schwanz für die Schuldigen gehalten und sie bestraft. Und wenn erst alle Brule aus diesem Gebiet verschwunden oder völlig geschwächt sind, kann der Mann, dem diese Farm gehört, sich das Land einverleiben und damit entweder die Farm vergrößern oder es an andere Weiße weitergeben, die sich hier niederlassen wollen. Der Boden ist gut und es gibt genug Wasser, um bestimmte Pflanzen als Nahrung und Gras für die Tiere anzubauen. Ich werde versuchen, die Blaumäntel auf ihre Fährte zu locken, damit sie geschnappt werden und keinen Unfrieden mehr stiften können.«

»Falls unser Stamm uns wieder aufnimmt und es eines Tages Krieg zwischen Weißen und Lakota gibt, wirst du dann gegen den Feind kämpfen und auch nicht davor zurückschrecken zu töten, wenn es sein muss?«

»Als ich zu euch zurückkam, glaubte und hoffte ich, dass es Frieden oder zumindest einen Waffenstillstand zwischen Weißen und Indianern geben könnte, aber je häufiger ich Zeuge der Schwierigkeiten und des Misstrauens werde, die auf beiden Seiten herrschen, desto sicherer bin ich mir, dass es eines Tages zum Krieg kommen wird. An diesem Tag will ich auf Seiten meiner Familie und meines Volkes reiten, wenn man mich lässt. Ich möchte jene, zu denen meine Mutter und meine Pflegeeltern zählten, nicht töten, aber ich fürchte, dass ich gezwungen sein werde, gegen sie zu kämpfen, damit wir überleben.«

Chase war überzeugt, dass es zu einem schrecklichen und blutigen Zusammenstoß kommen würde, sollte das Geheimnis der Paha Sapa entdeckt werden und die Goldsucher herbeiströmen. Es gab keinen Zweifel, dass alle sieben Stämme der Lakota die Goldsucher mit aller Gewalt zurückschlagen würden, wenn sie in ihre geheiligten Berge einfielen, und das bedeutete, dass man zum Schutz der Weißen Soldaten schicken würde. Auf seiner Reise hatte Chase viele Männer gesehen und kennen gelernt, die vom Goldfieber besessen waren, und er wusste, wie verheerend und gefährlich diese Krankheit war. Doch er behielt seine Sorgen für sich, denn er wollte Macha keine Angst einjagen.

»Wir sollten jetzt schlafen, Morgenröte, denn wir müssen mit den ersten Sonnenstrahlen aufbrechen.«

»Hältst du es für gefährlich, mich in den Arm zu nehmen und zu küssen? Es würde mir Kraft geben und mich beruhigen.«

Chase zog sie in seine Arme und küsste sie. Auch er suchte Trost und Ermutigung in ihrer Liebe. Mit einer Hand strich er über ihr feines, glattes Haar, mit der anderen fuhr er über ihren Rücken. Dann zog er sie noch näher an seinen erregten Körper. Sie war sein Ein und Alles und er sehnte sich danach, sie ganz und gar zu besitzen. Aber er wollte diesen Augenblick zu etwas Besonderem machen. Wenn nichts dazwischen kam, würde sie morgen Abend seine Frau sein und würde endlich in jeder Hinsicht zu ihm gehören.

Macha mochte die Art, wie er sie berührte. Es war eine herrliche Mischung aus Kraft und Zärtlichkeit. Sie liebte ihn aus ganzem Herzen und begehrte ihn mit jeder Faser ihres Körpers. Er spendete ihr mehr Wärme als ein prasselndes Feuer oder eine heiße Sommernacht. Sie konnte es kaum erwarten, mit ihm eins zu werden, ihn endlich ganz für sich zu haben und sich ohne Schranken den herrlichsten Wonnen hinzugeben.

Chase lockerte seine Umarmung, atmete tief durch und sagte widerstrebend: »Wir müssen jetzt schlafen, denn morgen Abend nach unserer Hochzeit werden wir nur wenig ruhen.«

Macha lächelte. »Das sind gute Neuigkeiten, mein Liebster, denn ich kann dir nicht länger widerstehen.«

»Mir geht es genauso.« *Morgen Abend ...*, ermahnte er sich im Stillen.

Bevor sie am sechsten August in Fort Laramie eintrafen, versteckte Chase den Bogen und den Köcher, die Kriegerischer Adler ihm vor einigen Wochen geliehen hatte, sowie die Pfeile, die aus den Körpern der Soldaten stammten. Er wusste, dass es nicht klug war, mit indianischen Waffen in das Fort zu reiten. Als sie sich dem Gelände näherten, lächelte er Macha beruhigend zu.

Der Militärposten lag strategisch günstig auf einer felsigen Anhöhe über dem Laramie River, östlich der Laramie Mountains und der langen Gebirgskette der Rocky Mountains. Die Lage war für die Truppen und die vorbeiziehenden Siedler klug gewählt: Es gab frisches Wasser vom Fluss, Pferde und Vieh konnten auf der nahen Prärie grasen und eine Straße verband das Gebiet in beide Richtungen mit anderen Militär- und Handelsposten. Die Gebäude und Kanonen wurden nicht von einer Befestigungsanlage gesichert, als bräuchte die Armee einen Angriff der Indianer nicht zu fürchten. Es gab Soldatenunterkünfte, Ställe, eine Bäckerei, einen Gemischtwarenladen, einen Schmied, Geräteschuppen, eine Sattlerei, ein Zeughaus, einen Wachturm, Lagerhäuser und Offiziersquartiere. Die meisten der Gebäude waren zweistöckig, hatten viele Fenster, eine überdachte Veranda und hohe Spitzdächer, aus denen zahlreiche Schornsteine ragten. In der Mitte lag ein großer Exerzierplatz mit einem hohen Pfosten, an dem die amerikanische Flagge im Wind tanzte. Fort John, ein großes Gebäude aus Lehmziegeln, das sich früher im Besitz der Armee befunden hatte und nun der »Amerikanischen Pelzhandelsgesellschaft« gehörte, die mit Trappern und Indianern Geschäfte machte, lag ganz in der Nähe des steil abfallenden Flussufers. Anders als die neue Anlage verfügte Fort John über zwei Wachtürme, einen von Ziegelsteinen eingefassten Innenhof, der gegen feindliche Übergriffe Schutz bot, zwei Bronzekanonen und andere Waffen, die sich in unmittelbarer Reichweite der Bewohner befanden.

Auf einer Wiese unterhalb der Anhöhe sah Chase einige Wohnhäuser, ein paar Gebäude, deren Zweck er nicht kannte, und eine Ansammlung von Tipis, in denen »faule« Indianer oftmals das ganze Jahr über hausten. Im Näherkommen erklärte er Macha, was er sah, doch es gab so vieles, was ungewohnt und verwirrend für sie war. Er versprach ihr, später alles noch einmal in Ruhe zu erklären.

Trotz all der neuen Eindrücke hatte Macha keine Angst, denn sie wusste ihren Liebsten bei sich, dem sie völlig vertraute. Sie fühlte, dass er es ihr nicht verübelte, wenn sie nicht alles verstand, denn er war sich dessen bewusst, dass die Sprache der Lakota nicht immer über das richtige Wort verfügte, um die Dinge zu beschreiben. Aber sie war klug und wissbegierig und er war ein guter Lehrer.

Chase blickte zur Unterkunft von Lieutenant Hugh Fleming hinüber, dem Kommandanten von Fort Laramie, in dessen Büro sich die Kopien des Vertrags und möglicherweise auch erklärende Briefe des verstorbenen Indianervertreters Thomas Fitzpatrick sowie des neuen Vertreters Thomas Twiss befinden mussten. Im Mai hatte Chase von einem geschwätzigen Soldaten erfahren, dass Fleming im letzten Jahr einen Angriff auf die Minneconjous geführt hatte – einen der Stämme, die zu den sieben Ratsfeuern der Lakota gehörten. Er konnte nur hoffen, dass Fleming dennoch kein Indianerhasser und Unruhestifter war.

Chase kannte sich auf dem Gelände aus, da er dem Posten bereits im Mai einen Besuch abgestattet hatte, bevor er nach Fort Pierre und dann Anfang Juli zu seiner Familie geritten war. Während sie sich dem Fort näherten, stieg ihm der Geruch von frisch gebackenem Brot und der unbeschreibliche Duft von Heu und Sommerluft in die Nase. Er sah Männer, die Proviantwagen entluden, welche anscheinend erst spät am vorigen Abend im

Fort eingetroffen waren, Soldaten, die das Geschirr ihrer Pferde prüften und ausbesserten, Männer, die das Vieh versorgten, und einige Wachposten. Das Sonnenlicht spiegelte sich in den Fenstern und der glatten Oberfläche des Flusses. Er hörte das Flattern der amerikanischen Flagge im Wind, das Hämmern des Schmieds, der den Armeepferden Hufeisen verpasste, und das Pfeifen der kräftigen Brise, die über die Prärie wehte. Er war ruhig und besorgt zugleich, bereit für die wichtige Aufgabe, die auf ihn wartete und die er fürchtete.

Auch Macha war wachsam und auf der Hut. Sie hatte weniger Angst um ihr eigenes Leben als um seines. Sie ahnte, welch enormes Risiko er einging, wenn er sich für die Papiere, die seiner Ansicht nach so wichtig für ihren Stamm waren, in das Büro des Kommandanten schlich. Sie wollte sich gar nicht erst vorstellen, was passieren würde, wenn man ihn erwischte. Sie hatte das Gefühl, ihr ganzes Leben darauf gewartet zu haben, dass Wolkenjäger zum Mann heranwuchs, nach Hause zurückkehrte und sie zur Frau nahm. Und jetzt bestand die Gefahr, ihn abermals zu verlieren, dieses Mal für immer. Was würde sie tun, wenn man ihn tötete und ihre Familie und ihr Stamm sie nicht wieder aufnahm?

Macha atmete tief durch. Selbst wenn man sie verachtete und verbannte, wäre das nicht so schlimm wie der Verlust des einzigen Mannes, den sie je geliebt hatte. Sie warf ihm einen kurzen Blick zu und ihr Herz klopfte laut. *Beschütze ihn für mich, Großer Geist, denn er ist mein Schicksal.*

Chase betrat den großen Laden des Gemischtwarenhändlers. Macha wartete neben der offenen Tür, wie er es ihr aufgetragen hatte. Er war erleichtert, dass sich nur wenige Männer im Laden befanden, und diese würdigten Macha kaum eines Blickes. Anscheinend waren sie es gewöhnt, »Squaws« in Begleitung von Weißen zu sehen, und wollten deutlich machen, dass solche Frauen ihre Aufmerksamkeit nicht verdienten. »Haben Sie ein Kleid und ein Paar Schuhe, die ihr passen könnten?«, fragte er den Ladenbesitzer.

»Ich habe ein paar neue Kleider und ein paar gebrauchte, die ich Siedlerinnen abgekauft habe, die eine Pechsträhne hatten. Sie sind dort drüben«, sagte er und deutete in die hintere linke Ecke. »Die neuen kosten vier Dollar das Stück, die getragenen die Hälfte. Ein Paar Schuhe kostet drei Dollar.«

»Danke, ich schau sie mir mal an. Würde ihr gut tun, die alten Lederklamotten gegen ein Kleid zu tauschen, dann könnte sie die mal waschen«, sagte Chase und lachte. Er wählte das schönste der neuen Kleider aus und mit Hilfe eines Blatt Papiers, auf das er mit Holzkohle vom letzten Feuer die Umrisse ihrer Füße gezeichnet hatte, auch ein Paar Schuhe. Dann nahm er noch ein Gewehr und Munition sowie einige andere Vorräte und stapelte alles auf der Ladentheke. Er erzählte dem Händler, dass er sein altes Gewehr, das nicht besonders gut gewesen war, gegen die Frau eingetauscht habe, damit sie ihm den Winter über in seiner Hütte Gesellschaft leistete und bei der Arbeit half.

»Sieht aus, als hätten Sie einen guten Tausch gemacht; sie ist ziemlich hübsch.«

»Ja, außerdem gehorsam und respektvoll. Sie ist auch nicht dumm und arbeitet gut.«

»Ich kenne eine Menge Trapper, die indianische Frauen haben. Es ist hart für einen Mann, den ganzen Winter über alleine in der Wildnis zu leben und alle Arbeiten allein zu erledigen.«

»Ja, das habe ich letztes Jahr am eigenen Leib erfahren. Ich hatte Glück, dass ich auf dem Weg hierher an einem Lager mit friedlichen Indianern vorbeikam und einer von ihnen seine Tochter loswerden wollte. Der arme Teufel hatte vier Töchter. Sein Tipi war überfüllt und im Stamm gab es nicht genug junge Burschen, um alle vier an den Mann zu bringen.« Chase lachte. »Gott sei Dank konnte ich verschwinden, bevor ihr Herr Papa gemerkt hat, dass das alte Gewehr ihm nicht von großem Nutzen sein wird.«

Der Händler lachte. »Die meisten Indianer kennen sich mit unseren Waffen nicht aus – und mit vielen anderen Dingen auch nicht. Außerdem glaube ich nicht, dass ihm irgendjemand Munition verkauft.«

Chase bezahlte mit dem Geld, das ihm der Verkauf der Farm, des Viehs und der anderen Habseligkeiten der Martins eingebracht hatte. Dabei lachte und scherzte er mit dem Ladenbesitzer und erzählte, dass er für ein oder zwei Tage ins Fort gekommen sei, um Vorräte einzukaufen. Dann wolle er losziehen und für den kommenden Winter eine gute Stelle für seine Fallen finden, da es in der Gegend, aus der er kam, kaum noch Tiere gab. »Geht es in Ordnung, wenn sie sich in Ihrem Lagerraum umzieht? Ich wäre froh, wenn sie endlich ihre indianische Kleidung los wird, damit die Leute sie nicht mehr so anstarren.«

Da Chase schon vor einigen Monaten in dem Laden eingekauft und heute viel Geld ausgegeben hatte und es in Zukunft vielleicht wieder tun würde, erklärte sich der Händler unter der Voraussetzung einverstanden, dass sie sich beeilte und nichts anfasste.

Chase bedankte sich und sagte Macha, was sie tun sollte. Wie man die Knöpfe schloss und die Schnürsenkel band, hatte er ihr schon unterwegs erklärt. Er wartete, während sie sich umzog, und lächelte, als sie zurückkam. Das Kleid passte perfekt, und sie hatte sich sogar mit dem Band, das er gekauft hatte, das Haar im Nacken zusammengebunden und ihre Kleidung und Mokassins zu einem Bündel geschnürt. Chase dankte dem Händler erneut und sie verließen das Geschäft, um die Vorräte auf die Pferde zu laden.

Dann machten sie sich auf den Weg zu ihrer nächsten Prüfung.

Chase war hocherfreut, als der Priester, der sich in der Nähe eine kleine Hütte gebaut hatte und sonntags in seinem Hof Messen für Soldaten, Siedler und Durchreisende abhielt, sich damit einverstanden erklärte, sie nach amerikanischem Gesetz zu trauen. Chase und Macha hielten sich an den Händen, und als der Mann sie nach ihren Namen fragte, antwortete Macha: »Ich heiße Morgenröte, Sir.« Chase hatte ihr diesen Satz vorher beigebracht und ihr nun mit dem Daumen über die Finger gestrichen, damit sie wusste, was sie sagen sollte.

»Ich bin Ihnen wirklich zu Dank verpflichtet«, sagte Chase. »Ich will keine unehelichen Kinder in die Welt setzen und möchte Gottes Segen für diese Verbindung. Die Leute hier können sich glücklich schätzen, Sie zum Priester zu haben.«

Der ältere Mann lächelte. »Dann wollen wir mal anfangen, ich treffe mich nämlich gleich mit Freunden zum Essen.« Er schlug die Bibel auf und las die entsprechenden Stellen daraus vor. Dann fügte er hinzu: »Ruth sagt: ›Wo du hin gehst, da will ich auch hin gehen; wo du bleibst, da bleibe ich auch. Dein Volk ist mein Volk, und dein Gott ist mein Gott‹. Erkennt ihr diese heiligen Gesetze an?«

»Das tue ich, Sir«, antwortete Chase.

»Erkennen auch Sie diese heiligen Gesetze an, Miss Morgenröte?«

Als Chase ihr leicht die Hand drückte, antwortete sie: »Das tue ich, Sir.«

Nachdem der Priester Chase gefragt hatte: »Willst du Morgenröte als deine Ehefrau lieben und ehren und die Ehe mit ihr nach Gottes Gebot und Verheißung führen, in guten und in bösen Tagen, bis dass der Tod euch scheidet?«, sagte er: »Ja, ich will.«

Und nachdem der Priester Macha gefragt hatte: »Willst du Chase Martin als deinen Ehemann lieben und ehren und die Ehe mit ihm nach Gottes Gebot und Verheißung führen, in guten wie in bösen Tagen, bis dass der Tod euch scheidet?«, lächelte sie Chase an und antwortete, so wie er es ihr beigebracht hatte: »Ja, ich will.«

Dann sagte der Priester: »Somit erkläre ich euch

zu Mann und Frau. Was Gott zusammengefügt hat, das soll der Mensch nicht scheiden. Das war's, mein Sohn, sie ist jetzt dein rechtmäßig angetrautes Weib. Gehet hin in Frieden, Mister und Misses Martin.«

Chase war stolz und glücklich, denn von nun an war die Frau, die er mehr liebte als alles andere auf der Welt, seine Ehefrau. *Wenn doch nur,* flüsterte eine leise Stimme in ihm, *die nächste Prüfung genau so leicht zu bewältigen wäre.*

Chase und Macha schlugen ihr Lager einige Meilen vom Fort entfernt an einer schönen und abgeschiedenen Stelle in der Nähe des Flusses auf, die von hohen Bäumen umgeben war. Sie versorgten die Pferde und aßen, und als die Sonne am Horizont unterging, breiteten sie voller freudiger Erwartung den Schlafsack aus. Falls es in der Gegend Reisende geben sollte, hatten diese inzwischen sicherlich ebenfalls ihr Lager aufgeschlagen. Um sicherzugehen, dass sie allein waren, betrachtete Chase die nähere Umgebung durch sein Feldglas. Jeder Moment war kostbar, denn wenn das letzte Tageslicht erst verschwunden war, würde aufgrund des Neumonds völlige Finsternis herrschen.

Sie standen neben dem einladenden Schlafsack und sahen einander einige Minuten lang an, nur um die Gegenwart des anderen zu genießen. Die Liebe schien wie ein ruhiger Strom warmen Wassers um sie herum und durch sie hindurch zu fließen. Was sie getan hatten, flößte ihnen keinerlei Bedauern ein, und sie waren fest entschlossen, alles dafür zu tun, für immer zusammenzubleiben.

Langsam und mit zitternden Fingern öffnete Chase die Knöpfe ihres Baumwollkleides. Sie hob die Arme, damit er es ihr über den Kopf ziehen konnte. Er ließ es ins Gras fallen, und als er ihren wunderschönen nackten Körper und den zärtlichen Schimmer in ihren braunen Augen sah, stockte ihm der Atem. Er zweifelte nicht daran, dass sie ihn von ganzem Herzen liebte und ihre Vereinigung ebenso sehr ersehnte wie er. Er lächelte, als sie sein blaues Hemd aufknöpfte, es ihm über die Schultern zog und dann mit den Fingerspitzen ganz sanft über seine Haut strich. Sein Blick fiel auf den goldenen Anhänger an ihrem Hals, und er fragte sich, ob seine Mutter sie aus ihrem Tipi im Himmel sehen konnte. Wenn ja, dann wusste Margaret Omaste Phillips sicherlich, dass er die richtige Wahl getroffen hatte.

Macha stellte fest, dass er keine Haare auf der breiten, muskulösen Brust hatte. Er war groß, so dass ihr Kopf gerade bis unter sein Kinn reichte. Nur wenige Narben zierten seinen Oberkörper und keine beeinträchtigte seine ungeheure Anziehungskraft. Sie legte ihre Arme um seine Hüften, lehnte sich an ihn an und genoss die Berührung seiner nackten Haut. Als er sich zu ihr hinabbeugte, küsste sie ihn und schwelgte in den herrlichen Gefühlen, die er in ihr hervorrief.

Chase ließ seine Lippen über ihr Gesicht zu ihrem Ohr hin wandern und flüsterte: »*Waste cedake, micante. Kopegla sni yelo. Ni-ye mitawa.*«

Macha antwortete ihm mit ganz ähnlichen Worten: »Ich liebe dich, mein Herz, und ich habe keine Angst. Ich bin dein, so wie du mein bist.«

»Ich muss diesen neuen Pfad langsam gehen, auch wenn es mir schwer fällt.«

»Winyeya manke.« Sie sagte ihm, dass sie bereit sei. »Wir gehen ihn gemeinsam.«

Sie küssten sich, während ihre forschenden Hände über den Körper des anderen wanderten, um dieses unbekannte Gebiet zu erkunden. Ihr Atem ging stoßweise und sie zitterten vor Leidenschaft. Dann machte Macha sich von Chase los, um sich ihrer ledernen Reithose zu entledigen, und er zog Stiefel, Hose und Unterwäsche aus.

Chase nahm ihre Hand und zog sie hinunter auf den Schlafsack. Sie knieten nieder, sahen einander an, und ihre Hände in den seinen haltend, sagte er laut: »Erhöre uns, Großer Geist, denn wir bitten dich als Mann und Frau um deinen Beistand bei dieser Vereinigung. Behüte und beschütze uns.«

Macha umarmte Chase, bevor sie sich nebeneinander auf den Schlafsack legten und sich weiter liebkosten. Dann rollte er sich auf sie und nahm sie vorsichtig und zärtlich. Ein tiefer Seufzer drang aus Machas Kehle und sie zog ihn enger an sich, wobei ihre Beine seine Hüften umschlangen. So lange hatten sie auf diese völlige Verschmelzung ihrer Seelen und Körper warten müssen. Diese Wochen der Vorfreude hatten ihre Beherrschung unterhöhlt und so erreichten sie nur allzu bald den Höhepunkt ihrer Leidenschaft. Während sie die Welle gemeinsam ausklingen ließen, hielten sie einander fest umschlugen.

Dann liebten sie sich erneut und genossen dabei jeden Augenblick, bevor sie schließlich eng aneinander gekuschelt einschliefen.

Am folgenden Nachmittag konnte Chase sein Glück kaum fassen, als er sah, dass eines der Fenster an der Rückwand des Quartiers von Lieutenant Hugh Fleming leicht offen stand. Er war davon ausgegangen, dass er sein Vorhaben nur nachts und somit erst am Ende der Neumondphase würde ausführen können. Er wusste nicht, warum so viele der einundsiebzig Männer, die zu der Garnison des Forts gehörten, abwesend waren, und er wagte es nicht, jemanden danach zu fragen, aber er dankte dem Schöpfer, dass er seine Aufgabe auf diese Weise vereinfachte. Durch Beobachtung hatte er herausgefunden, dass die wenigen anwesenden Soldaten sich unterhalb des Steilhangs um das Vieh kümmerten, und dass die herumlungernden Indianer sich kaum von den Matten vor ihren Tipis fortbewegten. Kein Planwagentreck zog vorbei, keine Vorratswagen näherten sich dem Fort und so konnte er das Fenster ungesehen hochschieben und ins Innere der Baracke klettern.

Trotz dieser günstigen Bedingungen blieb Chase vorsichtig. Er schlich zu den vorderen Fenstern und spähte hinaus, um sich zu vergewissern, dass niemand vor dem Gebäude aufgetaucht war, während er sich heimlich Eintritt verschafft hatte. Doch draußen war es fast totenstill und immer noch menschenleer. Hocherfreut entdeckte er nicht nur eine Kopie des Vertrags, sondern auch mehrere Briefe von Fitzpatrick und Twiss. Da die Zeit nicht ausreichte, um sie vor Ort abzuschreiben, und er wahrscheinlich kein zweites Mal mit solch günstigen Bedingungen rechnen konnte, um die Papiere wieder zurückzubringen, stopfte er sie unter sein Hemd und bat um Vergebung für diesen unumgänglichen Diebstahl. Das Glück oder göttliche Fügung waren weiterhin auf seiner Seite, und so verschwand er auf die gleiche Weise, wie er gekommen war.

In einiger Entfernung erspähte Chase drei mit frischem Heu und Holz beladene Wagen, die auf das Fort zusteuerten. Die Wagen wurden von einer Gruppe von Soldaten begleitet, als wären sie mehr wert als das Fort selbst, das man völlig unbewacht zurückgelassen hatte. Er wunderte sich, warum der Kommandant oder wer auch immer während Flemings Abwesenheit die Verantwortung für die Truppen trug, das Fort und die Pelzhandelsgesellschaft einem Risiko aussetzte, indem er davon ausging, dass die Indianer nicht angreifen würden. Es war ihm unbegreiflich, das die Armee nicht mehr Truppen an diesen Militärposten beordert hatte und dass er nicht mit Schutzmauern versehen worden war, wo er sich doch inmitten der Jagdgründe mehrerer sehr großer und mächtiger Indianervölker befand, die den Weißen zum größten Teil misstrauten und sie verachteten. Er hoffte, dass nicht eines Tages unschuldige Menschen für einen solch nachlässigen Stolz mit dem Leben bezahlen mussten.

Als ihr Mann sich in ihrem provisorischen Lager einfand und vom Pferd stieg, lief Macha ihm entgegen, schloss ihn fest in die Arme, bedeckte sein Gesicht und seinen Hals mit Küssen und vergrub ihre feuchte Wange an seiner Brust. »Ich hatte große Angst um dich, mein Liebster«, flüsterte sie. »Mein Leben wäre kalt und trostlos ohne dich.«

Chase fasste sie am Kinn, hob ihr Gesicht und sah ihr in die braunen Augen, in denen Freudentränen schimmerten. »Du brauchst keine Angst zu haben, mein Liebling«, beruhigte er sie, »denn ich bin wohlbehalten zurückgekehrt und habe mein Vorhaben erfolgreich ausgeführt.«

Während sie ihn weiter eng umschlungen hielt, fragte sie: »Was hast du im Lager der Blaumäntel gemacht? Du warst so lange weg.«

Chase strich ihr übers Haar und erzählte ihr von seinem Abenteuer, woraufhin sie stolzerfüllt lächelte.

»Der Große Geist lenkt und beschützt dich, denn Er hat dich dazu auserwählt, für sein Volk große Taten zu vollbringen. Ich schäme mich für meine Furcht und meine Schwäche, denn ich sollte an Seiner Macht nicht zweifeln.«

»Ich glaube auch, dass Er uns beisteht, Sonnenschein meines Herzens. Aber im Fort hatte ich Angst, denn ich wusste, es wäre mein Tod gewesen, wenn man mich entdeckt hätte. Dann hätte ich nicht nur dich verloren, sondern auch die Jagdgründe und den Überlebenskampf unseres Volkes. Ich weiß noch, wie Vater, als wir klein waren, zu Windtänzer sagte: ›Es ist weise, sich zu ängstigen, mein Sohn, denn die Angst verleiht einem Krieger scharfe Sinne und lässt ihn mit Vorsicht handeln.‹ Er hatte Recht.«

Macha betastete die merkwürdige Ausbeulung unter seinem Hemd und fragte: »Was ist das?«

Chase grinste. »Der Vertrag von Long Meadow

und Briefe des vorigen und des neuen Indianervertreters. Bald werden wir wissen, was darin steht.«

Macha sah zu, wie er die Papiere hervorholte und überflog. Sie setzte sich still vor ihn auf den Schlafsack und während sie darauf wartete, dass er ihr erzählte, was in dem Vertrag stand, sog sie hungrig seinen Anblick in sich auf. Ob Großer Bär ihn je anerkennen würde oder nicht, fest stand, dass Wolkenjäger seinem Vater sehr und seinen beiden Brüdern ein wenig glich. Alle drei Häuptlingssöhne waren gut aussehend und männlich, stark, mutig und gewandt. Wenn sie je gemeinsam gegen ihre Feinde kämpfen sollten, würden sie eine vortreffliche Truppe abgeben. Sie konnte sich glücklich schätzen, von ihm geliebt zu werden, denn er bereitete ihr mehr Freude, als sie je zuvor erfahren hatte. Es wäre herrlich, wenn man sie als Paar in ihrem Stamm aufnehmen würde und sie ein freies und sicheres Leben in ihrem eigenen Tipi führen und Kinder haben könnten. Würde der Große Geist sie mit diesen Dingen belohnen? Sie wusste es nicht, denn Sein Wille war unergründlich.

Chase las die zwei Seiten des Vertrags von Fort Laramie, der aus dem Jahr 1851 stammte, sowie die dritte Seite, auf der die Namen der Unterzeichner standen – Indianer und Weiße. Er war den Martins dankbar, dass er auf der Schule Lesen und Schreiben gelernt hatte, und es freute ihn, dass der Schöpfer ihn zu diesen guten Leuten geführt hatte. »Im Vertrag steht nichts von dem, was die Büffeljäger behauptet haben. Die Weißen dürfen nicht auf indianischem Gebiet jagen.« Er las

Artikel zwei vor: »Hier steht: ›Oben erwähnte Stämme erkennen somit das Recht der Regierung der Vereinigten Staaten an, in den betreffenden Gebieten Straßen, Militärposten und Handelsposten zu errichten.‹ Das heißt, dass die Armee, also die Soldaten, auf indianischem Grund und Boden Wege, Forts und Handelsposten bauen dürfen.«

Chase blätterte um und las einen Teil von Artikel fünf vor: »Hier steht: ›Oben erwähnte Stämme geben somit keinerlei Rechtsansprüche auf, die ein anderes als das ihnen zugesprochene Gebiet betreffen; des Weiteren behalten sie sich das Recht vor, in besagten Gebieten zu jagen, zu fischen und zu reisen.‹ Das heißt, dass sowohl Feinde als auch Verbündete die Jagdgründe anderer Stämme durchqueren und darauf jagen und fischen dürfen, wenn sie das vorher auch schon getan haben. Das ist genau das, was die Crow Windtänzer sagten, als wir ihnen auf dem Ausritt begegneten. Der Vertrag ist von den ausgewählten Häuptlingen der acht Nationen, die sich in Long Meadow trafen und einigten, sowie von den Anführern der Weißen und einigen Zeugen unterschrieben.«

»Du meinst, die weißen Jäger sprachen mit gespaltenen Zungen, nicht aber die Vogelkrieger?«, fragte Macha, um sicherzugehen, dass sie ihn richtig verstanden hatte.

»Genau, allerdings ist es eine unsinnige und gefährliche Forderung, die da von den Anführern der Weißen im Vertrag festgehalten wurde. Das nächste Mal, wenn Bleichgesichter in unsere Jagdgründe eindringen sollten, können wir sie gefangen nehmen und den Soldaten bringen, damit die sie bestrafen. Mit unseren indianischen Feinden müssen wir anders umgehen: Die Häuptlinge der Lakota müssen zu den Anführern der Weißen gehen und ihnen sagen, dass verfeindete Stämme nicht in denselben Gebieten reiten und jagen können, wenn der Friede andauern soll.«

»Werden sie die Worte des Vertrags ändern, wenn unsere Häuptlinge sie dazu auffordern?«

»Das weiß ich nicht, aber es wäre klug, wenn sie zuhören und der Bitte Folge leisten.«

»Der, welcher Ohren für uns hatte, ist tot; der neue Vertreter sitzt in seinem Tipi und bringt uns nicht den gleichen Respekt und die gleiche Offenheit entgegen.«

»Vielleicht ist Thomas Twiss durch bestimmte Gesetze der Weißen gebunden, oder er wird von anderen Anführern kontrolliert, die mehr Macht besitzen als er, so dass er nicht das Nötige tun kann, damit Frieden zwischen den Stämmen herrscht. Jetzt musst du uns das Abendbrot machen, während ich weiterlese«, sagte er liebevoll, »denn uns steht noch eine weitere Aufgabe bevor.«

»Was müssen wir noch tun, bevor es dunkel wird und wir schlafen können?«

Chase lächelte, klopfte auf den Schlafsack und flüsterte in verführerischem Ton: »Es ist eine schöne Aufgabe.«

Macha antwortete mit einem Lächeln, denn sie war von dem Vorhaben äußerst angetan. »Ich beeile mich, dann können wir bald essen.«

Während sie die Mahlzeit zubereitete, las Chase

in den alten Briefen, die zumeist nur in Form von Abschriften vorhanden waren. Schon bald erfuhr er, dass Thomas Fitzpatrick im letzten Jahr in Fort Atkinson einen anderen Vertrag zum Abschluss gebracht hatte, der die südlichen Stämme betraf, die sich 1851 nicht an den Friedensgesprächen beteiligt hatten. Außerdem gab es noch einige unwichtigere Verträge mit kleineren Stämmen. Er erfuhr auch etwas über den Mann – dem die Indianer vertraut und den sie geschätzt hatten –, was bisher keiner der Stämme wusste: Vor Jahren hatte Fitzpatrick erklärt, dass er Verhandlungen mit Indianern für überflüssig halte und bezweifle, dass die Stämme irgendwelche Verträge respektieren würden, solange die amerikanische Regierung sie nicht ihre Furcht erregende Macht spüren ließ und sie unterwarf. Der Weiße, der von den Indianern Gebrochene Hand genannt worden war, hatte sein Volk gewarnt: »Es ist offensichtlich, dass etwas getan werden muss, um die Indianer im Zaum zu halten, und das ist nur mit einem durchschlagenden militärischen Einsatz auf ihrem eigenen Grund und Boden zu erreichen.« Fitzpatrick hatte erklärt, dass er die Forts für unterbesetzt halte und dass sie zu weit auseinander lagen, um die Sicherheit der Einwanderer – und auch die der Truppen selbst – zu garantieren oder Kriege zwischen feindlichen Stämmen zu verhindern, die meist auch zu Übergriffen auf die Siedler führten. Dennoch war er der Meinung, dass die Indianer für ihre Bereitschaft, Weiße in ihrem Land leben zu lassen, Lob und Belohnung verdienten, und sprach sich dagegen aus, unbefugt in ihre Jagdgründe einzudringen.

Als Chase seine Meinung über den verstorbenen Regierungsvertreter gerade wieder ändern wollte, las er, dass Fitzpatrick es für die klügste, billigste und sicherste Lösung gehalten hatte, die Indianer durch jährliche Zahlungen in Form von Waren von den Weißen abhängig zu machen und sie zu »zivilisieren«, ihnen also die Bräuche der Weißen und die Landwirtschaft nahe zu bringen. Auf diese Weise ließe sich verhindern, dass Stammeskriege ausbrechen und Siedler wegen ihrer Nahrungsmittelvorräte überfallen würden, wenn die Büffel erst einmal verschwunden waren.

Schließlich stieß Chase auf einen alten Brief an den Kommandanten des Forts, der ihn tief betrübte. Nach einer Vertragsverhandlung hatte Fitzpatrick elf der so genannten Oberhäuptlinge nach Washington mitgenommen, um ihnen die zahlenmäßige Überlegenheit und die Stärke der Weißen Macht vorzuführen. Einen der Häuptlinge hatten die dortigen Eindrücke in eine solche Verzweiflung gestürzt, dass er sich das Leben nahm – eine Handlung, die in der indianischen Kultur nur äußerst selten vorkam.

Dann las Chase voller Staunen etwas, das sein Vater und seine Brüder mit Sicherheit nicht wussten: Der Senat der Vereinigten Staaten hatte die zuvor ausgehandelte Höhe und die Dauer der jährlichen Warenzahlungen an die Indianer reduziert. Fitzpatrick, der über diese Änderungen verärgert gewesen war, hatte im letzten Jahr einige der Oberhäuptlinge dazu gebracht, sich mit den geringeren Zahlungen einverstanden zu erklären, andere hatten ihre Zustimmung jedoch verweigert. Später hatte der Vertreter in einem Brief an die Regierung geschrieben, dass es den Indianern »die halbe Zeit des Jahres an Nahrung mangelt ... Ihre Frauen sind völlig ausgemergelt und die Kinder schreien ununterbrochen vor Hunger.«

Welche Stämme, fragte Chase sich, hatte der Mann damit gemeint? Er selbst hatte noch nirgends einen solchen Mangel festgestellt. Vielleicht hatte Fitzpatrick von den Indianern gesprochen, die sich in der Nähe der Forts aufhielten, oder manche Stämme hatten ihm etwas vorgetäuscht, um mehr Nahrung zu bekommen. Vielleicht wollten sie ihn auch glauben machen, dass sie geschwächt und von den Weißen abhängig waren, obwohl sie in Wahrheit von Tag zu Tag stärker und zahlreicher wurden und die Hoffnung hegten, die fremde Macht, die ihr Land eroberte, zu zerstören. Oder gab es tatsächlich irgendwo Stämme – Verbündete oder Feinde –, die verhungerten?

Chase wurde bewusst, dass er sowohl die Briefe als auch den Vertrag zurückbringen musste, damit gegenwärtige und künftige Kommandanten über die darin enthaltenen Informationen verfügen und dafür sorgen konnten, dass die Abmachungen des Vertrags eingehalten wurden. Er musste die wichtigsten Briefe und den Vertrag abschreiben und dann einen Weg finden, um sie wieder in das Fort zu schmuggeln. Wie er das machen sollte, wusste er noch nicht, aber er war sich sicher, dass der Große Geist ihm dabei helfen würde ...

10. Kapitel

Chase war froh, dass Macha ihn nicht nach den Briefen fragte, denn er wollte nicht über die entmutigenden Neuigkeiten sprechen, zumindest nicht in dem Augenblick, in dem sie sich zum dritten Mal seit ihrer Heirat lieben wollten. Er stellte fest, dass sie sich während seiner Abwesenheit das Haar gewaschen und es in der Sommerhitze getrocknet hatte. Jetzt war es glatt und glänzte, als würden die nachtschwarzen Strähnen von innen heraus leuchten. Er fand es wundervoll, seine Finger darin zu vergraben und die weiche Pracht auf seiner Haut zu fühlen.

Er betrachtete sie eine Zeit lang und bewunderte ihre Schönheit. Ihre dunkelbraunen Augen waren groß und ausdrucksvoll, ihre Wimpern lang und dicht. Die hohen Wangenknochen und das fein geschnittene Kinn betonten ihre Anmut ebenso wie die vollen Lippen. Ihre Zähne waren weiß und gesund und ihr Atem süß, denn sie kaute oft auf duftenden Gräsern oder Kräutern, die sie in einem Beutel aufbewahrte, der von ihrem mit Perlen bestickten Gürtel baumelte. Er würde sich niemals an ihr satt sehen können.

Macha schmolz jedes Mal dahin, wenn er sie wie jetzt aus seinen hellbraunen Augen zärtlich und bewundernd ansah. Sie spürte die mächtigen Gefühle, die von ihm ausgingen und sie warm umfingen. Sie zweifelte nicht daran, dass er sie liebte und begehrte, dass er glücklich war, mit ihr beisammen, ja sogar mit ihr vermählt zu sein. Jedes Mal, wenn sie daran dachte, dass sie wahrhaftig für immer miteinander verbunden waren, wuchs ihre Liebe noch, obwohl sie sich fragte, wie sie ihn noch mehr lieben konnte, als sie es ohnehin schon tat. »Ich liebe dich, Wolkenjäger, und ich werde niemals von deiner Seite weichen«, sagte sie voller Zärtlichkeit. »Jeden Tag und jede Nacht danke ich dem Großen Geist dafür, dass Er dich wieder zu mir geführt hat.«

»Das tue ich auch, meine geliebte Frau. Wo auch immer wir uns später niederlassen, wir werden zusammen und glücklich sein.«

»Das ist wahr, mein Liebster«, flüsterte sie, bevor sie sich küssten. So langsam wie möglich und voller Vorfreude auf das, was da kommen würde, gaben sie sich ihrer Leidenschaft hin. Erfüllt von den Geräuschen und Gerüchen der anbrechenden Nacht verloren sie sich im Nehmen und Geben ihrer Liebe. Eine leichte Brise wehte über sie hinweg, so sommerlich warm, dass sie ihre erhitzten nackten Körper kaum abkühlte.

Das Verlangen in ihnen wuchs, bis sie nicht länger warten konnten. Mit einem leisen Stöhnen vereinte Chase sich mit seiner geliebten Braut und gab sich ihrer süßen Hitze hin, bis er ihnen beiden eine wonnevolle Erlösung bescherte.

Als sie eng umschlungen unter dem immer dunkler werdenden Himmel lagen, sagte Chase: »Wenn wir mehr Zeit für uns haben, schenke ich dir größere Vergnügen, als das hier in der Nähe der Blaumäntel und Siedler möglich ist. Wenn ich dich so berühre, bin ich ganz von Sinnen, und das kann ich mir auf feindlichem Gebiet nicht allzu lange erlauben.« Er wollte nicht, dass man sie so nackt und verletzlich überraschte.

Macha lachte leise. »Wie kannst du mir ein noch größeres Vergnügen schenken als das, welches ich jedes Mal empfinde, wenn du mich besitzt? Mehr halte ich nicht aus, mein Körper würde schmelzen wie Schnee in der Sonne.«

Chase umarmte sie stolz. »Das ist wahr, aber ich wünschte, wir könnten uns mehr Zeit lassen auf diesem wunderbaren Weg.«

Macha hätte gern seinen Gesichtsausdruck gesehen – doch dafür war es jetzt zu dunkel –, als sie ihn fröhlich fragte: »Ist dieser Weg denn noch schöner, wenn man ihn langsam geht?«

Da er der erste Mann für sie war, ging er davon aus, dass es einige Dinge gab, von denen sie nichts wusste. »Nein, nicht schöner, aber anders«, setzte er zu einer Erklärung an. »Wenn wir diesen Weg langsamer gehen, haben wir mehr Zeit, um unterwegs noch andere schöne Dinge zu entdecken.«

Macha hatte verheiratete Frauen während der Arbeit und Mütter vor der Vermählung mit ihren Töchtern flüstern hören, deshalb hatte sie eine ungefähre Vorstellung von dem, was er zu sagen versuchte. Sie war begierig, all diese schönen Dinge zu entdecken. »Wenn wir uns eines Nachts in Sicherheit befinden, werden wir den Weg langsam gehen, denn ich möchte, dass du mich führst und mir all diese Dinge zeigst.«

Nachdem ein erfreuter Chase ihr geschworen

hatte, dass er ihr alles zeigen würde, kuschelten sie sich aneinander und schliefen bald ein.

Am nächsten Tag ging Macha an der kleinen Lagerstelle unruhig auf und ab, denn ihr Mann schien schon eine Ewigkeit fort zu sein. Er hatte ihr aufgetragen, in der Nähe zu bleiben, damit sie sofort auf ihr Pferd springen und flüchten konnte, sobald Gefahr drohte. Für den Fall, dass sie tatsächlich fliehen musste, hatten sie einen Ort vereinbart, an dem sie sich später treffen würden. Während Chase auf etwas geschrieben hatte, das er »Papier« nannte, hatte Macha sich im Fluss gebadet, frische Kleidung angezogen, die schmutzige gewaschen und zum Trocknen über einen Busch gehängt. Dann hatte sie ihre Sachen gepackt, ihn zum Abschied geküsst und ihm nachgeschaut, als er davonritt.

Vor lauter Sorge wurde sie unachtsam. Noch dazu konnte sie nicht aufhören, an ihre Familie und an Hanmani zu denken. Sie fragte sich, was sie in diesem Moment machten, ob sie in Sicherheit waren, wie sie auf ihr Verschwinden reagiert hatten und welche Maßnahmen ergriffen worden waren. Falls man wirklich einen Suchtrupp auf sie angesetzt hatte, hätte man sie längst gefunden und gefangen genommen. Da dem nicht so war, hatte man ihre Flucht wohl einfach hingenommen, doch den Grund dafür konnte sie sich nicht erklären. Sie war sich sicher, dass Zwei Federn alles in seiner Macht Stehende gesagt und getan hatte, um Großer Bär und den Rat davon zu überzeugen, eine Gruppe von Kriegern hinter ihnen herzuschicken, um sie zu bestrafen. Vielleicht, überlegte sie sich, hatte etwas oder jemand – wahrscheinlich der Große Geist – sie davon abgehalten, Seine Pläne zu durchkreuzen. Sie hatte keine Ahnung, was passieren würde, wenn sie ins Lager der Red Shield zurückkehrten.

* * *

Endlich sah Macha Wolkenjäger und ihr Herz klopfte vor Freude und Erleichterung. Als er bei ihr eintraf, fragte sie: »Warst du erfolgreich, mein Liebster?«

Chase grinste und sagte fröhlich: »Mit dem Großen Geist auf meiner Seite hatte ich leichtes Spiel. Ich ging zum Haus des Anführers, um mit ihm zu sprechen, aber er war nicht da. Ein anderer Mann namens John Grattan vertritt ihn bis zu seiner Rückkehr. Ich sagte, ich sei gekommen, um ihn zu fragen, ob es in der Gegend, in die ich reiten wolle, Probleme gab. Noch bevor er antworten konnte, rief ein anderer Blaumantel nach ihm, und während er draußen war, habe ich die Papiere zurückgelegt.« Er erzählte ihr noch, dass Lieutenant Grattan kurz darauf eingetroffen war und ihm gesagt hatte, dass die Indianer sich ruhig verhielten, solange sie auf Büffeljagd waren. Chase hatte außerdem herausgefunden, wann die Postkutsche von Fort Kearny über die North Platte Road kam. Als er seinen Bericht beendet hatte, sagte er: »Wir müssen zu dem Haus reiten, wo die Männer leben, die die Blaumäntel getötet und die Waffen gestohlen haben. Wir müssen ihnen eine Falle stellen, damit sie so etwas nicht noch einmal tun können.«

»Hast du schon einen Plan?«, fragte sie.

»Ja, mein Herz, ich werde dir unterwegs davon erzählen.«

»Gut, aber lass uns zuerst essen und dann aufbrechen, es ist noch lange genug hell.«

Nach einer schnellen, leichten Mahlzeit nahm Macha ihre Kleidung von den Büschen, stieg auf ihr Pferd und ritt an der Seite ihres Mannes zu der Farm.

Am nächsten Tag beobachtete Chase das Haus und sah, dass sich dort mehrere Männer versammelt hatten. Er war überzeugt, dass der Überfall auf die Postkutsche morgen stattfinden würde. Jetzt musste er nur noch nach Fort Laramie reiten und Grattan an die Stelle locken, an der die Ganoven sich verstecken wollten – westlich des Prayer Circle Bluffs. Im Fort hatte er von einem geschwätzigen Soldaten erfahren, dass Grattan erpicht darauf war, sich einen Namen zu machen. Hoffentlich würde ihm der Ehrgeiz des Mannes von Nutzen sein.

Chase machte sich Sorgen um seine Frau, denn es war gefährlich, sie in der Nähe der Farm zurückzulassen, aber er hatte keine andere Wahl. Er konnte sie nicht mitnehmen, wenn er Grattan an der Nase herumführen wollte, und er konnte sie auch nicht ins Fort schmuggeln, denn dort würde sie sich sicher ängstigen, wenn er zu lange ausblieb. Außerdem war sie zu schön und verführerisch, um sie allein inmitten so vieler Weißer und

Soldaten zurückzulassen. Und wenn sie sich in der Nähe der Tipis aufhielt, könnten die herumlungernden Indianer misstrauisch werden. »Ich muss ins Fort reiten, Morgenröte, und die Blaumäntel vor dem nächsten Überfall hierher bringen. Du musst ein kurzes Stück mit mir kommen und dich dann an einem sicheren Ort verstecken, den wir für dich aussuchen werden.«

Als sie ein angemessenes Versteck ausgemacht hatten, beugte Chase sich vor, strich ihr über die Wange und küsste sie. »Such mit deinem Pferd Deckung hinter den Bäumen und Felsen dort«, wies er sie an. »Mach kein Feuer, wenn es dunkel wird, denn die Flammen und der Rauch könnten dich verraten. Bleib wachsam und fliehe an den anderen Ort, den wir ausgesucht haben, falls es hier gefährlich werden sollte. Wenn du bei meiner Rückkehr nicht hier bist, treffen wir uns dort.«

Macha streichelte seine Wange. »Ich werde tun, was du sagst, Wolkenjäger. Mach dir keine Sorgen um mich.«

»Das werde ich doch tun, genau wie du um mich Angst haben wirst«, entgegnete er lächelnd.

»Wakantanka nici un. Waste cedake, mihigna.«

»Der Große Geist sei auch mit dir und lenke dich. Ich liebe dich, mein Sonnenschein.«

An diesem Abend in seinem Quartier im Fort musterte John Grattan Chase und sagte: »Wir sind uns gestern begegnet. Chase Martin, nicht wahr?«

»Ja, Sir. Ich habe sie gefragt, ob es in der Gegend, in die ich reiten wollte, Probleme mit den

Indianern gibt«, erklärte Chase. »Heute wollte ich mit Lieutenant Fleming sprechen, aber man sagte mir, er sei immer noch nicht zurück und Sie würden ihn weiterhin vertreten.«

»So ist es. Lieutenant Fleming hat sich flussabwärts zur ›Amerikanischen Pelzhandelsgesellschaft‹ begeben, um die jährlichen Güterzahlungen an die Indianer zu begutachten, bevor er Fort Kearny einen Besuch abstattet. Er wird in einigen Tagen wieder hier sein. Gibt es etwas Dringendes?«

»Ja, Sir, etwas sehr Dringendes. Ich kann nicht auf Lieutenant Fleming warten.« Chase erzählte ihm, er habe einen kleinen Indianertrupp belauscht, der am folgenden Tag die Postkutsche von Fort Kearny östlich des Prayer Council Bluff überfallen wollte.

»Woher wissen Sie, was die Indianer gesagt haben?«

»Ich spreche ein wenig Lakota. Genug, um sie zu verstehen.«

»Wie viele Männer waren es?«

»Sieben. Sahen allesamt wie erfahrene Krieger aus.«

»Glauben Sie, dass sich noch andere zu ihnen gesellen werden?«

»Nein, Sir, davon sagten sie nichts. Ich nehme an, sie haben sich von ihrem Stamm losgesagt.«

»Warum haben Sie sich an sie herangeschlichen?«

»Für mich sahen sie aus, als führten sie nichts Gutes im Schilde. Wenn Indianer ihre Gesichter und Pferde bemalen und singend um ein Lagerfeuer tanzen, ist irgendetwas im Busch. Es gibt viele Siedler und Durchreisende in dieser Gegend, deshalb dachte ich mir, es sei nicht schlecht, sie ein wenig zu belauschen. Das Terrain bot mir reichlich Deckung. Ich denke, es sind Abtrünnige eines hiesigen Stammes, die eine Bande gegründet haben. Da wir wissen, wo und wann sie zuschlagen wollen, können wir ihnen eine Falle stellen. Fleming ist nicht da und Sie vertreten ihn, also müssen Sie sich wohl darum kümmern. Ist doch eine günstige Gelegenheit für Sie.«

»Wie meinen Sie das?«

»Eigentlich müsste doch jeder Offizier nur zu gern Überfälle von Indianern verhindern wollen, um Regierung und Armee von seinem Pflichtbewusstsein zu überzeugen. Außerdem würde das ein wenig Leben in diese Gegend bringen.«

»Wie kommt es, dass Sie Lakota sprechen?«

Chase hatte mit dem Misstrauen des Lieutenants gerechnet, deshalb war er auf solche Fragen vorbereitet. »Seit die Indianer den Vertrag unterschrieben haben und man einigermaßen sicher ist, habe ich drei Winter lang auf ihrem Gebiet nördlich von hier als Trapper gelebt. Aber jetzt gibt es nur noch wenige Biber und andere Tiere in der Gegend, deshalb bin ich weitergezogen. In meiner Zeit dort habe ich mit den Lakota gehandelt und mich ab und zu mit ihnen unterhalten. Es hat nicht lange gedauert, bis ich ihre einfache Sprache und ihre Zeichen verstehen konnte. Ich habe sogar schon für die Jungs in Fort Pierre übersetzt.«

»Warum sind Sie hierher gekommen? Es ist ein langer Weg von Fort Pierre.«

»Aber das Gelände ist leicht, fast nur Prärie. Ich hatte gehofft, dass ich mich einem Treck nach Nordwesten anschließen könnte, um dort meiner Arbeit nachzugehen. Ich dachte, es wäre sicherer, als allein zu reiten. Ein einzelner Mann mit Geld in der Tasche, Vorräten, einem guten, gesattelten Pferd und einem schönen Gewehr verschwindet dort draußen leicht, wenn Sie verstehen, was ich meine. Außerdem passieren unterwegs so viele Unfälle. Vielleicht stoße ich ja auf eine junge hübsche Witwe, die jemanden braucht, der sich um ihren Wagen kümmert und die schweren Arbeiten erledigt und die mir dafür Essen kocht und meine Sachen wäscht. Aber da hier keine Wagen zu sehen sind, wollte ich nach Kearny weiter. Wenn da auch keine Wagen sind, muss ich alleine losziehen, schließlich kann ich nicht den ganzen Winter über hier rumlungern. Würde mich viel zu viel Zeit und Geld kosten. Auf jeden Fall bin ich so auf diese Indianer gestoßen, bin umgekehrt und zurückgeritten, weil dieser Posten näher an dem Ort liegt, wo sie die Kutsche überfallen wollen.«

»Meine Männer werden morgen früh bereit sein«, sagte Grattan, der mit Chase' Erklärung zufrieden war. »Wir müssten früh genug an besagtem Ort sein, um den Wilden eine Falle zu stellen. Es wäre unsinnig, mitten in der Nacht loszureiten, zumal der Mond im Moment nicht hell genug ist. Warum verbringen Sie die Nacht nicht im Stall? Sie reiten doch morgen mit uns?«

»Ja, Sir; könnte gut sein, dass sie einen Übersetzer brauchen. Ich kann auch später nach Kearny reiten. Vielen Dank für das Angebot mit dem Stall.

Bis morgen früh dann, Sir«, entgegnete Chase und machte sich auf eine lange, schlaflose Nacht ohne seine Frau gefasst, die er ganz allein zurückgelassen hatte.

Macha kauerte hinter einem Felsen und betete, dass keine Schlangen oder andere gefährliche Tiere in ihr Versteck kriechen würden. Zumindest spendete die dünne Mondsichel etwas Licht, so dass sie nicht von völliger Finsternis umgeben war. Noch nie zuvor hatte sie sich so allein gefühlt, bis auf die wenigen Male, die Wolkenjäger ohne sie fortgeritten war. Sie mochte es nicht, sich so verletzlich und hilflos zu fühlen. Sie besaß ein Messer, aber das flößte ihr nicht allzu viel Vertrauen ein. Doch ihr Bruder hatte ihr beigebracht, sich selbst zu verteidigen, und sie würde nicht zögern zu töten, falls es um Leben und Tod gehen sollte.

Macha wünschte sich, sie wäre mehr wie Tautropfen, denn Windtänzers Frau war eine erfahrene Kriegerin, die sich vielen Gefahren allein gestellt und an der Seite ihres Mannes mutig und ausdauernd gekämpft hatte. Als Kriegerin wäre sie Wolkenjäger eine größere Hilfe und würde sich seiner erst recht würdig fühlen. Doch alles, was sie tun konnte, war ängstlich zu warten und darüber nachzudenken, welche Rolle Wakantanka ihr in diesem Abenteuer zugedacht hatte.

Sie war erschöpft, aber nicht wirklich müde, und sie bezweifelte, dass sie in dieser Nacht überhaupt ein Auge zutun würde. Falls sie einschlief, würde ihr Pferd sie gewiss vor möglichen Bedrohungen warnen. Außerdem beruhigte die Nähe des Tieres sie ein wenig. *Beschütze uns, Großer Geist, denn ich bin schwach und ängstlich und Wolkenjäger wird bald großen Gefahren begegnen, sowohl bei unseren Feinden als auch bei unserem eigenen Volk.*

Gegen Mittag befanden sich Chase, Grattan und zwanzig Soldaten in einem Versteck westlich des Prayer Council Bluffs und warteten auf die Banditen und auf die Postkutsche, die in ungefähr einer Stunde vorbeifahren würde. Die Falle war gestellt – jetzt musste sie nur noch im richtigen Moment zuschnappen.

Während sie Ausschau hielten und warteten, musste Chase daran denken, dass Grattan seinen Leuten befohlen hatte, scharf zu schießen, denn er wollte die Indianer tot oder lebendig. Er fragte sich, wie Grattan reagieren würde, wenn er erst die Wahrheit über die Posträuber erfuhr.

Als die Ganoven schließlich auftauchten – gekleidet wie Indianer auf dem Kriegspfad – und sich hinter Büschen, Bäumen und Felsen versteckten, fühlte Chase sich ruhig und bereit für das, was da kommen würde. Um nicht das Leben des Fahrers, der Wachen und der Passagiere zu gefährden, hatten die Soldaten den Befehl erhalten zuzuschlagen, sobald die »Indianer« die Kutsche angriffen.

Kurz darauf kam die Postkutsche den Weg entlanggepoltert. Sobald sie an den sieben Ganoven vorbeigefahren war, preschten diese aus ihren Verstecken und galoppierten unter lautem Kriegsgeheul hinter ihr her. Als der erste Schuss fiel, befahl Grattan seinen Leuten, die Gewehre anzulegen und jeden Krieger zu verfolgen, der zu fliehen versuchte.

Die Soldaten ritten los und feuerten auf die Banditen, die sofort versuchten zu entkommen. Grattan und seine Männer blieben ihnen hartnäckig auf den Fersen. So sehr Chase die Ganoven auch verachtete, an ihrem Tod wollte er nicht schuld sein, deshalb achtete er darauf, dass seine Schüsse niemanden trafen. Er würde es der Armee überlassen, die sieben zu richten.

Kurze Zeit später waren alle sieben Männer tot. Von den Soldaten hatte nur einer eine leichte Verwundung davongetragen. Chase gesellte sich zu Grattan, der die Leichen untersuchte.

»Es sind keine Indianer. Es sind Weiße, die sich verkleidet haben. Sie tragen echte Skalps mit langen Haaren. Wussten Sie das?«

»Ja, Sir, aber ich fürchtete, dass sie mir die Wahrheit nicht glauben würden.« Grattan gab keine Antwort, aber seinem Gesichtsausdruck nach zu urteilen, hatte Chase mit seiner Vermutung richtig gelegen. »Ich wusste, dass die Indianer Vergeltung üben würden und ein Krieg unvermeidbar gewesen wäre, wenn die Armee ihre Lager angegriffen hätte, um dort nach den Schuldigen zu suchen. Auf diese Art wollte ich eine Auseinandersetzung verhindern, die auf beiden Seiten vielen unschuldigen Menschen das Leben gekostet hätte.«

Einer der einfachen Soldaten erklärte Chase: »Wir haben einige echte Indianer in der Gegend, die Raubüberfälle begehen, und wir werden uns ihrer annehmen, sobald wir wissen, zu welchen Stämmen sie gehören. Im Herbst erhalten wir Verstärkung. Wenn Sie mich fragen, ist ein Krieg unvermeidbar. Ich sehe das zwar nicht gerne, aber die Indianer halten sich einfach nicht an die Abmachungen.«

»Und was ist mit den Weißen, die ihr Wort brechen?«, entgegnete Chase so ruhig er konnte. »Ich habe gehört, dass die Lebensmittel für die Indianer teilweise so verrottet sind, dass selbst die Geier sie nicht fressen würden. Manche Weiße nehmen den Vertrag als Vorwand und lassen sich in Gebieten nieder, in denen sie nichts zu suchen haben. Und Unruhestifter wie diese hier verkleiden sich als Krieger und bringen die Armee dazu, ganze Stämme zu töten oder zu vertreiben. Es gibt Weiße, die den Büffel nur für sein Fell jagen, manchmal schneiden sie auch noch die Zunge heraus. Vielleicht sind Sie noch nicht lange genug hier, um zu wissen, dass dieses sinnlose Schlachten die Indianer beleidigt, denn sie verwenden jedes Teil eines toten Büffels. Es ärgert sie, dass das Fleisch auf den Prärien verrottet und sie mit ansehen müssen, wie unsere Jäger ihre wichtigste Nahrungsquelle vernichten. Es gibt verfeindete Stämme, die ihre Jagdgründe miteinander teilen müssen. Ihr sperrt Männer in so genannte Territorien ein, die seit jeher ein freies und stolzes Leben geführt haben, und ihr gebt ihnen den Befehl, sich nicht zu bekämpfen, obwohl es gegen ihre Natur ist und sie es seit Generationen nicht anders kennen. Ihr wollt Stämme miteinander vermischen, deren Bräuche und Sprachen so verschieden sind wie die der Engländer, Franzosen und Spanier.«

Der Soldat zuckte die Achseln. »Die mussten wir

schließlich auch aus unserem Land vertreiben. Und wenn die Indianer nicht sesshaft werden wollen, wird mit ihnen das Gleiche geschehen.«

»Vielleicht würden sie sich sogar an einem Ort niederlassen, wenn Armee und Regierung ein offenes Ohr für ihre Probleme hätten und etwas unternehmen würden.«

»Wir haben darüber nicht zu entscheiden, wir führen nur Befehle aus. Nicht wahr, Lieutenant?«

Grattan nickte und Chase wurde klar, dass es reine Zeitverschwendung war, mit den Soldaten zu diskutieren. Er wollte diese Sache hier nur noch hinter sich bringen und zu seiner Frau zurückkehren. Er berichtete, wie er auf die Ganoven gestoßen war, nachdem diese einen Wagen mit Waffen für Fort Laramie überfallen hatten.

»Wir haben den Wagen letzte Woche erwartet«, sagte Grattan mehr zu sich selbst, nachdem Chase geendet hatte. »Wir dachten, er habe sich lediglich verspätet. Fleming wollte sich bei seinem Besuch darum kümmern.«

»Nun ja, jetzt wissen Sie, was wirklich damit geschehen ist, und haben sogar die Verantwortlichen. Das dürfte ihrem Ruf durchaus nützlich sein, Lieutenant Grattan. Da ich meine Pflicht getan habe, werde ich jetzt weiterreiten. Aber einen Rat möchte ich Ihnen noch geben: Falls Sie mal wieder von einem Überfall hören, der angeblich von Indianern verübt wurde, sollten Sie sich besser vergewissern, ob sie wirklich die Schuldigen sind. Ich würde es nicht gerne sehen, dass diese Gegend hier wegen solcher Irrtümer zu einem blutigen Schlachtfeld wird. Denken Sie daran, irgendwann werden die Indianer zurückschlagen. Und wenn es zum Krieg kommt, werden Sie feststellen, dass diese Männer weitaus besser trainiert und erheblich klüger sind, als Sie das für möglich halten. Auf diesem Terrain sind sie die besseren Kämpfer. Viel Glück, Lieutenant; ich habe das merkwürdige Gefühl, dass Sie und Fleming noch vor Ende des Sommers jede Menge Glück gebrauchen werden.«

Als Macha sich am Abend in den Wildcat Hills in Chase' Arme kuschelte, sagte er: »Wir müssen meinem Vater und unserem Stamm mitteilen, was wir herausgefunden haben. Wir müssen ihnen von dem Wortlaut des Vertrags berichten und sie vor den Tricks der Weißen warnen, damit sie nicht darauf hereinfallen.«

Macha lehnte den Kopf zurück, starrte ihn mit weit aufgerissenen Augen an und fragte ängstlich: »Was ist, wenn sie dir nicht glauben und dich töten oder verbannen?«

»Das Risiko müssen wir eingehen, Sonnenschein meines Herzens. Wenn man uns verbannt, werden wir uns einen Platz suchen, an dem wir ein freies und glückliches Leben führen können. Wir dürfen uns nicht einfach weit weg ein neues Leben suchen und sie der Gefahr überlassen.«

Macha bemerkte, dass er gar nicht erst auf die Möglichkeit eingegangen war, dass man ihn töten könnte, und so beschloss sie, fest daran zu glauben, dass es dazu nicht kommen würde. »Das stimmt, mein Liebster. Warum haben die weißen Männer versucht, ihre Missetaten den Lakota anzuhängen?

Die Pawnee leben direkt auf der anderen Seite des Flusses und sie sind viel zahlreicher.«

»Die Pawnee stellen für die Weißen keine Bedrohung dar, aber die Brule und Oglala wehren sich gegen die Übergriffe der Siedler und machen ab und an Schwierigkeiten. Sowohl Siedler als auch Soldaten wären froh, wenn die Lakota ein für alle Mal von hier verschwinden würden.«

»Wird das eines Tages geschehen?«, fragte sie bestürzt.

Chase streichelte ihre Wange und sagte: »Ich weiß es nicht«, *aber ich fürchte, in einigen Jahren wird es dazu kommen.* Um sie zu beruhigen, beugte er sich vor und küsste sie, und sie ließ es nur zu bereitwillig geschehen. Dann löste er seine Lippen einen Augenblick von ihren und flüsterte: »Lass uns heute Abend nur noch an schöne Dinge denken.«

»Das will ich gern tun«, entgegnete sie, und sie küssten sich erneut, begierig darauf, von nun an nur noch ihre nackten Körper sprechen zu lassen.

Während ihre Küsse leidenschaftlicher wurden, liebkoste Chase zärtlich ihre festen Brüste. Dann ließ er seinen Mund an ihrem weichen Hals hinabwandern und umschloss schließlich ihre steifen Knospen mit seinen Lippen. Macha stöhnte vor Lust und schon bald verloren sie sich in den wunderbaren Gefilden der Liebe und der schwelenden Leidenschaft. Seine Finger glitten über ihre nackte Haut und wanderten tiefer und tiefer, bis sie zu der feuchten seidigen Hitze ihres Geschlechts fanden.

Macha wand sich in berauschter Verzückung unter seinen erfahrenen Händen und Lippen. Begierig, diese Wonnen mit ihm zu teilen, suchte sie seine Männlichkeit und reizte ihn, bis er sich ebenfalls vor Lust wand. Sie wusste, dass ihre Erregung bald den Höhepunkt erreichte, und zögerte nicht, sich dem völlig hinzugeben.

Sie küssten und streichelten sich zärtlich und freigebig, bis sie nicht mehr länger warten konnten. Als sie zusammenfanden, dachten keiner von beiden mehr an das, was vor ihnen lag, und sie genossen den wundervollen Moment in vollen Zügen.

Während die Morgenröte den stillen Himmel über den Jagdgründen der Lakota erleuchtete, beschloss Chase mit der Frau an seiner Seite, die den Namen dieses Farbenspiels trug, dass es an der Zeit sei, ins Lager der Red Shield zurückzukehren. Sie packten ihre Sachen, umarmten und küssten sich und stiegen auf die Pferde. Sie sahen sich einen Moment lang in die Augen, lächelten und ritten los, ihrem Schicksal entgegen ...

11. Kapitel

Viele Meilen südlich der Badlands des White River und viele Tage später machten Chase und Macha Halt, um ihre Pferde zu tränken und sich selbst im Schutze des dicht bewachsenen Ufers zu erfrischen. Bevor sie wieder aufbrachen, beobachtete Chase die Gegend durch sein Feldglas und erblickte in der Ferne einige Reiter. Von früher und von dem, was er seit seiner Rückkehr gelernt hatte, wusste er, dass die drei Männer Krieger der Pawnee waren. Aber was ihn in Wut und Erstaunen versetzte, war das kleine, verängstigte Bündel, das einer von ihnen vor sich auf sein Pferd gesetzt hatte. Mit zusammengekniffenen Augen betrachtete Chase die Männer und versuchte schnell einen klugen Plan auszuhecken, der nicht fehlschlagen konnte.

Er eilte zu seiner Frau, die lächelnd auf ihn wartete. Als sie seine finstere Miene bemerkte, fragte sie ihn, was passiert war. »Drei Pawnee reiten zum Fluss«, erklärte er ihr. »Sie haben Tokapa bei sich. Ich muss den Sohn meines Bruders befreien.«

Macha starrte ihn schockiert an und fragte: »Wie willst du das anstellen? Wie willst du es schaffen, in ihre Nähe zu gelangen? Und was passiert, wenn Tokapa dich verrät, sobald er dich erkennt, und sie angreifen?« Sie zweifelte nicht an seiner Kriegskunst, aber konnte er drei starke und bewaffnete

Gegner auf einmal besiegen? Doch sie wusste, dass er es versuchen musste.

»Sie machen bestimmt am Wasser Halt und tränken ihre Pferde«, entgegnete Chase. »Ich reite von der Seite auf sie zu und versuche sie von Tokapa wegzulocken. Dann musst du dich an ihn heranpirschen, ihn auf dein Pferd ziehen und schnell mit ihm wegreiten. Ich bin sicher, wenn ich auf sie schieße und sie zum Kampf herausfordere, werden sie mich verfolgen und den Jungen zurück lassen. Er würde sie nur stören.«

»Was hältst du davon, wenn ich zuerst ein oder zwei von ihnen vom Wasser weglocke? Denn falls dich nicht alle verfolgen, müsste ich gegen die Übriggebliebenen kämpfen. Wenn aber ein oder zwei hinter mir herreiten, kannst du dich anschleichen, den Pawnee, der den Jungen hat, außer Gefecht setzen und mit Tokapa verschwinden. Wenn er in Sicherheit ist, kannst du mich vor den anderen retten.«

»Das ist ein gefährlicher Plan, denn du stellst eine große Versuchung für sie dar. Wenn ich lange kämpfen muss, könnte dir etwas zustoßen, bevor ich bei dir sein kann.«

»Das Risiko müssen wir eingehen. Beten wir darum, dass der Große Geist mit uns ist. Wir müssen Tokapa befreien, bevor ihm etwas geschieht. Hab keine Angst, ich bin eine gute Reiterin und mein Pferd ist schnell.«

Chase musste sich eingestehen, dass ihr Plan klug war, aber er machte sich Sorgen, weil Pawnee nicht davor zurückschreckten, die Frauen feindlicher Stämme zu töten. Er fragte sich, wie sie Windtänzers einziges Kind gefangen nehmen konnten und warum kein Trupp der Red Shield sie verfolgte, um den Jungen zu retten, aber er hatte jetzt keine Zeit, dieser Frage nachzugehen. »Dein Plan ist kühn und listig, aber er ist gefährlicher für dich als meiner. Ich kann nicht riskieren, dass du dein Leben opferst, um Tokapas zu retten. Wenn mein Plan misslingen sollte, werden wir den Pawnee folgen und nach einer anderen Möglichkeit suchen.« Wenn nötig, würde er Grattan zu dem Pawnee-Lager hinter dem Platte River bringen, damit dieser die Freilassung seines Neffen anordnete. Schließlich waren Überfälle auf andere Stämme laut Vertrag untersagt, und die Armee wollte sicherlich verhindern, dass ein Krieg zwischen zwei verfeindeten Völkern ausbrach. Außerdem stand Grattan in seiner Schuld.

Nachdem Chase alles, was zu beachten war, mit Macha besprochen hatte, stieg er auf sein Pferd und galoppierte in nordwestlicher Richtung davon, um sich ihren Feinden von der Seite zu nähern. In der hügeligen Landschaft würde man ihn nicht sehen, bis er die geeignete Position erreicht hatte, um die Pawnee auf sich aufmerksam zu machen. Macha, die ihn durch den Feldstecher beobachtete und sich bereit hielt für den Moment, in dem sie zum Zuge kommen würde, betete darum, dass die Rettung erfolgreich verlief.

Chase befand sich auf dem letzten Hügel und legte sich die Worte zurecht, mit denen er die Feinde zum Kampf herausfordern wollte: *Es ist ein schlechter Tag für euch, Pawnee. Ihr werdet bald sterben. Habt keine Angst. Kommt schon, es ist Zeit zu kämpfen!*

Er blickte auf seine Widersacher hinab, die am Fluss von ihren Pferden gestiegen waren, und rief ihnen in Lakota zu: *»Anpetu sica, Palani. Ecana nitin tke. Kopegla sni yo. U wo, kiza iyehantu!«*

Chase ritt näher und hielt auf halbem Weg an. Die verblüfften Krieger sprangen auf, sahen in seine Richtung, hoben die Hände als Schirm gegen das gleißende Sonnenlicht und starrten ihn ungläubig an. Er winkte sie herbei, lachte verächtlich und rief ihnen zu, dass sie sich beeilen und endlich kommen sollten. *»Inankni yo! Hiyu wo!«* Als sie ihn weiterhin anstarrten wie einen Verrückten und zu flüstern begannen, gab er ihnen zu verstehen, dass sie gefälligst verschwinden sollten, wenn sie zum Kämpfen zu feige seien. *»Tu we canwanka, letan kiglo yo!«*

Chase sah, wie sie mit dem Blick die Gegend absuchten, weil sie offensichtlich dachten, er wolle sie in eine Falle locken. »Seid ihr alte Weiber oder Krieger?«, rief er. »Habt ihr Angst, gegen mich zu kämpfen? Habt ihr Angst, durch meine Hände zu sterben? Verschwindet, Pawnee; verschwindet von hier, denn ihr besudelt den Boden und die Luft mit eurer Feigheit.«

Zwei der Krieger sprangen auf ihre Pferde und ritten mit wütendem Geheul los, während sie gleichzeitig drohend ihre Bogen in den erhobenen Händen schüttelten. »Wir kämpfen auf dem Hügel, damit der Schöpfer besser sehen kann, wer stirbt und wer weiterlebt«, schmetterte Chase ihnen entgegen und galoppierte wieder den Hügel hinauf, von dem er gekommen war, denn das ansteigende Gelände verschaffte ihm einen Vorteil.

Oben angelangt, stieg er vom Pferd und streckte mit einem einzigen Schuss einen der Feinde nieder, um nicht gegen zwei auf einmal kämpfen zu müssen. Dann warf er sein Gewehr weg und zog sein Messer heraus, damit der andere Pawnee wusste, dass jetzt der Kampf Mann gegen Mann beginnen würde.

Der Krieger, der seine Verfolgungsjagd verlangsamt hatte, als sein Gefährte getroffen worden war, brach in wütendes Geheul aus, galoppierte auf ihn los und sprang vom Pferd. Er warf seinen Bogen weg und zog ebenfalls das Messer.

»Komm, du Hund eines Pawnee, töte mich, wenn du kannst und den Mut dazu hast«, frohlockte Chase in der Absicht, seinen Gegner zu verunsichern. Er betete darum, dass er in der Lage sein würde, den Pawnee schnell zu besiegen, denn der dritte Mann befand sich immer noch bei Tokapa. Er wusste, dass Morgenröte versuchen würde, das Kind zu retten, selbst wenn sie dabei ihr eigenes Leben aufs Spiel setzen musste. Wenn der Pawnee ihn verwunden oder gar töten sollte, dachte er gequält, wären sie und der Junge den Feinden schutzlos ausgeliefert.

Sobald Chase sich auf dem Hügel gezeigt und die Aufmerksamkeit der Männer auf sich gelenkt hatte, ritt Macha vorsichtig auf Tokapa zu. Da nur zwei der Männer die Verfolgung aufnahmen, zog sie ihr Messer und bereitete sich darauf vor, den dritten Gegner anzugreifen. Sie wusste, dass es nur eine Möglichkeit gab, ihn zu besiegen und selbst am Leben zu bleiben. Sie musste ihn überraschen und mit einem einzigen kräftigen Hieb außer Gefecht setzen. Mit viel Glück würde sie vielleicht sogar einen tödlichen Treffer landen.

Sie schlich sich an den Krieger heran, der sich zunächst noch wachsam nach allen Seiten umschaute, dann jedoch seine ganze Aufmerksamkeit auf seinen toten Gefährten und den Kampf auf dem Hügel richtete. Macha wagte nicht einmal einen kurzen Seitenblick in diese Richtung, denn es hätte sie nur abgelenkt, ihren Mann in Gefahr zu sehen. Es schien ihr, als wolle der Krieger in ihrer Nähe seinem Freund zu Hilfe eilen, dann riss er sich jedoch zusammen, um sich nicht in den Kampf eines anderen einzumischen. Macha ging äußerst vorsichtig weiter, denn sie fürchtete, dass Tokapa sie entdecken und durch seine Reaktion verraten würde.

Als sie nah genug war, um ihre Rolle in dem Plan auszuführen, bat sie den Großen Geist um Schutz und Hilfe. *Verleih mir so viel Mut und Geschicklichkeit wie Tautropfen, wenn auch nur für kurze Zeit, damit ich ihren Sohn retten kann als Dank für alles, was sie für unser Volk getan hat.*

Gerade als Macha den letzten Schritt auf ihren Gegner zu machen wollte, rannte der aufgebrachte Krieger zu seinem Pferd, um seinem Freund zu Hilfe zu eilen. Sie wusste, dass die Chancen ihres Liebsten auf einen Sieg sanken, wenn er gegen zwei Männer gleichzeitig kämpfen musste. Sie lief dem Pawnee hinterher, holte ihn ein und jagte ihm das Messer zwischen die Schulterblätter. Der überraschte Krieger bäumte sich auf, stieß einen Schreckens- und Schmerzensschrei aus und wirbelte herum, um sich seines Angreifers anzunehmen. In diesem Moment zog Macha ihm sein Messer aus dem Gürtel, packte mit beiden Händen den Griff aus Elchgeweih und hob es über ihren Kopf. Als er sie ansah, hieb sie die Klinge mit aller Kraft mitten in seine Brust.

Trotz seiner Verwundung packte der Pawnee sie an der Kehle und würgte sie, so fest er konnte. Sie blickten einander geradewegs in die Augen, als würden sie einen stummen Kampf ausfechten. In der Hoffnung, dass sich die Klinge in sein gemeines Herz bohren würde, bevor sie in Ohnmacht fiel, rammte Macha das Messer noch tiefer in seine Brust und drehte es hin und her.

Sie sah, wie der hasserfüllte Blick des Mannes langsam verlosch. Als sein Griff schwächer wurde, schnappte sie nach Luft, denn ihr Kopf pochte bereits und die Welt um sie herum drehte sich. Dann schaute sie zu, wie er zu Boden fiel und reglos liegen blieb. Sie zitterte vor Anstrengung und Erleichterung. Erst in diesem Augenblick bemerkte sie Tokapa, der an ihrem Kleid zog und auf den Arm genommen werden wollte. Sie fühlte sich so schwach und wackelig auf den Beinen, dass sie sich ins Gras fallen ließ und den verängstigten Jungen sitzend in ihre Arme schloss. Sie sprach leise und zärtlich auf ihn ein, um ihn zu beruhigen. Während er sich an sie schmiegte, wanderte ihr Blick zu dem nahen Hügel, aber außer den Pferden war dort niemand zu sehen. Offensichtlich kämpften Wolkenjäger und der Pawnee außerhalb ihres Blickfelds auf der anderen Seite der Anhöhe weiter.

Macha hoffte, ihr Mann möge den feindlichen Krieger besiegen. Einen Augenblick lang war sie versucht, ihm zu Hilfe zu eilen, doch sie hatte versprochen, mit dem Kind zu fliehen und sich in Sicherheit zu bringen, falls der Pawnee den Kampf gewinnen und zum Fluss zurückkehren sollte. Sie betrachtete es als ihre Pflicht, ihrem Mann zu gehorchen, deshalb kehrte sie zu ihrem Pferd zurück, hob das Kind hinauf, saß auf und ritt zu dem vereinbarten Treffpunkt. Wolkenjäger hatte ihr versichert, dass der Pawnee sie nicht verfolgen würde, wenn er feststellte, dass Tokapa verschwunden war, denn er musste befürchten, auf eine größere Gruppe Lakota zu stoßen, die den Kindesraub rächen wollten. Falls ihr Liebster nicht innerhalb einer bestimmten Frist an dem vereinbarten Treffpunkt erscheinen würde, sollte sie zum Lager der Red Shield reiten.

Chase musste in dem Gefecht all sein Können und all seine Kraft aufbringen. Mit großer Anstrengung schaffte er es, die Sorge um seine Frau und seinen Neffen beiseite zu schieben und sich ganz und gar auf seinen Widersacher zu konzentrieren. Nur wenn er siegreich aus diesem Kampf hervorging, würde er ihnen helfen können. Die beiden Männer hatten sich tänzelnd im Kreis bewegt, mit bloßen Händen einige Treffer gelandet, sich gegenseitig Fußtritte verpasst und mit ihren Klingen zugestoßen. Bis jetzt hatte nur der Pawnee einige Schnitte abgekriegt. Sie waren zwar nicht tief, aber dennoch quoll Blut aus ihnen hervor.

Der Mann wurde mit jedem Treffer, den Chase

landen konnte, wütender. Nicht nur sein Körper, auch sein Ehrgefühl war verletzt. Chase versuchte, ruhig und wachsam zu bleiben. Der Pawnee senkte die rechte Schulter und stürmte auf ihn los, doch Chase wich aus und stieß ihm das Messer in den Magen. Ein tiefer, klaffender Schnitt tat sich auf.

Der Krieger wirbelte herum und trat ihm wieder gegenüber, eine Hand auf die offene Wunde gepresst. Chase täuschte einen Schwinger auf die linke Schulter seines Gegners vor, trat im letzten Moment einen Schritt zur Seite, duckte sich und traf mit seiner Klinge den rechten Oberschenkel des Pawnee, was diesem eine weitere schwere Verletzung bescherte. Während der Mann sich von dem neuen Schnitt erholte, rannte Chase den Hügel hinauf und sah zum Fluss hinunter. Tokapa und Macha waren fort, der dritte Pawnee lag immer noch reglos am Boden.

Chase drehte sich um. Sein Widersacher kam mit eisiger, finsterer Miene den Hügel hinauf auf ihn zugetaumelt. Er wirkte verzweifelt. »Mutter Erde will auf dem Boden der Lakota kein Pawnee-Blut trinken«, ließ Chase verlauten. »Ich habe, was ich wollte. Der Junge, den ihr gestohlen habt – der Sohn meines Bruders Windtänzer –, ist gerettet. Wenn du aufgibst, lass ich dich reiten. Es hängt von dir ab.«

Der Krieger blickte zum Fluss hinunter, wo sein toter Gefährte neben seinem Pferd lag, und sah, dass der Gefangene fort war. Dann wandte er sich wieder seinem Herausforderer zu. »Es hängt vom Ausgang des Kampfes ab, ob ich lebe oder sterbe, du Mischlingsbrut.«

»Wie du willst«, entgegnete Chase. Dann nahmen sie das Gefecht wieder auf.

Innerhalb von fünf Minuten erlag der Pawnee seiner eigenen Entscheidung.

Chase hob den Kopf des Kriegers an, schloss dem Toten die Augen und dankte dem Großen Geist für den Sieg und dafür, dass er Machas und Tokapas Leben gerettet hatte. Jetzt musste er die grässliche Szene nur noch so arrangieren, dass es aussah, als hätten die Pawnee sich gegenseitig getötet. Er würde erst zu seiner Frau reiten, wenn er ganz sicher sein konnte, dass jeder Soldat, Pawnee oder Crow, der an diesen Ort kam, der geplanten Täuschung aufsitzen würde, damit dieser Zwischenfall nicht noch weitere Schwierigkeiten nach sich zog.

Zuerst transportierte er die anderen Leichen mit Hilfe des indianischen Pferdes, denn er wollte in dieser Gegend keine Spuren mit beschlagenen Hufen hinterlassen. Dann legte er die Toten im Kreis auf den Boden und steckte einen Pfeil in das Loch, das die Gewehrkugel bei einem der drei verursacht hatte. Ihre Pferde und ihre Habseligkeiten ließ er da, so dass niemand einen Angriff vermuten würde. Die Tiere würden irgendwann, wenn sie gegrast und getrunken hatten, ohnehin in die Freiheit verschwinden.

Als alles erledigt war, wusch Chase sich müde, aber befriedigt das Blut im Fluss ab und ging zu seinem Pferd, das er in einiger Entfernung zurückgelassen hatte. Er zog seine Stiefel an, die er ebenfalls ausgezogen hatte, um keine verräterischen Spuren zu hinterlassen, saß auf und eilte zu dem vereinbarten Treffpunkt.

Als Chase am White River, der die Badlands durchtrennte, auf Macha und Tokapa stieß, waren die zwei hocherfreut, ihn zu sehen. Während er seine Frau umarmte und küsste, kuschelte der Junge sich ebenfalls in seine Arme und patschte ihm mit seinen feisten Händen fröhlich auf die Wange.

Chase lachte. »Schön dich zu sehen, Tokapa.«

Macha fuhr ihm mit der Hand über den Rücken und sagte: »So wie es schön ist, dich zu sehen, mein geliebter, siegreicher Mann. Es war sehr mutig, die Pawnee herauszufordern.«

Chase lächelte und herzte den Jungen, während er von dem Kampf und dem nachfolgenden Täuschungsmanöver erzählte. »Erzähl mir, wie es dir ergangen ist«, forderte er Macha auf und ließ den Jungen herunter, der lieber herumtollen wollte.

Während sie dem lebhaften Kind folgten, um es nicht aus den Augen zu verlieren, erzählte Macha, wie sie sich an den Pawnee herangeschlichen und ihn umgebracht hatte und dann mit Tokapa entkommen war. »Der Große Geist hat uns heute mit großen Gaben belohnt«, schloss sie strahlend.

Chase betrachtete ihren Hals, an dem die kräftigen Finger des Pawnee blaue Flecken hinterlassen hatten. Er war froh, dass sie lebte und unversehrt war, doch als ihm klar wurde, wie leicht er sie durch seinen eigenen Plan hätte verlieren können, schoss die Angst in ihm hoch. »Ja, das hat er und ich habe ihm auf meinem Ritt hierher viele Male für seine Hilfe gedankt. Du hast sehr klug und äußerst mutig gehandelt, und ich danke dem Schöpfer dafür, dass er dir das Leben gerettet hat, denn meines wäre leer und freudlos ohne dich.«

»So wie meines leer wäre ohne dich. Schlagen wir hier unser Lager auf?«

»Es ist das Beste, wenn wir uns bis Einbruch der Dunkelheit noch weiter von den toten Pawnee entfernen«, meinte Chase. »Tokapa kann mit mir aufsitzen, wenn er mag.«

Der Knabe wollte liebend gern mit Chase reiten und griff eifrig nach dem Sattelknauf. Chase stellte fest, dass Tokapa sich an ihn erinnerte und sich in seiner Gegenwart wohl zu fühlen schien. Außerdem hatte der Knabe schon mit seinem Vater auf einem Pferderücken gesessen und das Reiten schien ihm Spaß zu machen. Chase legte den Arm um den Jungen, damit er nicht herunterfiel, dann trieb er den Rotfuchs an und sie ritten los.

Im Morgengrauen betrachtete Chase seine schlafende Frau und das Kind, das zwischen ihnen auf dem Schlafsack hatte liegen wollen. Er stellte sich vor, wie ihr eigenes Kind eines Tages dort liegen würde, und ein weiches, warmes Gefühl stieg in ihm auf. Als Macha die Augen aufschlug und ihn ansah, mussten beide lächeln, denn sie wussten, dass sie dasselbe dachten und fühlten.

»Wir müssen aufbrechen. Mein Bruder ist bestimmt in großer Sorge um seinen Sohn«, sagte Chase. »Windtänzer soll Tokapa so bald wie möglich wieder in die Arme schließen können, damit er sich keine Sorgen mehr zu machen braucht.«

Macha nickte und weckte den Jungen sanft, der zu ihrer Freude gehorsam und gut gelaunt aufstand. Während Chase sein Pferd sattelte und ihre Sachen zusammenpackte, kümmerte sie sich um das Essen.

Nachdem sie gespeist hatten, schwangen sie sich auf die Pferde – Tokapa saß wieder bei Chase auf – und machten sich auf den Weg zu dem Lager, das sie vor vielen Wochen verlassen hatten. Während sie bei herrlichem Wetter das weite Land durchquerten, fragte sich das Paar gespannt, welchen Empfang man ihnen an ihrem Ziel bereiten würde.

Am Vormittag entdeckte Chase in der Ferne einige Reiter, die schnell näher kamen. Er nahm den Feldstecher aus der Satteltasche und blickte hindurch, doch er konnte nicht erkennen, ob es sich um Freund oder Feind handelte. Er berichtete Macha von seiner Entdeckung, die sich ihrem Gesichtsausdruck nach zu urteilen dieselbe Frage stellte, die auch ihn beschäftigte: *Sollen wir Tokapa absetzen und allein auf sie warten, damit wir nötigenfalls fliehen können, oder sollen wir weiterreiten und es auf eine Begegnung ankommen lassen?* »Wir reiten weiter«, schlug Chase vor und sie nickte.

Als die Reiter fast zu ihnen gestoßen waren, hielten Chase und Macha an, um die fünf Männer zu begrüßen. Es waren Windtänzer, Kriegerischer Adler, Rote Feder, Flinker Otter und Flussufer. Die Krieger zügelten ihre erschöpften Pferde, die in einen langsamen Schritt fielen, und blickten ihnen erstaunt entgegen.

Chase und Macha stellten erleichtert fest, dass keiner der fünf seine Waffen schwang und man sie weder umzingelte noch sonst in irgendeiner Weise bedrohte. Stattdessen lag Freundlichkeit in den Blicken der Männer, als wären sie froh, sie zu sehen, und das nicht nur, weil sie den Jungen bei sich hatten ... Doch das Paar blieb vorsichtig und wollte diesem rein gefühlsmäßigen Eindruck nicht zu früh trauen.

Als Tokapa beim Anblick seines Vaters und seines Onkels vor Vergnügen quiekte, sagte Chase: »Wir haben ihn dir wohlbehalten zurückgebracht, mein Bruder.« Er hob den Jungen hoch und übergab ihn Windtänzer, der ihn mit feuchten Augen zärtlich ansah. Dann nahm er seinen Sohn in die Arme, gab ihm einen Kuss auf die Stirn und schloss die Augen, als würde er dem Schöpfer ein stilles Dankgebet senden.

Dann sah Windtänzer zu Chase und bat seinen Bruder: »Erzähl uns, wie du ihn aus den Händen unserer heimtückischen Feinde befreit hast.«

Chase berichtete von dem Kampf gegen die Pawnee und Machas Flucht mit dem Kind. Er bemerkte, dass die Männer wütend und rachsüchtig die blauen Flecken an ihrem Hals betrachteten. Dann gestand Chase den anderen: »Ihre Habseligkeiten und ihre Skalps habe ich euch nicht mitgebracht.« Er erzählte ihnen von den Vorsichtsmaßnahmen, die er getroffen hatte, und sah erfreut, dass Windtänzer zustimmend nickte. »Wie kam es, dass sie Tokapa bei sich hatten?«, fragte Chase. »Wurde unser Lager von einem größeren Kriegstrupp überfallen?«

Macha sah lächelnd zu ihrem Bruder, der sie mit einer Mischung aus Neugier, Ehrfurcht und Stolz betrachtete. Sie unterließ es, mit Flussufer zu reden, denn sie wollte das ernste Gespräch, das ihr Mann mit seinem Bruder führte, nicht unterbrechen, obwohl sie gern gewusst hätte, wie es ihren Eltern ging.

Windtänzer herzte seinen Sohn und erzählte: »Großmutter beaufsichtigte ihn, während ich auf der Jagd war und Tautropfen die toten Büffel zerlegte, damit sie ins Lager gebracht werden konnten. Wir waren kurz nach Sonnenaufgang losgezogen und noch nicht lange unterwegs, als er entführt wurde. Großmutter wurde mit einem Schlag auf den Kopf niedergestreckt und man zog sie ins Gebüsch. Es war fast schon dunkel, als wir sie schließlich fanden.«

»Lebt Kleine Schildkröte?« Macha konnte die Frage nicht unterdrücken.

»Ja, aber sie war so schwer verwundert, dass wir zunächst dachten, wir hätten sie verloren. Die Pawnee dachten das wohl auch, deshalb schnitten sie ihr nicht die Kehle durch. Wir warteten bis zum nächsten Morgen, um die Verfolgung aufzunehmen, denn in der Dunkelheit konnten wir ihre Spuren nicht lesen. Außerdem hatten sie natürlich versucht, sie unkenntlich zu machen. Bestimmt hat der Große Geist dich auf ihren Weg gelenkt, um meinen Sohn zu retten.«

»Das glaube ich auch«, stimmte Chase zu. »Wir begegneten ihnen auf unserem Rückweg ins Lager. Wir wollten Vater und allen anderen von den Dingen berichten, die wir in Erfahrung gebracht haben«, erklärte er.

»Wo bist du gewesen, mein Bruder?«, fragte

Kriegerischer Adler. »Warum hast du dich fortgeschlichen? Warum hast du unseren Cousin geknebelt und ihm die Hände gebunden? Ging Morgenröte mit dir, weil sie die Frau aus deinem Traum ist, von der unsere Schwester uns erzählte?«

Nachdem Chase die ersten beiden Fragen ausführlich beantwortet hatte, fügte er hinzu: »Die Worte des Vertrags sagen nicht das, was die weißen Jäger behaupteten, doch was die Crow Windtänzer erzählten, stimmt. Es ist eine dumme und gefährliche Forderung der weißen Anführer, dass verfeindete Stämme ihre Jagdgründe miteinander teilen und ihren Feinden die Durchreise erlauben sollen. Die Häuptlinge müssen sich für eine Vertragsänderung einsetzen. Wenn alle sich gegen diese Regelung aussprechen und erklären, dass sie den Frieden gefährdet, werden die Weißen vielleicht zuhören und eine Änderung vornehmen, denn wenn Stammeskriege ausbrechen, wären auch die Siedler in Gefahr.«

Chase sah, wie alle zustimmend nickten, obwohl ihre Mienen verrieten, dass sie an eine Einigung mit der Armee nicht so recht glaubten. Dann berichtete er von dem zweiten Vertrag, der im vorigen Jahr mit den südlichen Stämmen – Pawnee, Kiowa und Comanchen – geschlossen worden war, die sich 1851 geweigert hatten, zusammen mit ihren ärgsten Feinden – Lakota und Cheyenne – an den Friedensverhandlungen von Long Meadow teilzunehmen. »Die Pawnee haben den Vertrag gebrochen, denn sie haben andere überfallen. Wenn wir das den Soldaten berichten, wird man sie bestrafen oder zumindest verwarnen. Noch vor Einbruch der kalten Jahreszeit werden weitere Blaumäntel in Fort Laramie und Fort Kearny eintreffen, denn in diesen Gegenden gibt es Probleme mit einigen Stämmen der Lakota. Das ist kein gutes Zeichen, deshalb sollten wir darauf vorbereitet sein, uns möglicherweise verteidigen zu müssen.«

»Wollen die Blaumäntel alle Stämme angreifen?«

»Das weiß ich nicht, Flinker Otter, aber alles deutet darauf hin, dass es eine Schlacht geben wird. Unsere Krieger müssen sich kampfbereit halten und warten, bis es so weit ist.« Er nahm Machas Hand, lächelte sie an und sagte: »Morgenröte kam mit mir, denn wir lieben uns und wollten uns vermählen.« Chase war froh, dass Hanmani, geschickt wie sie war, allen von seinem Traum erzählt hatte. Er schilderte ihn noch einmal und fügte hinzu: »Ich konnte Morgenröte nicht zurücklassen, um den Befehlen des Großen Geistes zu folgen, denn auch Zwei Federn wollte sie zur Frau. Der Schöpfer führte uns zueinander und fügte unsere Lebenskreise zusammen. Nach alter Sitte der Lakota verließen wir heimlich das Lager und vereinigten uns unter Seinem Blick im nahen Wald. Nun kehren wir zurück, um unserem Volk unsere Vermählung kundzutun. Morgenröte ist meine Frau.«

»Das ist gut, mein Bruder«, sagte Windtänzer, »denn es war Wakantanka, der sie für dich bestimmte, so wie er mir Tautropfen anvertraute. Der Schöpfer lenkt dich ebenso wie einst mich und meine Frau, damit du große Dinge für unser Volk tun kannst.«

Chase dachte daran, wie man ihn vor seiner

Flucht behandelt hatte. Der herzliche Empfang freute ihn, verblüffte ihn jedoch zugleich. »Ich danke dir für deine freundlichen Worte, mein Bruder. Darf ich mit euch ins Lager reiten oder trennen sich unsere Wege hier für immer?«

Windtänzer erzählte Chase und Macha von dem Gespräch, das nach ihrem Verschwinden stattgefunden hatte, und das Paar vernahm beglückt die erfreulichen Neuigkeiten. »Aus diesem Grund sind wir euch nicht gefolgt. Ihr habt keinerlei Strafen zu befürchten.«

»Nimmt man mich wieder in den Stamm auf?«, wollte Chase wissen. »Bin ich wieder ein Red Shield?«

Windtänzer lächelte. »Ja, Wolkenjäger. Es tut uns Leid, dass wir an dir gezweifelt, dich auf die Probe gestellt und dich bei deiner Rückkehr abgewiesen haben. Vater erkennt dich als seinen Sohn an und erwartet dich, denn er war sich sicher, dass du bald zurückkommen würdest. Es macht mich stolz und glücklich, dich Bruder, Freund und Red Shield nennen zu dürfen. Wir sind eine Familie.«

Chase sah zu Macha und sie lächelten sich an. »Ich freue mich darüber, wieder zu den Red Shield und zu meiner Familie zu gehören. Alles ist gut.«

»Alles ist gut«, sagte auch Kriegerischer Adler und strahlte übers ganze Gesicht.

Rote Feder und Flinker Otter lächelten und nickten zustimmend.

»Mein Herz ist von Liebe und Stolz erfüllt, Schwester«, meldete sich Flussufer zu Wort, »denn ihr zwei habt großen Mut bewiesen und eure

Rückkehr ist eine Ehre für unsere Familie.« Er sah Chase an, streckte den Arm aus und gebrauchte dieselben Worte wie Windtänzer: »Es macht mich glücklich, dich Bruder, Freund und Red Shield nennen zu dürfen.«

Chase schüttelte lächelnd seine Hand und nickte.

Zur allgemeinen Belustigung begann Tokapa zu jammern und verlangte etwas zu essen.

Windtänzer schlug vor, abzusitzen und die mitgebrachten Speisen zu verzehren, bevor sie nach Hause reiten würden. »Wir sollten uns aber beeilen, denn Tautropfen fürchtet noch immer um unseren Sohn und sie soll nicht länger leiden. Wir haben das Lager verlegt, es befindet sich ein Stück weiter flussaufwärts, denn dorthin sind auch die großen Herden gezogen.«

Als die achtköpfige Gruppe ins Lager ritt, unterbrach der ganze Stamm, von Spähern über ihre Ankunft unterrichtet, die Arbeit, versammelte sich um die Pferde und freute sich, dass Windtänzers Kind – Sohn des nächsten, Enkel des jetzigen und selbst zukünftiger Häuptling der Red Shield – wohlbehalten zurückgekehrt war. Freudengeheul und Siegesschreie hallten durch die Sommerluft. Obwohl alle hören wollten, warum Wolkenjäger und Morgenröte mit den Kriegern heimgekehrt waren, feierten sie zuerst den Triumph über die Feinde.

Chumani nahm ihr Kind in die Arme, drückte und küsste es und lachte dabei vor Glück. Der Junge quietschte vor Freude, seine Mutter wiederzusehen. Chumani drehte ihn zu Winona und Kleiner Schildkröte – deren bandagierter Kopf noch von dem Überfall zeugte –, damit sie ihn auf die Stirn küssen und ihm über Haar und Wange streicheln konnten. »Du hast unseren Sohn aus den Fängen der Feinde befreit und sein Volk vor einem traurigen, grausamen und beschämenden Verlust bewahrt«, sagte sie zu ihrem Mann. »Ich bin sehr stolz auf dich.«

»Nicht ich habe ihn gerettet, Tautropfen«, entgegnete Windtänzer liebevoll. »Dein Dank gilt einem anderen. Hört, Leute«, sagte er laut, »unser Sohn wurde von meinem Bruder Wolkenjäger und seiner Frau Morgenröte befreit. Sie bekämpften und töteten die drei Pawnee, die Großmutter niederschlugen und Tokapa stahlen. Sie riskierten ihr Leben und ihre Freiheit, um ihn zu retten und zu uns zurückzubringen. Während sie fort waren, vollbrachten sie viele mutige Taten für uns und sie vermählten sich im Angesicht des Großen Geistes, um als Mann und Frau zu uns zurückzukehren. Ich will meinen Bruder mit einem Geschenk beehren. Er soll zwei Pferde und zwei Büffelfelle bekommen. Kriegerischer Adler wird ihm einen neuen Bogen, einen Köcher und Pfeile schenken.«

Als Winona diese Neuigkeiten vernahm, lächelte sie Chase an und verkündete: »Unsere Frauen werden euch ein Tipi bauen und es neben das deines Vaters stellen. Schon morgen soll es fertig sein. Heute esst und schlaft ihr bei uns.« Sie nahm Chase' rechte Hand, strich ihm über den Handrücken und sagte: »Ich danke dir für die Rettung meines Enkels.« Dann nahm sie Machas Hand und dankte auch ihr.

Beglückt über Winonas Einladung und ihre freundlichen Worte, lächelte das Paar sie an und stieg von den Pferden.

Flussufer, der noch etwas zu sagen hatte, saß noch nicht ab, um vom Rücken seines Pferdes aus besser gesehen und gehört zu werden: »Ich möchte Wolkenjäger zwei Leggings und ein Paar Mokassins schenken, die zu dem Hemd passen, das er jetzt trägt und das meine Familie ihm zum Dank dafür gab, dass er mir das Leben rettete, als der Dachs mich angriff. Er ist nun mein Freund und Bruder.«

Ohute und Weidenbaum arbeiteten sich durch die Menge, um ihre Tochter zu umarmen und Wolkenjäger, den Sohn ihres Häuptlings und Bruder ihres zukünftigen Anführers, als Mitglied ihrer Familie willkommen zu heißen. Besorgt befühlte Ohute die blauen Flecken an Machas Hals.

»Die Verletzungen, die der Pawnee mir zugefügt hat, werden heilen, Mutter, mach dir darüber keine Sorgen. Es tut mir Leid, dass ich ohne eure Erlaubnis fortgegangen bin, aber wir mussten den Befehlen des Großen Geistes gehorchen, die er in dem heiligen Traum offenbarte.«

»Sei ganz beruhigt, meine Tochter, wir heißen eure Vermählung gut.«

Macha umarmte ihre Mutter erneut und seufzte erleichtert.

»Ich habe keine Geschenke für Wurzel und Weidenbaum, um ihnen dafür zu danken, dass sie mir ihre Tochter zur Frau geben«, gestand Chase Machas Eltern, »aber noch vor Einbruch der kalten Jahreszeit sollen sie welche erhalten. Ich werde jagen und euch mit Fellen für euer Tipi und mit Fleisch versorgen.«

»Die Rettung Tokapas und die Rückkehr unserer Tochter entschädigen uns reichlich«, entgegnete Machas Vater. »Du bist nicht nur Großer Bärs, sondern auch unser Sohn.«

»Ich danke dir, Weidenbaum. Ich werde versuchen, allen ein guter Sohn zu sein.«

Nahemana trat vor, die Augen auf Chase gerichtet. »Es ist gut, dass du zurückgekommen bist, Wolkenjäger, denn so wollte es der Große Geist.«

»Vielen Dank, Großvater. Ich glaube an seinen Willen und versuche, ihm Folge zu leisten.«

Kleine Schildkröte nahm ein *wanapin* von ihrem Hals und legte es Chase um. »Du hast das Glück unseres Stammes und meine Ehre gerettet, denn durch mein Versagen geriet Tokapa in große Gefahr.«

»Du musst dich nicht dafür schämen, vom Großen Geist zum Wohle unseres Volkes benutzt worden zu sein, Großmutter«, sagte Chase, nachdem er ihr gedankt hatte, »denn er war es, der uns in den letzten Tagen geführt hat. Sei stolz, dass du seinem Zwecke dienen durftest, denn er führt uns oft auf gefährliche und unergründliche Wege. Deine Verletzung ist der Beweis für das Opfer, das du erbrachtest, damit sein Plan in Erfüllung gehen konnte.« Er hob den Anhänger hoch und betrachtete ihn: Es war eine Perlenschnur mit einer Pfeilspitze aus heiligem roten Stein, in die das Zeichen für *Liebe* eingeritzt war. Während viele andere Red Shield Chase' Hand berührten, Dankesworte an ihn richteten und seine Kühnheit lobten, bemerkte er aus den Augenwinkeln Zwei Federn, der ihn wütend anstarrte. Doch er wollte sich diesen lang ersehnten Moment nicht verderben lassen und schob die Gedanken an seinen verbitterten Cousin beiseite.

»Ich muss mit meinen drei Söhnen allein sprechen«, verkündete Großer Bär. »Heute Abend wollen wir ein Fest zu Ehren Wolkenjägers veranstalten und seine Siege mit Gesängen preisen.«

»Meine Freunde werden mit unseren Kriegern sprechen und ihnen von den großen Taten meines Bruders berichten und von den Neuigkeiten, die er in Erfahrung bringen konnte«, fügte Windtänzer hinzu.

Rote Feder, Flussufer und Flinker Otter riefen alle Männer zusammen, um ihnen zu erzählen, was Chase herausgefunden hatte. Gebrochener Speer eilte stolz zu der Gruppe, begierig auf die Schilderung der Heldentaten seines Cousins. Sogar Zwei Federn gesellte sich zu den anderen, für den Fall, dass er etwas Nützliches herausfinden konnte.

Chumani zog sich in ihr Tipi zurück, um diesen besonderen Augenblick mit ihrem Sohn zu teilen. Zitkala, die Frau von Rote Feder, ging mit ihr. Zitkala wusste, dass ihre beste Freundin jetzt Unterstützung brauchte, denn Chumani hatte seit der Entführung ihres Kindes nur wenig geschlafen und gegessen. Sie nahm ihre Tochter Cikala mit, die genauso alt wie Tokapa war, damit die beiden Kinder miteinander spielen konnten und Chumani die Möglichkeit hatte, einer guten und liebevollen Zuhörerin ihr Herz auszuschütten.

Während Winona und Ohute sich mit anderen Frauen versammelten, um die aufregenden Ereignisse zu besprechen und Pläne für das Tipi des jungen Paars zu entwerfen, begaben Macha und Hanmani sich in Weidenbaums Tipi, um dort alle Neuigkeiten auszutauschen.

Als Chase sich mit seinem Vater und seinen Brüdern niederließ, diesmal mit geringerem Abstand zueinander, war er sich des Unterschieds zwischen diesem und den letzten beiden Treffen, die in Großer Bärs Tipi stattgefunden hatten, nur zu bewusst. Er hoffte, dass er sein Ziel endlich erreicht hatte. Doch zugleich machte er sich Sorgen, wie die Veränderungen sein eigenes Leben und das Leben seiner Frau beeinflussen würden ...

12. Kapitel

Chase' Herz klopfte laut, während er den Worten seines Vaters lauschte.

»Als du noch klein warst und auch seit deiner Rückkehr zu uns, habe ich mich falsch verhalten und war grausam zu dir, mein zweiter Sohn. Als du geboren wurdest, schämte ich mich, dass ich mit deiner Mutter ein Kind gezeugt hatte, denn ich hatte nicht das Recht dazu. Omaste war folgsam und vertraute mir. Sie liebte mich, meine Familie und meinen Stamm. In meinem Innern jedoch war ich überzeugt, dass Winona eines Tages zu mir zurückkehren würde, und nun hatte ich sie betrogen, indem ich mit einer anderen Frau auf unserer Schlafmatte gelegen hatte, die ich doch mit Hilfe des Großen Geistes eines Tages wieder mit ihr teilen wollte. Aber es war nicht mehr zu ändern; in einem quälenden Augenblick der Schwäche und des Zweifels hatte ich bei Omaste Trost gesucht und sie hatte ihn mir gewährt. Ich schämte mich dafür, ihr Vertrauen, ihre Folgsamkeit und ihre Liebe missbraucht zu haben. Ich wünschte mir nichts sehnlicher, als ihr die Freiheit zu schenken, aber ein Häuptling darf das Geschenk eines anderen Häuptlings und Verbündeten nicht fortgeben, außerdem hatte Omaste keine Familie und kein Zuhause. Sie war glücklich bei uns und wurde niemals schlecht behandelt, bis auf dieses eine Mal, obwohl sie später sagte, dass ich liebevoll mit ihr umgegangen sei. Nachdem ich mit Omaste die Schlafmatte geteilt hatte, reinigte ich mich in der Schwitzhütte, brachte Wakantanka am Mato Sapa ein Opfer dar und bat um Vergebung. Deine Mutter vergab mir, denn sie war glücklich, einen eigenen Sohn zu haben. Auch Winona vergab mir bei ihrer Rückkehr, denn sie verstand meinen Schmerz und meine Schwäche. Aber ich selbst habe mir niemals vergeben und bat auch dich nie um Vergebung. Jedes Mal, wenn ich dich ansah, wurde ich an meine Schwäche erinnert. Ich fürchtete, eine Schande für mein Volk zu sein, wenn ich dich genauso behandelte wie meine anderen Kinder, denn du stammtest nicht aus einer Vereinigung, die mit dem Segen des Großen Geistes vollzogen worden war.«

Großer Bär hielt in seiner schmerzlichen Beichte inne und atmete ein paar Mal tief durch, um sich zu sammeln. »Als Omaste starb, war ich der Meinung, dass der Große Geist auf diese Weise meine befleckte Ehre wieder gereinigt hätte. Als du verloren gingst und ich dich nicht finden konnte, obwohl ich viele Tage und Nächte nach dir suchte und litt, dachte ich dasselbe. Doch der Gedanke war falsch, es war meine Beschämung, die mich zu dieser Annahme verleitete. Als du zurückkehrtest, wollte ich nicht glauben, dass du mein verlorener Sohn warst. Ich fürchtete, dass es Schwierigkeiten geben würde, falls du in böser Absicht gekommen warst; ich fürchtete, du würdest alle an meine frühere Schwäche erinnern, und ich hatte Angst, dass es zu einem Streit zwischen mir und dem Stamm kommen würde, wenn ich in solch schweren Zeiten ein Halbblut bei uns aufgenommen hätte. Ich bitte dich, mir zu verzeihen, auch wenn du meinetwegen leiden musstest. Ich bitte dich darum, Verständnis für meine Verwirrung aufzubringen. Ich bin stolz auf dich und liebe dich sehr, Wolkenjäger, und ich bin dir mehr als dankbar dafür, dass du Tokapa gerettet hast. Ich bin sicher, dass es der Schöpfer war, der dich vor langer Zeit von uns nahm und dich nun wieder zurückbrachte. Bleib bei uns, mein zweiter Sohn, und sei wieder ein Red Shield, wie bei deiner Geburt. Ich werde mich niemals mehr von dir abwenden, das schwöre ich dir.«

Bevor Chase antworten konnte, sagten Windtänzer und Kriegerischer Adler, was ihnen auf dem Herzen lag. Auch sie baten ihn um Vergebung und Verständnis.

Chase lächelte. »Die Wege des Großen Geistes sind uns oft fremd. Er lenkt uns, doch oft verstehen wir nicht, wohin er uns führt. Ich liebe euch, mein Vater und meine Brüder. Wir wollen Frieden schließen miteinander und die Vergangenheit ruhen lassen. Alles ist gut zwischen uns und nun müssen wir gemeinsam versuchen, unserem Volk zu helfen.«

»Ja, alles ist gut«, sagten Großer Bär, Windtänzer und Kriegerischer Adler gleichzeitig.

»Erzähl mir, was du in der Welt des weißen Mannes gesehen und getan hast«, bat Großer Bär ihn.

Chase berichtete zwei volle Stunden lang von seinen Erlebnissen, während der Rest der Familie sowie Freunde und andere Mitglieder des Stammes das angekündigte Fest vorbereiteten.

Während des Festessens saß Chase zwischen seinem Vater und Macha auf einem Büffelfell. Neben ihnen hatten sich die anderen Mitglieder ihrer und seiner Familie niedergelassen, die zu dieser besonderen Gelegenheit alle einen Ehrenplatz erhalten hatten. Das glückliche Paar sah seinen Brüdern zu, wie sie um das Feuer tanzten und singend Morgenrötes und Wolkenjägers Heldentaten priesen. Acht Trommler begleiteten ihre flinken Bewegungen auf einer großen, bauchigen Trommel.

Zuvor hatten ihnen viele ihrer Stammesbrüder, die ebenso glücklich und stolz auf ihre kühnen und klugen Taten waren, verschiedene Speisen serviert. Nach Sonnenuntergang hatte man die Kleinkinder mit vollen Bäuchen und schweren Lidern auf ihre Schlafmatten in die Tipis gelegt, wo sie von älteren Geschwistern, Großmüttern oder Müttern beaufsichtigt wurden. Rund um das Lager am White River waren Wachposten aufgestellt, damit die fröhliche Feier nicht von einem Überraschungsangriff gestört würde, obwohl die Wache haltenden Krieger auch gerne an dem Fest teilgenommen hätten.

Es war fast Vollmond, und so herrschte keine völlige Finsternis, zumal ein riesiges Feuer die Nacht erhellte. Ein warmer Abendwind wehte und brachte den Duft von Gras, Wildblumen und Rauch mit sich. Die lodernden Flammen schienen ebenfalls einen Freudentanz aufzuführen; das Holz knackte und zischte und von Zeit zu Zeit stob ein Funkenregen in den Nachthimmel. Unablässig ertönte die Kesselpauke. Die Menschen redeten und lachten laut. Einige nickten mit den Köpfen oder bewegten ihre Körper im Takt der dumpfen Schläge.

Hanmani strahlte vor Stolz und stellte zufrieden fest, wie ältere Mädchen und unvermählte junge Frauen ihre drei gut aussehenden Brüder betrachteten, besonders den einen, der noch keine Frau hatte – Kriegerischer Adler. Sie freute sich für Macha und ihren Halbbruder und fühlte, dass sie gut zueinander passten. Sie wusste nicht, ob diese Verbindung die Beziehung zu ihrer Gefährtin verändern würde, aber sie machte sich keine Sorgen darum. Jetzt, da ihre beste Freundin so glücklich vermählt war, wollte auch sie sich verlieben, aber sie war erst sechzehn und keiner der Krieger ihres Stammes, nicht einmal ihres Volkes, hatte bislang ihr Interesse geweckt.

Macha und Chase lächelten sich an, als ihre Blicke sich trafen, nachdem sie sich umgeschaut und sich an der wundervollen und unerwarteten Feier erfreut hatten. Jeder wusste, was der andere fühlte. Jetzt, da ihre Familien und der Stamm ihre Verbindung guthießen, konnten sie es kaum erwarten, allein zu sein, das erste Mal wirklich allein und ungestört, seit sie ihre Leben und ihre Körper vereint hatten. Endlich schien das Schlimmste überstanden zu sein und es machte nicht den Eindruck, als würden neue Schwierigkeiten auf sie warten.

Windtänzer beobachtete mehrmals verstohlen seinen ältesten Cousin und begann, sich Sorgen zu machen. Er hoffte und betete, dass seine bösen Vorahnungen sich nicht erfüllen würden. Er glaubte, einen verräterischen Schimmer in den Augen von Zwei Federn zu sehen. Der mürrische Mann durfte in den kommenden Tagen nicht aus den Augen gelassen werden.

Am nächsten Abend hatten die Frauen des Stammes unter Anleitung von Winona und Ohute das Tipi für Chase und Macha errichtet – ihr erstes eigenes Zuhause. Geschickte und arbeitsame Hände hatten Holzpfähle entrindet und geglättet und viele Frauen hatten aus ihren Vorräten Tierhäute gespendet. Im Kreis sitzend, hatten die Frauen sie aneinander genäht und dabei viel gelacht und geplaudert, danach hatten alle geholfen, die Tierhäute um den großen hölzernen Rahmen zu spannen. Chumani und Zitkala hatten an den gegerbten Häuten die Innenverkleidung angebracht, die Regen, kalte Luft und den Rauch von draußen abhalten und durch die farbenfrohen Malereien auf der glatten Oberfläche zur Verschönerung des Heims beitragen sollte. An das Lederband, mit dem die Innenverkleidung an die Außenhäute genäht war, wurden alle möglichen Dinge gehängt, um so auf der begrenzten Bodenfläche Platz zu schaffen. Unzählige Stammesbrüder hatten sie mit allerhand Nützlichem bedacht: Schlafmatten, Decken für den Winter, Sitzhäuten, Rückenlehnen aus Weidenzweigen und Reisig, Koch- und Arbeitsutensilien und mehreren Vorratsbeuteln. Hanmani und Kleine Schildkröte hatten diese großzügigen Gaben an ihren Platz gehängt; Windtänzer und Rote Feder hatten Chase' erste Siege auf die äußeren Häute gemalt; Kriegerischer Adler hatte rechtzeitig einige Waffen fertig gestellt, damit sie auf dem dreibeinigen Ständer, den Flinker Otter und Flussufer angefertigt hatten, ausgebreitet werden konnten.

Während die Leute ihre vielfältigen Pflichten erledigt und sich um ihre Familien gekümmert hatten und den zur jährlichen Büffeljagd anfallenden Arbeiten, wie dem Gerben der Felle, nachgegangen waren, hatte Chase sich mit den Männern und Macha mit den Frauen unterhalten, die ihnen jeweils ihre Aufwartung gemacht hatten. Sie bedankten sich wieder und wieder für die Hilfe und die vielen Geschenke, und alle beteuerten, dass sie von Herzen kämen und einen gerechten Lohn für ihre Taten darstellten.

Als alles fertig war, geleiteten Eltern, Geschwister und Großeltern das strahlende Paar bis zum Eingang ihres neuen Heims. Der Schamane schritt um das Tipi herum und schwenkte dabei ein qualmendes Bündel aus Kräutern und Gräsern, um die Behausung zu segnen. Dann hüllte er auch seine zukünftigen Bewohner in den wohlriechenden Rauch ein. Nachdem man sie noch einmal umarmt und ihnen alles Gute gewünscht hatte, betraten Chase und Macha geduckt ihr erstes Zuhause und die anderen begaben sich in ihre eigenen Tipis.

Das Paar ging Hand in Hand umher und bewunderte die Kunstfertigkeit, mit der ihre freundlichen Helfer das Innere der Behausung dekoriert hatten. Der Eingang befand sich Windtänzers Tipi gegenüber, und als sie an einer Stelle standen, die man von draußen nicht sehen konnte, umarmten sie sich und küssten sich lange und zärtlich.

Eine große Hitze erfüllte sie bei dem Gedanken daran, dass sie bald zum ersten Mal völlig ungestört sein würden. Doch sie wussten, dass sie sich dem Verlangen, das an ihnen nagte, erst hingeben konnten, wenn sie gegessen hatten und die Nacht hereinbrach, da sie erst dann die Eingangsklappe verschließen konnten.

Endlich war der lang erwartete Augenblick gekommen. Sie entzündeten kein Feuer in der von Hanmani mit einem Kreis aus Steinen vorbereiteten Feuerstelle in der Mitte des Tipis. Sie brauchten nicht mehr Licht als das des Vollmonds, das durch die breite Öffnung der Luftklappe fiel. Als wollte der Große Geist ihnen helfen, wehte eine frische Brise durch diese Öffnung in das Tipi und kühlte ihre erhitzten Körper. Alle Stammesmitglieder hatten sich in ihre Behausungen zurückgezogen. Die Häute der Tipis waren so dick, dass keine Geräusche nach draußen drangen. Die Nacht hatte sich über das Land gelegt und es herrschte Stille.

Sie standen neben der Schlafmatte, eingehüllt in den silbernen Schimmer des Mondlichts. Einen Moment lang sahen sie sich in die Augen. Schließlich gab Chase ihr einen zärtlichen Kuss auf den Mund, den sie sanft erwiderte. Dann küsste er sie auf Stirn und Nasenpitze. Macha hatte ihre Hände flach auf seine Brust gelegt und er nahm ihr Gesicht in seine und streichelte mit den Daumen die zarte Haut neben ihren leicht geöffneten Lippen. Macha fuhr ihm durch das rehbraune Haar, das sich im Nacken leicht kräuselte, und er ließ ihre langen Strähnen durch seine Finger gleiten und drehte ihren Kopf zu sich. Er hauchte ihr einen Kuss auf den Mund und sagte: »Du hast mein Herz gestohlen, Morgenröte, und ich bin für immer dein. Wenn ich es nicht besser wüsste, würde ich glauben, ich träume nur von dir, so wie ich es vor kurzer Zeit tatsächlich noch tat.«

»Mir geht es ebenso, Wolkenjäger, aber wir sind wach. Jedes Mal, wenn ich mit dir zusammen bin oder an dich denke, habe ich das Gefühl, seit deinem Verschwinden stets nur auf dich gewartet zu haben. Die ganze Zeit über wusste ich, dass du zu mir zurückkehren würdest.«

Er sah in ihr strahlendes Gesicht und in ihre leuchtenden Augen, tief bewegt von ihren ergreifenden Worten. »Ich liebe dich, meine geliebte Frau; durch dich bin ich endlich ganz geworden.«

Macha öffnete die Bänder seines Hemdes und zog es ihm über den Kopf. Dann half sie ihm dabei, ihr Fransenkleid auszuziehen. Er ließ es zu Boden fallen, löste die Riemen an den Seiten ihrer Reithose und stützte sie, während sie aus ihren Mokassins schlüpfte.

Chase entledigte sich ebenfalls seiner restlichen Kleidung und seiner Mokassins und zog Macha in seine Arme. Sie legte ihre um seinen Hals und ihre Münder verschmolzen zu einem leidenschaftlichen Kuss. Sie schmiegten sich aneinander und küssten sich weiter, während sie sich genießerisch der Berührung ihrer nackten Körper hingaben.

Macha erzitterte wie ein Grashalm im Wind. Sie fühlte das lodernde Feuer des Verlangens in sich brennen. Nichts und niemand konnte sie glücklicher machen als er.

Während sie sich der Erkundung ihrer Körper und Seelen widmeten, schien die Zeit stillzustehen und die Welt um sie herum verblasste. Ihre Küsse und Liebkosungen wurden immer fordernder und eindringlicher.

Chase schwindelte, so sehr raubte ihm ihr schlanker Körper, der sich an ihn presste, die Sinne. Er ermahnte sich, langsam und zärtlich vorzugehen, wie er es ihr damals bei Fort Laramie versprochen hatte, doch ihre feurigen Erwiderungen zehrten an seiner Selbstbeherrschung. Er ließ seine Lippen über ihr Gesicht gleiten. Dann wanderte sein Mund zu ihrem Hals und sie legte den Kopf in den Nacken und bot sich ihm willig dar. Es machte ihn glücklich, dass er ihr Begehren in solch schwindelnde Höhen treiben konnte. Er vergrub sein Gesicht in ihrem Haar und genoss das weiche Gefühl an seiner Wange. Er strich ihr über den Rücken und ihre schwarze Haarpracht kitzelte seinen Hand.

Macha legte ihm die Arme um die Taille und streichelte ebenfalls seinen Rücken. Sie spürte die Muskeln unter der glatten Haut seines breiten, festen Oberkörpers, den sie genießerisch erkundete.

Sie stöhnte wohlig, als Chase' Hände zu ihren Brüsten wanderten und er mit den Fingern ihre steifen Brustwarzen rieb. Als sie sein Geschlecht umfasste und streichelte, umarmte er sie noch fester, und ein leiser Seufzer voll tiefen Gefühls und Verlangens entwich seiner Kehle. Dann sanken sie zusammen auf die Schlafmatte.

Macha fand es herrlich, wie er ihre Brüste berührte, sie streichelte und knetete. Ihre Erregung wuchs, als er mit seiner feuchten, heißen Zunge an ihren Brustwarzen spielte. Sie schloss die Augen, um sich völlig ihren Gefühlen hinzugeben. Sie hatte gewusst, dass es noch schöner sein würde, sich zu lieben, ohne irgendwelche Störungen befürchten zu müssen, doch so wunderbar hatte sie es sich nicht vorgestellt.

Chase ließ seine rechte Hand so weit über ihre nackte Haut nach unten wandern, wie er konnte, ohne seinen Mund von ihrer Brust nehmen zu müssen. Sie war schön und anziehend und ihr Körper fühlte sich fest und geschmeidig an. Seine Hand tastete sich tiefer. Über ihre Hüften und ihren Bauch ging es zu der warmen, feuchten Stelle zwischen ihren Schenkeln, die er zunächst langsam und vorsichtig, dann, als sie ihre Hüften bewegte und leise stöhnte, schneller und kräftiger streichelte.

Macha vergrub die Finger in seinem Haar, während er sich an ihren Brüsten weidete und sie mit seiner Hand fast in den Wahnsinn trieb. Ein unbändiger Hunger nagte an ihr, doch sie versuchte, sich zu entspannen und ihre Bewegungen zu verlangsamen, denn sie wollte genießen, was er ihr noch zeigen würde.

Chase' Mund wanderte langsam wieder zu ihrem zurück, als er sich auf sie rollte. Er wusste, dass sie ebenso begierig darauf war, diese Reise fortzusetzen, wie er. Vorsichtig drang er in sie ein und hielt inne, um seine Selbstbeherrschung wiederzugewinnen, während sie seine Schultern umfasste und ihn enger an sich zog. Als er sich wieder gefangen hatte, drang er noch tiefer in sie ein und küsste und streichelte sie unablässig. Als sie ihn mit ihren Schenkeln umschloss und sich ihm noch weiter zu öffnen schien, begann er sich langsam auf und ab zu bewegen.

Jede seiner Bewegungen steigerte Machas Verlangen und ein berauschendes Gefühl stieg in ihr empor. Es war so herrlich und so natürlich, ihre Körper miteinander zu vereinen, sich den mächtigen Empfindungen hinzugeben, die sie beide durchströmten, und zu entdecken, dass ein solches Glück und ein solcher Einklang möglich waren.

Ihre Herzen klopften in freudiger Harmonie, während sie in Geist und Körper ineinander aufgingen, auf ewig miteinander verbunden. Einen sinnlichen Pfad ging es empor, der sie in himmlische Gefilde vordringen ließ.

»Bin ich zu schnell, mein Liebling?«, fragte Chase atemlos.

Flüsternd bat Macha ihn, nicht innezuhalten, denn sie hatte den Gipfel erreicht und ließ sich nun fallen, und kurz darauf folgte Chase ihr in größter Verzückung.

Danach, während ihre Körper abkühlten und ihr Herzschlag sich wieder verlangsamte, küssten und liebkosten sie sich sanft.

»Ich liebe dich, Morgenröte. Es ist herrlich, so mit dir zusammen zu sein.«

Macha kuschelte sich in seine Arme und bettete ihren Kopf auf seine Schulter. Sie spürte das Glück und die Ruhe in ihm und wusste, wie nah er sich ihr fühlte. »Und ich liebe dich, mein geliebter Mann, denn du gefällst mir in jeder Hinsicht, mehr als ich mit Worten ausdrücken kann.«

Chase streichelte ihr Haar und ihre warme Haut, die von der Sommerhitze und der körperlichen Anstrengung mit einem dünnen Schweißfilm überzogen war. Er genoss ihre Nacktheit, die Art, wie ihr

Arm auf seiner Brust lag und ihr Knie auf seinem Oberschenkel, wie sie sich an ihn kuschelte und von Zeit zu Zeit einen verträumten Seufzer von sich gab. Er zweifelte nicht daran, dass sie ihn, und nur ihn, liebte und begehrte, und das für immer. Kein anderer Mann auf der Welt konnte an diesem Tag glücklicher sein als er. Von nun an würde er jegliche Herausforderung, mochte sie auch noch so gefährlich sein, meistern, zum Beweis dafür, wie sehr er seine Familie und sein Volk liebte und den Großen Geist verehrte.

Bei Sonnenaufgang stand Chase am Rande des Lagers und betrachtete den heiligen Pappelstamm, der am Tag vor ihrer Ankunft in das mit Gras bewachsene Gesicht der Mutter Erde gestemmt worden war. Der Stamm war für zwei Krieger, die sich heute dem Opferritual unterziehen würden, von einigen Frauen ausgesucht und gefällt worden, die der Schamane für diese ehrenvolle Aufgabe bestimmt hatte, doch Chase kam es vor, als habe der Große Geist ihn rechtzeitig zurückkehren lassen, damit er an der Zeremonie teilnehmen und somit den Schwur, den er vor einigen Wochen abgelegt hatte, nun einlösen konnte. Normalerweise wurde die Zeremonie am Ende des Sommers vollzogen, nach der jährlichen Büffeljagd, doch Nahemana war in einer Vision und den beiden Kriegern in Träumen offenbart worden, dass der Sonnentanz diesmal bei Vollmond stattfinden musste.

Chase erinnerte sich, wie er als Kind dem schmerzhaften, gefährlichen – und oft auch tödlichen – Ritual beigewohnt hatte. Zwar fürchtete er sich vor der Gefahr und den Schmerzen, zugleich war er jedoch aufgeregt und stolz, dass der Moment, an dem er die Prozedur ertragen sollte, endlich gekommen war.

Er wusste, dass die Tänzer für die Zeremonie bereits ausgewählt worden waren und die Schritte einübten, die sie ausführen mussten. Jeder der Tänzer musste seinen Körper in einer bestimmten Farbe anmalen und eine ganz bestimmte Schrittfolge beachten. Der zur Vorbereitung dienende Büffeltanz hatte bereits vor zwei Tagen während des Willkommensfestes stattgefunden. Chase wusste, dass seine Frau sich um ihn sorgte, wenn er am Sonnentanz teilnahm, denn sie kannte die Gefahren, die dieses Ritual mit sich brachte. Doch Macha verstand auch, dass er diesen beschwerlichen Weg gehen musste, und zwar ohne sie an seiner Seite. Trotzdem hatte sie sich an ihn geschmiegt, ihn geküsst und ihn flehend angeschaut, bevor er das Tipi verlassen hatte, damit er dieses Wagnis nicht einging. Er hatte ihr gut zugeredet und sie zu beschwichtigen versucht, doch er wusste, dass er ihre Ängste nicht hatte zerstreuen können. Nun stand er vor dem Baumstamm und bat den Großen Geist um Kraft und Stärke, um die Prüfung zu bestehen, und um Schutz für seine Frau, falls er das Ritual nicht überleben sollte.

Chase' Brüder, die sich gemeinsam mit ihm in der Schwitzhütte reinigen, ihn begleiten und während des Sonnentanzes in Flöten blasen würden, um ihn zu ermutigen, gesellten sich zu ihm. Kurz darauf kamen auch die beiden anderen Teilnehmer. Zusammen begaben sich die fünf Männer in die nahe Schwitzhütte, um nach dem Fasten, das als erste Stufe betrachtet wurde, die zweite Stufe ihrer spirituellen Reise in Angriff zu nehmen. Der Schamane und zwei weitere Krieger, die bei den erforderlichen Handgriffen behilflich sein würden, warteten dort bereits. Die fünf Männer duckten sich und betraten die Hütte, die wie der Panzer einer Schildkröte geformt war: Das Gerüst bestand aus gebogenen Weidenzweigen, über die man Büffelhäute gelegt hatte.

Die fünf ließen sich auf die Sitzmatten nieder, die um eine Vertiefung platziert waren. Dann wurden erhitzte Steine hereingebracht, in die Mulde geworfen und mit Wasser begossen, so dass Dampf entstand. Es war der Atem Wakantankas, der ihre Körper von allem Bösen und allen Schwächen reinigen sollte. Schließlich wurde die Eingangsklappe verschlossen und die Männer saßen im Dunkeln. Nur wenn jemand hereinkam, um neue Steine aufzulegen und mit Wasser zu begießen, fiel für kurze Zeit ein wenig Licht in die Hütte.

Da die Sommersonne auf den niedrigen Unterschlupf schien, dauerte es nicht lange, bis drinnen eine feuchte Hitze herrschte. Die Männer stimmten Gesänge an, beteten und rieben ihre schwitzenden Körper mit Salbei und anderen Kräutern ein. Sie sprachen nicht miteinander. Aus Mangel an frischer Luft und aufgrund des zehrenden Flüssigkeitsverlustes fiel ihnen bald das Atmen schwer.

Das Reinigungsritual dauerte bis zur Mittagszeit.

Dann beschloss der Schamane, dass es an der Zeit war für die dritte Stufe.

Als Chase die heiße, stickige Hütte verließ, hatte er das Gefühl, dass die späte Augustsonne ihm sogar Kühlung verschaffte. Zumindest wehte draußen ein starker und unablässiger Wind, der für Frische sorgte. Genau wie die anderen trocknete er sich mit einem Fell ab, das über einem Feuer aus Pappelzweigen und verschiedenen Kräutern geschwenkt worden war. Dann wartete er, nur mit Reithose und Mokassins gekleidet, dass man ihn anmalte. Er hatte sich für die Zeichen des Himmels entschieden: Blitz, Sterne, Mond, Sonne und Wolken. Zwei Krieger, die diese Aufgabe schon oft erledigt hatten, malten ihn zuerst von Kopf bis Fuß blau an, in der Farbe des Himmels. Als sie ihr Werk schließlich beendet hatten, prangten auf seiner Brust vom Schlüsselbein bis zur Taille und auf seinen Beinen von der Leiste bis zum Fußknöchel gelbe Blitze. Auf seine linke Wange hatten sie in Gelb den Mond, auf die rechte die Sonne gemalt. Auf der Stirn und auf dem Kinn befanden sich weiße Sterne. Seinen breiten Rücken zierten weiße Wolken. Aus Ehrerbietung für ihren Bruder waren Windtänzer und Kriegerischer Adler genauso angemalt wie Chase.

Als die Männer am Nachmittag die Zeremonienhütte verließen, versammelten sich alle Red Shield auf ein Zeichen hin am Rande des Lagers an der für das Ritual ausgewählten Stelle. Die drei Teilnehmer näherten sich dem Schamanen, blieben vor ihm stehen und verkündeten, welcher der möglichen Prüfungen sie sich unterziehen wollten. Die Krieger mussten entweder singend um den

Stamm tanzen, bis sie nicht mehr stehen konnten und keine Stimme mehr hatten, und sich Hautfetzen herausreißen lassen, die an den Fuß des Stammes gelegt wurden; sich die Brust durchbohren und an den Stamm binden lassen und dann darum herumtanzen, bis sie sich befreien konnten; oder die Brust durchbohren, mit Lederbändern fesseln und sich an den Füßen aufhängen lassen und hin und her schwingen, bis die Bänder rissen und sie zu Boden fielen. Einige Krieger begannen mit der ersten oder zweiten Prüfung und arbeiteten sich vor bis zu der schwierigsten und gefährlichsten. Die Zeremonie dauerte an, bis sich alle Männer entweder befreit hatten, ihre Niederlage erklärten oder starben. Verlor einer der Krieger das Bewusstsein, musste er, sobald er wieder stehen konnte, entweder weitermachen oder aufgeben. Niemand wollte bei dieser Prüfung sterben, aber die meisten zogen den Tod dem Verlust der Ehre vor.

Nahemana stand vor den drei Männern und hob einen weißen, von der Sonne gebleichten Büffelschädel hoch, auf dem die Symbole der Himmelsmächte prangten: Regen, Hagel, Donner, Blitz und Wind. In den Schädelöffnungen steckten bestimmte Kräuter und verschiedene Gräser. Während der Schamane den geheiligten Gegenstand in die Höhe hielt, sprach er ein Gebet, um die Blicke des Schöpfers und der guten Geister auf die bevorstehende Prozedur zu lenken. Dann zündete er seine Gebetspfeife an und blies jedem der drei Männer Rauch ins Gesicht, und diese versuchten, so viel wie möglich davon einzuatmen, und wedelten mit den Händen, damit der Qualm, der den

Atem des Großen Geistes darstellte, ihre Köpfe und Oberkörper einhüllte.

Chase hörte den Klang der bauchigen Trommel, die leise von acht Männern geschlagen wurde, alten und geschätzten Mitgliedern der Red Shield und der Kriegervereinigung der Big Bellies. Die Leute saßen auf Bastmatten oder auf dem Gras oder standen im Kreis um sie herum und bildeten so eine menschliche Einfriedung. Chase spürte den Wind, der unablässig über die Ebenen wehte und jetzt um seinen Körper strich und mit seinem Haar spielte, und die Hitze der auf ihn niederprallenden Sonne. Sein Mund war trocken, seit dem vorigen Abend hatte er nichts mehr getrunken. Er musste die Augen zusammenkneifen, so sehr blendete ihn das gleißende Sonnenlicht. Seine bemalte Haut fühlte sich merkwürdig an. Doch als die Zeremonie begann, schob er jegliches Unbehagen beiseite und bereitete sich innerlich auf die vierte Stufe des Rituals vor.

Die Tänzer traten auf, um ihren Anteil an dem aufregenden Ereignis zu bestreiten. Sie tanzten zum Rhythmus der Kesselpauke um den Pappelstamm, vollführten komplizierte Schrittfolgen und anmutige Drehungen und stimmten Gesänge an die Geister an. Sie waren eigens für das Ritual kostümiert, trugen gefiederte Quasten und Kopfputze und mit Perlen bestickte Gewänder und Mokassins. Schließlich beendete die Gruppe den Tanz und ließ sich auf Bastmatten nieder.

Gebrochener Speer, Chase' siebzehnjähriger Cousin, ließ sich Hautstücke aus den Armen schneiden, die als Opfergabe an den Fuß des Baumstammes gelegt wurden. Danach setzte sich der junge Krieger, der die Schmerzen schweigend ertragen hatte, neben seine Eltern Schneller Läufer und Schöne Wiese, Schwester von Großer Bär, und seinen Bruder Zwei Federn, der sich im letzten Sommer der höchsten Stufe des Sonnentanzes unterzogen hatte.

Gespannter Bogen, der Sohn des Schlachtenführers Blaue Eule, entschied sich für das Durchbohren der Brust. Er wirkte widerwillig und ängstlich. Zweifelsohne hatten sein Vater und andere männliche Familienmitglieder ihn zur Teilnahme gedrängt. Während der Schamane ihn für die Prüfung vorbereitete, stöhnte Gespannter Bogen laut und krümmte sich vor Schmerzen. Als alles vorbei war, nahm er mit gebeugtem Kopf Platz.

Bevor Chase aufgefordert wurde, seine Wahl zu verkünden, blickte er kurz zu Blaue Eule hinüber und sah, dass der Schlachtenführer den Kopf schüttelte und seinen Sohn für seine Schwäche schalt. Chase sagte zu Nahemana: »Wie mein Vater und meine Brüder in vergangenen Jahren werde ich mich dem Sonnentanz für mein Volk und für mich selbst unterziehen. Ich will den Großen Geist um seinen Segen, seinen Schutz und sein Geleit in dunklen Tagen ersuchen. Ich möchte ihm für alles danken, was er mir gab. Lass uns beginnen, Großvater. Ich entscheide mich für das Durchbohren der Brust.«

Bevor Chase sich auf einer Büffelhaut ausstreckte, sah er zu Macha, in deren Blick Angst und Zuneigung lagen, und schenkte ihr ein ermutigendes Lächeln. Dann blickte er zu seinem Vater und sie nickten einander ergriffen zu. Schließlich legte Chase sich hin, versteifte seinen Körper und biss die Zähne zusammen, um bei der schmerzhaften Vorbereitung keinen Laut von sich zu geben.

Mit einem Zeremonien-Messer machte Nahemana zwei kleine Schnitte in Chase' linke Brust, oberhalb der Brustwarze. Augenblicklich quoll Blut aus der Wunde und rann seitlich an seinem Oberkörper hinab. Dann bohrte der Schamane eine scharfe Adlerkralle durch die empfindliche Unterhaut, zog und fädelte ein langes Lederband durch die so entstandene Öffnung. Er wiederholte den Vorgang an Chase' rechter Brust und bemerkte, dass dieser weder zusammenzuckte noch das Gesicht verzog. Dann befahl er ihm aufzustehen. Als Chase stand, knotete Nahemana die Lederbänder an Seile, die am Pappelstamm befestigt wurden, und legte eine Peyote-Knospe in einen kleinen Beutel, der an Chase' mit Perlen besticktem Gürtel hing, den Winona ihm am Tag zuvor zum Dank für Tokapas Rettung geschenkt hatte. Nahemana hatte ihm zuvor erklärt, wann er den »Medizinstein« kauen und hinunterschlucken sollte, um eine Vision zu empfangen. Schließlich befahl der Schamane seinem Enkel, mit dem Tanz zu beginnen, dann forderte er auch Gespannten Bogen dazu auf.

Chase richtete den Blick auf die heiligen Zeichen am Pappelstamm, um all seine Kraft und seinen Willen zusammenzunehmen und die qualvolle Prozedur in Angriff zu nehmen. Jetzt gab es kein Zurück mehr, der Sieg oder der Tod warteten auf ihn. Er holte tief Luft, trat so weit zurück, bis die Seile gespannt waren, und zog dann mit dem ganzen

Gewicht seines Körpers daran. Dieser Tortur musste er sich nun so oft unterziehen, bis er sich die Bänder aus der Brust gerissen hatte. Der Schmerz schoss ihm durch die Brust und strahlte aus in Arme und Beine, bis in die Finger und Zehen. Gleichzeitig machte sich Erstaunen in ihm breit: Er hatte erwartet, dass die Prozedur schmerzhaft sein würde, doch wie schmerzhaft, das wurde ihm erst jetzt klar. Er vernahm den gleichmäßigen Rhythmus der Kesselpauke und die Gesänge und Gebete der Leute. Während er begann, um den Stamm herumzutanzen, blies er in eine Flöte aus Adlerknochen, die von seinem Vater stammte. Seine Brüder bliesen ebenfalls in solche Flöten und tanzten.

Mit jeder Stunde, die verging, erlitt er größere Qualen. Er musste ohne Unterlass mit sich kämpfen, um diese selbst auferlegte Prüfung fortzuführen. Er versuchte, sich ganz auf seine Aufgabe zu besinnen, doch während er den Stamm umrundete, begegnete er immer wieder Gespannter Bogen und musste mit ansehen, wie dieser die Seile durchhängen ließ und seine Schritte verlangsamte, um einen Augenblick lang auszuruhen und sich Erleichterung zu verschaffen. Chase merkte, dass der junge Krieger bereits sehr erschöpft und ängstlich aussah, obwohl die Wunde an seiner Brust noch recht harmlos wirkte, weil er nicht kräftig an den Seilen zerrte, um freizukommen. Chase selbst legte in jeden Ruck all seine Kraft, denn er wollte sich so schnell wie möglich von diesem Leiden erlösen. Doch weder seine Haut noch die Lederbänder noch die Seile wollten nachgeben. Die Löcher in seiner Brust, durch welche die

Bänder gezogen waren, hatten sich zwar vergrößert, doch beide Seiten hielten widerspenstig seinen Mühen stand.

Nach Sonnenuntergang wurden Fackeln in die Erde gesteckt, die gemeinsam mit dem aufgehenden Vollmond den Schauplatz beleuchteten. Nur Frauen mit Säuglingen oder kleinen Kindern und Alte begaben sich in ihre Tipis, alle anderen blieben, um dem Höhepunkt des Furcht erregenden Ereignisses beizuwohnen und mit anzusehen, wer überlebte und die Prüfung bestand, wer aufgab und wer auf dem Weg zum Sieg mit dem Leben bezahlen musste.

Kurze Zeit später gab sich Gespannter Bogen blutend, verängstigt und schmerzgeschüttelt geschlagen. Nahemana befreite ihn von den Bändern und der geschwächte junge Krieger stützte sich auf seinen verstimmten und beschämten Vater, der ihn nach Hause brachte. Er versprach, dass er es im nächsten Sommer noch einmal versuchen wolle.

Chase tat, als habe er von der Aufregung nichts bemerkt, aber er war sich nicht nur darüber im Klaren, wie schwer dem anderen die Entscheidung gefallen war, sondern auch, wie aufmerksam Zwei Federn ihn währenddessen beobachtet hatte. Er war sich sicher, dass sein feindseliger Cousin sich nichts sehnlicher wünschte, als dass auch er bald seine Niederlage bekannt geben oder sterben würde. Doch er durfte den Großen Geist, sich selbst, seine Frau, seine Familie und sein Volk nicht enttäuschen.

Noch bevor der Mond ganz am Himmel stand, schaffte Chase es trotz der Schmerzen, die ihm alle Kraft raubten, sich von einem der Bänder zu befreien. Er seufzte erleichtert auf. Die heftige Anstrengung, die Sommerhitze und seine innere Anspannung hatten ihm den Schweiß auf die Stirn getrieben, der ihm übers Gesicht rann und in seinen Augen brannte. Doch das war nichts im Vergleich zu der Qual, die ihm jene salzigen Tropfen bereiteten, die sich in seine offenen Wunden fraßen. Außerdem hatte Chase das Gefühl, als wollte das zweite Band jetzt, nachdem das erste gewichen war, noch hartnäckiger seinen Bemühungen standhalten, als wäre es entschlossen, nicht loszulassen und ihm die Niederlage zu bescheren. Chase hatte gehofft, dass die Aufgabe an diesem Punkt leichter werden würde, doch das war ein Irrtum gewesen, der ihm Sorgen machte, denn er wurde immer schwächer.

Macha verfolgte den Kampf ihres Liebsten und betete dafür, dass er es schaffen möge, sich bald zu befreien. Sie ignorierte Hunger und Durst, ihre schmerzenden Muskeln und die Erschöpfung, denn sie wollte den Schauplatz unter keinen Umständen verlassen. Nur ein Gedanke beherrschte sie – würde er die Nacht überleben oder nicht?

13. Kapitel

Großer Bär verfolgte das Ritual voller Stolz, Zuneigung und Bewunderung, denn er wusste aus eigener Erfahrung, was sein Sohn aushalten musste. Er war beeindruckt von der Ausdauer, dem Mut und der Willensstärke Wolkenjägers und schalt sich selbst dafür, dass er je an ihm gezweifelt und ihn dadurch gedemütigt hatte. Er und sein Volk konnten sich glücklich schätzen, dass der Große Geist ihn zurückgebracht hatte. Nie wieder, schwor er sich, würde er seinem zweiten Sohn misstrauen oder sich für ihn schämen.

Je mehr Zeit verstrich, desto schwieriger wurde es für Chase. Seine Beine fühlten sich schwach und zittrig an und er hatte Angst, dass sie ihn bald nicht mehr tragen würden. Außerdem fürchtete er, dass er mit seiner ausgedörrten und schmerzenden Kehle der Adlerknochen-Pfeife keine weiteren Töne mehr entlocken konnte. Alles drehte sich um ihn und er hatte das Gefühl, bald in Ohnmacht zu fallen. Blut lief ihm über Brust und Rippen und durchtränkte seine Lederhose. Er stolperte über eine unebene Stelle im Boden und konnte sich gerade noch fangen. Er bat den Großen Geist um neue Kraft und zwang sich, einen Fuß vor den anderen zu setzen, denn er wollte unter keinen Umständen aufgeben. Er war dankbar, dass seine Brüder in der Nähe waren, um ihn bei Bewusstsein zu halten.

Mit zitternden Fingern steckte er sich die Peyote-Knospe in den Mund und kaute darauf, konnte sie jedoch nur mit Mühe hinunterschlucken, weil seine Kehle völlig ausgetrocknet war. Kurz nachdem er es endlich geschafft hatte, konnte er nur noch verschwommen sehen, und bunte Punkte tanzten im Rhythmus der Trommeln vor seinen Augen. Er sah, wie Gebrochener Speer seine blutbefleckten Arme ausstreckte und auf ihn zukam, um mit ihm zu singen und zu tanzen und Chase neuen Mut zu schenken. Dann entfaltete der Peyote seine volle Wirkung und Visionen flackerten vor seinem inneren Auge auf.

Als die Sonne aufging, spürte Chase, wie ihre Wärme ihn neu belebte, und endlich schaffte er es, sich von dem zweiten Band zu befreien. Seine Brust schmerzte und er war erschöpft, doch zugleich fühlte er sich heiter, erleichtert und stolz, denn er hatte sein Ziel erreicht. Sein Blick wanderte zu seiner geliebten Frau. Er lächelte sie an, um sie wissen zu lassen, dass es ihm gut ging, sank auf die Knie, lehnte den Kopf in den Nacken, schloss die Augen und dankte dem Großen Geist für diesen Sieg. Dann öffnete er die Augen wieder, erhob sich und ging auf wackeligen Beinen dem Schamanen entgegen, der auf ihn zukam. Erst in diesem Augenblick bemerkte Chase, dass die Trommeln schwiegen und die meisten seiner Stammesbrüder sich wieder am Ort des Geschehens eingefunden hatten, um ihn zu beobachten.

»Was hat der Schöpfer dir offenbart?«, fragte der Schamane.

Chase enthüllte dem Mann alles, was der Große Geist ihm in der Vision eingegeben hatte: »Ich darf meinen Namen nicht ändern, denn er wurde mir aus einem bestimmten Grund gegeben. Ich muss mich hinter der Wolke meines weißen Aussehens verstecken, um unsere Gegner auszutricksen. Ich soll helfen, unser Land von Unheil bringenden Sturmwolken in Form der Weißen und der Blaumäntel zu befreien. Ein wirklicher, anhaltender Friede zwischen uns und ihnen ist nicht möglich; nur ein Volk kann in diesem Gebiet leben und es beherrschen. Wenn die Lakota es nicht schaffen, die Herrschaft an sich zu reißen, werden sie unter dem Druck des weißen Mannes für immer verschwinden. Der Kampf hat schon begonnen; bald werden wir mehr darüber erfahren. Wenn dieser Tag kommt, müssen wir uns entscheiden, ob wir den Vertrag brechen oder ihm gehorchen. Ich stehe auf der Seite meines Vaters und seines Volkes, den Oglala. Ich werde euch sagen, was wir tun müssen, um zu siegen.«

»Seine Worte sind wahr und weise, mein Volk«, sagte Nahemana, »das beweisen uns die Zeichen auf seinem Körper. Seht, wie die Sterne, der Mond und die Sonne, die man auf seine Haut gemalt hat, sich in Wolken verwandelt haben, seinem Namen entsprechend. Die Blitze auf seinen Armen und Beinen und auf seiner Brust sehen nun aus wie lange, scharfe Pfeile, mit denen wir unsere Feinde besiegen können. Er wurde uns geschickt, damit er große Taten für uns begeht, und so soll es sein.«

Alle hörten zu und nickten oder drückten murmelnd ihre Zustimmung aus – sowohl die, welche die ganze Nacht am Schauplatz verbracht hatten, als auch die, welche erst bei Sonnenaufgang zurückgekehrt waren.

Macha hatte gedacht, ihr Herz würde vor lauter Glück, Liebe und Stolz bersten, als Chase sich von dem zweiten Band befreit und sie angeschaut hatte. Dieses Gefühl hatte sich noch verstärkt, als er das Wort ergriff und die Leute ihm zustimmten. Sie merkte, wie Hanmani, die offensichtlich dasselbe empfand, ihre Hand nahm und sie liebevoll drückte. Sie lächelten sich fröhlich an. Dann richtete Macha ihren tränenverschleierten Blick wieder auf ihren Ehemann.

Mit feuchten Augen und rauer Stimme schüttelte Großer Bär Chase' Hand, blickte ihn geradewegs an und lächelte. »Du hast großen Mut und beeindruckende Willenskraft bewiesen, mein zweiter Sohn«, sagte er. »Mein Herz ist von Stolz und Liebe erfüllt. Auch auf meine anderen Söhne, die bei dieser Prüfung deine Gefährten waren, bin ich sehr stolz. Nahemana wird deine Wunden mit wirksamer Medizin versorgen. Dann musst du trinken, essen, dich waschen und schlafen, um wieder zu Kräften zu kommen.«

Chase nickte. Er konnte nicht antworten, denn seine Kehle war vor Durst und Rührung ganz trocken. Er legte sich auf das Büffelfell, damit Nahemana seine Wunden von Blut und Staub reinigen und mit einer Salbe aus Heilkräutern bestreichen konnte. Der Schamane drückte das herausgerissene Fleisch leicht an, schmierte den Kräuterbalsam auf die beiden geschwollenen Stellen und wickelte Chase eine breite Binde um den Oberkörper, damit die Haut heilen und wieder anwachsen konnte.

Winona und Hanmani brachten Wasser und eine stärkende Suppe, die er unter Schwierigkeiten zu sich nahm, da seine Kehle vom stundenlangen Singen und Flöten und vor lauter Trockenheit schmerzte. Hanmani flüsterte ihm zu, dass Macha ihn in ihrem Tipi erwartete, denn seine Frau wollte ihren lange aufgestauten Gefühlen nicht unter den Blicken der anderen freien Lauf lassen.

Windtänzer und Kriegerischer Adler brachten Chase zum Fluss, wo er seinen mit Schweiß, Salz, Staub und Farbe bedeckten Körper wusch. Danach halfen sie ihm zum Tipi, und Nahemana flößte ihm Wein aus Wildkirschen ein, der mit einer Medizin vermischt war, um die Heilung seiner Wunden zu beschleunigen, seine Schmerzen zu lindern und Fieber vorzubeugen.

Chase dankte seinen Brüdern noch einmal, schüttelte beiden die Hände und gestand ihnen, dass er ohne ihre Unterstützung nicht durchgehalten hätte. Dann ging er ins Tipi, legte sich mit Machas Hilfe auf sein Büffelfell und war vor lauter Erschöpfung bald eingeschlafen.

Macha blieb eine Weile neben ihm sitzen, betrachtete ihn und pries innerlich seine Willenskraft, während sie sein feuchtes Haar und sein ebenmäßiges Gesicht streichelte. Sie zeichnete mit ihrem Finger sanft die Linien seines Kiefers und seiner ausgeprägten Wangenknochen nach. Sie fuhr über seine dichten, dunklen Brauen und ließ dann ihre Finger über seine vollen Lippen und das kräftige Kinn mit der kleinen Vertiefung in der Mitte gleiten. Ihr Blick wanderte über seine bandagierte Brust und sie zuckte zusammen bei dem Gedanken an das, was er ertragen hatte. Dann dankte sie dem Großen Geist dafür, dass er ihm heute das Leben geschenkt hatte.

Sie strich ihrem Mann noch einmal über die Wange, küsste ihn auf die Stirn und verließ dann das Tipi, um gut gelaunt ihren Aufgaben nachzugehen.

Als Macha und Hanmani am Nachmittag im Fluss wuschen, kam Zwei Federn und hockte sich in ihrer Nähe hin.

»Warum jagst oder kundschaftest du nicht, mein Cousin?«, fragte Hanmani ihn.

»Wir gehen erst morgen wieder auf die Jagd und heute hat man mich keinem Spähtrupp zugeteilt. Ich bin gekommen, um mit schwerem Herzen zu euch beiden zu sprechen. Es gibt einige Dinge, die ich nicht verstehe. Warum hast du dich von mir abgewandt und dein Herz Wolkenjäger geschenkt?«, fragte er Macha.

Macha hatte mit dieser unumwundenen Frage nicht gerechnet und starrte ihn einen Augenblick lang verwirrt an. »Mein Herz hat dir nie gehört, Zwei Federn. Ich habe Wolkenjäger geliebt und gewollt, seit wir Kinder waren. Ich habe immer gewusst, dass er zu uns zurückkehren würde und ich habe auf diesen Tag gewartet. Es ist der Wille des Großen Geistes, dass ich seine Frau bin.«

»Ist es das, Morgenröte? Oder treibt dein großes Verlangen Spielchen mit dir? Er hat dich benutzt, um mir zu schaden, denn er mag und achtet mich nicht und wusste genau, dass ich dich begehrte. Er ist schlau wie der Fuchs, mutig wie der Bär und unberechenbar wie der Wolf. Er benutzt dich und Hanmani, um unser Volk zu verraten.«

»Das ist nicht wahr«, widersprachen beide Frauen gleichzeitig.

»Oh doch, und bald werden es alle wissen. Wenn er uns erst an unsere Feinde ausgeliefert hat und man ihn tötet oder verbannt, wirst du dich bei mir dafür entschuldigen, dass du an meinen Worten gezweifelt hast. Wenn er nicht mehr hier ist, Morgenröte, wirst du zu mir zurückkommen.«

»Nein, Zwei Federn, ich werde nichts dergleichen tun, denn ich liebe und begehre dich nicht. Es ist falsch und grausam von dir, schlecht über meinen Mann und Hanmanis Bruder zu sprechen, dem Sohn unseres Häuptlings. Du solltest fasten, dich in der Schwitzhütte reinigen und den Schöpfer um Vergebung bitten, denn er ist es, der Wolkenjäger lenkt und schützt.«

»Noch vor Ende des Sommers wirst du aufhören, diesen Unsinn zu glauben.«

Als Zwei Federn gegangen war, fragte Macha ihre Freundin besorgt: »Warum hasst er Wolkenjäger so sehr?«

»Ich weiß es nicht, meine Freundin, aber es macht mir Angst.«

»Glaubst du, er wird versuchen, meinen Mann umzubringen?«

»Das würde er nicht wagen, denn mein Bruder ist jetzt ein Red Shield und wird als Sohn des Häuptlings verehrt und geachtet. Aber ich bin sicher, dass Zwei Federn in irgendeiner Weise versuchen wird, ihm zu schaden. Vielleicht hat er vor, die anderen erneut gegen meinen Bruder aufzubringen, oder er sorgt dafür, dass es so aussieht, als würde Wolkenjäger Böses im Schilde führen. Du musst ihn warnen, damit er sich vor unserem Cousin in Acht nimmt.«

Am nächsten Tag verblüffte Zwei Federn Macha, Hanmani und andere dadurch, dass er sich mit Sisoka vermählte, der ältesten Tochter Maslecas, der wie Windtänzer ein Mitglied der Kriegergruppe der Strong Heart war.

Die beiden Frauen gesellten sich zu Wolkenjäger, der auf Anraten seines Vaters und des Schamanen immer noch im Tipi lag und sich erholte, und berichteten ihm flüsternd von den erstaunlichen Neuigkeiten. Wolkenjäger reagierte ebenso verblüfft wie die beiden Frauen, die ihm von dem Gespräch mit Zwei Federn am vorigen Tag erzählt hatten.

»Wir haben es mit eigenen Augen gesehen: Zwei Federn ging zum Tipi von Koyote und beschenkte ihn mit drei Pferden, fünf Büffelhäuten, einem Perlenarmband und einem neuen Bogen. Dann hielt er um Rotkehlchens Hand an. Koyote, seine Frau und ihre Tochter willigten ein. Ich verstehe nicht, warum Rotkehlchen einverstanden ist, denn sie hat ein ansprechendes Äußeres und viele Fähigkeiten, und drei andere Krieger haben bereits um sie geworben. Sie ist mit ihnen ausgeritten, hat mit ihnen unter der Decke gesprochen und hat ihrem Flötenspiel gelauscht; das alles hat sie mit

Zwei Federn nicht gemacht. Die Sache ist wirklich sehr merkwürdig.«

»Vielleicht hat sie ihn genommen, weil auch er sehr gut aussieht und obendrein ein Krieger von hohem Rang ist, der aus einer Häuptlingsfamilie stammt. Außerdem ist er geschickt und wird einen guten Ernährer und Beschützer abgeben.«

»Das stimmt, aber er hat sich ihr zuvor nicht genähert. Hätte er es getan, hätten wir es erfahren, denn Rotkehlchen prahlt immer damit, wie viele Krieger sie begehren. Sie wird oft gescholten für ihren Hochmut, denn sie weiß um ihr gutes Aussehen und ihre vielen Fähigkeiten.«

»Vielleicht hatte Zwei Federn es eilig, weil er denkt, es befleckt seine Ehre, dass er deine Gunst verloren hat. Vielleicht will er die anderen glauben machen, dass dieser Verlust ihn nicht berührt. Ich bin froh, dass er meine Frau nicht länger begehrt, denn andernfalls wäre ich gezwungen gewesen, ihn zum Kampf herauszufordern, um ihn von dir fern zu halten.«

Macha schalt Chase in gespielter Entrüstung. »Du bist zu gutmütig, mein Mann, und zeigst dich deinem Cousin gegenüber zu großzügig. Abgesehen davon kann ein Mann nicht verlieren, was er nie besessen hat. Du darfst ihm nicht vertrauen, denn er versucht mit dieser Vermählung alle zu täuschen. Er liebt Rotkehlchen nicht und wird sie nicht glücklich machen. Sie wird es bereuen, dass sie ihn erhört hat.«

»Vielleicht wird der Große Geist ihre Herzen füreinander öffnen. Es wäre gut für uns, wenn Zwei Federn sein Glück findet, denn das würde seinen

Hass auf mich und sein Verlangen nach dir mindern.«

»Ja, die Liebe ist eine mächtige Kraft«, murmelte Macha. »Aber«, fügte sie ernst hinzu, »wird sie das Böse aus seinem Herzen und seinem Geist vertreiben?«

»Das werden wir wohl bald am eigenen Leib erfahren, meine Frau.«

»Wenn mein Cousin und Rotkehlchen von ihrem Vereinigungs-Ritt wiederkommen, werde ich ihn mit Adleraugen beobachten, um den Grund für sein heutiges Verhalten ans Tageslicht zu bringen«, sagte Hanmani. »Ich bin derselben Meinung wie Macha: Zwei Federn ist nicht zu trauen und diese Vermählung ist ein hinterhältiger Trick.«

Fünf Tage nachdem Chase sich in der Schwitzhütte auf seine spirituelle Reise begeben hatte, stand er am Fluss, streichelte sein Pferd und sprach mit dem Tier, während es trank und sich an dem saftigen Gras labte, das am Ufer wuchs. Chase war überrascht, wie schnell er wieder zu Kräften gekommen war und wie schnell seine Wunden heilten. Der Schamane hatte ihm jeden Morgen einen Besuch abgestattet, seinen Oberkörper mit Salbe eingerieben und den Verband gewechselt. Zwei Abende zuvor hatten er und Macha mit seinem Vater, Winona, seiner Schwester, seinen beiden Brüdern, Chumani und Tokapa gegessen. Sie hatten sich stundenlang über frühere Abenteuer und die bis jetzt erfolgreich verlaufende Jagd unterhalten und darüber gesprochen, was bis zur Rückkehr ins

Winterlager noch alles erledigt werden musste. Am vorigen Abend hatten ihn dann Flussufer, Gebrochener Speer, Kriegerischer Adler, Flinker Otter, Windtänzer und Rote Feder besucht, und sie hatten beschlossen, am nächsten Tag gemeinsam auf die Jagd zu gehen, denn dazu fühlte er sich schon kräftig genug.

Chase war froh, dass Zwei Federn nicht da war, wusste aber, dass er bald zurückkommen würde. Drei Tage waren seit der Hochzeit seines Cousins vergangen, und ein neues Tipi, das zwischen dem seiner Eltern und dem von Rotkehlchens Eltern stand, wartete auf das frisch vermählte Paar. Genau wie bei seiner Vermählung mit Macha hatten die Frauen die Behausung als Geschenk für Zwei Federn und seine Frau gebaut. Chase hoffte inständig, dass sein Cousin sich nun ändern würde, obwohl er da seine Zweifel hatte und sich fragte, was der Mann wohl als Nächstes im Schilde führte.

Die jährliche Büffeljagd dauerte an und alle waren beschäftigt. Kein Feind hatte sich mehr dem Lager genähert und kein weißer Jäger war mehr gesichtet worden. Es war, als wäre das Glück auf ihrer Seite und als würde das Gebiet unter dem mächtigen Einfluss des Großen Geistes stehen. Und falls sich doch noch ein Weißer in die Gegend verirren sollte, hatte Chase nun zumindest eine Abschrift des Vertrags zur Hand.

Nachdem sich die Aufregung über den Sonnentanz und die unerwartete Vereinigung von Zwei Federn und Sisoka gelegt hatte, kehrte Ruhe ins Lager ein. Doch Chase fürchtete, dass es sich nur um die Ruhe vor dem Sturm handelte, besonders wenn er daran dachte, was ihm die Vision offenbart hatte.

In diesem Moment erblickte er Zwei Federn – so als müsste diesem Gedanken unwillkürlich das erste Ärgernis folgen –, der zusammen mit einer hübschen jungen Frau ins Lager ritt. Da Chase sich nicht die gute Laune verderben lassen wollte, wandte er sich wieder seinem Pferd zu und fuhr fort, es zu streicheln.

Zwei Federn schlich sich geschickt von hinten an seinen Cousin heran. »Warum bleibt ein Krieger der Red Shield, dessen Wunden heilen und der wieder bei Kräften ist, mit Frauen, Kindern und Alten im Lager, während die anderen Männer als Jäger und Kundschafter unterwegs sind?« Chase wirbelte überrascht herum, und Zwei Federn freute sich, dass er es geschafft hatte, ihn zu überrumpeln. Er wollte gerade damit prahlen, als Chase zu einer Antwort ansetzte.

»Ich tue das, was unser Häuptling und unser Schamane mir befohlen haben. Morgen werde ich mit meinen Brüdern und unseren Freunden auf die Jagd gehen. Du hast dir eine Frau genommen, während ich im Tipi lag. Möge der Große Geist euch mit Glück und Kindern segnen. Es wäre für alle gut, wenn wir von nun an Freunde sein könnten.«

Zwei Federn blickte ihn finster an und schüttelte den Kopf. »Der Tag, an dem die anderen dich endlich so sehen wie ich, wird mein Freudentag sein. Du wirst schon bald einen großen Fehler begehen, Wolkenjäger, und alle werden verstehen, dass du ein nichtsnutziges Halbblut und ein hinterhältiger Betrüger bist. Und wenn du dann von hier fliehen musst, mache ich Morgenröte zu meiner zweiten Frau, und sie wird glücklich sein.« Er lächelte, als Großer Bärs unehelicher Sohn ihn wütend anstarrte.

»Warum hasst du mich so sehr, Cousin? Niemand außer mir wird deine Antwort hören. Sag sie frei heraus, wenn du den Mut dazu hast.«

Zwei Federn sah Wolkenjäger in die Augen und dachte zornig: *Dir verraten, dass ich schon als Kind der Sohn des Häuptlings und nächster Anführer der Red Shield sein wollte? Dir verraten, dass meine Liebe zu Großer Bär und meine Achtung vor ihm sich in letzter Zeit in Hass und Beschämung verwandelt haben? Ein Krieger, der sich mit einer Weißen vereint und seinen Samen in ihren Körper pflanzt, ist als Häuptling unwürdig; er ist des Atmens unwürdig. Du bist das Ergebnis dieser Vereinigung und wirst für immer ein Zeichen seiner Schwäche und seiner Schande sein. Wenn der Schöpfer allwissend ist, wird er euch beide töten, ebenso wie die anderen Abkömmlinge des Bruders meiner Mutter. Dann bin ich der nächste Nachfahre meines Großvaters Geisterkrieger und somit Häuptling. Ich werde mein Volk zum Kampf gegen alle Feinde aufrufen und sie besiegen.*

»Deinem wütenden Blick nach zu urteilen, Cousin, spricht dein Geist so laut wie der Donner und so hitzig wie ein loderndes Feuer, aber dein Mund bleibt still und kalt. Warum müssen wir uns streiten? Warum weigerst du dich, meine Freundschaft anzunehmen? Große Gefahren liegen vor uns und wir müssen sie mit vereinten Kräften bekämpfen, doch das wird nicht möglich sein, wenn zwischen uns Krieg herrscht.«

»Ich bin Oglala, du bist ein Weißer. Wir sind Feinde und werden niemals mit vereinten Kräften kämpfen.«

»Ich bin nun ebenfalls Oglala, Zwei Federn, denn ich habe mein weißes Blut am Sonnentanzpfahl besiegt und mich von der Berührung der Bleichgesichter in der Schwitzhütte gereinigt. Wir sind Cousins, wir gehören derselben Familie an und wir sind Red Shield. Wir müssen zum Wohle unseres Volkes einen Waffenstillstand schließen.«

»Du achtest dergleichen nicht. Du bist ein Betrüger und sorgst dafür, dass alle deinen falschen Worten und Gefühlen glauben. Kein Waffenstillstand; niemals Freunde!«

»Wenn dem so ist, Zwei Federn, dann liegt das nur an dir, nicht an mir. Ich ...«

Ihr Gespräch wurde durch den Ruf unterbrochen, dass Reiter sich dem Lager näherten.

»Unsere Unterredung ist beendet, Mischlingsbrut. Meine Pflicht als Krieger und Heiliger Bogenträger ruft mich. Ich gehe jetzt, aber ich werde dich nicht aus den Augen lassen.«

Nachdem der Häuptling, der Schamane, der Schlachtenführer, der gesamte Rat und alle Krieger sich in immer größer werdenden Kreisen auf der Wiese hinter dem Lager niedergelassen hatten, begannen die drei erschöpften Brule – denen man zuvor als Gäste zu essen und zu trinken gegeben hatte, damit sie sich erfrischen konnten – mit ihrer Berichterstattung. Alle hörten aufmerksam zu, während sie von dem schrecklichen Ereignis erzählten, das sich vor genau einer Woche, also am Tag von Wolkenjägers und Machas Rückkehr, ereignet hatte.

»Wir kommen auf Geheiß von Gefleckter Schwanz, um unseren Verbündeten, den Red Shield, diese Kunde zu bringen. Wir sind auf unserer langen Reise in vielen anderen Oglala-Lagern gewesen und haben dort ebenfalls vorgesprochen. Mutiger Bär, der für den Vertrag von Long Meadow gewählte Anführer aller Lakota, ist tot. Er wurde von einem Blaumantel namens Grattan ermordet. Zahlreiche Eisenkugeln aus Feuerstöcken durchlöcherten seinen Körper und beendeten sein Leben.«

»Warum töteten die Blaumäntel einen Mann des Friedens, einen herausragenden Häuptling?«, fragte Großer Bär.

»Eines der Tiere des weißen Mannes drang in das Lager von Mutiger Bär ein. Hohe Stirn von den Minneconjous war mit seiner Familie und seinen Freunden dort zu Besuch. Er erlegte das Tier. Dann kamen viele Blaumäntel und forderten es zurück. Als Grattan erfuhr, dass man es getötet und gegessen habe, wollte er die Verantwortlichen und alle, die sich an dem Fleisch gelabt hatten, bestrafen. Hohe Stirn und seine Freunde wollten sich für eine solche Kleinigkeit nicht den Blaumänteln ausliefern und bereiteten sich auf einen Kampf vor, ebenso wie Gefleckter Schwanz, der Cousin von Mutiger Bär. Die Blaumäntel hatten zwei riesige und viele kleine Feuerstöcke bei sich. Außerdem hatte Grattan einen Mann als Übersetzer mitgebracht, der aber zu viel vom Feuerwasser der Weißen getrunken hatte und vom Übel besessen war. Er beleidigte die Minneconjous, Brule und Oglala, stellte unberechtigte Forderungen und machte sie sehr wütend.«

Als der Brule eine Pause machte, um Atem zu schöpfen, fragte Nahemana: »Wer schlug als Erster zu und ließ das erste Blut fließen?«

»Es wurde lange geredet, aber keiner gab nach, denn jeder sah die Angelegenheit mit anderen Augen. Ein Blaumantel griff als Erstes zur Waffe. Viele Krieger antworteten mit Pfeilen und noch mehr Blaumäntel erhoben ihre Feuerstöcke gegen sie. Ihr Anführer benutzte seine große Waffe, um Donner und Tod zu schicken. Mutiger Bär wurde getroffen. Ein heftiger Kampf entbrannte. Alle Blaumäntel wurden in der Schlacht getötet.«

Wütend hörte Chase von Grattans rücksichtslosem und arrogantem Verhalten, das womöglich einen Krieg in den Prärien auslösen würde. Ironischerweise hatte die erste Schlacht dieses drohenden Krieges in der Nähe des Ortes stattgefunden, an dem Fitzpatrick und Mitchell den Friedensvertrag mit Mutiger Bär als Oberhäuptling aller Lakota ausgehandelt hatten. Chase fiel ein, dass Chumani eine Brule war und er frage sich, ob ihr Stamm in diesen unglücklichen Vorfall verstrickt war. Wenn ja, dann musste Windtänzer sich große Sorgen um die Familie seiner Frau machen, denn ihr Vater war der Häuptling des Stammes.

»Alle Blaumäntel in Fort Laramie sind tot?«, fragte Windtänzer und versuchte sich vorzustellen, welche Auswirkungen dieses Ereignis wohl nach sich ziehen würde, das von den Weißen bestimmt als Massaker angesehen wurde. Zumindest war er froh, dass Chumanis Sippe nicht in dieser Gegend weilte.

»Nein, nur jene, die zum Lager von Mutiger Bär geritten waren«, antwortete der zweite Brule. »Gefleckter Schwanz sprach sich dafür aus, das Fort anzugreifen, solange es nur von wenigen Blaumänteln gehalten wurde, aber die Mitglieder des Rates waren dagegen. Sie sagten, dass der Kampf im Lager der Selbstverteidigung gedient habe, dass aber ein Angriff auf das Fort als Kriegserklärung verstanden würde.«

»Der Rat hat weise entschieden«, erklärte Nahemana, »denn wenn Frauen, Händler und gute Blaumäntel den Tod gefunden hätten, wäre ein großes Blutvergießen über unser Land gekommen.«

»Das ist wahr, Schamane, aber auch Gefleckter Schwanz spricht die Wahrheit«, meldete Zwei Federn sich zu Wort. »Er sagt, dass ein Mann mit Ehrgefühl nicht zusehen kann, wie er und sein Volk angegriffen werden, ohne zurückzuschlagen. Ist es nicht das Beste, einem mächtigen Feind in dem Augenblick den Krieg zu erklären und ihn zu bestrafen oder einen Eindringling genau dann aus den eigenen Jagdgründen zu vertreiben, wenn er besonders schwach ist – so wie Gefleckter Schwanz es vorschlug? Die weißen Häuptlinge werden nicht glauben, dass die Blaumäntel zuerst angriffen, und man wird die Lakota für Grattans üble Tat verantwortlich machen und zur Rechenschaft ziehen. Ist es weise, untätig zu bleiben, während unser

Feind Kräfte und Waffen sammelt? Ist es weise, ihn größer und stärker werden zu lassen, damit er uns wegen eines Vergehens angreifen kann, das wir nicht begangen haben? Was haben andere nach diesem Sieg über die Blaumäntel getan, die uns hassen und uns zu Sklaven machen und uns verbieten, gegen verfeindete Stämme zu kämpfen oder unsere Jagdgründe zu verteidigen, wie es schon unsere Väter und die Väter unserer Väter taten?«

Bevor der Brule antworten konnte, verkündeten einige Red Shield, die seit drei Jahren auf Ruhm, Aufregung und Siege verzichten mussten, lauthals ihre Zustimmung.

Chase war besorgt über den listigen Versuch seines Cousins, die Männer gegen die Weißen aufzubringen. Er wusste um die Anzahl und die schrecklichen Waffen der Besatzer, und solange es irgend möglich war, wollte er verhindern, dass seine Familie und sein Stamm damit konfrontiert würden. Er zweifelte nicht daran, dass eines Tages ein Krieg ausbrechen würde, aber es war das Beste, ihn so lange wie möglich hinauszuschieben. Er musste die anderen davon überzeugen, nicht zu kämpfen.

»Einige Krieger stahlen Pferde aus dem Fort und von den Wagen der Blaumäntel«, sagte der Brule. »Andere überfielen das amerikanische Pelzhaus und entwendeten die Handelsgüter, die man ihnen im Vertrag versprochen hatte, denn die Weißen dort hatten sich geweigert, sie ihnen am vereinbarten Tag auszuhändigen. Noch andere überfielen Bordeaus Handelsposten, aber Kleiner Donner, Häuptling einer anderen Sippe der Brule, erlaubte es nicht, dass man Bordeau und seine Freunde tötete. Alle Lager wurden an einen anderen Ort verlegt, bevor weitere Blaumäntel sie angreifen konnten. Späher sagten uns, dass Blaumäntel und Händler ihre Toten nach Fort Laramie brachten. Einer von uns, der ihre Sprache spricht, erzählte, dass der Anführer der Blaumäntel, Fleming, wütend und besorgt ist; er hat neue Waffen und Männer angefordert. Gefleckter Schwanz behauptet, dass bald ein großer Krieg ausbrechen wird und die Lakota kämpfen oder sterben müssen. Er will einen Kriegsrat einberufen, der beim nächsten Vollmond stattfinden soll. Wenn die Red Shield daran teilnehmen und abstimmen möchten, dann kommt zur Quelle des White River«, schloss er und deutete nach Südwesten.

»Kommt, meine Gefährten!«, sagte der dritte Brule. »Wir haben alles Wichtige mitgeteilt und müssen zu den Lagern der anderen Verbündeten reiten.«

»Ihr solltet heute Nacht hier bleiben, essen, schlafen und ausruhen.«

»Das geht nicht, Großer Bär, denn die anderen müssen gewarnt werden und von dem Kriegsrat erfahren. Wir danken dir für Essen und Trinken und für das Gespräch. Wir brechen jetzt auf.«

Nachdem die drei Männer fort waren, sagte Nahemana ehrfürchtig: »Es verhält sich genau so, wie Wolkenjäger es beim Sonnentanz in seiner Vision sah: ›Die Kämpfe haben schon begonnen; bald werden wir mehr darüber erfahren. Wenn dieser Tag kommt, müssen wir uns entscheiden, ob wir den Vertrag brechen oder ihm gehorchen.‹ Die

Warnung der Vision trifft zu. Bald müssen wir zwischen Krieg und Frieden wählen.«

»Wir sollten am Kriegsrat unserer Verbündeten teilnehmen, damit wir wissen, wie die Abstimmung ausgeht«, sagte Blaue Eule. »Wenn sie sich gegen die Schlacht entscheiden, wäre es gefährlich für die Red Shield, die Blaumäntel allein zum Kampf herauszufordern. Wenn sie für den Krieg stimmen, müssen wir uns ihnen anschließen und gemeinsam kämpfen, denn wenn noch mehr Weiße ihr Leben verlieren, werden alle Lakota dafür verantwortlich gemacht und angegriffen.«

»Die Worte unseres Schlachtenführers sind wahr und weise, Vater«, bekräftigte Chase. »Aber bevor unser Rat zu der Versammlung unserer Verbündeten reitet und abstimmt, muss ich nach Fort Laramie reiten, um die Anzahl und die Pläne der Blaumäntel in Erfahrung zu bringen. Es bleiben vierundzwanzig Tage bis zum nächsten Vollmond und es ist sicher, dass die Weißen die Lakota für ihre Tat zur Rechenschaft ziehen werden. Wir dürfen bis zum Kriegsrat nicht im Dunkeln tappen, während sich Dinge ereignen, von denen unser Überleben abhängt.«

Nahemana nickte und drängte: »Schick ihn zum Fort, Großer Bär, denn für diesen Zweck kam er zu uns zurück. Wir müssen mehr über die Pläne der Weißen erfahren.«

»Du begibst dich in große Gefahr, mein Sohn, denn die Blaumäntel werden misstrauisch und auf der Hut sein. Wenn sie deinen wahren Namen entdecken, töten sie dich.«

»Selbst wenn sie nach Betrügern Ausschau halten, Vater«, entgegnete Chase, »kann ich mich mit offenen Augen und Ohren unter sie mischen, denn mein Aussehen und mein Verhalten werden sie täuschen. Ich bin schon zweimal dort gewesen, sie kennen mich und werden keinen Verdacht schöpfen. Ich muss es tun, denn nur wenn wir ihre Pläne und ihre Anzahl kennen, können wir sie besiegen. Du kannst unseren Verbündeten während des Kriegsrats von meinem Vorhaben berichten.«

»Mein Bruder wird es schaffen, Vater«, unterstützte Windtänzer ihn. »Wenn wir wissen, was sie zu tun gedenken, können wir sie auf listige Weise bekämpfen. Vergiss nicht, wie Tautropfen und Vogel vor langer Zeit, während unseres heiligen Kampfes gegen unsere Feinde, die Crow und die Bleichgesichter, Fort Pierre auskundschafteten. Nun muss Wolkenjäger diesen Pfad gehen.«

»Was sagt der Rat dazu?«, fragte Großer Bär die anderen Anführer des Stammes.

Die Gruppe steckte die Köpfe zusammen und besprach sich. Dann sagte einer der Ältesten, der ehemals ein großer Krieger gewesen war: »Wir stimmen dafür, dass er für uns Erkundungen einholt.«

Großer Bär nickte widerstrebend und fügte sich dem Entschluss.

»Ich werde Gespannter Bogen mitnehmen. Wenn ich herausgefunden habe, was in Fort Laramie vor sich geht, kann der Sohn unseres Schlachtenführers ins Lager zurückkehren und euch Bericht erstatten, während ich bei den Weißen bleibe, um noch mehr in Erfahrung zu bringen.«

»Warum Gespannter Bogen?«, fragte Zwei Federn, denn alle wussten, dass er am Sonnentanzpfahl aus Angst und Schwäche versagt hatte.

»Gespannter Bogen hat einen Bruder, der mit seinem Vater oder an dessen Stelle auf die Jagd gehen kann, wenn Blaue Eule sich eine Verletzung zuziehen sollte. Alle anderen haben eine Familie zu versorgen und zu beschützen. Ich denke, dass diese Aufgabe Gespannter Bogen Mut, List und Stärke verleihen wird. Sein Herz und sein Geist sind gut; er wird sein Bestes geben. Ich vertraue ihm.«

Gespannter Bogen drängte sich aus einer der hinteren Reihen nach vorne und schwor seinem Vater, dem Häuptling und allen anderen: »Diesmal werde ich nicht versagen. Es ehrt mich sehr, dass Wolkenjäger mich ausgewählt hat. Dank dieser Aufgabe kann ich mein Gesicht wahren. Ich werde mit ihm gehen.«

»Es ist großzügig von Wolkenjäger, einen Begleiter zu wählen, der seine Ehre wiederherstellen muss«, gab Nahemana zu bedenken. »Gespannter Bogen soll mit ihm gehen.«

»Was sagt der Rat dazu?«, fragte Großer Bär abermals.

Nach einer weiteren kurzen Unterredung stimmten die Ratsmitglieder zu.

»Wann brichst du auf, mein Sohn?«, fragte Großer Bär besorgt.

»Nach Sonnenaufgang.«

»So soll es sein, mein Sohn. Möge der Große Geist dich lenken und beschützen.«

»Das wird er, Vater, denn wir folgen nur dem Pfad, den er für uns bereitet hat.«

Kurz darauf blickte Macha ihn fassungslos an, als er ihr in ihrem Tipi die schlimmen Neuigkeiten von Grattans Niederlage, den Überfällen und seinem baldigen Aufbruch nach Fort Laramie mitteilte.

Macha warf sich in seine Arme und verbarg ihr Gesicht an seiner Brust, während sie ihn an sich drückte und flehte: »Geh nicht, Wolkenjäger. Deine Wunden sind noch nicht ganz verheilt und es ist viel zu gefährlich, denn die Weißen und die Blaumäntel werden sich an dich erinnern. Sie werden sich entsinnen, dass du mit Grattan geritten bist, um Indianern gegen bösartige Bleichgesichter zu helfen; sie werden glauben, dass du unser Freund und Verbündeter bist und dir misstrauen.«

In liebevollem Ton entgegnete Chase: »Sie werden sich daran erinnern, dass ich ihnen geholfen habe, Weiße zu überführen und zu bestrafen, die Überfälle verübten, Blaumäntel töteten und die Postkutsche angriffen, deshalb werden sie mich für ihren Freund und Verbündeten halten. Vergiss nicht, dass ich sehr leicht die Rolle eines Weißen spielen kann.«

»Der eine Indianerin zur Frau nahm«, bemerkte sie.

»Nur ihr Schamane weiß von unserer Heirat, die anderen sahen uns nicht in sein Haus gehen und hörten uns nicht die Vermählungsworte sprechen.«

»Was ist mit dem Händler, der uns zusammen sah?«, wandte sie ein.

»Er erzählte mir, dass viele Trapper und Händler indianische Frauen haben. Er wird mich also ebenso wenig verdächtigen wie andere, falls ich ihm überhaupt begegne. Ich habe keine Wahl, meine geliebte Frau. Mach dir keine Sorgen. Ich werde wachsam sein und unversehrt zurückkehren.«

Macha begriff, dass sie ihn nicht von seinem Entschluss abbringen konnte, also fügte sie sich dem Unvermeidlichen. Dennoch bat sie ihn: »Bevor du gehst, warte noch ein paar Tage, bis du wieder kräftig genug bist.«

»Ich kann nicht warten, denn unser Feind wird mit jedem Tag stärker und schlauer. Falls sie vorhaben, die Lakota anzugreifen, müssen wir es so schnell wie möglich erfahren, damit wir uns auf die Schlacht vorbereiten und nach ihnen Ausschau halten können.«

»Nimm jemand anderen mit als Gespannter Bogen, um dir den Rücken freizuhalten«, bettelte sie.

»Hab keine Angst«, beschwichtige Wolkenjäger sie, als er ihre verzweifelte Miene sah, »er wird sich nicht kein zweites Mal ängstlich und schwach zeigen. Er ist eine gute Wahl.«

»Ich werde beten, dass deine Worte in Erfüllung gehen.«

»Pack zusammen, was ich unterwegs brauche«, bat er sie. »Ich muss mich mit den anderen besprechen und bin bald wieder zurück, um zu essen und zu schlafen. Schließlich breche ich ja nicht vor morgen früh auf«, fügte er mit einem verführerischen Lächeln hinzu.

* * *

Zwei Federn saß mit einigen Freunden zusammen und besprach die Ereignisse, die ihnen vielleicht bald wieder ein aufregendes Kriegerleben bescheren würden. Dazu waren sie schließlich geboren und ausgebildet worden und viele vermissten dieses Dasein, einschließlich seiner selbst. »Es ist merkwürdig, dass es ausgerechnet an dem Ort zu Kämpfen kam, an dem Wolkenjäger sich noch vor kurzem aufhielt. Es war ausgerechnet dieser Blaumantel Grattan, mit dem er die weißen Verbrecher überführte, aber er sagte uns nichts von dem großen Hass dieses Anführers auf die Lakota. Es ist ein Glück, dass Grattans Angriff fehlschlug und er starb. Vielleicht ahnte Wolkenjäger, dass es zu Auseinandersetzungen kommen würde, und dachte deshalb, er habe sie in seiner Vision gesehen. Wir müssen dafür beten, dass er seine weiße Hälfte nicht von bösen Geistern heimsuchen lässt. Wenn sie ihn dazu bringen, den Blaumänteln von dem geplanten Kriegsrat zu erzählen, werden diese noch während der Versammlung angreifen und alle dort anwesenden Männer töten.«

»Mach dir keine Sorgen, mein Freund«, entgegnete einer der Krieger, »denn dein Cousin hat sich bewährt. Er ist stark, klug und mutig; er wird uns nicht enttäuschen oder betrügen.«

Zwei Federn zuckte die Achseln, seufzte tief und murmelte: »Ich hoffe, dass deine Worte zutreffen, denn sonst werden wir schon bald in großer Gefahr sein.«

Chase traf sich am Fluss mit Gebrochener Speer und bat seinen Cousin, während seiner Abwesenheit auf Macha zu achten und für sie zu jagen, denn der junge Krieger hatte einen Bruder, der die Eltern der beiden solange allein versorgen konnte. Er sah, wie stolz und erfreut der Siebzehnjährige über seine Bitte war, bemerkte aber auch einen Schimmer der Enttäuschung in seinen Augen.

»Deine Wahl ehrt mich, Cousin. Aber warum lässt du dich auf deiner Mission von Gespannter Bogen begleiten?«

»Ich wollte dich nicht fragen, Gebrochener Speer, weil ich dich hier brauche, damit du Morgenröte beschützen und für sie sorgen kannst. Du bist in diesen Dingen erfahrener als er und der Krieger, der mit mir reitet, muss nichts anderes tun, als meinem Vater eine Botschaft zu bringen. Ich habe mich für Gespannter Bogen entschieden, weil er es im Augenblick besonders nötig hat, sich unter Beweis zu stellen. Er wird diese Aufgabe bewältigen und somit Trauer und Schande von seinem Vater nehmen. Blaue Eule darf nicht durch solche Gefühle abgelenkt werden, wenn er uns bald in eine Schlacht führen soll. Dasselbe gilt für mich: Wenn ich weiß, dass Morgenröte sich in deiner Obhut befindet, brauche ich mir keine Sorgen zu machen und werde nicht abgelenkt.« Chase spürte, dass seine Worte dem jungen Krieger schmeichelten und ihn beschwichtigten; soweit er gesehen und gehört hatte, trafen sie außerdem zu.

»Ich gebe dir mein Ehrenwort, dass ich sie vor jeglicher Gefahr beschützen werde, mein Cousin.«

Sie schüttelten sich die Hände und lächelten einander an. Dann begab Chase sich eiligst in sein Tipi, um vor dem bittersüßen Abschied noch etwas Zeit mit seiner Frau zu verbringen ...

14. Kapitel

Als Macha sich neben ihn legte und in seine Arme kuschelte, spürte Chase, wie angespannt sie war. »Sei nicht traurig, Sonnenschein meines Herzens«, bat er sie. »Denk heute und an den Tagen, an denen ich fort bin, nur an gute und glückliche Dinge.«

Macha berührte den Verband, der um seine nackte Brust gewickelt war, und flüsterte: »Das ist schwierig, mein Mann, denn ich habe Angst um dich. Mein Leben wird ohne dich dunkel und einsam sein.«

Chase nahm ihr Kinn und hob ihren Kopf, so dass ihre Blicke sich trafen. »Ich werde immer ein Teil deines Lebens sein, meine geliebte Frau«, sagte er zärtlich.

Macha zeichnete mit dem Zeigefinger die Konturen seines Mundes nach und flehte ihn an: »Versprich mir, dass du zurückkommen wirst.«

Chase zog sie an sich heran, schlang seine Arme um ihren wohlgestalteten Körper und tröstete sie liebevoll. So überzeugend er konnte, schwor er: »Egal wie lange es dauert, ich werde zurückkommen, denn wir gehören zusammen. Wenn ihr das Lager während meiner Abwesenheit an einem anderen Ort aufschlagt, werde ich euch finden, selbst wenn ihr euch vor den Weißen oder anderen Feinden verstecken müsst. Windtänzer, Kriegerischer Adler, Flinker Otter, Flussufer und Rote Feder haben mir viel beigebracht, seit ich wieder bei den Red Shield bin. Wir haben uns oft im Bogenschießen und im Zweikampf mit und ohne Messer geübt. Ich habe gelernt, Augen und Ohren offen zu halten, meine Sinne zu gebrauchen und ... die mächtigen Gefühle in mir«, sagte er, denn er wusste nicht, wie er das Wort »Instinkt« sonst erklären sollte.

»Ich habe Gebrochener Speer gebeten, für dich zu jagen und dich zu beschützen«, fügte er hinzu. »Wenn du Hilfe brauchst, wende dich an ihn.«

»Er ist der Bruder von Zwei Federn«, sagte sie erstaunt und sah ihn an. In ihren Augen spiegelte sich Verwirrung über seine Wahl.

Chase lächelte und streichelte beruhigend ihre Wange: »Das stimmt, aber ich vertraue ihm. Wir sind Cousins und Freunde.«

»Und was ist, wenn sein Bruder Schwierigkeiten macht?«

Chase sah ihr in die Augen, damit sie gewiss sein konnte, dass seine Worte nicht unüberlegt waren. »Selbst dann wird Gebrochener Speer sich an sein Versprechen halten.«

Macha sah ein, dass es falsch und gefährlich war, ihn mit einem schlechten Gewissen ziehen zu lassen, deshalb sagte sie lächelnd: »Wenn du dir sicher bist, will ich gehorchen.«

Chase sah sie in gespieltem Ernst an und fragte sie: »Willst du alles tun, was ich von dir verlange, meine Frau?«

Macha war sich der Bedeutung seiner Worte nicht ganz sicher. »Du bist mein Mann und es ist meine Pflicht, dir zu gehorchen. Sag, was du von mir erwartest.«

Chase grinste. »Wenn du folgsam bist, dann lass mich dich küssen und lieben.«

Macha lächelte und kitzelte ihn. »Deine Forderung ist zu leicht zu erfüllen. Hast du nichts Schwierigeres für mich?«

Gut gelaunt nahm Chase ihre Hand, führte sie zu seiner Leistengegend und sagte scherzend: »Wenn dir die erste Forderung zu einfach vorkommt, habe ich noch etwas anderes für dich, meine verführerische Frau.«

»In der Tat, das ist eine Aufgabe nach meinem Geschmack.«

»Und nach meinem, denn mein Herz schlägt nur für dich.«

»Und meines nur für dich.«

Ihre Münder vereinten sich zu einem leidenschaftlichen Kuss und schon bald verfielen sie dem süßen Rausch, den sie beide so sehr herbeigesehnt hatten.

* * *

Macha stand winkend am Rand des Lagers und schenkte ihrem Mann ein letztes Lächeln, bevor dieser sich in den Sattel schwang und zu seinem Weggefährten galoppierte, um sich mit ihm unbekannten Gefahren zu stellen. Sie war froh, dass niemand sie begleitet hatte, denn so hatten sie vor seinem endgültigen Aufbruch noch einen letzten Moment der Zweisamkeit miteinander verbringen können. Gespannter Bogen hatte sie nicht stören wollen und war schon vorausgeritten. Schließlich wandte Macha sich ab, um in ihr Tipi zurückzukehren und einen Wasserschlauch und eine Holzschlinge zu holen, denn sie musste am Fluss Reisig sammeln, das sie zum Räuchern von Fleisch benötigte. Ihr Blick fiel auf Zwei Federn, der neben dem Tipi eines Freundes stand. Er sprach mit dem Mann, hatte seinen durchdringenden Blick aber auf sie gerichtet. Aus Höflichkeit grüßte sie ihn mit einem Kopfnicken. Er erwiderte den Gruß freundlich – obwohl sein Blick unverändert stechend blieb – und kehrte ihr dann den Rücken zu.

Vor ihrem Tipi traf Macha auf Hanmani und fragte ihre Freundin: »Hast du Lust, heute mit mir Holz zu sammeln?« *Dann lässt dein Cousin mich wenigstens in Ruhe,* dachte sie, wollte aber aus irgendeinem unerfindlichen Grund diese finsteren Worte nicht laut aussprechen.

»Deshalb bin ich hier, meine Freundin. Meine Mutter will sich heute um alles allein kümmern, deshalb helfe ich meiner Großmutter. Ihre Hände und Füße sind nicht mehr so schnell wie früher. Es ist traurig, dass Kleines Reh nicht mehr da ist, um ihren Eltern zu helfen. Aber es ist gut, dass sie keinen Mann und keine Kinder zurückgelassen hat, als der Große Geist sie zu sich rief.«

Macha beruhigte sie: »Wenn Nahemana und Kleine Schildkröte nicht mehr allein in ihrem Tipi leben können, müssen sie zu Starker Fels oder Winona ziehen, damit ihr Sohn oder ihre Tochter sich um sie kümmern können. Schließlich wandeln sie schon sehr lange auf dem Gesicht der Mutter Erde.«

»Das stimmt, Morgenröte. Meine Brüder und die Strong Heart bringen ihnen Fleisch und Felle und andere versorgen sie mit vielen nützlichen Dingen, denn unser Schamane ist sehr beliebt und geachtet. Dennoch wird der Tag kommen, an dem sie sich nicht mehr allein versorgen können.«

»Das ist wahr, Hanmani, aber so verhält es sich mit allen Menschen, die der Große Geist erschaffen hat; es ist ein Teil unseres Lebenskreises. Komm, lass uns jetzt arbeiten, damit ich nicht an meinen Mann denken und mir Sorgen machen muss!«

Hanmani drückte Macha leicht die Hand, um sie zu ermutigen. »Ich wette, du wirst dich trotzdem um ihn sorgen. Aber hab keine Angst, Wakantanka lenkt und beschützt ihn.«

Chase lehnte an einem Stall in Fort Laramie und fragte den Soldaten, den er in ein freundliches Gespräch verwickelt hatte: »Ich habe gehört, dass es hier vor ein paar Wochen zu Auseinandersetzungen gekommen ist. Was ist passiert?«

Der Gefreite striegelte sein Pferd und erzählte: »Einer der Mormonen, die diese Gegend durchqueren, hat behauptet, Indianer hätten ihm seine Kuh gestohlen. Er hat ein ziemliches Theater veranstaltet und wollte, dass die Armee sein Tier zurückbringt. Lieutenant Fleming hielt es für das Beste, die Kuh zurückzuholen, um den Indianern zu zeigen, dass sie nicht einfach so Vieh stehlen können. Er wollte verhindern, dass solche Vorfälle sich häufen und womöglich noch jemand dabei getötet wird oder es zu großen Schwierigkeiten kommt. Er gab Grattan den Auftrag, sich um die Angelegenheit zu kümmern.«

Chase stellte keine Fragen und machte auch keinerlei Bemerkungen, während der Mann sich umschaute, als wolle er sich vergewissern, dass niemand sie hören konnte. Er bemerkte den empörten Tonfall des Soldaten, als dieser weitersprach.

»Fast die Hälfte der Garnison war draußen, um Holz zu fällen und Heu einzuholen, aber die meisten Männer im Fort waren trotzdem bereit, mit Grattan zu gehen. Ich denke, sie hatten einfach Lust auf Abwechslung, und wollten sich einen Spaß daraus machen, den Indianern eine Lektion zu erteilen. Mein Ding war das nicht, darauf können Sie wetten. Ich bin kein Narr und hab den Ärger gerochen. Wenn es nicht unbedingt sein muss, ist es besser, sich nicht mit den Indianern anzulegen, schon gar nicht für irgendeine dumme Kuh, die ausgebüchst ist. Zum Teufel, wir waren nur zehn, um das ganze Fort zu bewachen. Wir hatten verdammtes Glück, dass wir nicht angegriffen wurden. Natürlich schickte Fleming sofort nach den Leuten, die draußen beim Heu und beim Holz waren, als er von dem Gefecht erfuhr.«

»Es wurde also gekämpft?«, fragte Chase, als der Mann schwieg.

»Ja. Grattan und seine neunundzwanzig Männer nahmen zwei Haubitzen mit, um den Indianern Angst einzujagen und sie gefügig zu machen. Offensichtlich hat er sie vollkommen falsch eingeschätzt; sie waren ziemlich wütend und äußerst mutig.«

»Hatten die Indianer diese Kuh denn nun dem Mormonen gestohlen oder nicht? Sie sagten vorhin, dass sie ausgebüchst sei.«

»Wir wissen es nicht. Die Indianer haben behauptet, sie sei einfach in ihrem Lager aufgetaucht, deshalb glaubten sie, sie könnten sie ruhig schlachten und essen. Vielleicht dachten sie auch, eine der Kühe, die ihnen laut Vertrag als jährliche Zahlung zustehen, hätte sich losgerissen. Für mich hört es sich nach einem Missverständnis an, nichts, was man aufbauschen muss, aber Grattan sah das anders und bezahlte für diesen dummen Fehler. Er und seine Männer ritten in das Lager, das sich in der Nähe des Ortes befand, wo dem Mormonen angeblich seine Kuh gestohlen worden war. Anscheinend war es Grattan egal, dass es sich um ein ziemlich großes Lager von Brule, Minneconjous und einigen Oglala handelte. Wahrscheinlich hat er gedacht, angesichts der Zurschaustellung der Allmacht unserer Armee würden die Indianer klein beigeben. Noch ein dummer Fehler. So als wüsste er nicht, dass er sich da mit einem Haufen äußerst erfahrener Krieger einließ. Oder es war ihm egal, ich weiß es nicht. Es heißt, dass Hohe Stirn, der in dem Lager nur zu Besuch war, die Kuh getötet hat. Grattan forderte ihn und jeden, der von dem Fleisch des armen Viechs gegessen hatte, auf, sich ihm auszuliefern, denn er wollte alle ins Fort bringen und bestrafen. Natürlich weigerten sich die Indianer, sie hatten ja aus ihrer Sicht nichts

Böses getan. Dann haben ein paar verängstigte oder hitzköpfige Soldaten das Feuer eröffnet und die Krieger haben mit Pfeilen geantwortet. Ich nehme an, der Schusswechsel hat Grattan einen gehörigen Schrecken eingejagt, denn plötzlich befahl er, die Haubitzen abzufeuern, und ließ seine Männer mit den Gewehren drauflosschießen. Mutiger Bär – das ist der, den Fitzpatrick und Mitchell bei den Friedensverhandlungen vor drei Jahren zum Oberhäuptling bestimmt hatten – wurde tödlich getroffen und das machte die Indianer nur noch wütender.«

»Das kann ich mir vorstellen«, bestätigte Chase. »Er war ein geachteter Anführer.«

»Gefleckter Schwanz hielt sich ebenfalls in dem Lager auf und mit dem ist nicht gut Kirschen essen. Wahrscheinlich ist er derjenige, der den Vergeltungsschlag anordnete und die Krieger befehligte. Innerhalb weniger Minuten töteten sie Grattan und alle Soldaten. Alle, bis auf den Gefreiten Cuddy. Er wurde schwer verwundet, aber von ein paar friedlichen Indianern gerettet und zu Bordeaus Handelsposten gebracht. Bordeau ließ ihn hierher bringen und Cuddy erzählte uns die ganze Geschichte, bevor er starb. Ohne ihn wüssten wir gar nichts, obwohl dieses Wissen nicht unbedingt viel ändert.«

»Haben Gefleckter Schwanz und die anderen das Fort angegriffen?«

»Nein. Einige friedliche Indianer haben Fleming gewarnt und ihm von der Schlacht berichtet. Er rief sofort alle Männer ins Fort zurück. Ich bin nur froh, dass ich mich nicht für Grattans Trupp gemeldet hab, er war zu leichtsinnig und wollte unbedingt befördert werden. Außerdem wusste er einfach nicht genug über die Verhältnisse hier draußen. Er hätte niemals mit so wenigen Leuten in ein so großes Lager reiten dürfen. Und er hätte niemals diesen Lucien Auguste als Dolmetscher mitnehmen dürfen. Auguste war betrunken und beleidigte die Rothäute. Cuddy konnte nicht verstehen, was er sagte, aber die Krieger wurden ziemlich wild. Wenn Sie mich fragen, hätte Grattan dem Mormonen einfach eine von unseren Kühen geben sollen, oder eine aus dem Vorrat für die jährlichen Zahlungen. Dann hätten wir alle unsere Ruhe gehabt.«

»Aber jetzt ist doch alles wieder in Ordnung, oder?«, fragte Chase. »Ich meine, ich bin unterwegs weder feindlichen Indianern noch Patrouillen begegnet.«

»Ich wünschte, alles wäre wieder so wie vor dem Schlamassel, aber so ist es leider nicht. Wir sind immer noch in Alarmbereitschaft. Zum Teufel, wir haben seit diesem Zusammenstoß kaum ein Auge zugemacht. Ein Trupp feindlicher Indianer hat die Koppel des Quartiermeisters überfallen und sechsunddreißig Pferde und anderes Vieh gestohlen, darunter sogar die Maultiere, die die Wagen mit den Vorräten für die Indianer gezogen haben. Einige haben die ›Amerikanische Pelzhandelsgesellschaft‹ flussabwärts ausgeraubt, soweit man von einem Raub sprechen kann, denn schließlich haben sie nur das gestohlen, was ihnen ohnehin zusteht. Andere haben Bordeaus Handelsposten überfallen, aber Häuptling Kleiner Donner – er gehört zu den Brule – hat verhindert, dass Bordeau und seine Männer getötet wurden. Sobald unsere Kundschafter Bescheid gaben, dass das große Lager geräumt war, sind wir hingegangen und haben die Leichen geholt. War kein hübscher Anblick, das kann ich Ihnen sagen. Wir haben alle bis auf Grattan hier beerdigt, sein Leichnam wurde mit einem Wagen nach Leavenworth gebracht – wahrscheinlich weil er Offizier war.«

»Hat man die Indianer, die an den Auseinandersetzungen beteiligt waren, zu fassen gekriegt?«, fragte Chase, doch der Gefreite zuckte die Achseln und zog ein finsteres Gesicht.

»Nein, aber wir werden sie bald festnehmen und bestrafen, das können Sie mir glauben.«

»Was meinen Sie damit?«, fragte Chase und versuchte, seine Besorgnis zu verbergen.

»Fleming hat Unterstützung angefordert. Sobald sein Bericht bei der Regierung eintrifft und die entsprechenden Maßnahmen ergriffen werden, müssten neue Streitkräfte kommen. Er hat eigens einen Boten mit der Nachricht losgeschickt, aber so wie die Dinge hier normalerweise laufen, lässt sich schwer sagen, wann mit einer Antwort zu rechnen ist. Natürlich hat Fleming um Eile gebeten, schließlich sitzt er auf heißen Kohlen. Er sagt, die Regierung muss Truppen und schweres Geschütz schicken, weil wir uns einen ausgewachsenen Krieg in dieser Gegend nicht leisten können. Das Gebiet ist für Armee und Einwanderer zu wichtig; wir können nicht zulassen, dass die Indianer es zurückerobern und alle rauswerfen. Es würde Jahre dauern und auf beiden

Seiten viele blutige Opfer fordern, wenn wir das Land zurückerobern müssten.«

»Hat Lieutenant Fleming den Versuch gemacht, mit den Indianern zu verhandeln? Schließlich hat Grattan den Ärger vom Zaun gebrochen. Außerdem gab es auf beiden Seiten Tote, deshalb wäre es klug, wenn die Armee das Ganze mal aus anderer Sicht betrachten und einen Kompromiss finden würde, um die Sache wieder in Ordnung zu bringen.«

»Das sehe ich genauso, aber ich hab hier nichts zu melden. Ich wünschte, es wäre anders, denn ich würde alles dafür tun, eine vernünftige Lösung zu finden. Es ist für beide Seiten eine ziemlich verfahrene Situation. Wenn die Indianer sich nicht wehren, verlieren sie das Gesicht. Das Gleiche gilt für die Armee; wenn sie das Massaker ignoriert, verliert sie das Gesicht. Außerdem müssen wir vermeiden, dass feindliche Stämme glauben, sie könnten jederzeit stehlen und töten, ohne bestraft zu werden. Für mich sieht es aus, als sitzen wir in der Klemme.«

»Vielleicht lässt sich dagegen was tun«, wagte Chase zu äußern. »Es muss nur jemand einen Kompromiss finden, den beide Seiten akzeptieren können.«

»Möchten Sie sich um den Job bewerben?«, fragte der Gefreite.

»Ich glaube, die Sache ist eine Nummer zu groß für mich, aber ich hoffe, es wird sich jemand finden. Für mich wäre es mehr als schade, wenn ich nicht mehr durch dieses Gebiet reisen und meine Fallen hier aufstellen kann.«

»Oder wenn Sie Ihren Skalp verlieren und als Tierfutter enden.«

Damit der Soldat nichts merkte, lachte Chase und entgegnete: »Das natürlich auch.«

* * *

An einem abgeschiedenen Ort einige Meilen vom Fort entfernt, erstattete Chase Gespannter Bogen einen vollständigen Bericht über das, was er herausgefunden hatte, damit der junge Mann seinen Vater und den Stamm davon in Kenntnis setzen konnte. Der Krieger dankte Chase abermals für sein Vertrauen, das ihm die Möglichkeit gegeben hatte, seinen Ruf nach dem Versagen am Sonnentanzpfahl zumindest teilweise wiederherzustellen.

Während sie aßen, sagte Chase zu dem Sohn des Schlachtenführers: »Ich weiß, wie man sich fühlt, wenn andere einen als Schwächling und Außenseiter betrachten, deshalb verstehe ich, dass du niedergeschlagen und beschämt bist und den Makel wieder bereinigen willst. Hab keine Angst, Gespannter Bogen, es wird noch viele Gelegenheiten für dich geben, um große Taten zu vollbringen, und dein Vater und dein Volk werden stolz auf dich sein. Der Große Geist wollte dir eine Lehre erteilen, denn Er braucht dich für Seine Pläne. Für alles, was in unserem Leben passiert, gibt es einen Grund, deshalb muss man aus Fehlern lernen. Sie machen uns stärker und treiben uns vorwärts, bis wir so weit sind, Gutes und Großes zu vollbringen.« *Diese Weisheit stammt von Mama Martin und ich glaube fest daran.*

»Du bist weise und hast ein großes Herz, Wolkenjäger. Es ist gut, dass du zu uns zurückgeschickt wurdest, denn es gibt Aufgaben, die nur du erledigen kannst. Du hast mir Mut und Hoffnung gegeben. Ich werde den Großen Geist und mein Volk niemals mehr enttäuschen, auch wenn ich bei einer Prüfung, die mir auferlegt wurde, sterben sollte. Willst du bei der nächsten Sonnentanzzeremonie mit mir schwitzen, tanzen und die Flöte spielen?«

»Es ist mir eine Ehre, dich dabei zu begleiten, Gespannter Bogen, und ich bin sicher, dass du siegreich sein wirst.«

Sie unterhielten sich noch eine Weile und legten sich dann schlafen, denn am Morgen würde Gespannter Bogen ins Lager der Red Shield und Chase zum Fort zurückreiten, um noch mehr in Erfahrung zu bringen.

Im Laufe der nächsten Woche erfuhr Chase aus Gesprächen mit Soldaten, dass schon bald neue Offiziere, Truppen, Vorräte und Waffen eintreffen würden. Man wollte nicht nur die Soldaten ersetzen, die in dem »Grattan-Massaker« den Tod gefunden hatten, sondern zusätzliche Streitkräfte bei der Hand haben, falls die Lage sich zuspitzen sollte – und das war laut Armee und Lieutenant Fleming zu erwarten. Die Soldaten, die sich bereits vor Ort befanden, waren sehr beschäftigt. Viele wurden abkommandiert, um neue Quartiere zu errichten, größtenteils aus Ziegelstein. Andere mussten noch mehr Holz fällen und Heu einholen und lagern, damit es im Fall eines Angriffs genügend Vorräte gab. Weitere Männer wurden als zusätzliche Wachen über- und unterhalb des Steilhangs aufgestellt, denn dem Fort fehlte eine schützende Einzäunung, oder sie wurden auf Patrouille geschickt. Wenn die Zeit es erlaubte, wurden auch noch die täglich anfallenden Arbeiten erledigt.

An einem späten Nachmittag erschienen zwei Planwagen unterhalb des Felsens in der Nähe des Flusses und hielten dort. Da Chase gerade in der Nähe war, lernte er die beiden Familien kennen, denen die Wagen gehörten. Sie wollten zurück in den Osten, nachdem sie schon sehr weit westlich gekommen waren, bis Mormon Ferry, das an der Mündung des Sweetwater River in den North Platte lag. Die Männer hatten erkannt, dass die Reise doch zu hart und zu lang war und sie nicht genug Geld und Vorräte besaßen, um Oregon zu erreichen, wo sie ursprünglich vom Landvergabegesetz der Regierung hatten profitieren wollen, das jedem eine Quadratmeile Land versprach.

Da Chase in beiden Gebieten gelebt und auf Misses Martins Geheiß in Oregon zur Schule gegangen war, konnte er verstehen, warum so viele Siedler sich so weit westlich niederlassen wollten. Das Land war wunderschön und fruchtbar und dank der Soldaten fühlten die Leute sich sicher. Wenn erst herauskam, dass in den Black Hills und anderen Gegenden Gold und Silber, andere Wertmetalle und Erze zu finden waren, würde die Flut der Schürfer kein Ende mehr nehmen. Außerdem würden Händler kommen, um die Goldsucher zu versorgen, nicht zuletzt auch mit Whiskey und

Frauen, damit sie ihre fleischlichen Gelüste befriedigen konnten, und noch mehr Soldaten, um die durch einen solchen Ansturm gieriger Männer und Frauen ausgelösten Probleme zu bewältigen.

War es möglich, überlegte Chase, eine dauerhafte Vereinbarung auszuhandeln? Konnten zwei so unterschiedliche Kulturen gleichberechtigt und in Frieden miteinander leben? Er bezweifelte es, denn die Gier der Weißen war größer als ihre Bedürfnisse, und zu viele von ihnen würden alles tun, um ihren unbändigen Hunger zu stillen. Da er sich auf die Seite der Indianer geschlagen hatte, musste er alles dafür tun, die Eroberung des Landes durch die Weißen zu vereiteln. Er hasste die Vorstellung, dass er gegen das Volk seiner Mutter und der Martins kämpfen musste, aber er hatte keine andere Wahl, denn für ihn waren die Soldaten und die Siedler die Eindringlinge, die sich im Unrecht befanden.

An einem der folgenden Tage begegnete Chase dem Händler, bei dem er vor vielen Wochen eingekauft hatte. Der Mann wollte wissen, warum er sich immer noch in der Gegend aufhielt und fragte ihn nach seiner indianischen »Squaw«.

Seufzend zuckte Chase die Achseln und schimpfte: »Ich musste sie zu ihren Leuten zurückschicken. Am Anfang war sie gehorsam und respektvoll, dann ist sie immer mürrischer und unverschämter geworden. Sie hat gejammert und gezetert und wollte nicht mehr mit mir gehen, als sie von dem Ärger mit den Indianern hier in der Nähe hörte. Ich hatte Angst, dass sie mich ausraubt, sobald ich ihr den Rücken zukehrte, um meine Fallen aufzustellen, deshalb hab ich sie davongejagt.«

»Das war klug, Martin. Was soll man mit einer Squaw, der man nicht trauen kann. Es gibt Schöneres, als sich mitten in der Wildnis ohne Vorräte wiederzufinden, und das wäre passiert, wenn sie sich mit Ihren Sachen aus dem Staub gemacht hätte.«

Chase nickte. »Genau das dachte ich auch.«

»Und was haben Sie jetzt vor?«

»Wenn die Dinge sich weiter so entwickeln wie im Augenblick, könnte ich mich von Fleming als Kundschafter und Übersetzer anheuern lassen. Ich denke mir, dass er vielleicht jemanden braucht, wenn er mit den Indianern verhandeln will, um wieder in Frieden mit ihnen zu leben. Außerdem habe ich keine Lust, mich allein draußen durch die Wildnis zu schlagen, wenn die Roten sich auf dem Kriegspfad befinden.«

»Ich bezweifle, dass es Verhandlungen geben wird. Für mich sieht es so aus, als ob die Armee sich darauf vorbereitet, hier ein für alle Mal aufzuräumen.«

»Glauben Sie, die anderen Stämme und Sippen werden sich gegen die Armee verbünden, wenn Fleming die Brule und Minneconjous für die Sache mit Grattan zur Rechenschaft zieht? Aus Sicht der Indianer haben Grattan und seine Truppe zuerst geschossen und das erste Blut vergossen. Zumindest habe ich es so von den Soldaten gehört. Es war dumm von Grattan, Häuptling Mutiger Bär für eine streunende Kuh umzulegen. Wahrscheinlich haben Sie in Ihrem Laden allerhand darüber gehört.«

»Ja, geredet wird viel, aber oft ist es nur Prahlerei. Ich glaube, die Hälfte der Soldaten hat keinen Schimmer, auf was sie sich da einlassen, wenn die Indianer sich tatsächlich gegen uns verbünden, wie Sie schon sagten. Ich bin auch mal in der Armee gewesen und weiß, wie gut und erbittert die Roten kämpfen. Wir hatten damals allerhand gefährliche Zusammenstöße mit ihnen, besonders mit diesen Oglala. Aber vielleicht sind sie auch nach drei Jahren Waffenstillstand eingerostet.«

Chase schüttelte den Kopf. »Davon würde ich nicht ausgehen. Ich wette, diese Kerle halten sich fit, wahrscheinlich vermissen sie die Überfälle und Kämpfe regelrecht. Meiner Meinung nach warten die nur darauf, zu den Waffen greifen zu können. Wenn Sie bei der Armee waren, wissen Sie ja, wie begierig die Indianer auf Vergeltung und ruhmreiche Siege sind. Wenn ich Fleming wäre, würde ich mit Angriffen vorsichtig sein.«

Der Mann blickte sich um, und als er sah, dass niemand in der Nähe war, flüsterte er: »Wenn Fleming so klug wäre, wie er für seinen Posten als Befehlshaber in dieser Gegend sein müsste, hätte er nicht Grattan geschickt, um die Angelegenheit zu regeln. Er selbst hätte es natürlich auch nicht besser hingekriegt, schließlich hat er letztes Jahr einen Zusammenstoß mit den Minneconjous provoziert. Ich bin sicher, dass die Armee ihn zumindest teilweise für dieses Fiasko verantwortlich macht.«

»Könnte sein«, stimmte Chase zu. »Ich werde

noch ein Weilchen hier bleiben, da kann ich ab und zu bei Ihnen reinschauen. Wenn ich irgendwas Wichtiges höre, lass ich es Sie wissen. Ich wäre Ihnen dankbar, wenn Sie das Gleiche tun. Wer weiß, vielleicht wollen wir beide bald die Gegend verlassen, wenn die Dinge hier zu schlecht stehen.«

»Ich nicht, Martin. Alles, was ich habe, steckt in diesem Laden. Wenn es noch mehr Ärger gibt, wird ihn mir keiner abkaufen, zumindest nicht für einen angemessenen Preis, und ich gebe ihn bestimmt nicht einfach so weg. Und den Indianern werde ich meine Waren erst recht nicht überlassen, wenn sie das Fort angreifen sollten. Eher würde ich den Laden anzünden.«

»Dann halten Sie am besten Augen und Ohren offen und das Gewehr schussbereit, denn Fort Laramie dürfte eines der Hauptziele sein, wenn sie das Kriegsbeil ausgraben.« Während Chase sich umsah, sagte er: »Fleming steht vor seiner Tür. Ich denk, ich geh mal rüber und mach ihm ein Angebot. Wir sehen uns. Seien Sie vorsichtig«, riet er dem Mann noch und ging.

Chase ging auf Lieutenant Hugh Fleming zu, der an einem Verandapfosten lehnte und seinen Blick über das Fort und die arbeitenden Truppen schweifen ließ, und brachte sein Angebot vor, als Übersetzer und Informant für ihn zu arbeiten. Doch der Officer erklärte ihm, dass es sinnlos sei, mit den Indianern zu sprechen. Im Laufe ihrer Unterhaltung wurde Chase immer mutloser. Fleming war nicht einmal gewillt, den indianischen Vertreter Thomas Twiss als Vermittler zu bemühen – der

Lieutenant hielt Verhandlungen für schlichtweg überflüssig.

Was Chase am meisten betrübte, war die Tatsache, dass Fleming und die Regierung die Indianer – vor allem die Lakota – für die Auseinandersetzungen und für das, was die Weißen als »Grattan-Massaker« bezeichneten, verantwortlich machten. Offensichtlich war die Armee entschlossen, den entscheidenden Punkt, nämlich dass *ihr* Officer den Konflikt geschürt hatte, zu übersehen. Fleming wiederholte immer wieder, dass die Armee möglichst schnell die Kontrolle über das Gebiet und die Indianer wiedergewinnen müsse und dass dafür jedes Mittel recht sei.

Am Donnerstag, den vierzehnten September, erfuhr Chase, dass nicht Lieutenant Hugh Fleming, sondern Major William Hoffman den Oberbefehl über das Kommando erhalten würde. Der Major kam mit zusätzlichen Truppen und Waffen und es wurde sogar noch weiterer Nachschub erwartet.

Am nächsten Tag beobachtete Chase den Wechsel der Kommandantur. Während er versuchte, Hoffmans Charakter einzuschätzen und mehr über seine Pläne und Strategien herauszufinden, erreichte ihn die schockierende Nachricht, dass Gefleckter Schwanz mit seinen Brule und Oglala zweiundzwanzig Meilen vom Fort entfernt eine Postkutsche überfallen, drei Männer getötet, einen weiteren verletzt und zehntausend Dollar in Gold gestohlen hatte.

Chase war klar, dass dieser Überfall für den neuen Kommandanten wie eine Ohrfeige wirken musste. Der Major rief augenblicklich einen großen Trupp schwer bewaffneter Soldaten zusammen, um sich an den Ort des Überfalls zu begeben. Für den Fall, dass die Krieger nur die Truppen hatten weglocken wollen, um in Ruhe das Fort anzugreifen, wurde es unter Alarm gestellt. Zur großen Erleichterung der Wachen und der zurückgebliebenen Soldaten blieb der Angriff jedoch aus. Chase überlegte sich, dass es keinen Sinn hatte, Hoffman zu folgen oder als Dolmetscher mit ihm zu reiten, solange er nicht mehr über den Mann wusste. Er war enttäuscht, dass Gefleckter Schwanz den Zorn der Armee auf die Lakota gelenkt hatte, denn der Überfall und der Mord an den Zivilisten würde alle Indianer in Gefahr bringen.

Chase wartete, bis die Soldaten mit den Leichen zurückkehrten, und ritt dann an den Ort des Geschehens, um nach Spuren zu suchen. An den Hufabdrücken und der Dauer des Einsatzes ließ sich unschwer erkennen, dass Hoffman nicht hinter den Indianern hergeritten war, und Chase fragte sich warum. Er folgte den Spuren der Brule viele Meilen weit, doch schließlich sah er ein, dass die Krieger sehr schnell ritten und er sie kaum einholen konnte. Und falls er es doch schaffen sollte, würden sie ihm seinen Namen und seine Stammeszugehörigkeit womöglich nicht glauben, und das konnte ihm eine Verwundung oder vielleicht sogar den Tod einbringen.

Am darauf folgenden Nachmittag hatte Chase bereits von den Soldaten und dem freundlichen Händler erfahren, welche Maßnahmen Hoffman getroffen hatte: Alle Kutschen, Vorratswagen und Trecks wurden in Zukunft von Wachen begleitet. Entlang der Straße wurden neue Außenposten gebaut, die – obwohl klein, unbequem und schwer zu verteidigen – den Reisenden zusätzlichen Schutz bieten und sie mit Pferden versorgen sollten, damit die Gespanne stets frisch genug waren, um mögliche Verfolger abschütteln zu können. Das Schlimmste jedoch war, dass Kriegsminister Jefferson Davis eine Botschaft geschickt hatte, in der er Vergeltungsmaßnahmen für alle Überfälle forderte und ausdrücklich befahl, jedes Mittel auszuschöpfen. um den Frieden in der Region innerhalb einer bestimmten Frist wiederherzustellen. Außerdem ließ er Major Hoffman wissen, dass er im Falle eines Misserfolgs General William Harney – »Bei Gott, ich bin für Krieg, nicht für Frieden« – schicken würde, damit dieser seine Vorstellungen in die Praxis umsetzte. Die Abgeordneten in Washington gingen davon aus, dass die Sioux versucht hatten, bestimmte Waren zu stehlen und dass es so zum »Grattan-Massaker« gekommen war. Chase wusste, dass es sich um eine gefährliche Fehleinschätzung der Lage handelte, aber wer würde *ihm* schon glauben? Schließlich gab es sogar einen Augenzeugenbericht des Vorfalls, auch wenn der Gefreite Cuddy nicht mehr lebte, um seine Aussagen zu bestätigen. Warum machte die Armee einzig und allein die Indianer für das Blutvergießen verantwortlich und wollte sie bestrafen, wenn doch im Grunde alle wussten, wer und was die blutige Auseinandersetzung ausgelöst hatte? War das Ganze nur ein Vorwand, um alle Indianer zu unterwerfen – um also genau das zu tun, was der Friedensvertrag nicht geschafft hatte? Wollte die Regierung alle Indianer – Männer, Frauen und Kinder – niedermetzeln und das Gebiet in Beschlag nehmen?

Da Hoffman gewiss verhindern wollte, wie seine Vorgänger abgesetzt zu werden, ging Chase davon aus, dass der Officer alles in seiner Macht Stehende tun würde, um den Streit schnell und wirksam zu beenden.

Bevor die Dunkelheit über das Land hereinbrach, war Chase schon unterwegs zu dem Ort, an dem der Kriegsrat abgehalten werden sollte und wo er Gefleckter Schwanz und seine eigene Familie vermutete. Er wünschte, die Dinge in Fort Laramie hätten sich anders entwickelt, es könnte einen neuen Friedensvertrag geben und er könnte in Frieden nach Hause reiten, um mit seiner geliebten Frau Wiedersehen zu feiern.

15. Kapitel

Als Chase sich am achtzehnten September dem verabredeten Ort am White River näherte, der viele Meilen nordwestlich der weitläufigen Sand Hills lag, stellten sich ihm zwei Späher eines fremden Stammes vom Volke der Lakota in den Weg. Da er damit gerechnet hatte, trug er das Hemd, das die Familie seiner Frau ihm geschenkt hatte, Leggings, einen Lendenschurz und Mokassins. Außerdem war er, sobald die Männer nach ihren Waffen gegriffen hatten und auf ihn zugekommen waren, nur langsam weitergeritten und hatte mit den Händen die Zeichen für *Frieden* und *Freund* geformt. In Lakota erklärte er, dass er der Sohn von Häuptling Großer Bär sei, der sich zusammen mit anderen Vertretern seines Stammes zu dem Kriegsrat einfinden würde, der am nächsten Tag beginnen sollte. Die Späher betrachteten ihn misstrauisch, denn es war offensichtlich, dass er ein Halbblut war. Außerdem benutzte er einen Sattel der *wasicun.* Als die Männer sich unruhig umsahen, versicherte er ihnen, dass er allein gekommen war. Die Situation erinnerte ihn an die erste Begegnung mit Kriegerischer Adler, die schon einige Monate zurücklag. Obwohl es erniedrigend war, musste er wohl akzeptieren, dass sein weißes Erbe ihn sein Leben lang verdächtig machen würde. Schließlich bedeutete einer der beiden Krieger ihm, zwischen ihnen weiterzureiten. Drohend richteten sie ihre scharfen Lanzen auf ihn.

Die beiden Männer brachten ihn zum Treffpunkt, wo er seinen Vater, Kriegerischer Adler, Flussufer und zwanzig andere Red Shield antraf, die auf die Ankunft der anderen Verbündeten warteten. Dazu gehörten zahlreiche weitere Sippen der Oglala und der anderen sechs Stämme, die zusammen den Zweig der Lakota bildeten, der wiederum zum riesigen Volk der Dakota gehörte. Chase war erleichtert, dass seine Leute bereits eingetroffen waren und somit bestätigen konnten, was er den Spähern gesagt hatte. Andernfalls hätte er die kommende Nacht womöglich in Fesseln verbringen müssen. Sobald die beiden Männer sich über die Wahrheit seiner Angaben vergewissert hatten, kehrten sie auf ihre Posten zurück, jedoch nicht ohne ihm noch einen letzten neugierigen Blick zuzuwerfen.

Chase stieg von seinem Pferd und gesellte sich zu seiner Familie und seinen Freunden, die um ein Feuer saßen, denn zu dieser Jahreszeit wurde es nach Sonnenuntergang schnell kühl. Zu Chase' großer Freude – er wusste, dass man ihn von anderen Lagerfeuern aus beobachtete – stand sein Vater auf, um ihn zu umarmen, sein Bruder und der Bruder seiner Frau hießen ihn willkommen, indem sie die Arme mit ihm kreuzten, und andere grüßten ihn herzlich und respektvoll. Die Lagerstelle war abgeschieden genug, um sich ungestört unterhalten zu können. Man erzählte ihm, dass Windtänzer und der Schlachtenführer Blaue Eule im Lager geblieben waren, um den Rest des Stammes zu beschützen und von den Prärien sicher zum Winterlager in die heiligen Black Hills zu geleiten. Nahemana war ebenfalls dort geblieben, denn die Reise wäre für den alten Mann zu lang und beschwerlich gewesen.

Chase war ein wenig überrascht und enttäuscht, Zwei Federn bei der Gruppe zu entdecken, denn das bedeutete zum einen, dass sich nur zwei der vier Träger des Heiligen Bogens beim Stamm befanden, und zum anderen, dass sein Cousin wahrscheinlich keine Gelegenheit außer Acht lassen würde, ihn vor den Verbündeten schlecht zu machen und zu blamieren. Außerdem war er sicher, dass Zwei Federn für einen sofortigen Krieg stimmen und versuchen würde, andere auf seine Seite zu ziehen. Chase war froh, dass sein Cousin still am Rande der Versammlung saß, musste jedoch feststellen, dass der Mann mit fast schon übertriebener Aufmerksamkeit seinen Worten lauschte.

Während des Essens erzählte Chase, was er in Erfahrung gebracht hatte, seit Gespannter Bogen mit der ersten Nachricht aufgebrochen war. Die meisten waren sehr erstaunt zu hören, was sich alles in Fort Laramie und dessen näherer Umgebung ereignet hatte. Besonders beunruhigt waren sie über den Überfall von Gefleckter Schwanz und seinen Leuten sowie die massive Verstärkung der Armee. Als Chase geendet hatte, wurde er für seine erfolgreiche Mission gelobt, und viele stellten Fragen oder kommentierten die Neuigkeiten. Flüchtig bemerkte Chase, dass Zwei Federn die ganze Zeit über still da saß und aufmerksam zuhörte.

Später entfernte Chase sich mit Flussufer und Kriegerischer Adler ein paar Schritte vom Lager, denn er wollte sie nach seiner Frau fragen und wissen, was sich in seiner Abwesenheit im Lager ereignet hatte. Mit Freude vernahm er, dass die Büffeljagd ohne weitere Zwischenfälle und äußerst erfolgreich beendet worden war. Es gab also reichlichlichen Vorrat an Nahrung, Fellen und anderen Dingen für den Winter. Das jährliche Treffen der Sieben Ratsfeuer der Lakota würde in diesem Jahr nicht stattfinden, da zur gleichen Zeit der Kriegsrat abgehalten wurde, dabei wäre die festliche Versammlung eine gute Gelegenheit gewesen, um Chase den anderen Stämmen der Lakota vorzustellen.

Da die Angelegenheiten des Stammes vorgingen, wartete Chase, bis die beiden Männer ihm alles berichtet hatten, und fragte dann: »Wie geht es Morgenröte? Jagt Gebrochener Speer für sie und sorgt für ihren Schutz, so wie er es mir versprochen hat?«

»Dein Cousin hält sich an sein Ehrenwort, mein Bruder und Freund«, antwortete Flussufer. »Deine Frau arbeitet hart, aber du fehlst ihr und sie hat Angst um dich. Ihr Herz wird Freudensprünge machen, wenn sie dich wiedersieht.«

»So wie meines, wenn ich deine Schwester wieder in die Arme schließen darf.«

»Ich kenne solche Gefühle noch nicht«, scherzte Kriegerischer Adler, »aber sie scheinen mächtig zu sein, denn deine Augen glühen und deine Stimme wird weich wie das Fell eines Hasen, wenn du von ihr sprichst. Hätte ich gewusst, dass Morgenröte so zauberhaft ist, hätte ich sie mit anderen Augen betrachtet, bevor du sie zur Frau nahmst. Aber leider war sie schon wie eine Schwester für mich, bevor du sie dazu machtest, denn sie und Hanmani sind seit jeher ein Herz und eine Seele.«

Chase lächelte und riet ihm: »Lass Wakantanka eine Frau für dich wählen, so wie Er es für mich und für Windtänzer tat, dann wird deine Verbindung glücklich und erfolgreich sein.«

»Ich hoffe, das wird nicht geschehen, bevor wir die Weißen und alle anderen Feinde aus unserem Gebiet vertrieben haben und es wieder ganz und gar den Lakota gehört«, sagte Kriegerischer Adler ernst und schwieg dann, denn mit einem Mal lief ihm ein merkwürdiger Schauer über den Rücken. Es war, als hätte er eine wundersame Botschaft erhalten, die er nicht verstehen konnte.

Chase ahnte, was in seinem Halbbruder vorging, sagte aber nichts dazu. »Wenn wir unsere Schritte vom Großen Geist lenken lassen, Kriegerischer Adler, müssen wir bereit sein, den Weg zu gehen, den Er für uns bestimmt hat. Ich habe nicht damit gerechnet, dass ich Morgenröte in diesem Jahr begegnen und mich mit ihr vermählen würde, obwohl sie mir in dem heiligen Traum gezeigt wurde, der mich nach Hause rief. Das Gleiche gilt für Windtänzer. Tautropfen trat in sein Herz und in sein Leben, als er es am wenigsten erwartete. Vielleicht wird es für dich ebenso sein. Es ist schwierig, in Zeiten großer Gefahr von Morgenröte getrennt zu sein, aber es ist nun einmal so.«

In Anbetracht seiner ernsten Miene und des bedrückten Tonfalls fragte Flussufer: »Nach dem, was du gesehen und gehört hast, Wolkenjäger, glaubst du, dass die Weißen bald den Kriegspfad beschreiten werden?«

»Ja, mein Freund und Bruder«, antwortete Chase finster, »denn die Blaumäntel und die weißen Anführer meinen, sonst vor den Indianern und vor ihren eigenen Leuten das Gesicht zu verlieren. Sie bereiten sich darauf vor, in die Schlacht zu ziehen. Die Überfälle von Gefleckter Schwanz und anderen führen nur dazu, dass sie uns noch schneller und heftiger angreifen werden, dabei brauchen wir Zeit, um ihnen gegenüberzutreten und sie zu besiegen. Kommt, wir müssen jetzt schlafen, denn morgen findet der Kriegsrat statt, bei dem sich unser Schicksal entscheidet! Möge der Große Geist über uns wachen und uns auf den richtigen Pfad führen.«

Am nächsten Tag bei Sonnenuntergang, nachdem noch weitere Lakota eingetroffen waren und ihr Abendessen verzehrt hatten, versammelte sich eine beeindruckende Menge reifer Krieger und bedächtiger junger Männer um ein helles Lagerfeuer. Die Häuptlinge bildeten einen großen Kreis und nahmen mit ihrer jeweiligen Gefolgschaft Platz. Kriegerischer Adler saß rechts, Wolkenjäger links hinter Großer Bär, die anderen Red Shield neben und hinter ihnen.

Acht Mitglieder der Hunkpapas hatten sich hinter der Menschenmenge um eine große Kesselpauke platziert. Sie schlugen mit Weidenstöcken auf die glatte Oberfläche und summten mit gebeugten Köpfen klangvolle Worte. Statt Frohsinn drückten ihre Mienen und ihre Stimmen Ehrfurcht aus. Zahlreiche Krieger, von denen manche herkömmliche Wildlederkleidung und andere prachtvolle Zeremoniengewänder trugen, tanzten um die Flammen und wirbelten Staub und Grasbüschel vom trockenen Boden auf. Viele bewegten sich in rhythmischen Schritten um das Feuer, andere stampften mit den Füßen und drehten sich in wilder Raserei um sich selbst. Einige sangen, andere stießen Schlachtrufe und Freudenschreie aus, wieder andere schwiegen und manche murmelten Gebete vor sich her. Die lautesten und lebhaftesten Tänzer wirbelten Beile und hölzerne Knüppel über ihre Köpfe, als wollten sie unsichtbare Gegner oder böse Geister töten. Alle anderen Männer saßen im Schneidersitz auf Fellen oder Binsenmatten und beobachteten die Vorbereitungsriten, auf die das Gebet eines Schamanen der Brule folgte, der den Schöpfer um Beistand und Segen bei diesem entscheidenden Treffen und all ihren Bestrebungen bat.

Danach fand das Bruderschaftsritual statt, bei dem zum Zeichen der Freundschaft und der Eintracht in den ernsten Angelegenheiten, die auf sie warteten, eine Pfeife aus heiligem roten Stein geraucht wurde. Nachdem auch der letzte Mann an der Pfeife gezogen und den grauen Rauch ausgestoßen hatte, ging die Pfeife zu Tatanka Yotanka – Sitting Bull – zurück, dem Schamanen der Hunkpapas. Dann wanderte ein Lederbeutel von Häuptling zu Häuptling, mit dessen Hilfe ermittelt wurde, wer als Erster sprechen und die Verhandlungen leiten würde. Die ehrenvolle Aufgabe fiel Mahpialuta – Rote Wolke – zu, von den Old Smoke Oglala, der den einzigen schwarzen Stein aus dem Beutel zog.

Chase nahm all seine Aufmerksamkeit zusammen, um den Worten des hoch geschätzten Häuptlings zu lauschen. Rote Wolke, ein beeindruckender Krieger mit einem großen Mund und kräftigem Kinn, sprach sich für einen entschiedenen Widerstand gegen die Übergriffe der Feinde aus. So wie alle anderen Männer, die nach ihm das Wort ergreifen würden, stand der ältere Mann neben dem Feuer in der Mitte des Kreises, so dass alle ihn sehen und hören konnten.

»Die Weißen haben sich nicht an den Vertrag gehalten«, sagte Rote Wolke. »Gebrochene Hand versprach uns, dass wir fünfzig Winter lang Waren erhalten würden, doch nachdem unsere Häuptlinge den Vertrag unterschrieben hatten, wurde die Dauer auf zehn Winter begrenzt. Er berichtete uns von diesen Vertragsänderungen, bevor er sich auf den Geisterpfad begab und der Schnee unser Land verließ. Einige Stämme erklärten sich damit einverstanden, mein Volk jedoch nicht, so wie viele andere. Wenn die Bleichgesichter sich nicht an ihr Wort halten, müssen wir es auch nicht tun.«

Während der Vollmond auf die Versammlung schien, lenkte Chase seine Aufmerksamkeit auf Kleiner Donner vom Stamm der Brule, der in das »Grattan-Massaker« verwickelt gewesen und unter den Indianern dafür bekannt war, dass er häufig Siedler belästigte, die sich auf dem Oregon-Trail befanden. Außerdem war Kleiner Donner für seine List und Tücke im Umgang mit Soldaten und

Händlern bekannt. Oftmals gab er vor, den Weißen friedlich und freundlich gesinnt zu sein – etwa, als er dem Händler Bordeau und seinen Angestellten das Leben rettete –, in Wahrheit jedoch verachtete er sie, hasste sie für ihr Eindringen und wünschte, dass sie aus dem Land verschwanden. Und sollte sich das als unmöglich erweisen, wollte er die Weißen wenigstens austricksen und für seine Zwecke benutzen. Kleiner Donner sah äußerst merkwürdig aus: Er hatte eine breite Nase und Tränensäcke unter den Augen, sein Gesicht war von einem Kranz kurzer Ponyfransen gekrönt, die restlichen Haare waren zu langen Zöpfen geflochten und in roten Stoff gewickelt.

»Wer gab der Armee, dem großen weißen Häuptling, Gebrochene Hand Fitzpatrick und dem Mann namens Mitchell das Recht, unser Land in Territorien einzuteilen und uns zu befehlen, die Kämpfe gegen unsere Feinde einzustellen?«, fragte Kleiner Donner sarkastisch. »Ich sage, niemand gab ihnen dieses Recht, also ist der Vertrag nichts wert.«

Chase war überrascht, als Großer Bär verkündete, dass sein zweiter Sohn an seiner Stelle sprechen würde – was sein gutes Recht war –, damit Chase erzählen konnte, was er über die *wasicun* wusste, wobei Großer Bär nicht erklärte, wie es dazu gekommen war, dass sein Sohn unter ihnen gelebt hatte. Während er sich den Weg zum Feuer bahnte, überlegte Chase, wie er den Verkauf von Louisiana im Jahre 1803 erklären sollte. »Viele von euch kennen französische Trapper und Händler«, begann er. »Die Franzosen waren der Ansicht, dieses Land hier gehöre ihnen und nannten es *Louisiana.* Die Weißen, die auf der anderen Seite des großen schlammigen Flusses lebten, und ihr Häuptling Jefferson gaben dem französischen Häuptling Napoleon viel Geld, um ihm das Land abzukaufen.« Als Chase eine Pause machte und nach Worten suchte, schaltete Sinte Galeska sich ein.

»Das Land gehört dem Großen Geist; man kann es nicht besitzen oder verkaufen. Wir haben den Blaumänteln erlaubt, im Tausch gegen Frieden und Handelsgüter in diesem Gebiet Forts zu bauen und Wege zu ziehen, und den Weißen, es zu durchqueren. Aber beide nutzen unsere Großzügigkeit aus: Sie kommen, sie nehmen, sie bleiben, sie zerstören, sie beleidigen und entwürdigen uns und sie töten unsere Familien und Verbündeten.«

Da viele der Versammelten nickten und zustimmend murmelten, richtete Chase seine Aufmerksamkeit auf den Brule, der als magisches Symbol stets den Schwanz eines Waschbären um den Kopf trug.

»Deine Worte sind wahr, Gefleckter Schwanz, aber die Weißen sehen das anders«, entgegnete Chase. »Ähnlich wie unser Heiliges Bogenrennen veranstalten die Weißen ein Rennen mit Worten statt mit Füßen; sie erzählen den anderen Weißen, wie sie sie am besten führen wollen. Die Bleichgesichter wählen einen Mann für vier oder acht Winter und Sommer zu ihrem Anführer, der *Präsident* genannt wird. Während seiner Zeit als Präsident sagt dieser Mann den anderen Weißen, was sie tun sollen, so wie der Präsident namens Fillmore den

Vertreter Fitzpatrick damit beauftragt hat, den Vertrag von Long Meadow abzuschließen. Der Weiße bleibt aber nicht sein Leben lang Anführer, und wenn er geht oder stirbt, ist es auch nicht sein Sohn, der ihm folgt; stattdessen wählen die Weißen einen neuen Mann zu ihrem Präsidenten. Im Moment ist es ein Mann namens Pierce. Er wird seinen Leuten befehlen, gegen uns in den Krieg zu ziehen oder in Frieden mit uns zu leben. So wie alle Weißen sieht auch Pierce dieses Gebiet als einen Teil ihres Völkerbundes an, den sie *Amerika* nennen, so wie die Lakota zum Völkerbund der Dakota gehören. Die Weißen wissen, dass wir in diesem Land leben und dass wir eine mächtige Kraft sind. Die meisten wollen keinen Krieg mit uns, deshalb haben sie versucht, einen Waffenstillstand zu schließen, indem sie uns Frieden und Handelsgüter boten, damit wir nicht gegen sie in die Schlacht ziehen. Aber so wie die Crow, die Pawnee und andere Feinde gibt es Weiße, die gierig sind und alles Mögliche tun, damit es einen Krieg gibt und die Blaumäntel und der Präsident gegen uns kämpfen. Diese schlechten Weißen wollen, dass die Armee uns tötet oder aus diesem Land vertreibt, damit es ihnen gehört.«

Chase berichtete von den Weißen, die ihre eigenen Soldaten ausgeraubt und dann versucht hatten, den Verdacht auf die Indianer zu lenken, und er erzählte, wie er ihnen mit Grattans Hilfe eine Falle gestellt und sie getötet hatte. Er bemerkte, dass diese letzte Enthüllung einen Großteil der Häuptlinge und Männer überraschte. Er kam noch einmal auf den drohenden Krieg zu sprechen: »Wenn wir uns weigern, mit den guten Weißen in Frieden zu leben, und gegen die Blaumäntel und die Siedler kämpfen, wird ihr Präsident seinen Männern befehlen, uns anzugreifen und es wird zu einem großen und langen Krieg kommen. Auf beiden Seiten wird es viele Tote geben und viele werden leiden, auch unsere Frauen, Kinder und Alten, und Herz und Gesicht der Mutter Erde werden für immer entstellt sein.«

Großer Bär berichtete, dass Chase sich in Fort Laramie umgehört hatte, bevor er zu dem Kriegsrat gekommen war. »Erzähl uns, was du dort herausfinden konntest, mein Sohn«, bat er ihn.

Chase war erstaunt und erfreut zugleich, dass man ihn, ein Halbblut, so lange sprechen ließ. Er nickte seinem Vater zu und erklärte, was die Armee von dem »Grattan-Massaker« hielt. »Die Blaumäntel glauben, dass die Kuh gestohlen wurde, und sie somit laut Vertrag die Pflicht und das Recht hatten, die Diebe gefangen zu nehmen und zu bestrafen. Während Grattan mit Mutiger Bär sprach, bekam es einer der Blaumäntel mit der Angst zu tun, denn die Lakota hatten sie umzingelt und waren in der Überzahl, außerdem hatte er von ihrer Kriegskunst gehört. Er feuerte mit seiner Waffe, obwohl Grattan ihm nicht den Befehl dazu gegeben hatte, und als unsere Krieger mit einer Flut von Pfeilen auf die Schüsse antworteten, brachen die Blaumäntel in Panik aus. Die Lage geriet außer Kontrolle und alle Soldaten wurden getötet. Die Armee ist wütend über das Morden und die Überfälle auf die Amerikanische Pelzhandelsgesellschaft und Bordeaus Handelsposten, über den Diebstahl der Pferde aus dem Fort sowie den der Maultiere, die vor den Wagen mit den Feuerstöcken gespannt waren. Der Präsident und die Anführer der Blaumäntel fürchten, dass sie das Gesicht verlieren, wenn sie für die Morde und Überfälle keine Vergeltung üben, und dass andere Stämme denken, sie könnten das Gleiche tun, ohne dafür bestraft zu werden.«

»Wissen die weißen Anführer, dass der Mann, den sie Dolmetscher nennen, uns beleidigte und bedrohte, weil sein Körper mit Feuerwasser gefüllt war?«, fragte Gefleckter Schwanz höhnisch. »Wissen sie, dass ihre Soldaten zuerst angriffen? Wissen sie, dass Mutiger Bär, der Mann, den sie zum Häuptling des Friedens wählten, getötet wurde?«

Bevor Chase antworten konnte, fügte Kleiner Donner hinzu: »Wissen sie, dass ich meinen Leuten befahl, Bordeau und seine Männer am Leben zu lassen? Wissen sie, dass Hohe Stirn und seine Minneconjous fort sind und keine Schwierigkeiten mehr machen werden?«

»Ein Soldat überlebte, Kleiner Donner«, entgegnete Chase. »Er erzählte Fleming, dem Anführer der Blaumäntel, von Augustes schlechten Worten. Er sagte ihm auch, dass die Soldaten das Feuer eröffnet hatten, aber Fleming war wegen der Toten und der späteren Überfälle sehr zornig. Jetzt ist Fleming nicht länger der Anführer der Blaumäntel; ein Mann namens Hoffman hat ihn ersetzt. Er brachte neue Männer und Waffen mit sich und schon bald werden weitere kommen. Wenn Hoffman es nicht schafft, den Streit zwischen unseren Völkern zu schlichten, wird man wieder einen anderen Blaumantel schicken, der noch mächtiger und strenger ist. Dieser Mann namens Harney wird noch mehr Soldaten und Waffen bringen, auch viele der großen Donnerstöcke. Die Blaumäntel im Fort bauen bereits Unterkünfte für den Nachschub, sie sammeln Holz und Gras, sie senden Kundschafter aus und stellen viele Wachen auf. Sie bereiten sich auf einen Krieg vor, denn sie glauben, dass wir wieder angreifen werden. Der Überfall, den Gefleckter Schwanz auf die große rollende Holzlade verübte, hat sie in ihrer Vermutung bestätigt.« Chase schwieg und Tatanka Yotanka ergriff das Wort. Er hatte schon viel von der geheimnisvollen Kraft des jungen Hunkpapa gehört, der ein überaus geschätzter und beliebter Schamane war.

»Warum hast du die Blaumäntel und die Weißen gegen alle Indianer aufgebracht, Gefleckter Schwanz?«, fragte Sitting Bull. »Warum hast du dich nicht damit begnügt, sie zu bekämpfen, als sie angriffen, ohne dass ihr Anführer ihnen den Befehl dazu gegeben hatte? Warum hast du es nicht Grattan überlassen, seine ungehorsamen und schwächlichen Soldaten zu bestrafen? Wenn du so gehandelt hättest, wären die Blaumäntel noch am Leben und die Armee wäre nicht von Zorn erfüllt.«

Ein kräftiger Windstoß verfing sich in dem Waschbärenschwanz, als der Häuptling antwortete: »Sie waren begierig, uns zu bekämpfen und zu erniedrigen, Sitting Bull. Wir griffen an, solange wir die Stärkeren waren und bevor sie ihren großen Donnerstab in Stellung bringen konnten. Wir überfielen die rollende Lade wegen des schimmernden gelben Steins, mit dem wir den Schaden bezahlen wollen, den Grattan anrichtete. Es ist einfach, einen gierigen Weißen zu finden, der Gold gegen Waffen und Vorräte tauscht, die wir für einen Krieg brauchen. Die Bleichgesichter sind Schwächlinge, sie verfolgten uns nicht einmal. Wenn wir um unser Land kämpfen, wird es genauso sein.«

Chase war sich bewusst, dass er von einem jungen Krieger beobachtet wurde, der hinter Gefleckter Schwanz saß: Tashunka Witco – Crazy Horse –, der Neffe des Häuptlings. Obwohl er noch keine zwanzig Winter zählte, war der Oglala schon bekannt für seine Kriegskunst und seinen ausgeprägten Hass auf die Weißen. Für Chase war es offensichtlich – und für andere wahrscheinlich auch –, dass Crazy Horse sich so verhielt, um seinen Onkel zu beeindrucken. Chase sah auch, dass Red Leaf und Long Chin, Brüder des toten Häuptlings Mutiger Bär, zustimmend nickten, bevor er wieder das Wort ergriff: »Hoffman und seine Männer verfolgten euch nicht, weil sie glaubten, dass ihr sie vom Fort weglocken wolltet, damit ein anderer Trupp angreifen konnte. Wenn ein Krieg ausbricht, Gefleckter Schwanz, werden die Blaumäntel jeden Indianer verfolgen, dem sie begegnen, selbst diejenigen, die Frieden wollen, denn sie werden keinem mehr trauen. Vorratswagen, Trecks und die neu gebauten Außenposten werden strengstens bewacht. Davis, der Schlachtenführer von Präsident Pierce, ist zornig; er will sich rächen und die Ruhe im Land wiederherstellen. Er glaubt, dass Grattan angegriffen wurde, weil die Indianer Pferde und Waren stehlen wollten. Er und andere könnten diese Diebstähle als Vorwand nehmen, um uns anzugreifen, das Land wegzunehmen und alle Indianer zu Sklaven zu machen. Ich bot Fleming und Hoffman meine Dienste als Dolmetscher an, aber beide sagten, dass es keine Friedensverhandlungen geben werde, auch nicht mit dem Vertreter Twiss. Jedes Mal, wenn die Weißen von dir angegriffen werden, wachsen ihr Misstrauen, ihre Angst und ihr Hass gegen uns. Wenn er erst so groß ist, dass sie ihn nicht mehr bändigen können, werden sie uns in großer Anzahl und mit mächtigen Waffen überfallen.«

»Warst du vorsichtig, als du dich im Fort aufhieltest, damit die Soldaten nicht merkten, welchem Stamm du angehörst und warum du dort warst?«, fragte Zwei Federn. »Bist du sicher, dass sie dir nicht gefolgt sind?«

Ich habe mich schon die ganze Zeit gefragt, wie lange du noch still halten würdest! »Ganz sicher, mein Cousin. Genauso wie ich mir sicher bin, dass die Armee Späher aussenden wird, Weiße und Indianer, um herauszufinden, was die Lakota vorhaben. Wenn wir sie besiegen wollen, müssen alle Stämme mit vereinten Kräften gegen sie reiten. Jeder Krieger muss sich selbst und seine Waffen bereit halten und den gewählten Anführern gehorchen. Aber wir dürfen nicht überstürzt handeln.«

»Willst du damit sagen, wir sollen die Blaumäntel und die Weißen für ihre Grausamkeit gegen uns und unsere Brüder nicht bestrafen?«, fragte Zwei Federn.

Chase schüttelte den Kopf und bemühte sich, ruhig zu bleiben. »Nein, mein Cousin. Ich will damit sagen, dass wir nicht das Feuer eröffnen und das erste Blut vergießen dürfen.«

»Die Blaumäntel haben das schon längst erledigt«, entgegnete Zwei Federn höhnisch. »Sollen wir mit verschränkten Armen sitzen bleiben, wenn sie erneut auf uns schießen?«

Reiß dich zusammen, Chase. Lass niemanden merken, wie es zwischen euch steht. »Du hörst meine Worte, Cousin, aber du verstehst sie nicht. Gefleckter Schwanz und seine Krieger haben die Weißen bereits für den Angriff auf das Lager von Mutiger Bär bestraft. Wenn wir nun gemeinsam den nächsten Schlag ausführen, würden wir damit einen Angriff führen, ohne herausgefordert worden zu sein. Wir müssen aber ganz klar zeigen, dass wir uns an den Vertrag und unsere Versprechen halten und nur zurückschlagen, wenn man uns angreift. Das wird es der Armee, dem weißen Schlachtenführer und dem Präsidenten unmöglich machen, uns für den Krieg, der da kommen wird, verantwortlich zu machen. Außerdem brauchen wir mehr Zeit, um unsere Waffen vorzubereiten, Kriegsführer zu ernennen, Pläne zu schmieden und zu lernen, wie eine Kraft zu denken und zu handeln. Ich habe gesehen, wie viele Soldaten und welch mächtige Waffen die Weißen haben. Wenn wir anfangen zu kämpfen und sie dann immer mehr Nachschub erhalten, können wir nicht gewinnen.«

»Ich sage, wir dürfen nicht wie Feiglinge handeln«, widersprach Zwei Federn. »Ich sage, wir sollten sie aus unserem Land vertreiben, so wie die Krähe den Falken verjagt.«

Chase gab zu bedenken: »Viele Krähen greifen einen Falken an, um ihn zu verscheuchen, mein Cousin. Wenn wir die Blaumäntel angreifen, werden viele Falken mit scharfen Krallen kommen. Wir müssen uns mit aller Kraft verteidigen, wenn wir angegriffen werden, aber wir dürfen nicht diejenigen sein, die das Kriegsbeil ausgraben. Wenn wir das tun, wird der große weiße Häuptling in Washington uns für die Schuldigen halten.«

»Vergesst nicht, meine Freunde und Verbündeten«, erinnerte Sitting Bull die Anwesenden, »als Gebrochene Hand Fitzpatrick vor langer Zeit elf der Häuptlinge, die den Vertrag von Long Meadow unterschrieben, mit nach Washington nahm, waren viele von ihnen bestürzt über das, was sie sahen; einer war so verängstigt, dass er sich selbst auf den Geisterpfad schickte. Andere berichteten von der großen Anzahl der Weißen, ihren fürchterlichen Waffen und von vielen merkwürdigen Dingen. Der Sohn von Großer Bär, Häuptling der Red Shield, spricht heute die gleichen Worte, und ich glaube ihm. Ich fürchte mich nicht vor den Weißen oder den Blaumänteln, aber für uns Hunkpapas ist der Moment des Kampfes noch nicht gekommen. In meiner heiligen Vision sah ich uns in einem Jahr, das noch weit von diesem entfernt ist, in einer Schlacht gegen die Weißen; wir besiegten sie. Ihr Anführer hatte langes, gelbes Haar. Bis dieser Feind in unser Land kommt und uns herausfordert, halten wir uns an den Waffenstillstand.«

Chase war froh, dass Sitting Bull sich für Frieden

aussprach, zumindest im Augenblick. Großer Bär folgte seinem Beispiel, obwohl Zwei Federn lautstark protestierte. Nach allem, was er gehört hatte, stimmte auch Rote Wolke – so wie einige andere Häuptlinge – für den Frieden, empfahl aber eine erhöhte Wachsamkeit und Maßnahmen, um sich auf einen Krieg vorzubereiten. Gefleckter Schwanz, Kleiner Donner, Red Leaf, Long Chin und andere jedoch waren für Krieg.

Die eine Seite versuchte, die andere von ihrer jeweiligen Meinung zu überzeugen. Nachdem alle Häuptlinge ein letztes Mal gesprochen und ihre Stimme abgegeben hatten, war die große Gruppe weiterhin in zwei Hälften geteilt. Da es sich nicht um eine Abstimmung innerhalb eines Stammes oder einer Sippe handelte, bei der alle mit dem Beschluss einverstanden sein mussten, bevor er in die Tat umgesetzt wurde, war niemand gezwungen, seine Meinung zu ändern. Gefleckter Schwanz betonte diesen Umstand noch einmal gegenüber denjenigen, die für den Frieden stimmten. Trotz ihrer verschiedenen Ansichten blieben die meisten am Ende der Verhandlung noch um das Feuer sitzen und unterhielten sich miteinander.

Als Großer Bär und seine Gruppe mit Ausnahme von Zwei Federn, der noch bei Gefleckter Schwanz geblieben war, zu ihrer Lagerstelle zurückkehrten, legte der Häuptling seine Hand auf die Schulter seines Sohnes, lächelte und sagte bewegt: »Ich bin sehr stolz auf dich und vertraue dir ganz und gar, Wolkenjäger. Das Gleiche gilt für Windtänzer und Kriegerischer Adler. Es ist gut, dass wir abwarten und die Blaumäntel beobachten, bevor wir gegen sie in die Schlacht ziehen. Bevor der Kampf beginnt, sollen unsere Krieger sich üben und stärken, mehr Waffen herstellen und sich auf das vorbereiten, was eines Tages auf uns zukommen wird. Die kalte Jahreszeit ist eine schlechte Zeit für den Krieg. Wenn unsere Nahrungsvorräte, Tipis und Kleidungsstücke durch Feindeshand zerstört werden, so lange der Schnee das Land bedeckt, würde unser Volk unnötig leiden und viele müssten sterben, weil wir nicht die Möglichkeit hätten, diese wichtigen Dinge schnell zu ersetzen.«

»Aus diesem Grund habe ich mich so entschieden für den Frieden eingesetzt, Vater«, erklärte Chase ihm und den anderen. »Unser Volk soll in Sicherheit leben, bis ein Ausbruch der Kämpfe sich nicht mehr vermeiden lässt.«

Großer Bär nickte. »Morgen werden wir zu unseren Familien zurückkehren.«

Chase freute sich darauf, seine Frau wiederzusehen, die ihn im Winterlager in den heiligen Black Hills erwartete. Er wollte so viel Zeit wie möglich mit seiner geliebten Macha verbringen, bevor eines Tages der grausame Krieg ausbrechen würde ...

16. Kapitel

»Es ist gut, wieder bei dir zu sein und dich in den Armen zu halten«, flüsterte Chase Macha ins Ohr, während sie sich auf der Schlafmatte an ihn kuschelte. Die Art, wie sie den Kopf auf seine Schulter gelegt hatte und mit den Fingerspitzen seinen nackten Oberkörper streichelte, erregte und beruhigte ihn zugleich. Ihre Nähe, das Gefühl ihrer nackten Haut, ihr süßer Duft und das Bewusstsein, dass er ihr ebenso viel bedeutete wie sie ihm, verzauberte ihn und machte ihn glücklich. »Ich habe dich vermisst, mein Liebling. Als wir ins Lager ritten und ich dich sah, machte mein Herz einen Freudensprung. Ich liebe dich, Morgenröte, und ich brauche dich sehr.«

Sein zärtlicher Tonfall, seine Worte und die beschützende Umarmung trafen Macha bis ins Mark. Sie war die glücklichste Frau auf Erden, denn dieser einzigartige Mann war ihr Mann und er liebte sie. »Ebenso sehr wie ich *dich* brauche. Ich habe jeden Tag an dich gedacht und jede Nacht von dir geträumt, während du fort warst. Mein Herz ist von Glück erfüllt, dich wieder berühren zu dürfen. Wirst du noch einmal aufbrechen, um Erkundungen einzuholen?«, fragte sie besorgt.

»Wenn, dann nicht so bald«, antwortete er. Er wollte an diesem Abend eigentlich nicht an Krieg denken oder über andere Bedrohungen sprechen, doch wenn es sie beruhigte, wollte er ihr gern Rede und Antwort stehen.

»Mein Stolz auf deinen Mut und deinen Einsatz ist groß.«

»So groß wie deine Liebe und dein Begehren?«, scherzte er, denn er wollte sie von diesem schwierigen und schmerzvollen Thema ablenken.

»Nichts könnte diese Gefühle in mir übertreffen. Ich bin froh, dass dein Vater und die anderen für Frieden stimmten. Ich möchte nicht, dass unser Volk gegen die Weißen Krieg führt, es sei denn, es geht um das Land und unser Überleben. Du bist erst vor weniger als vier Vollmonden in mein Leben getreten; das ist nicht genug, um so mit dir beisammen zu sein, wie ich es mir wünsche, bevor der Krieg dich aus meinen Armen und aus unserem Tipi stiehlt. Ist es schlecht und selbstsüchtig, so zu denken?«

Chase zog sie näher an sich heran. »Nein, mein Liebling, denn ich teile deine Gefühle. Ohne dich wäre ich nicht der Mann, der ich heute bin. Ich bin dem Großen Geist dankbar, dass er uns zusammengebracht hat.«

Macha hob den Kopf und sah in sein schönes Gesicht. »Bald müssen wir zum Bear Mountain reiten, um an die Bäume, die dort wachsen, Opfergaben zu hängen, denn wir müssen Wakantanka für seine vielen Wohltaten danken. Es muss geschehen, bevor der Schnee das Land bedeckt, denn ich habe es ihm versprochen.«

»Wir werden bald dorthin aufbrechen, mein Liebling«, versicherte Chase, »denn auch ich muss mich für Seine Gaben bedanken.«

»Wir haben uns, unsere Familien, unseren Stamm und zumindest für eine Zeit lang Frieden. Was könnte es Schöneres geben?«, flüsterte sie verträumt, während sie ihn liebkoste.

»Das hier«, flüsterte er und knabberte an ihrem Ohr, so dass sie sich vor Vergnügen hin und her wand. »Oder das hier«, fügte er hinzu, bedeckte ihr Gesicht mit Küssen und streichelte mit einer Hand ihre Brüste, deren Knospen vor Verlangen ganz hart waren. »Oder das hier«, wiederholte er einige Minuten später, bevor er seinen forschenden Mund auf ihren presste und seine Finger sich den Weg zum Mittelpunkt ihres Begehrens bahnten.

Das Verlangen, das in ihnen brannte, war nun nicht mehr zu zügeln, und sie vereinten sich ein erstes Mal schnell und drängend. Doch nachdem sie sich eine Weile ausgeruht hatten, begannen sie sich langsam und hingebungsvoll zu lieben und wurden mit einem zweiten Ausbruch herrlichster Leidenschaft belohnt.

* * *

Am nächsten Tag blieb Chase vor der Hütte stehen, in der alle Arten von Ritualen abgehalten wurden, und beobachtete die Geschichtenerzähler, wie sie die jüngsten Ereignisse auf das Stammesfell malten. Sein Blick wanderte über ältere Zeichnungen, welche die Siege von Windtänzer und Chumani darstellten, die sie vor drei Jahren gegen die Crow und die Weißen errungen hatten. Auch ein Kampf mit einem Furcht erregenden Bären war darunter. Chase fühlte sich sehr geehrt, dass von nun an auch einige seiner Erfolge dort zu sehen waren.

Als Chumani sich zu ihm gesellte, fragte er sie über den Falken aus, den sie großgezogen und der ihr und seinem Bruder bei ihren Heldentaten geholfen hatte. Er lauschte staunend, während die hübsche Frau – einst eine Kriegerin und Jägerin – von diesen aufregenden Abenteuern erzählte. Er wünschte, er wäre damals im Jahre 1851 als einer der Gefährten des Paares dabei gewesen, so wie Kriegerischer Adler, Rote Feder und Zitkala. Ihr Gespräch wurde von Chumanis Sohn unterbrochen, der zu ihnen gelaufen kam.

»Wie geht es dir an diesem herrlichen Tag, Tokapa?«, fragte Chase und lächelte, als der kleine Junge ihm mit ausgestreckten Armen einen Stein und einen Tannenzapfen hinhielt, damit er sie betrachten konnte. »Sie sind sehr schön, Tokapa. Wir müssen dir einen Beutel besorgen, in dem du dein Spielzeug sammeln kannst. Ich habe einen in meinem Tipi.«

»Ich gehen?«, fragte der Junge seine Mutter.

Chumani nickte und Chase nahm die beiden Gegenstände in die eine Hand und reichte die andere dem Jungen. »Wir holen nur den Beutel, dann bringe ich ihn dir zurück, Tautropfen. Ich passe gut auf ihn auf, bis du ihn wieder in die Arme schließen kannst.«

Chumani sah den beiden nach und Macha gesellte sich zu ihr. Gemeinsam beobachteten sie, wie Chase Tokapa auf den Rücken nahm, als dieser ihn darum bat. Dann entfernten sich der

Mann und der kleine Junge lachend. »Tokapa mag den Bruder meines Mannes sehr, so wie auch ich, denn er hat meinem Sohn das Leben gerettet. Er wird einmal ein guter Vater sein.«

»Ich hätte so gern ein Kind, Tautropfen. Außerdem möchte ich unserem Volk helfen, so wie du einst an der Seite von Der mit dem Wind tanzt. Aber ich kann nicht mit Wolkenjäger reiten und solche Heldentaten vollbringen, denn im Gegensatz zu dir bin ich keine erfahrene Kriegerin.«

»Du hast einen großen Sieg errungen, als du Wolkenjäger gefolgt bist, denn ohne dich wäre er heute kein Red Shield und könnte uns in diesen dunklen Tagen nicht helfen«, entgegnete Chumani. »Du bist die Belohnung des Großen Geistes für seine guten Taten. Du machst ihn glücklich. Und vergiss nicht, Morgenröte, als ihr Tokapa, unseren zukünftigen Häuptling, gerettet habt, hast du dich sehr mutig gezeigt. Wir alle können uns glücklich schätzen, dass du eine Red Shield bist, denn es war Wolkenjägers Liebe zu dir, die ihn hier festhielt, bis er endlich aufgenommen wurde.«

»Deine Worten sind freundlich, Tautropfen, und machen mich sehr glücklich. Außerdem sollte ich mich nicht beklagen, denn ich gehe den Pfad, den Wakantanka für mich bestimmt hat. Jetzt muss ich meine Arbeit erledigen, bevor es dunkel wird.«

Nachdem Macha gegangen und Chase mit Tokapa, der lachend einen Beutel in der Hand hielt, wiedergekommen war, brachte Chumani den Knaben in ihr Tipi, um ebenfalls ihr Tagwerk zu beenden.

Chase ging zur Frau seines Vaters hinüber, die

neben dem Tipi von Großer Bär am Kochfeuer stand. Er lächelte sie an und grüßte: *»Hau Winona, anpetu waste.«*

Die Frau hielt in ihrem Tun inne und sah in den sonnigen Himmel. »Ja, Wolkenjäger, das Wetter ist herrlich heute. Ich bin froh, dass du wohlbehalten zurückgekehrt bist. Du hast viel für uns getan und ich danke dir dafür.«

»Auch du als Frau unseres Häuptlings tust viel Gutes für uns, so wie vor langer Zeit, als ich meine Mutter verlor und du dich um mich kümmertest.«

Winona legte die Kochutensilien beiseite. »Komm mit mir in den Wald; ich muss noch Holz sammeln und dort können wir ungestört sprechen.«

Chase folgte ihr in das dicht wachsende Gehölz, wo Winona sich auf dem umgefallenen Stamm einer Pinie niederließ und ihm bedeutete, sich neben sie zu setzen. Er nahm Platz und wartete. Sie holte tief Luft, als müsse sie gut überlegen, was sie ihm sagen wollte. Chase war überrascht, als sie seine Hand nahm. Dann sah sie ihn an und begann.

»Es ist höchste Zeit, dass ich dir die Wahrheit anvertraue, Wolkenjäger. Als ich nach meiner Gefangennahme zu den Red Shield zurückkehrte, war ich furchtbar eifersüchtig auf deine Mutter, obwohl Omaste gut und freundlich war. Ich verbarg meine Abneigung gegen sie vor allen. Ich fürchtete mich vor den Gefühlen, die meinen Mann zu ihr geführt hatten, und ich fürchtete das Band zwischen ihnen, das durch ihren gemeinsamen Sohn verkörpert wurde, obwohl ich wusste, dass er sie nicht wirklich liebte, zumindest nicht so, wie er mich liebte. Nachdem Omaste von uns gegangen war, hatte ich Angst, dich als mein Kind anzunehmen und zu lieben, denn ich glaubte, dass dein weißes Blut dich eines Tages von uns fortführen oder dass der Große Geist dich von uns nehmen würde, so wie er es mit Omaste getan hatte. Ich hatte Verständnis für die Qualen von Großer Bär und für die Bedürfnisse eines Mannes, deshalb vergab ich ihm seine Schwäche. Aber bis heute habe ich dir nichts von meiner eigenen Schwäche und meinen Verfehlungen erzählt und dich nicht um Verzeihung gebeten. Ich habe dich nie gehasst, Wolkenjäger, denn du trägst das Blut meines Mannes und der Red Shield in dir. Inzwischen habe ich dich in mein Herz geschlossen. Ich bin froh und stolz, dass du zu unserer Familie gehörst und uns zurückgebracht wurdest. Ich glaube, dass Wakantanka über dich wacht und dich lenkt, seit Er dich aus dem Samen meines Mannes erschuf. Es ist gut, dass du den Mut und den Willen hattest, zu uns zurückzukehren und dich all den Prüfungen und Zweifeln auszusetzen, bis man dich anerkannte. Wirst du mir meine Schlechtigkeit vergeben und mir verzeihen, dass ich dir Leid zugefügt habe?«

Chase drückte leicht ihre Hand. Er war tief berührt von ihren erhellenden Worten. »Das habe ich schon vor langer Zeit getan, Winona, denn ich konnte mir ausmalen, welche Ängste dich nach deiner Rückkehr von den Pawnee heimsuchten. Auf einem so schwierigen Pfad hätte jeder solche Befürchtungen gehabt. Du bist deinen Kindern eine gute Mutter, Tokapa eine gute Großmutter und unserem Häuptling eine hervorragende Frau. Du machst meinen Vater sehr glücklich. Die Wahrheit lebt jetzt in uns und unter uns. Ich bin froh und stolz, dass ich dich zweite Mutter und Freundin nennen darf.«

»So wie ich froh bin, dass du mein Sohn und mein Freund bist.«

Am gleichen Abend sagte Macha leise zu Chase: »Ich glaube nicht, dass die Verbindung zwischen Zwei Federn und Rotkehlchen glücklich verläuft. Als du fort warst, sah man sie nicht lächeln, lachen, reden oder mit anderen Frauen arbeiten. Sie war stets mit ihrer Mutter oder ihrer Großmutter zusammen. Nachdem dein Cousin das Lager verließ, war sie wieder wie früher. Jetzt, wo er zurück ist, hat sie sich erneut in die Person verwandelt, die sie seit ihrer Vermählung ist.«

»Wenn sie unglücklich ist, warum spricht sie nicht die Scheideworte vor dem Eingang ihres Tipis und wählt einen anderen Mann, solange sie kein Kind erwartet?«

»Weil sie zu stolz ist und sich fürchtet. Ich bin mir dessen sicher, denn ich sehe diese Gefühle in ihren Augen und ihren Bewegungen.«

»Glaubst du, dass sie Angst vor ihm hat?«

»Ja, das glaube ich.«

»Aber er würde es nicht wagen, ihr etwas anzutun, wenn sie ihn nach diesem alten Brauch verlässt.«

»Hast du vergessen, wie gemein und anmaßend dein Cousin dich behandelt und dass er tut, was er will? Außerdem wäre es eine Schande für Rotkehlchen und ihre Familie, gegen ein Mitglied der Häuptlingsfamilie diese Worte zu sprechen, es sei denn, er würde sie in Gegenwart anderer misshandeln. Wenn er sich in ihrem Tipi an ihr vergeht, bleiben keine Spuren davon auf ihrem Gesicht oder ihrem Körper zurück, die andere sehen könnten. Und vielleicht verwundet er sie auch nur mit scharfen und schneidenden Worten, denn Zwei Federn ist ein schlauer und vorsichtiger Mann.«

»Du hast Recht, meine geliebte Frau. Doch ich glaube, wenn Rotkehlchen wirklich nicht glücklich ist und allen Mut zusammennimmt, wird sie die Scheideworte sprechen. Lass uns jetzt an unser eigenes Glück denken und an den Mut, den wir für unsere Reise brauchen.«

Macha sah ihn verwirrt an. »Welche Reise? Meinst du unseren Ritt zum Bärenhügel?«

»Nein, ich spreche von dieser hier, Sonnenschein meines Herzens«, entgegnete Chase lächelnd. Dann küsste er sie und zog sie in seine Arme.

Als Chase an der Reihe war, als Späher das umliegende Gebiet abzureiten und nach Feinden oder möglichen Gefahren Ausschau zu halten, wählte er Gespannter Bogen als Gefährten, was den jungen Krieger sehr freute. Sie nahmen ihre Waffen und rüsteten sich mit Wasser und Nahrung aus, denn sie würden den ganzen Tag unterwegs sein und es war noch früh am Morgen.

Da seit ihrer Ankunft im Winterlager alles friedlich gewesen war, gingen die beiden Männer nicht davon aus, dass sich etwas Bedeutendes ereignen würde. Dennoch blieben sie wachsam.

Kurz vor Mittag machten sie eine Entdeckung.

Chase zügelte seinen Rotfuchs. »Sieh nur«, sagte er zu seinem Stammesbruder, während er auf frische Spuren am Boden deutete. »Abdrücke von Hufeisen, wie sie die Pferde der Weißen tragen.«

»Zwei Pferde, und sie reiten in die heiligen Berge«, fügte Gespannter Bogen hinzu.

»Wir müssen ihnen folgen und herausfinden, wohin sie wollen und was sie hier zu suchen haben.«

Ohne zu zögern folgten die beiden Männer den Spuren, die sie immer weiter von ihrem Lager weg in die bewaldeten Gebirgsausläufer und Cañons der Black Hills führten. Als sie Gewehrschüsse hörten, zügelten sie die Pferde und sahen einander beunruhigt an. Sie saßen ab und schlichen vorsichtig in die Richtung, aus der das verdächtige Geräusch gekommen war, wobei sie sich hinter großen Felsblöcken verbargen, bis sie auf eine Anhöhe gelangten, die über einem reißenden Strom lag.

Mit Hilfe des Feldstechers brauchte Chase nicht lang, um die Eindringlinge zu orten. Zwei Weiße verständigten sich lauthals über die Situation, in der sie sich befanden.

»Du darfst keine Zeit verlieren, Hank; er hat keine Pfeile mehr, also beeil dich und mach ihn kalt.« Er bezog sich auf einen Indianer, der hinter den Felsen auf der anderen Seite des Cañons hockte. »Er darf uns nicht entwischen, sonst hetzt er noch einen Haufen Rothäute auf uns, bevor wir unsere

Taschen mit Gold voll gestopft haben. Es liegt hier überall rum und wartet nur darauf, dass wir es einsammeln. Mir kribbelt es schon in den Händen.«

»Bist du sicher, dass er keine Pfeile mehr hat?«

»Ja, sonst hätte er längst wieder einen abgefeuert. Zum Glück ist er ein schlechter Schütze und wir haben ihn zuerst gesehen, sonst säßen wir jetzt richtig in der Patsche oder wir wären längst tot.«

»Lass uns noch fünf Minuten warten, dann schnappen wir ihn uns. Du weißt doch, dass diese roten Teufel hinterhältiger sind als eine Schlange und schlauer als ein Fuchs. Er sitzt hinter den Felsen fest, und wenn er versucht zu fliehen, läuft er uns direkt vors Gewehr.«

»Wir können hier nicht unsere Zeit vertrödeln, sonst gehen uns haufenweise Goldbrocken durch die Lappen. Morgen früh müssen wir von hier verschwunden sein.«

»Immer mit der Ruhe, Sam, es ist noch früh am Tag. Niemand außer uns weiß von dem Gold, sonst würden diese Berge vor Schürfern und Gräbern nur so wimmeln, ob mit oder ohne Indianer.«

»Wir haben Glück, dass wir darüber gestolpert sind, als wir die Pferde tränken wollten. Bald sind wir reich.«

»Wenn wir hier lebend rauskommen. Und das werden wir nicht, wenn er uns entwischt.«

»Das wird er nicht. Wir nehmen nur so viel, dass es bis nächsten Sommer reicht. Wenn die Rothäute dann zur Büffeljagd in die Prärien ziehen, kommen wir wieder und holen uns in aller Ruhe so viel wir können.«

Chase hockte sich neben Gespannter Bogen und

flüsterte: »Zwei Bleichgesichter, sie wollen die gelben Steine stehlen. Sie haben Zwei Federn in die Enge getrieben, er hat all seine Pfeile verschossen. Sie wollen ihn töten, damit er sie nicht verraten kann und man sie gefangen nimmt oder umbringt. Wir werden uns an sie anschleichen und sie besiegen«, sagte er und weihte seinen Gefährten in den mutigen und gefährlichen Plan ein, den er sich ausgedacht hatte.

So leise wie möglich kroch Chase auf den einen und Gespannter Bogen auf den anderen Mann zu. Obwohl sie wussten, dass Zwei Federns Leben in Gefahr war, bewegten sie sich nur langsam vorwärts, denn schon ein losgetretener Stein oder das Knacken eines Astes hätte sie verraten. Felsen, Bäume und Büsche boten ihnen ausreichend Deckung. Bald waren sie den Feinden nah genug, um anzugreifen. Die Weißen hatten ihre ganze Aufmerksamkeit auf Zwei Federn gerichtet, damit er nicht entkommen konnte, und zielten mit ihren geladenen Waffen in seine Richtung, um ihn sofort zu töten, falls er es versuchen sollte.

Chase schlich sich hinter einen der beiden Goldsucher und versetzte ihm einen Hieb auf den Kopf, der ihn bewusstlos machte. Dann ahmte er den Schrei eines Vogels nach, das Zeichen für seinen Gefährten, dass alles gut gegangen war. Er wartete, bis Gespannter Bogen mit einem Vogelschrei antwortete, denn das bedeutete, dass auch er Erfolg gehabt hatte. Dann stand Chase auf und rief seinem Cousin zu: »Wir sind hier, Zwei Federn, wir haben die Feinde außer Gefecht gesetzt! Du kannst rauskommen!«

Chase beobachtete seinen Cousin, der mit finsterem Blick aus seinem Versteck gekrochen kam, einen Bogen in der einen und einen leeren Köcher in der anderen Hand. Er schleppte den Weißen zu dem zweiten Goldsucher, der ebenfalls am Boden lag. Dann lächelte er Gespannter Bogen an, der neben dem Mann stand. »Du hast dich gut geschlagen, mein Freund. Du bist mutig, geschickt und klug. Dein Vater wird sich über deinen Sieg freuen.«

Gespannter Bogen lächelte ebenfalls. »Wir sind ein gutes Gespann, Wolkenjäger.«

Zwei Federn stieß zu ihnen, sah sie immer noch stirnrunzelnd einen nach dem anderen an und blickte dann zu den beiden am Boden liegenden Männern. »Ihr habt mir meinen Coup vermasselt«, sagte er wütend.

Chase schüttelte den Kopf: »Du hast in der Falle gesessen; wir haben dir das Leben gerettet.«

»Ich brauche eure Hilfe nicht, um mich gegen zwei dumme Bleichgesichter zu wehren«, knurrte Zwei Federn. »Ich hätte schon einen Ausweg gefunden.«

»Den Eindruck hatten wir nicht«, entgegnete Chase.

»Du hattest keine Pfeile mehr und konntest auch nicht fliehen«, fügte Gespannter Bogen hinzu.

»Ich bin schlau und habe ein Messer und kräftige Hände. Außerdem versorgt uns der Große Geist mit zahlreichen Waffen – Steine, Äste, die man als Knüppel benutzen kann, und Staub, der den Feind blind macht.«

»Du wärst gar nicht nah genug an die Weißen herangekommen«, widersprach Gespannter Bogen. »Sie wären bald über dich hergefallen und hätten dich mit ihren Feuerstöcken getötet. Wolkenjäger hat es gehört und mir gesagt. Du warst in großer Gefahr.«

Zwei Federn starrte ihn an und entgegnete: »Wenn ich mit den Waffen der Mutter Erde nicht an sie herangekommen wäre, Der beim Sonnentanz versagte, hätte ich hinter dem Felsen gewartet und mich im Schutze der Dunkelheit davongeschlichen.«

»Deine Worte beleidigen mich, Zwei Federn. Du bist grausam.«

»Ich sage nur die Wahrheit, schwächlicher Sohn unseres Schlachtenführers.«

»Deine Zunge ist heute scharf und schneidend, mein Cousin«, schalt Chase den aufgebrachten Krieger, »deshalb musst du sie im Zaun halten, die vier Tugenden befolgen und dich an deinen Schwur als Träger des Heiligen Bogens halten. Ich hole jetzt die Pferde der Bleichgesichter, damit wir die beiden ins Lager schaffen können. Bindet ihnen die Hände«, befahl er und ging, denn es oblag seinem Vater und dem großen Rat, über das Schicksal der Goldsucher zu entscheiden.

Als Chase mit den Pferden zurückkam, wollte er seinen Augen nicht trauen, und auch Gespannter Bogen starrte Zwei Federn wütend und ungläubig an: »Warum hast du sie getötet, wo es doch Sache des Häuptlings und des großen Rats ist zu entscheiden, was mit ihnen passiert?«, fragte Chase, während er die blutige Klinge in der Hand seines

Cousins betrachtete, mit der dieser den Bleichgesichtern die Kehle durchgeschnitten hatte. Ungerührt wischte zwei Federn die blutige Klinge am Boden ab und steckte das Messer weg.

»Sie sind schlecht und mussten sterben«, sagte er knapp. »Es war nicht nötig, sie ins Lager zu bringen und dabei das Risiko einzugehen, beobachtet zu werden.«

Chase unterdrückte das Bedürfnis, ihm einen Hieb zu verpassen. »Jetzt ist es nicht mehr zu ändern. Wir müssen sie mit ihren Habseligkeiten verstecken und die Pferde freilassen. Es wäre gefährlich, wenn man sie in unseren Jagdgründen oder in der Nähe unseres Lagers finden würde.«

»Tu, was du für richtig hältst, Wolkenjäger, ich reite ins Lager zurück. Sie sind meiner Berührung unwürdig. Sollen die Kreaturen des Himmels und des Waldes sie fressen.«

Chase und Gespannter Bogen sahen Zwei Federn nach, der zu seinem Pferd eilte, aufsaß und davongaloppierte. Chase atmete tief durch, um sich zu beruhigen. »Lass uns die Männer und ihre Sachen mit Steinen und Zweigen bedecken, mein Freund, damit kein anderes Bleichgesicht und kein Blaumantel sie finden kann.«

»Das ist ein weiser Vorschlag, Wolkenjäger, wir dürfen unseren Stamm nicht in Gefahr bringen. Dein Cousin wollte so schnell wie möglich von dem Ort seiner Schande und vor dem Blick derer fliehen, die Zeugen seiner Niederlage wurden und ihm das Leben retteten. Er hat sich nicht einmal bedankt.«

»Ich weiß nicht warum, Gespannter Bogen, aber

mein Cousin hasst mich«, sagte Chase. »Es gefällt ihm nicht, dass ich derjenige war, der ihn vor dem sicheren Tod bewahrte. Er ermordete die Weißen, weil auch ich weißes Blut in mir trage.«

»Ich konnte ihn nicht davon abhalten. Als ich mich umdrehte und meine Waffen nehmen wollte, die ich auf den Boden gelegt hatte, um das Bleichgesicht niederzuschlagen, zog er sein Messer und tötete sie. Es ist falsch von ihm, dir mit solchen Hassgefühlen zu begegnen. Er bringt sich durch sein eigenes Handeln in Verruf.«

»Das ist wahr, mein Freund«, entgegnete Chase, und da er merkte, wie bestürzt Gespannter Bogen war, beschwichtigte er ihn: »Du trägst keine Schuld an dem Vorfall, du hast deine Pflicht getan. Mein Cousin ist gerissen und schnell und du konntest nicht ahnen, was er vorhatte.«

Der Sohn von Blaue Eule nickte beruhigt.

Chase stellte fest, dass die beiden Hinterlader, ein Hall Karabiner und eine Sharps 48er Rifle, in äußerst gutem Zustand waren, und sagte: »Wir behalten ihre Waffen, und ich werde dir beibringen, wie man sie benutzt.« Er behielt auch die Munition, die sie später vielleicht noch brauchen würden. Er sah, dass die beiden Rotschimmel Brandzeichen trugen, deshalb hielt er es für besser, sie laufen zu lassen und alle anderen Sachen zu verstecken. »Es wäre gefährlich, wenn man sie in unserem Lager entdecken würde«, erklärte er Gespannter Bogen. »Lass uns jetzt die Spuren beseitigen, damit wir weiter die Gegend auskundschaften und dann ins Lager zurückreiten können.«

Bei Sonnenuntergang saßen der Häuptling und der Rat der Red Shield in der Versammlungshütte und lauschten den Berichten von Chase, Gespannter Bogen und Zwei Federn, die in einer Reihe vor ihnen Platz genommen hatten.

Nachdem alle drei ihre Version des Zwischenfalls geschildert hatten, fragte Großer Bär Zwei Federn: »Warum hast du dich allein so weit vom Lager entfernt?«

»Mein ruheloser Geist gab mir den Befehl dazu. Als ich die Bleichgesichter erblickte, versuchte ich, sie zu töten, denn ich wollte den Diebstahl der gelben Steine verhindern. Wenn sie anderen ihren Fund gezeigt hätten, wären noch mehr von ihnen gekommen. Sie benutzten ihre mächtigen Feuerstöcke gegen mich«, erklärte er.

»Keiner deiner Pfeile traf sie?«, fragte ein älterer Krieger.

»Nein, denn meine Widersacher verbargen sich hinter Felsen.«

»Warum hast du die beleidigt, die dir das Leben retteten?«, fragte ein anderer.

»Ich brauchte ihre Hilfe nicht. Ohne sie hätte ich einen großen Sieg errungen.«

»Einen Sieg tragen nur die Krieger davon, die es verdienen, jene, die der Große Geist aufgrund ihrer guten Taten dafür bestimmt hat«, meldete Nahemana sich zu Wort.

»Ich war derjenige, der zu unseren Feinden geführt wurde, Weiser. Heißt das nicht, dass ich auch derjenige war, der den Sieg erringen sollte? Doch andere hinderten mich daran und trugen ihn an meiner Stelle davon.«

Nahemana schüttelte nur den Kopf, aber Blaue Eule widersprach laut: »Du warst hilflos, als sie dich entdeckten, und sie bewiesen Großmut, indem sie dich retteten. Es ist schlecht, Gefährten und Stammesbrüder zu beleidigen, und es ist schlecht, Gefangene anderer Krieger zu töten und sich dem Befehl eines Spähers zu widersetzen.«

Zwei Federn wiederholte, was er schon Chase erklärt hatte, nämlich dass er die Goldsucher schon noch besiegt hätte und dass es sein Recht war, mit *seinen* Angreifern so umzugehen, wie *er* es wollte.

Gespannter Bogen, der beglückt festgestellt hatte, dass sein Vater stolz auf ihn war und ihn und Chase verteidigte, wiederholte noch einmal, was er und Chase gesagt und getan hatten.

Nachdem die Ratsmitglieder und der Häuptling noch mehr Fragen gestellt und weitere Bemerkungen gemacht hatten, steckten sie die Köpfe zusammen und besprachen sich flüsternd. Ihre Entscheidung war schnell gefällt.

»Es ist gut, dass Wolkenjäger und Gespannter Bogen den Weg nahmen, den Wakantanka ihnen zeigte«, verkündete Großer Bär. »Was Zwei Federn nach seiner Rettung gesagt und getan hat, war hingegen schlecht. Er muss sich in die Schwitzhütte begeben und sich von Schwäche, Schande und Boshaftigkeit reinigen. In diesen Tagen und Nächten umgeben uns große Gefahren wie ein Nebel, durch den wir nicht hindurchsehen und den wir nicht bekämpfen können. Wir dürfen keine Weißen töten, solange es nicht unvermeidbar ist, denn alle Lakota werden überwacht, und sobald wir einen Angriff reiten oder einen Überfall verüben, setzen wir uns der Wut der Blaumäntel und ihrer großen Waffen aus. Die Hemdträger sollen diesen Entschluss allen anderen Kriegergruppen verkünden. Solange man uns nicht den Krieg erklärt, verhalten wir uns friedlich.«

»Aber was ist, wenn man uns zum Kampf fordert, mein Häuptling?«

»Wenn das geschieht, Zwei Federn, dann entscheiden wir«, sagte Großer Bär und deutete auf sich selbst und die Ratsmitglieder, »was zu tun ist. Vergiss nicht, wir stimmten während des großen Kriegsrats für Frieden.« Da diese Mitteilung zugleich eine Warnung war, hielt er es nicht für nötig, noch hinzuzufügen: *Wenn du erneut versuchst, Weiße zu töten, wird man dich bestrafen und vielleicht verbannen.*

Nach diesem spannungsvollen Treffen und Zwei Federns eiligem Rückzug wandte Blaue Eule sich vor der mit Büffelfellen bedeckten Hütte an Chase. »Ich danke dir, dass du meinem Sohn geholfen hast, seine Ehre und sein Gesicht wiederherzustellen; du hast viel für ihn getan. Falls ein Krieg ausbrechen sollte und ich unsere Streitkräfte gegen den Feind ins Feld führe, wird mein Sohn zu meiner Rechten reiten und du zu meiner Linken.«

Chase freute sich über diese Ehrerbietung. »Vielen Dank, Blaue Eule, für deine freundlichen Worte und deine Großzügigkeit, aber dein Sohn ist ein guter Krieger, der meine Hilfe gar nicht benötigt. Ich habe ihm nur die Möglichkeit gegeben, sich selbst und seinem Volk das zu beweisen. Der Schöpfer hat ihm alle Zweifel und Anzeichen von

Schwäche genommen. Er hat es verdient, dass du stolz auf ihn bist.«

Sie unterhielten sich noch ein wenig und gingen dann ihrer Wege.

Noch bevor Chase sein Tipi erreicht hatte, kam Zwei Federn auf ihn zu und verblüffte ihn, indem er in Hörweite von Kriegerischer Adler, Windtänzer und einigen anderen unerwartete Worte an ihn richtete.

»Ich möchte mich für meine Unbesonnenheit entschuldigen und dir dafür danken, dass du mir das Leben gerettet hast, Wolkenjäger. Lass uns das Kriegsbeil begraben. Wir sollten zum Wohle unseres Volkes Frieden schließen. Nimmst du meine Entschuldigung und mein Freundschaftsangebot an?«

Chase war sich sicher, dass Zwei Federn log und dass er ihn nur noch mehr hasste, weil er ihn gerettet und auch noch auf seine Kosten einen großen Sieg davongetragen hatte. Doch ihm blieb nichts anderes übrig, als dem Mann die Hand zu reichen und so zu tun, als würde er ihm glauben, denn man hätte es ihm übel genommen, wenn er das Angebot ausgeschlagen hätte. »Ich nehme deinen Dank und dein Friedensangebot an«, entgegnete er mit gespieltem Lächeln. »Ich freue mich darüber.«

»Es wird ein schwieriger Weg für mich sein, Wolkenjäger, denn das Böse will immer noch Zweifel an deiner Treue zu unserem Volk in mir säen. Ich werde versuchen, dieses Böse zu besiegen und dir zu vertrauen.«

Nachdem auch Kriegerischer Adler und Windtänzer ihn für sein Entgegenkommen gelobt hatten, sah Zwei Federn den drei Brüdern nach, als sie ihn verließen und sich über Chase' letzten Sieg unterhielten, der eigentlich ihm zugefallen wäre. Er schwor sich, dass sein Cousin, dieses Halbblut, eines Tages dafür bezahlen würde, dass er ihn entehrt hatte.

An diesem Abend sagte Chase zu Macha: »Ich traue meinem Cousin nicht. Sein Freundschaftsangebot ist falsch und zugleich eine schlaue Geste, und ich weiß noch nicht, wie er es gegen mich benutzen wird. Aber hab keine Angst, mein Liebling, ich werde gut aufpassen«, fügte er noch hinzu, bevor sie aussprechen konnte, was in ihr vorging.

»Du hast die Herzen und die Achtung unserer Stammesbrüder gewonnen; sie werden nicht zulassen, dass er dir etwas antut. Aber ich halte ebenfalls die Augen offen, denn Zwei Federn wird mit Sicherheit irgendetwas unternehmen, wenn nicht in dieser Jahreszeit, dann in der nächsten. Es ist richtig, dass du ihm nicht glaubst. Als Rotkehlchen bei seiner Rückkehr von den Ereignissen erfuhr, sah sie nicht sehr glücklich aus. Ich glaube, sie wäre froh über seinen Tod.«

»Halte dich von ihm fern«, warnte Chase sie, »denn er weiß, wie schlimm es für mich wäre, dich zu verlieren.«

»Auch ich würde entsetzlich leiden, wenn ich dich verlieren würde. Auch jetzt leide ich, nämlich vor lauter Sehnsucht nach dir«, fügte sie noch hinzu und lächelte ihn herausfordernd an.

»Ich werde versuchen, deinem Leid ein Ende zu bereiten«, versprach er und nahm sie in den Arm.

Zwei Tage später galoppierten zwei Späher ins Lager und brachten schlechte Neuigkeiten. Seit dem Zwischenfall mit den Goldsuchern hatte man die Zahl der Kundschafter verstärkt, die das Gebiet nach möglichen Gefahren und Eindringlingen absuchten.

Sobald die beiden Späher Bericht erstattet hatten, wurde eiligst ein Plan geschmiedet, und eine große Gruppe unter Führung von Windtänzer brach auf, um sich der gefährlichen Angelegenheit anzunehmen. Die Gruppe bestand aus Rote Feder, Kriegerischer Adler, Wolkenjäger, Flinker Otter, Flussufer, Gespannter Bogen und zwei anderen Kriegern.

Nach Chase' Schätzung dauerte es etwa zwei Stunden in der Zeitrechnung der *wasicun,* bis die Krieger mit Hilfe des Feldstechers gefunden hatten, was sie suchten, ohne selbst entdeckt zu werden: einen Kastenwagen, der langsam durch die weite Landschaft zog und Kisten und Fässer unterschiedlicher Größe transportierte. Zwei bewaffnete Männer saßen auf dem hölzernen Kutschbock, zwei andere ritten jeweils rechts und links vom Wagen. Die Red Shield waren zu neunt und somit im Vorteil. Der Wagen hielt geradewegs auf den Bear Lodge Mountain zu, der dreißig Meilen weiter nordwestlich im oberen Teil der Black Hills lag und auf dem die Crow ihr Winterlager aufgeschlagen hatten. Obwohl der Furcht einflößende Ort, der von den *wasicun* »Turm des Teufels« genannt wurde, sich außerhalb des ihnen laut Vertrag zugesprochenen Territoriums befand, brachten die weißen »Händler« verdächtige Ware dorthin und durchquerten dafür die Jagdgründe der Lakota. Die beiden Späher hatten sich an die Anweisungen gehalten und waren ins Lager der Red Shield zurückgekehrt, um auf weitere Befehle zu warten, statt die Weißen anzugreifen.

Windtänzer wählte eine Stelle in der Nähe des Wakpa-mni-sa aus, die auch Chase und den anderen für den geplanten Hinterhalt äußerst geeignet erschien. Die Gruppe eilte im Schutze der vielen Bäume und des hohen Grases zum Redwater River, um sich und ihre Pferde dort hinter dichtem Gebüsch zu verstecken und auf die Ankunft der Feinde zu warten.

Als der Wagen den ausgetretenen Pfad entlanggeholpert kam, machten die Red Shield sich bereit, um auf Windtänzers Signal hin loszuschlagen, einen Vogelschrei. Sie hörten bereits das Quietschen der Räder, das Knirschen des ledernen Zuggeschirrs, das Poltern des mit Hufeisen beschlagenen Gespanns auf dem harten Boden und die Gespräche und das Lachen der Männer. Der Tag war sonnig und warm und es wehte eine milde Brise, die dafür sorgte, dass die Pferde der Weißen die Gegenwart der Krieger nicht wittern konnten.

Als der Wagen und die Reiter sich auf ihrer Höhe befanden, gab Windtänzer mittels dreier Vogelschreie das Signal, sie zu umzingeln.

Chase, den man zum Sprecher gewählt hatte, damit die Weißen nichts von den Englischkenntnissen seines Bruders erfuhren, rief: »Waffen weg oder ihr seid tote Männer. Haltet euch ruhig, dann geschieht euch nichts!«

Der Wagenlenker war völlig überrascht, als die Indianer mit erhobenen Waffen wie aus dem Nichts auftauchten und seinen Trupp umzingelten. Er zog an den Zügeln und brachte das Gespann zum Halten, während seine Gefährten ihre Waffen sinken ließen. Sie hatten sofort und ohne Zögern auf die Befehle in ihrer Sprache reagiert.

Als die vier Weißen ihn ansahen, sagte Chase: »Wir haben nicht vor, euch umzubringen, also lasst eure Revolver und Gewehre fallen. Wenn ihr meinen Anweisungen nicht gehorcht, werden meine Freunde und ich jede eurer Bewegungen als Drohung auffassen und auf euch feuern. Tut, was ich sage, dann geschieht euch nichts. Darauf gebe ich mein Ehrenwort.«

Chase war erleichtert, als die Männer seiner Aufforderung sofort nachkamen.

»Was wollt ihr von uns?«, fragte der Wagenlenker. »Wer seid ihr?«

Chase antwortete mit einer Gegenfrage: »Was ist in den Kisten und Fässern?«

»Nur Handelsgüter. Es gibt einen Vertrag, und wir sind nicht hier, um zu kämpfen, deshalb sind wir davon ausgegangen, unbehelligt durch dieses Gebiet reiten zu können. Warum greift ihr uns an?«

Chase konnte sehen, dass der Fahrer log und Angst hatte, und fragte abermals: »Was ist in den Kisten und Fässern und wohin bringt ihr sie?«

»Wenn ihr uns etwas antut, werden unsere Soldaten über euch herfallen.«

»In dieser Gegend gibt es keine Soldaten. Beantworte meine Frage.«

»Mehl, Decken und so weiter. Ihr werdet große Schwierigkeiten bekommen, wenn ihr uns ausraubt.«

Der gespielte Schneid des Fahrers wirkte auf Chase nahezu belustigend. »Ihr habt also nichts dagegen, wenn ich mal in die Kisten reinschaue, oder?«

»Doch, Fremder. Ich habe euch gesagt, was ich befördere. Ich bin kein Lügner.«

»Wohin bringst du die Sachen?«, fragte Chase.

»Zu den Trappern weiter flussaufwärts.«

»Hier in der Gegend gibt es keine Trapper. Die nächsten Fallensteller sind so weit weg, dass ihr unmöglich dorthin gelangen und wieder nach Fort Pierre zurückkehren könnt, bevor der erste Schnee fällt.«

»Dann drehen wir jetzt um und reiten wieder zurück.«

»Erst, wenn ich weiß, was in den Kisten ist. Ich klettere jetzt in den Wagen und sehe selbst nach. Wenn einer von euch eine verdächtige Bewegung macht, werden die Pfeile meiner Freunde auf euch niederprasseln. Ich sage es euch lieber gleich: Falls ihr noch Waffen bei euch habt und versuchen solltet, sie zu ziehen, habt ihr sechs bis acht Pfeile im Körper, bevor ihr einen einzigen Schuss abfeuern könnt. An eurer Stelle würde ich mich nicht mit ihnen anlegen.«

»Zeig ihm, was in den Kisten ist, Pete!«, forderte

einer der Reiter den Wagenlenker auf. Die anderen beiden Männer nickten und der Kutscher fügte sich laut seufzend ihrem Entschluss. Chase sprang in den Wagen und stemmte einige Kisten und Fässer auf. Er blickte den Fahrer an und sagte höhnisch: »Sieht ganz so aus, als hätte euch jemand eine falsche Ladung mitgegeben. Hier sind nur Whiskey, Patronen und Waffen. Wisst ihr nicht, dass es verboten ist, den Crow dergleichen zu verkaufen oder als Tauschware anzubieten?«

»Kein Mensch hat gesagt, dass wir zu den Crow wollen.«

»Nun ja, ihr reitet geradewegs auf ihr Lager zu. Ich bezweifle, dass sie euch durchlassen würden, ohne sich an der Wagenladung zu vergreifen oder euch in die ewigen Jagdgründe zu schicken. Das werden wir jetzt für sie erledigen.«

»Was?«

»Den Whiskey ausschütten, die Gewehre verbrennen und euch nach Fort Pierre zurückschicken.«

»Das könnt ihr nicht machen! Mein ganzes Geld und meine Zeit stecken in dieser Ladung!«

»In dieser *illegalen* Ladung, die unter keinen Umständen in die falschen Hände geraten darf. Wenn die Crow sich erst mit dem Whiskey zuschütten und die Waffen zu fassen kriegen, werden sie den anderen Stämmen und der Armee die Hölle heiß machen. Wenn ihr wollt, dass ich euch festnehme und nach Fort Laramie zu Major Hoffman bringe, damit er sich mit der Sache befassen kann, soll mir das recht sein. Falls er euch genauso wenig glaubt wie ich, riskiert ihr natürlich einen längeren Gefängnisaufenthalt. Wenn euch euer Leben und eure Freiheit lieb sind, rate ich euch, die Pferde auszuspannen und so schnell wie möglich von hier zu verschwinden.«

»Los, Pete, der meint es ernst.«

»Jim hat Recht, Pete. Lass uns von hier verschwinden, bevor es ungemütlich wird.«

»Ich bin dabei«, meldete sich der vierte Mann.

»Also Pete«, fragte Chase, »wie sieht's aus? Schließt du dich deinen Freunden an oder willst du allein gegen uns kämpfen?«

»Wir werden tun, was Sie verlangen, Mister, aber es gefällt mir ganz und gar nicht. Ich werde über die Sache Bericht erstatten und der Armee den Raub melden.«

»Das hoffe ich doch«, spottete Chase. »Falls du es vergessen solltest, werde ich das gern für dich erledigen. Meiner Meinung nach dürfte die Armee bald nach euch suchen. An deiner Stelle würde ich schleunigst aus dieser Gegend verduften.«

»Können wir unsere Waffen behalten?«, fragte Jim. »Für den Fall, dass wir unterwegs in Schwierigkeiten geraten.«

»Na gut, jeder eine Waffe – vielleicht lauern euch ja ein paar Crow auf. Nehmt sie und steckt sie weg – und keine Tricks, wenn ich bitten darf.«

Während Chase den Red Shield, die ihre Pfeile weiterhin auf die Männer gerichtet hatten, die Unterredung übersetzte, spannten die Weißen die Pferde aus. Schließlich ritten die vier los, ohne sich noch einmal umzudrehen, und Chase hörte, wie Pete über die Feigheit der anderen schimpfte und etwas sagte wie »sich von einer Hand voll Rothäuten ausnehmen lassen«.

Damit die Weißen nicht heimlich zurückkehren und sie angreifen konnten, wurden zwei Männer als Wachen abgestellt. Chase schlug vor, mehrere Kisten mit Gewehren und einige kleinere mit Patronen zu behalten. »Wir verstecken sie in der Nähe und kommen mit Holzladen wieder, um sie zu holen. Ich werde meinen Stammesbrüdern zeigen, wie man diese Waffen benutzt. Wenn es in unserem Land zu Krieg kommen sollte, können wir mit diesen Waffen vielleicht siegen. Aber wir dürfen nicht alle behalten, denn wenn die Männer mit ihren eigenen Leuten oder mit Soldaten wiederkehren sollten, wäre es verdächtig, wenn sie hier keine leeren Whiskeyflaschen und verbrannte Gewehre finden würden. Sie würden glauben, dass wir sie für unsere eigenen Zwecke ausrauben wollten, nicht um Ärger zu vermeiden. Das würde uns schlecht zu Gesicht stehen. Das Pulver, das die Feuerstöcke nährt, müssen wir im Fluss versenken, denn es ist gefährlich, es anzuzünden.«

»Dein Plan ist klug, mein Bruder«, meldete Windtänzer sich zu Wort. »Es ist gut, dass du so viel über unsere Feinde und ihre Waffen weißt.«

Alle Krieger bis auf die beiden Wachen machten sich daran, die ausgewählten Kisten hinter nahen Felsen und Bäumen zu verstecken und ihre Spuren zu verwischen. Danach schütteten sie den Whiskey aus, schichteten zerbrochene Bretter um die Kisten und benutzten eines der »magischen kleinen Feuerstöckchen« aus der Schachtel, die Chase vor einigen Wochen in Fort Laramie erstanden hatte, um den Haufen anzuzünden. Die kleineren Kisten wurden aufgestemmt, der Inhalt ins Wasser und das Holz ins Feuer geworfen.

Während die Männer darauf warteten, dass die Flammen die Gewehre und den Wagen verzehrten und erstarben, setzten sie sich hin und unterhielten sich. Damit kein Funke auf das trockene Gras überspringen und einen Brand entfachen konnte, standen zwei Fässer mit Wasser aus dem Fluss bereit.

Als das Feuer heruntergebrannt war, lächelte Windtänzer und sagte: »Wir haben einen großen Sieg errungen, meine Brüder. Wir haben das Böse vernichtet und dabei keinen Weißen umgebracht. Unser Häuptling und unser Volk werden stolz auf uns sein. Kommt! Lasst uns zu unseren Familien zurückkehren, bevor die Dunkelheit einbricht und unsere Schritte verlangsamt.«

»Es ist nicht die Nacht, die den Himmel verdunkelt, mein Bruder. Schau«, sagte Kriegerischer Adler und deutete nach oben, »ein gewaltiger Sturm zieht auf. Wir müssen uns in Sicherheit bringen, bevor er losbricht.«

Windtänzer nickte. »Kriegerischer Adler hat Recht. Wir müssen in den Wald reiten und uns einen Unterschlupf suchen, in dem wir vor den Feuerlanzen des Himmels und den heftigen Regenfällen sicher sind.«

Als sie aufsaßen und schnell in den Wald galoppierten, spürte Chase, wie enttäuscht er war, dass er diese Nacht nicht mit seiner geliebten Frau verbringen würde. Aber Macha wusste bestimmt, dass es der Sturm war, der ihre Rückkehr verzögerte, und würde sich keine Sorgen um ihn machen. Er konnte nichts anderes tun, als von ihr zu träumen, um die nasse und kalte Nacht zu überstehen.

Zur gleichen Zeit in der Nähe des Lagers beeilte Macha sich, ihr Tagwerk zu vollenden, bevor der Sturm sich entladen würde. Doch plötzlich bot sich ihr ein furchtbarer Anblick, und sie musste sich schnell ihres scharfen Verstandes bedienen, um der Situation Herr zu werden ...

17. Kapitel

Macha starrte auf die schreckliche Szene, die sich ihr bot, warf die wärmende Decke von ihren Schultern und rannte in den Fluss. Ihre Mokassins und der Saum ihres Kleides sogen sich mit dem eiskalten Wasser voll. Auch ihre Hände waren eisig, als sie sich neben den leblosen Körper hockte und den Kopf der Frau anhob, deren nasses Haar in dem schnell fließenden Wasser trieb und Wangen und Schultern umspülte. Sisokas Gesicht war blass, die Haut runzelig, die Lippen blau gefärbt. Sie hatte die Augen weit aufgerissen, als habe sie etwas Schreckliches gesehen. Ihr Gesicht hatte auf einem großen Stein gelegen und auf ihrer Stirn war eine dunkle Wunde zu sehen. Die Strömung hatte das Blut weggewaschen.

Macha betastete Hals und Handgelenk der jungen Frau und suchte vergebens ihren Puls. Dann beugte sie sich vor und horchte ebenfalls vergebens nach dem Herzschlag. Sisoka atmete nicht mehr. Sie war tot, und das schon seit längerem. Macha sah, dass die Frau etwas in der Hand hielt, und stellte fest, dass es ein zerbrochenes *wanapin* war. Obwohl der Anhänger darauf schließen ließ, dass sie durch die Hand eines Feindes gestorben war, glaubte Macha nicht daran. Sie hatte einen schrecklichen Verdacht.

Sie fasste nach Sisokas eisigen Händen und zog

sie aus dem Wasser bis ans Ufer. Dann nahm sie der Toten das *wanapin* aus der Hand und versteckte es rasch neben einigen Büschen unter einem großen Stein. Falls ein Crow in der Nähe gewesen wäre, hätte einer der zahlreichen Späher ihres Stammes ihn entdecken müssen; außerdem hätten die Feinde Sisoka gefangen genommen oder auf andere Weise getötet. Die nassen Fransen an Machas Kleid klatschten gegen ihre Waden, und das Wasser in ihren Mokassins machte platschende Geräusche, als sie ins Lager zurücklief und dem erstbesten Mann, dem sie begegnete, von dem schlimmen Vorfall berichtete: »Rotkehlchen, Koyotes Tochter und Frau von Zwei Federn, liegt tot am Fluss. Ihre Leiche muss geborgen werden, bevor der Sturm losbricht.«

Großer Elch, Mitglied der Kriegergruppe der Strong Heart, fragte sie bestürzt, wie das Unglück geschehen sei.

»Ich weiß es nicht. Ich habe sie mit dem Gesicht nach unten im Wasser gefunden«, erklärte Macha und schilderte ihre schaurige Entdeckung, erwähnte jedoch nichts von dem zerbrochenen Crow-*wanapin.* Um jeglichen falschen Verdacht auszuschließen, drängte sie: »Für den Fall, dass es das Werk von Feinden war, muss die Gegend nach Spuren abgesucht werden, bevor der Regen sie vom Gesicht der Mutter Erde wäscht.«

»Ich hole Hilfe, dann kannst du uns zu der Leiche führen.«

Sobald er drei andere Krieger herbeigerufen hatte, brachte Macha sie zu der Unglücksstelle. Sie lauschte aufmerksam, während Großer Elch ihren

Bericht wiedergab, und beobachtete, wie die vier Männer die Tote sowie die nähere Umgebung untersuchten. Die Krieger nahmen an, dass Sisoka gestolpert, mit der Stirn auf einen Stein gefallen und ertrunken war, während sie bewusstlos im Wasser lag.

»Was ist, wenn es das Werk eines Feindes war, der es so aussehen lassen wollte, als wäre sie gefallen?«, fragte Macha. »Findet ihr einen so verängstigten Gesichtsausdruck nicht seltsam für jemanden, der gestolpert ist?«

»Hast du irgendetwas Auffälliges gesehen oder gehört?«, fragte einer der Männer.

»Nein«, antwortete Macha, obgleich sie nicht gern log. Doch falls ihr Verdacht zutraf, musste sie verhindern, dass fälschlicherweise ein Feind für den Täter gehalten wurde, denn das würde alle Aufmerksamkeit in die falsche Richtung lenken. Ohne den *wanapin* würde vermutlich Zwei Federn verdächtigt werden, und nur so ließ sich herausfinden, ob er tatsächlich die Schuld an diesem grausamen Vorfall trug.

Großer Elch beauftragte einen seiner Stammesgenossen, Sisokas Eltern und ihrem Mann Bescheid zu geben und – für den Fall, dass es sich um einen feindlichen Übergriff handelte – Späher loszuschicken, während er und die anderen die Leiche mit Hilfe von Machas Decke bergen würden.

Als sie Sisoka ins Lager trugen, erblickte Macha Zwei Federn, Koyote mit seiner Frau und viele ihrer Stammesbrüder, die ihnen entgegengelaufen kamen. Sie legten die Tote auf den Boden und die Leute scharten sich um sie. Sisokas Mutter sank auf die Knie, brach in lautes Wehklagen aus und streichelte die fahle Wange ihrer Tochter. Koyote stellte sich hinter seine Frau, blickte zu Boden und stieß einen Schmerzensschrei aus.

»Wer hat das getan?«, fragte Zwei Federn.

»Niemand«, entgegnete Großer Elch. »Sie ist gestürzt, hat sich den Kopf aufgeschlagen und ist ertrunken. Wir fanden nichts, das auf einen feindlichen Angriff hindeutet; am Ufer waren nur die Spuren von Rotkehlchen und Morgenröte.«

Macha merkte, dass Zwei Federn sie einen Augenblick lang verwundert ansah. *Er fragt sich, ob ich die grausame Wahrheit kenne und den falschen Beweis versteckt habe, oder der wanapin auf andere Weise verloren gegangen ist.*

»Rotkehlchen war niemals unvorsichtig; sie wurde ins Wasser gestoßen. Es ist das Werk eines Feindes«, erklärte Zwei Federn. »Ich werde ihn finden und töten.«

»Wir haben nichts gesehen, das eine solche Vermutung bestätigt«, versicherte Großer Elch noch einmal. »Aber ich habe Blaue Eule die Nachricht geschickt, dass er Späher aussenden soll, um die Gegend nach Eindringlingen abzusuchen.«

Zwei Federn wandte sich an Macha: »Hast du nichts Verdächtiges gesehen oder gehört, als du sie fandest?«

Macha bemühte sich, ihre wahren Gefühle zu verbergen, und antwortete: »Nein. Auch Großer Elch fand nichts, obwohl er mit den anderen das Ufer und den Fluss absuchte. Ich konnte deiner Frau nicht helfen, denn ihr Geist hatte ihren Körper schon verlassen, als ich sie fand. Ihr Tod ist ein großer Verlust für dein Tipi und ihre Familie. Heute ist ein trauriger Tag für unser Volk. Sie muss hergerichtet und auf eine Totenstätte gebettet werden, bevor der Sturm hereinbricht, der nicht mehr lange auf sich warten lassen wird.«

Koyote sah zum Himmel auf und nickte. Dann blickte er zu Zwei Federn. »Bring Rotkehlchen in unser Tipi, damit ihre Mutter sie waschen und ihren Körper in eine Decke und ein Büffelfell hüllen kann«, sagte er. »Währenddessen will ich Holz sammeln und die Ruhestätte meines Kindes auf dem nahen Hügel errichten. Wir müssen uns beeilen; bald werden uns Regen, Wind und Feuerlanzen heimsuchen.«

»Großer Elch und die anderen werden dir helfen, Koyote«, entgegnete Zwei Federn, »denn ich muss zu dem Ort gehen, an dem Sisoka getötet wurde, um nach feindlichen Spuren zu suchen.«

»Wir haben gesucht und nichts gefunden«, betonte Großer Elch noch einmal.

»Vielleicht habt ihr etwas übersehen.«

Koyote runzelte die Stirn. »Wenn du unbedingt willst, dann geh, aber es ist nutzlos, denn Großer Elch hat gute Augen.«

Macha war unruhig, konnte es aber vor den anderen verbergen. Was, dachte sie ängstlich, wenn Zwei Federn das Crow-*wanapin*, das sie versteckt hatte, fand und sie bloßstellte? Selbst wenn sie ihre Tat begründen konnte, würde dieses Täuschungsmanöver sie in Schwierigkeiten bringen. Sie betete, dass sie keine Spuren am Boden hinterlassen hatte. Plötzlich, als wolle er sie retten, machte der Große Geist seinem Zorn über die grausame Tat

Luft, indem er den Sturm wüten ließ. Große, schwere Regentropfen prasselten auf sie nieder. Der Wind zerrte an Kleidung, Tipis, Waffen, Kochständern und Bäumen, peitschte das trockene Gras und die verwelkenden Wildblumen. Blitze leuchteten am Himmel auf und lauter Donner zerriss die Luft. »Wir müssen uns schleunigst in die Tipis begeben«, sagte sie und hoffte, alle würden ihrer Aufforderung schnell nachkommen.

»Bring meine Tochter her«, befahl Koyote Zwei Federn, der ein verdrossenes Gesicht zog. »Wir werden sie während des Sturms zurechtmachen und sie später auf die Totenstätte betten.«

Während Macha zu ihrem Tipi eilte, blickte sie noch einmal zurück und sah, wie der verärgerte Krieger seine tote Frau hochhob, um dem Befehl des älteren Mannes nachzukommen. Sie dankte Wakantanka dafür, dass er ihre Tat gedeckt hatte, und war sich nun sicher, dass es richtig gewesen war, das *wanapin* zu verstecken. Zwei Federn konnte sie zwar verdächtigen, mehr jedoch nicht, denn auch die Strömung des Flusses, ein Fremder oder ein verstimmter Geist hätten sein falsches Beweisstück entwenden können, das er zweifellos bei seiner Frau zurückgelassen hatte, um alle auf eine falsche Fährte zu locken. Sie wünschte, Wolkenjäger wäre bei ihr, um sie zu beruhigen und zu bestärken, dass sie richtig gehandelt hatte. Sie nahm an, dass er in Sicherheit war und lediglich vor dem Sturm Unterschlupf gesucht hatte, der nun mit aller Kraft wütete.

Macha entledigte sich ihrer nassen Kleidung, trocknete sich ab und zog sich etwas Warmes an.

Sie setzte sich neben das kleine, gemütliche Feuer, kuschelte sich in eine Decke und aß die Suppe, die sie mit ihrem Mann hatte teilen wollen – ebenso wie eine leidenschaftliche Nacht. Zum Glück würde er bald wieder bei ihr sein.

Als Chase und seine Stammesbrüder am nächsten Tag ins Lager zurückkehrten und von ihrem Häuptling und dem Rat vor der Versammlungshütte begrüßt wurden, war der bedrohliche Sturm vorüber und der Himmel wieder hell und klar. Entsetzt empfingen sie die Nachricht von Sisokas Tod und Zwei Federns Verdacht, dass ein Feind seine Frau auf dem Gewissen hatte, obwohl ihm die Beweise fehlten. Er schob es auf den Regen, der die Spuren verwischt hatte, bevor er ihnen folgen konnte.

Nachdem man die Heimkehrer mit diesen grausamen Neuigkeiten vertraut gemacht hatte, berichtete Windtänzer zur Freude seines Vaters und des Rats, wie er mit den anderen die Weißen verjagt hatte.

»Warum habt ihr sie nicht getötet?«, fragte Zwei Federn. »Sie wollten unseren Feinden Feuerwasser und Donnerstöcke geben, damit sie uns überfallen können, und werden es vielleicht erneut versuchen.«

»Wir folgten den Befehlen des Häuptlings und des großen Rats«, entgegnete Windtänzer. »Diese Weißen werden sich nicht mehr in unseren Jagdgründen blicken lassen, denn sie haben ihre eigenen Gesetze gebrochen, und wenn man sie findet, wird man sie bestrafen.«

»Warum habt ihr sie nicht gefesselt und nach Fort Laramie gebracht? Wolkenjäger hätte sie hinbringen können, denn man hält ihn für einen Weißen. Er sieht aus wie sie, trägt dasselbe Blut in sich und die Blaumäntel kennen ihn und vertrauen ihm.«

Windtänzer fragte sich, warum sein Cousin so gereizt war. Und warum sprach er so abfällig über Wolkenjäger, wo er ihm doch erst kürzlich seine Freundschaft angeboten hatte? Er vermutete, dass es wohl an dem Kummer über den Verlust seiner Frau liegen musste. »Wir hielten es nicht für ratsam«, antwortete Windtänzer, »denn zurzeit fürchten die Blaumäntel die Lakota und hätten Wolkenjäger nicht geglaubt, dass er die Weißen mit Hilfe von Indianern gefangen nahm. Sein Leben wäre in Gefahr gewesen. Außerdem war es nicht nötig, sich so weit vom Lager zu entfernen, denn wir haben die gefährlichen Händler mit unseren Drohungen vertrieben. Mein Herz trauert über deinen Verlust, mein Cousin, er benebelt deinen Verstand. Wir haben getan, was das Beste für unser Volk und unsere Verbündeten ist.«

»Das werden wir noch sehen. Ich gehe jetzt auf die Jagd.«

»Wer reitet mit dir, mein Cousin«, fragte Kriegerischer Adler.

»Ich reite allein.«

Windtänzer gab zu bedenken: »Das ist keine gute Idee, denn dein Kummer könnte dir gefährlich werden.«

Zwei Federn warf ihm einen finsteren Blick zu

und sagte verärgert: »Hast du vergessen, was man uns beibringt? Ein wahrer Krieger lässt sich niemals durch seinen Kummer schwächen oder ablenken. Ich gehe jetzt.«

Als ihr Cousin fort war, blickten Windtänzer und sein Bruder sich fragend an. »Vielleicht will Zwei Federn ungestört trauern, aber er handelt nicht weise. Flinker Otter, beauftrage seinen besten Freund oder seinen Bruder damit, ihm in einiger Entfernung zu folgen und auf ihn Acht zu geben. Falls er auf Bleichgesichter trifft so wie vor einigen Sonnen, könnte er den Beschluss unseres Rates vergessen und Schwierigkeiten machen.«

Als Flinker Otter fragend zum Häuptling blickte, sagte dieser: »Geh, Flinker Otter, denn ich denke wie mein Sohn.«

Der Träger des Heiligen Bogens nickte und brach auf, um den Befehl auszuführen. Die anderen blieben sitzen und unterhielten sich noch eine Weile.

Als die Versammlung vorüber war und alle die Hütte verließen, begab Chase sich in sein Tipi, wo Macha schon auf ihn wartete. Sie küssten und umarmten sich, dann lehnte er sich zurück und sagte: »Es ist gut, wieder hier zu sein.«

»Hast du gehört, dass Rotkehlchen nicht länger auf Mutter Erde weilt?«, fragte sie traurig. »Ich muss dir erzählen, was ich tat, als ich sie fand.«

»Diese Entdeckung war eine harte Prüfung für dich, meine Frau, und wenn du nicht davon sprechen möchtest, dann ...«

Macha legte ihm den Finger auf den Mund und bat ihn zu schweigen. Hastig berichtete sie von ihrer Entdeckung und ihrem Verdacht. »Habe ich mich falsch verhalten?«

»Nein, du hast mutig und klug gehandelt«, bestätigte er. »Du hattest mir von Sisokas Ängsten erzählt, aber ich habe wahrhaftig nicht geglaubt, dass er ihr etwas antun würde«, gestand Chase betrübt.

»Tue ich ihm Unrecht, mein Mann?«

Chase streichelte ihre Wange und schüttelte den Kopf. »Ich denke nicht. Aber wir dürfen niemandem von dem Crow-*wanapin* erzählen, denn viele unserer Stammesbrüder glauben ihm. Wenn ich ihn beschuldige, ohne Beweise zu haben, könnte ich mir leicht Feinde schaffen, zumal er mir vor einigen Tagen seine Freundschaft angeboten hat. Außerdem könnte er es dir übel nehmen, dass du das *wanapin* versteckt hast, und glauben, dass du den Verdacht auf meinen Cousin lenken wolltest aus Rache für die schlechten Gefühle, die er mir entgegenbringt. Sage nichts, das ihn aufhorchen lassen könnte, denn ich fürchte, er würde versuchen, dich wie Rotkehlchen auf den Pfad der Geister zu schicken. Wir müssen ihn aufmerksam beobachten. Wenn er dir etwas antut, um mir eins auszuwischen oder um seine grausame Tat zu verschleiern«, schwor Chase, »werde ich ihn eigenhändig umbringen.«

Macha umarmte ihn, lehnte ihren Kopf an seine Brust und versprach: »Ich werde vorsichtig sein und auch du musst dich in Acht nehmen.«

»Allerdings verstehe ich nicht ganz, warum er ihr ein *wanapin* von den Crow in die Hand legte, statt ihren Tod wie einen Unfall aussehen zu lassen. Es ist merkwürdig. Vielleicht ist der Schuldige doch unter den Crow zu suchen und wir täuschen uns. Oder vielleicht fand Rotkehlchen das *wanapin,* das von einem früheren Angriff unserer Feinde stammte, und hielt es zufälligerweise in der Hand, als sie stürzte und mit dem Kopf aufschlug. Doch ich werde das Gefühl nicht los, dass mein Cousin sie aus einem uns unbekannten Grund tötete und dass er mich noch immer hasst.«

»Das Gefühl habe ich auch.«

Er streichelte ihr die Wange und sagte: »Lass uns diese Sorgen für einen Moment vergessen. Wir werden in den nächsten Tagen gut aufpassen.«

Nachdem die Sonne zwei Mal aufgegangen war und eine Gruppe unter der Führung von Windtänzer die versteckten Kisten geborgen hatte, schlossen Chase und Macha die Eingangsklappe ihres Tipi, beluden ihre Pferde, verabschiedeten sich von ihren Familien, saßen auf und ritten zum Paha Mato, um ihr Versprechen einzulösen und dem Großen Geist an der heiligen Stätte Opfergaben darzubringen.

* * *

Am Abend des folgenden Tages schlugen Macha und Chase am Fuße des Bear Butte ein kleines Lager auf. Sie hatten sich Zeit gelassen, die Landschaft bewundert, die sich mit der neuen Jahreszeit verändert hatte, und das Alleinsein genossen. Sie sammelten Äste und bauten einen Unterschlupf, über den sie mehrere Büffelhäute legten, um sich gegen die Kälte der Nacht zu schützen.

Am frühen Morgen standen die beiden auf der Spitze des Berges, die Gesichter der aufgehenden Sonne zugewandt, die bereits wärmte, und sprachen dem Großen Geist in Gebeten ihren Dank für seine vielen Wohltaten aus und baten um Schutz und Rat während des Winters, der bald hereinbrechen würde. Sie hielten sich lächelnd an den Händen, erfüllt von Glück, Liebe und Dankbarkeit für den herrlichen Augenblick.

Sie begaben sich an den Ort, an dem frühere Besucher aus vielerlei Gründen ihre Opfergaben an kleine Bäume gehängt hatten – hauptsächlich Perlenstickereien, Haarlocken, winzige Beutel mit Steinen und Kräutern, Stücke von Lederkleidung und Teile von Tieren. Sie befestigten ihre Gaben schweigend an einigen leeren Ästen, denn ihrem Glauben nach wusste der Schöpfer, warum sie Ihm diese Dinge opferten. Als sie fertig waren, gingen sie zu ihrem Unterschlupf zurück, um sich noch ein wenig der Gegenwart des anderen zu erfreuen.

Kurz vor Sonnenuntergang sammelte Macha Reisig für ein gemütliches Feuer, während Chase zum Fluss ging, um Trinkwasser für die letzte Nacht zu holen, die sie an diesem Ort verbringen würden. Macha hatte bald genug Holz beisammen und wollte ihren Mann am Fluss abholen, damit sie gemeinsam zu ihrem Unterschlupf zurückkehren konnten. Doch als sie sich dem Ufer näherte, blieb sie vor Schreck wie versteinert stehen. Ein seltsamer Koyote hatte sich hinter ihren Mann geschlichen, der sich kniend übers Wasser beugte, um seine Feldflasche aufzufüllen. Obwohl es äußerst selten vorkam, dass diese sonst so scheue Kreatur einen Menschen angriff, spürte Macha, dass dieses Tier anders war, aggressiver, und dass es ihren geliebten Mann anfallen würde.

Außer einem Messer in einer mit Perlen bestickten Lederscheide hatte sie keine Waffe bei sich, und sie wusste, dass sie sich in Gefahr brachte, wenn sie versuchte, den Koyoten aus nächster Nähe zu töten. Aber es würde zu lange dauern, das Gewehr ihres Mannes aus dem Unterschlupf zu holen, und ein Warnschuss konnte das wilde Tier erst recht anstacheln. Doch sie musste irgendetwas tun, und zwar schnell.

Ihr Blick fiel auf einen Baum in der Nähe, der leicht zu erklimmen war. Sie nahm mehrere große Steine vom Boden und rannte schreiend auf die heimtückische Kreatur zu. Der Koyote drehte sich um und knurrte sie drohend an, und sie schleuderte ihm die Steine entgegen. Wütend lief das Tier mit bewundernswerter Geschwindigkeit auf sie zu, ganz wie sie gehofft hatte. Sie rannte zu dem Baum, kletterte daran hoch und konnte sich gerade noch in Sicherheit bringen, bevor das Tier nach ihr schnappte und am Stamm hochsprang.

Chase, der sich bei dem Lärm erschreckt umgedreht hatte, warf die Feldflasche zu Boden und rannte los, um sein Gewehr zu holen. Er war bald wieder zurück, zielte, feuerte und erwischte die

Kreatur mit seinem ersten und einzigen Schuss. Er lief zu dem Baum, vergewisserte sich, dass das Tier auch wirklich tot war, und half der zitternden Macha herunter. Erleichtert nahm er sie in die Arme, denn er hatte sofort gesehen, dass der Koyote von der Tollwut befallen war. Er nahm ihr Gesicht in die Hände und blickte ihr in die dunkelbraunen Augen. »Bist du verletzt, mein Liebling?«, fragte er mit laut klopfendem Herzen, denn er wusste, wie tödlich und schmerzhaft der Verlauf dieser Krankheit war.

»Nein, er hat mich nicht erwischt. Ich habe gesehen, wie er sich an dich herangeschlichen hat, und ich wusste, dass es nur einen Weg gab, dich zu retten. Ist er tot?«

»Ja. Eine Krankheit hatte von ihm Besitz ergriffen, deshalb war ich gezwungen, ihn zu töten, um uns und die anderen Tiere vor ihm zu schützen. Siehst du die Wunde an seinem Bein? Ein anderes krankes Tier hat ihn gebissen und ihm so die Krankheit weitergereicht. Er wusste nicht, was er tat. Es war mutig von dir, ihn von mir wegzulocken. Du hast sehr klug und geschickt gehandelt, wie Tautropfen vor langer Zeit, als sie mit dem Grizzly kämpfte, um meinen Bruder zu retten. Ich bin stolz auf dich und froh, dass wir so gut zueinander passen.«

Macha lächelte beglückt über sein aufrichtiges Lob und zog ihn fest an sich. »Ich liebe dich, Wolkenjäger, und ich könnte es nicht ertragen, dich zu verlieren.«

»Du hast deine Gefühle für mich schon oft bewiesen, Sonnenschein meines Herzens. Jetzt muss ich den toten Koyoten von hier wegschaffen und ihn mit Steinen bedecken, damit kein anderes Tier sein Fleisch frisst und die Krankheit weiterverbreitet. Kehr zu unserem Unterschlupf zurück und warte dort auf mich; ich komme bald nach.«

Als sie aneinander gekuschelt auf der Schlafmatte lagen, wurden sie von einer fieberhaften Leidenschaft ergriffen, die nicht zuletzt von dem unmittelbaren Kontakt mit der Gefahr entfacht wurde und ihre Körper stärker erhitzte als die lodernden Flammen neben ihnen. Der Rauch des Feuers entwich durch kleine Spalten zwischen den Büffelhäuten, die sie über das Gerüst aus Zweigen geworfen hatten, und es duftete nach Fichten- und Pinienholz. In der kleinen Hütte war nichts zu hören als ihr heftig gehender Atem, das Knacken des Feuers, entfernte Schreie von Nachtvögeln und ihre heiseren Stimmen. Das dicke Büffelfell, auf dem sie lagen, war weich und bequem, und eine dünne Decke bedeckte sie bis hinauf zu den Schultern. Die Abgeschiedenheit des Ortes verstärkte noch das Gefühl der Nähe und ermöglichte es ihnen, sich ohne Hemmungen ihre Liebe zu zeigen.

Chase weidete sich an Machas Lippen und sie erwiderte seine Küsse. Ihre Zungen spielten miteinander, während sie sich überall streichelten. Jede Berührung war ein Geben und Nehmen. Das geistige Band zwischen ihnen schien jedes Mal, wenn sie sich liebten, noch stärker zu werden, und dieses Bewusstsein verzauberte sie über alle Maßen.

Chase ließ seine Hände und Lippen über Machas biegsamen Körper wandern, um ihr Verlangen zu steigern, und auch sie entfachte sein Begehren durch ihre Liebkosungen. Bald konnten sie sich nicht länger zurückhalten. Macha zog Chase an sich, und als er in sie eindrang, stöhnte sie vor Verzückung. Dann bewegten sie sich im uralten Rhythmus der Leidenschaft.

Kurz bevor sie den Höhepunkt erreichten, sah Chase in ihre leuchtenden Augen und schwor ihr: »Unsere Lebenskreise werden für immer miteinander verbunden sein, meine geliebte Morgenröte, denn der Schöpfer führte sie zusammen. Wir sind auf ewig eins. Ich liebe dich mehr, als ich mit Worten sagen kann.«

»Auch ich liebe dich über alles, Wolkenjäger«, entgegnete sie. Als ihre Münder miteinander verschmolzen, überließ sie sich ganz dem herrlichen Ausbruch ihrer gegenseitigen Hingabe, der sie für Augenblicke in einen atemberaubenden Rausch versetzte und sie anschließend mit ruhigem Wohlbehagen umhüllte.

Danach schloss Chase sie heiter und zufrieden in die Arme und sagte sich, wie glücklich er sich schätzen konnte, ein solches Leben zu führen und sie zur Frau zu haben. Er versuchte, nicht an die dramatischen Veränderungen zu denken, die ihr Dasein bedrohten.

Nachdem sie das Lager der Red Shield erreicht und Chase von der mutigen Tat seiner Frau am Bear Butte berichtet hatte, umarmte Großer Bär sie, nahm eine Feder aus seinem Kopfschmuck und übergab sie ihr lächelnd. »Du hast meinem zweiten Sohn das Leben gerettet und verdienst diese Feder zum Zeichen deines Sieges. Ich bin stolz auf dich, Morgenröte. Die beiden Töchter, mit denen ich beschert wurde, als meine Söhne sich vermählten, sind ein wahrer Segen. Ich hoffe, Kriegerischer Adler wird eines Tages eine Frau finden, die ebenso mutig, klug und geschickt ist wie Morgenröte und Tautropfen; und ich hoffe, dass Hanmani zur rechten Zeit einen würdigen Mann findet. Steck diese Feder in dein Haar und trage sie zu Ehren deiner Heldentat.«

»Das will ich tun, mein Häuptling und zweiter Vater, und ich danke dir vielmals dafür.«

Nachdem auch andere Macha gelobt hatten, unterhielten sich alle Anwesenden angeregt und Chase fragte: »Ist irgendetwas vorgefallen, während wir fort waren, Vater?«

»Nein, es war ruhig, mein Sohn, und ich hoffe, so wird es auch bleiben«, entgegnete Großer Bär. »Während des Kriegsrats versprachen unsere Verbündeten, uns zu benachrichtigen, wenn Gefahr drohen sollte. Ich denke, es ist ein gutes Zeichen, dass wir keine Nachricht erhielten.«

»Ich hoffe es, Vater. Wenn Gefleckter Schwanz und seine Mitstreiter während der kalten Jahreszeit in ihren Lagern bleiben, wird sich die Wut und die Angst der Blaumäntel vielleicht legen.« Zum ersten Mal in seinem Leben betete Chase darum, dass es heftig schneien möge, denn dann konnte die Armee ihre Forts nicht verlassen und die Lakota nicht zum Kampf fordern.

* * *

Viele Wochen lang herrschte Frieden, und es schien, als habe Großer Bär mit seiner Vermutung richtig gelegen, zumal nur wenig Schnee gefallen war. Dennoch warnte Nahemana den Häuptling und seine drei Söhne vor Schwierigkeiten, die sich andernorts zusammenbrauten und in die sie möglicherweise hineingezogen würden. Wie und wann das geschehen würde, vermochte er nicht zu sagen, denn das hatte ihm der Große Geist nicht offenbart.

An einem Tag, den Chase nach dem Kalender des weißen Mannes als den zweiundzwanzigsten November bestimmte, wurden seine schlimmsten Befürchtungen Wirklichkeit: Zwei Krieger der Oglala aus dem Lager von Mahpialuta brachten eine Nachricht, die Nahemanas Warnungen bestätigte.

Nachdem der Häuptling, der Rat und die Kriegergruppen sich gegen Mittag in der Versammlungshütte zusammengefunden hatten, verkündete einer der beiden fremden Krieger: »Rote Wolke schickt uns zu unseren Verbündeten, den Red Shield. Vor sechs aufgehenden Sonnen stahlen Gefleckter Schwanz und seine Brule Maultiere aus Fort Kearny; der Sohn seiner Schwester, Crazy Horse, ritt mit ihm. Vor zehn aufgehenden Sonnen überfielen Red Leaf – der Bruder von Mutiger Bär, welcher von Grattan getötet wurde –, Gefleckter Schwanz und ihre Anhänger die rollende Holzlade auf dem Weg zwischen Fort Laramie und Fort Kearny. Sie stahlen die Tiere, töteten viele Männer und nahmen sich, was die Bleichgesichter ›Post‹ und ›Gold‹ nennen.«

Großer Bär fragte besorgt: »War Rote Wolke oder irgendein anderer Oglala bei Gefleckter Schwanz und den Brule, die Krieg wollen?«

»Nein, denn Rote Wolke entschied sich beim Kriegsrat dafür, den Vertrag von Long Meadow zu achten, bis die Blaumäntel ihn brechen und das Kriegsbeil gegen alle Lakota ausgraben. Vor dem Kampf zwischen Grattan und den Brule ging unser Stamm oft in der Gegend von Fort Laramie und des Platte River auf die Jagd. An dem dunklen Tag, als Grattan und seine Blaumäntel angegriffen und getötet wurden, hatten wir unser Lager ganz in der Nähe aufgeschlagen, aber Rote Wolke schickte seine Leute nicht in die Schlacht, da wir nicht mit den Brule verbündet sind und ihre Kämpfe uns nichts angehen. Als die Brule immer häufiger Überfälle verübten, beschloss Rote Wolke, die Gegend zu verlassen, um Kämpfe zu vermeiden. Nur Old Smoke, unser früherer Häuptling, und einige Ältere blieben zurück. Bis heute ist ihnen nichts geschehen, denn die Blaumäntel fürchten diese alte Männern nicht, die zu schwach zum Kämpfen sind.«

Während Chase aufmerksam zuhörte, erinnerte er sich daran, dass er Crazy Horse bei dem Kriegsrat Ende September gesehen und man ihm von dem Wagemut des Kriegers und seinem großen Hass auf die Weißen erzählt hatte. Der junge Mann, der einst den Namen »Curly« getragen hatte, hatte wie Chase eine helle Haut und braune Haare. Es hieß, dass er oft für einen Weißen oder ein Halbblut gehalten wurde, doch alle, die seine Mutter – die Schwester von Gefleckter Schwanz –

gekannt hatten, schworen, dass sie den Jungen geboren hatte und dass sein Vater kein Weißer, sondern ein Vollblut-Indianer gewesen war. Chase zweifelte nicht daran, denn sonst hätten die streitsüchtigen Brule Crazy Horse nicht so leicht in ihre Mitte aufgenommen.

Der fremde Krieger fuhr fort: »Rote Wolke lässt fragen, ob die Red Shield sich weiterhin friedlich verhalten, bis wir uns alle zum Kämpfen gezwungen sehen.«

»Wir denken, fühlen und handeln wie Rote Wolke«, entgegnete Großer Bär.

Der zweite Krieger fragte: »Wenn der Krieg ausbricht, werdet ihr euch dann mit uns gegen die Weißen verbünden?«

Großer Bär antwortete: »Ja, das werden wir tun.«

»Wir brechen nun auf, aber wir benachrichtigen euch, sobald es Schwierigkeiten gibt.«

Windtänzer sah zu seinem Halbbruder. »Wolkenjäger hat sich schon einmal in Fort Laramie umgehört; wenn er dazu bereit ist, kann er es vielleicht erneut versuchen.«

Chase nickte. »Es ist gut, die Gedanken, Gefühle und Pläne eines solch mächtigen Feindes zu kennen, deshalb reite ich wieder zum Fort, wenn mein Vater es wünscht.«

»Ich schicke meinen Sohn noch einmal zum Fort«, sagte Großer Bär. »Nach seiner Rückkehr werden wir Rote Wolke Bericht erstatten.«

»Das ist gut. Wir verlassen euch jetzt und bringen Rote Wolke die Neuigkeiten.«

Nachdem die Oglala fort waren, fragte Großer Bär: »Nimmst du einen Gefährten zu deinem

Schutz mit? Schließlich wissen wir nicht, ob dir von den Crow oder den Weißen unterwegs Gefahr droht. Deine Begleiter können sich in der Nähe verstecken, während du das Fort auskundschaftest.«

Die Sorge seines Vaters um sein Wohlergehen und seine Sicherheit wärmte Chase das Herz. Außerdem war Großer Bär offensichtlich davon überzeugt, dass er auch ein zweites Mal wichtige Neuigkeiten bringen würde, und dieses Vertrauen erfüllte ihn mit Stolz. »Ich kann niemanden mitnehmen, der eine Familie zu versorgen hat, und ich wäre dankbar, wenn Kriegerischer Adler während meiner Abwesenheit für meine Frau auf die Jagd geht, deshalb wähle ich Gespannter Bogen und Gebrochener Speer als Begleiter. Wir brechen morgen früh auf, denn je eher wir etwas wissen, desto besser.«

»So soll es sein, mein Sohn. Möge Wakantanka euch drei lenken und beschützen.«

Chase ging zum Tipi, um seine Sachen für die morgige Reise vorzubereiten, und fand dort seine Frau vor, die ihn ungeduldig erwartet hatte.

»Haben sie schlechte Neuigkeiten gebracht, Wolkenjäger?«

»Ja«, entgegnete Chase. Während er ihr von den Vorfällen berichtete, sah sie ihn mit großen Augen an, dann runzelte sie bestürzt die Stirn.

»Warum musst du dich erneut in Gefahr begeben, wenn die Blaumäntel doch gegen alle Indianer aufgebracht sind?«, fragte sie mit zitternder Stimme. »Kann diesmal nicht jemand anders gehen?«

Chase schüttelte den Kopf. »Du weißt doch, mein Sonnenschein, dass man mich für einen Weißen hält und mich dort schon kennt. Für mich ist es weniger gefährlich als für andere. Wir müssen herausfinden, was die Armee nach den letzten Vorfällen zu tun gedenkt. Es ist meine Pflicht, unserem Volk und unseren Verbündeten zu helfen.«

»Was du sagst, ist wahr«, gab sie widerstrebend zu, doch ihr Herz hämmerte vor Angst. »Lass mich mit dir gehen. Ich werde mich in der Nähe verstecken. Ich kann es nicht ertragen, noch einmal so lange von dir getrennt zu sein.«

Chase nahm ihr Gesicht in die Hände, sah ihr in die tränenverschleierten Augen und fragte: »Hast du vergessen, was du mir erst heute Morgen gesagt hast? Du darfst dich und das Leben des Kindes, das du wahrscheinlich in dir trägst, nicht in Gefahr bringen. Kriegerischer Adler wird auf dich Acht geben und für dich jagen, solange ich fort bin. Ich komme zurück, so bald ich kann, mein Liebling.«

Macha fürchtete sich vor dieser neuerlichen Trennung und flehte: »Bitte, lass mich mitkommen. An deiner Seite bin ich in Sicherheit, denn du bist mutig und stark.«

Chase nahm sie in den Arm und strich ihr über den Rücken. »Selbst mein Mut kann dich und unser Kind nicht schützen, wenn wir auf Crow, Pawnee oder Weiße stoßen, oder auf Blaumäntel, die uns angreifen. Und falls wir fliehen müssen, kann in deinem Zustand sogar schnelles Reiten gefährlich sein. Außerdem würde auch ich mich gefährden, denn die Angst um dich und unser Kind würde mich zu sehr ablenken.«

Macha holte tief Luft und schloss einen Moment lang die Augen. »Du hast Recht.« Sie hob den Kopf und sah ihn an. »Versprich mir, dass du zurückkommst«, beschwor sie ihn.

Chase umarmte sie. »Ich bin bald wieder bei dir, mein Liebling, denn es ist uns bestimmt, miteinander alt zu werden. Wenn ich alle Vorbereitungen getroffen habe, will ich dir zeigen, wie sehr ich dich liebe und brauche.«

18. Kapitel

Macha blickte ihrem Mann nach, der ihr lächelnd winkte, bevor er mit Gespannter Bogen und Gebrochener Speer fortritt. Sie erinnerte sich an die herrliche Nacht voller Leidenschaft und sinnlichem Vergnügen, die sie miteinander verbracht hatten. Wie versprochen, hatte er ihr gesagt und gezeigt, wie sehr er sie liebte, begehrte und brauchte, und auch sie hatte ihm ihre Liebe bewiesen. Nicht im Traum hätte sie es für möglich gehalten, dass diese Gefühle so gewaltig und schön sein konnten, und sie wusste, dass es mit keinem anderen je so sein würde.

Warum, dachte sie verzweifelt, musste der lang währende Friede ausgerechnet in dem Jahr enden, in dem Wolkenjäger zurückgekehrt war, und warum musste ausgerechnet er sein Leben aufs Spiel setzen, um den nach Meinung von Anführern und Verbündeten doch unvermeidlichen Krieg hinauszuzögern? Aber vielleicht hatte der Große Geist Wolkenjäger genau deshalb zurückgeschickt. Aufgrund seiner Vergangenheit war nur er in der Lage, sich dieser Aufgabe anzunehmen, und nur aufgrund dieser Verdienste hatte man ihn wieder in den Stamm aufgenommen. Wäre er schon früher zurückgekehrt, überlegte sie sich, würde man ihn vielleicht noch immer als Außenseiter betrachten oder man hätte ihn bereits abgewiesen und verbannt. Sie durfte nicht daran zweifeln, dass der Schöpfer auf seine Weise alles zum Besten gestaltete.

Macha legte eine Hand auf ihren Bauch und dachte an das Kind, das dort wuchs, und ihr wurde vor Freude und Stolz ganz warm ums Herz. Sie fragte sich, ob sie ein Mädchen oder einen Jungen gebären würde, welchen Namen sie ihm geben und wie sein Leben verlaufen würde. Sie hoffte, dass ihr geliebter Mann schon sehr bald unversehrt zurückkehrte und erneut ein beständiger Friede in ihrem Territorium herrschte. Wenn nicht ...

»Warum stehst du hier in der Kälte, Morgenröte, wo du ihn ohnehin nicht mehr sehen kannst?«, neckte Hanmani sie, die sich unbemerkt genähert hatte. »Willst du hier Wurzeln schlagen, bis er zurückkommt?«

Macha drehte sich belustigt um und zog die Büffelhaut, die sie um die Schultern trug, enger zusammen. »Eines Tages, meine Freundin, wirst du meine Gefühle und Ängste verstehen. Es ist, als hätte mein Herz aufgehört zu schlagen.«

»Mach dir keine Sorgen, mein Bruder ist ein guter Krieger und wird zurückkommen.«

»Das stimmt. Komm mit in mein Tipi, ich muss dir ein Geheimnis anvertrauen«, sagte Macha fröhlich, denn sie wusste, wie sehr Hanmani sich über ihre Schwangerschaft freuen würde. Sie wusste auch, dass ihre beste Freundin niemandem etwas sagen würde, bis es keinen Zweifel mehr an ihrem Zustand gab. Sobald Macha sicher war, würde sie ihrer Mutter und Winona die Nachricht verkünden. Die beiden Frauen konnten ihr viel beibringen; schließlich gab es eine Menge Vorbereitungen für das glückliche Ereignis zu treffen.

Eine Woche später, in weiter Ferne vom nördlichen Teil der Black Hills und dem Lager seines Stammes, brachte Chase, der seine alte Kleidung, Hut und Stiefel trug, sein Pferd vor dem Laden in Fort Laramie zum Stehen. Überrascht und bestürzt sah er die Veränderungen, den Unheil verkündenden Fortschritt: Viele neue Quartiere waren entstanden, mehr als er bei seinem letzten Besuch im Rohbau gesehen hatte, und das bedeutete, dass noch viele Truppen erwartet wurden. Mehrere neue und alte Kanonen waren so positioniert, dass sie schnell einsatzfähig waren; zweifellos sollten sie mögliche Angreifer abschrecken.

Nachdem er seine beiden Weggefährten an einem abgeschiedenen Ort zurückgelassen hatte, wo die beiden ein Lager aufschlagen und auf ihn warten würden, war er auf eine vielköpfige Patrouille gestoßen, welche die Gegend um den Militärposten bewachte. Bei seiner Ankunft hatte er zahlreiche Wachen auf ihren Posten gesehen, die ihre Waffen im Anschlag hielten. Andere Einheiten übten sich auf dem Exerzierplatz und überall erledigten kleine Gruppen die täglich anfallenden Arbeiten. Unterhalb des Felsens standen nur noch wenige Tipis von »Faulenzern«, woraus er schloss, dass sie entweder ihren Stolz wiedergefunden hatten und zu ihren Stämmen zurückgekehrt waren, dass man sie wie Parasiten verscheucht hatte, oder dass sie zu einem anderen Fort gezogen waren. Etwas weiter entfernt entdeckte er zwischen den Bäumen am Flussufer die ehemaligen Behausungen der Brule, in denen jetzt nur noch Häuptling Old Smoke und andere alte Männer lebten. Da keine Planwagen zu sehen waren, war anzunehmen, dass keine Siedler auf dem Weg in den Westen in Fort Laramie Halt gemacht hatten und einen ortskundigen Führer suchten, was es ihm erleichtern würde, seine Gegenwart im Fort zu rechtfertigen.

Chase saß ab, befestigte die Zügel seines Rotfuchses neben einer Tränke und betrat den Gemischtwarenladen. Er bemerkte zwei Soldaten, die umherschlenderten und die Waren betrachteten. Sie sahen kurz auf und nickten ihm zu. Lächelnd ging er zu der hölzernen Theke. »Wie geht's, Ben?«

Der Mann sah von dem Bestellzettel auf, den er kontrolliert hatte, und entgegnete: »Chase Martin, stimmt's?«

»Stimmt. Freut mich, dass Sie sich an mich erinnern. Ist schon eine Weile her. Wie läuft's denn so?«

»Die Geschäfte gehen ganz gut, seit neue Soldaten hierher beordert wurden. Soweit ich weiß, kommen im nächsten Frühling sogar noch mehr, und das passt mir natürlich sehr gut in den Kram.«

Chase erwiderte das freundliche Lächeln des Mannes. »Kann ich mir vorstellen. Ich nehme an, im Winter ist es nicht immer einfach für Sie.«

»Nun ja. Normalerweise muss ich mich das restliche Jahr über mächtig ins Zeug legen, um gut über den Winter zu kommen. Ich hoffe, in diesem

Jahr ist das anders, mit den neuen Jungs. Zumindest erwarte ich nicht so eine Flaute wie in den letzten beiden Jahren.«

»Als ich im September hier war, war ganz schön was los«, bemerkte Chase beiläufig. »Gab's noch mehr Ärger mit den Indianern?«

»Ja, ab und zu, vor allem von Seiten der Brule. Wo waren Sie und was haben Sie getrieben? Ich hab gedacht, Sie wären längst über alle Berge.«

Chase runzelte die Stirn. »Vom Fort aus bin ich zu den Flüssen nördlich und westlich von hier geritten, aber die Fänge waren schlecht, außerdem treiben sich in der Gegend zu viele Indianer rum. Das Fallenstellen bringt in diesem Teil des Landes nichts mehr ein; die Bäche, Flüsse und Ströme sind fast leer und gute Felle rar. Der Aufwand lohnt sich nicht mehr. Außerdem ist es ganz schön gefährlich geworden, so allein da draußen, seit die Dinge außer Kontrolle geraten. Ich hab mich von dem Geschäft verabschiedet und meine Fallen in der Nähe von Kearny verkauft. Ich war eine Weile dort und hab vergeblich versucht, irgendeine Arbeit zu finden, die mich durch den Winter bringt. Dann hab ich beschlossen, mich hier umzuschauen, falls ein paar Siedler jemanden brauchen, der sich auskennt und ihnen Geleitschutz gibt, gegen Bezahlung natürlich.«

»In letzter Zeit hab ich keine Wagen gesehen und ich kenne niemanden, der einen Arbeiter braucht. Ich selbst hab auch nicht genug zu tun, um jemanden einzustellen. Was werden Sie nun machen?«

Nachdem die beiden Soldaten den Laden verlassen hatten, ohne etwas zu kaufen, witzelte Chase: »Auf keinen Fall will ich bei der Armee anheuern, zumindest nicht, solange hier dicke Luft herrscht. Ich möchte meinen Skalp noch ein paar Jährchen behalten. Wenn ich mein Haar verliere, soll Mutter Natur die Schuld daran tragen.«

»Das sehe ich auch so«, stimmte Ben lachend zu, »deshalb freue ich mich über die Verstärkung und alle, die im Frühling oder im Frühsommer noch kommen werden.«

»Glauben Sie, dass es auf jeden Fall zum Krieg kommen wird?«, fragte Chase.

»Meiner Meinung nach ja, vor allem, seit Gefleckter Schwanz und seine Krieger alle paar Wochen Ärger machen. Die Armee kann nicht einfach wegsehen, selbst wenn die meisten Soldaten nicht heiß darauf sind, gegen die Sioux zu kämpfen.«

»Glauben Sie, dass Gefleckter Schwanz immer noch wütend ist über den Vorfall mit Grattan und den Tod von Mutiger Bär? Soweit ich weiß, haben Grattan und seine Leute das Feuer eröffnet.«

»Das hab ich auch gehört, aber gemeldet wurde was anderes.«

»Was meinen Sie damit?«, fragte Chase. Der Mann warf einen Blick zur Tür, um sich zu vergewissern, dass sie allein waren, beugte sich dann vor und begann im Flüsterton zu sprechen.

»Ich hab gehört, dass von einigen Leuten aus der Gegend behauptet wurde, die Brule hätten als Erste angegriffen und die Soldaten ohne jeglichen Grund regelrecht hingerichtet. Jetzt noch die anderen Überfälle und Angriffe und die Indianer stehen als die Schuldigen da. Ich weiß, was Gefreiter Cuddy vor seinem Tod erzählt hat, aber ich glaube nicht, dass sein Bericht nach Washington gemeldet wurden.«

Wenn es stimmte, was der Mann sagte, dann kannten weder der Präsident noch der Kriegsminister die Wahrheit über den Vorfall mit Grattan. Unzweifelhaft würden sie die Lakota als Verantwortliche der Affäre betrachten.

»Haben Sie gehört, was letzten Monat passiert ist?«, fragte Ben.

»Ich weiß, dass einige Brule bei Kearny Maultiere gestohlen haben. Gab's sonst noch was?« Chase tat, als wüsste er nichts von dem anderen Vorfall, um auf diese Weise mehr darüber zu erfahren.

»Ja, am dreizehnten haben sie eine Postkutsche überfallen, die auf dem Weg hierher war. Sie haben die Post und Goldbarren im Wert von zwanzigtausend Dollar gestohlen, alle getötet, die sich in der Kutsche befanden und die Wachen der Armee umgebracht. Major Hoffman schickte eine Einheit los, die ihren Spuren folgen und die Post und das Gold wiederholen sollte, aber die Jungs sind mit leeren Händen zurückgekommen. Wenn Sie die Indianer kennen, wissen Sie, dass sie praktisch unsichtbar sind, wenn sie nicht gesehen werden wollen, zumindest was diese hochrangigen Krieger betrifft. Sie können alle Spuren verwischen, und manchmal ist es fast so, als wären sie plötzlich vom Erdboden verschwunden. Und wenn man sie dann doch entdeckt, ist es wahrscheinlich eine Falle. Ich glaube, dass die meisten der Jungs hier nicht halb so viel übers Kämpfen und über

Kriegstaktiken wissen wie die Indianer. Wenn wir bei Kriegsausbruch nicht über die besseren Waffen verfügen und ihnen zahlenmäßig überlegen sind, stecken wir in Schwierigkeiten. Ich muss zugeben, Chase«, fuhr Ben düster fort, »dass sie mir in vielen Dingen Respekt abnötigen und ich ihre Lage und ihre Gefühle gut verstehen kann. Wenn man ein Weilchen hier ist, lernt man sie ein wenig kennen, wenn man nicht gerade blind oder taub ist. Natürlich interessiert die Armee sich nicht für meine Ansichten. Hoffman hat schon letzten Monat einen Bericht von dem Überfall nach Washington geschickt, aber zu dieser Jahreszeit kriecht die Post im Schneckentempo vorwärts. Er meint, dass vor Frühlingsanfang nichts passieren wird. Aber dann, und darauf wette ich meinen Laden, werden sie mit Sicherheit einen Rachefeldzug starten.«

Chase kam auf einen Punkt zurück, der ihn beschäftigte: »Warum sollten die Zeugen den Vorfall mit Grattan falsch darstellen? Sind sie sich nicht darüber im Klaren, dass sie so einen Krieg provozieren?«

»Ich denke schon, aber wie sollen sie die Indianer sonst aus diesem Gebiet vertreiben? Die Siedler freuen sich, wenn sie ihre Farmen vergrößern können. Und die Händler entlang der Straße wären auch zufrieden. Wenn das Problem mit den Indianern beseitigt ist, werden sich mehr Siedler hier niederlassen oder das Gebiet zumindest für die Durchfahrt nutzen. Die Händler würden gute Geschäfte machen, wenn es mit den Einheimischen keine Probleme mehr gibt. Wie Sie schon sagten, das Fallenstellen lohnt sich nicht mehr, die

Büffelherden werden immer kleiner und man hat den Indianern die Raubzüge untersagt, so dass sie ihren Feinden keine Pferde und Felle mehr stehlen können, also bleibt ihnen nicht viel, mit dem sie handeln können. Ich frage mich, warum sie den Vertrag gebrochen haben. Schließlich verlieren sie damit die jährlichen Zahlungen, die sie bald dringend brauchen werden.«

»Ich denke, das hat etwas mit Stolz und Freiheit zu tun und mit einer Lebensart, die sie seit Jahrhunderten, vielleicht auch schon seit Jahrtausenden pflegen«, versuchte Chase zu erklären. »Sie wissen ja, was die meisten – Weiße und Indianer – von den ›Faulenzern‹ halten, also können Sie sich vorstellen, wie die Indianer sich fühlen, wenn ihr Überleben von der Gnade der Weißen abhängt. Wie auch immer, Ben, es sieht ziemlich hoffnungslos aus für sie. Es ist eine Schande, aber auf beiden Seiten wird es viele Tote und Verletzte geben.«

»Da haben Sie Recht. Ich glaube, wir würden uns an ihrer Stelle genauso fühlen, ich meine, wenn man alles verliert und ...« Ben hielt inne und sah zur Tür. »Sieht aus, als ob Kundschaft kommt. Brauchen Sie etwas Bestimmtes?«

»Ja«, entgegnete Chase und sagte dem Ladenbesitzer, was er benötigte. Während Ben alles zusammensuchte, dachte Chase, dass es gute Menschen wie der Händler und unschuldige Frauen und Kinder waren, die leiden mussten, wenn die zerstörerischen Feindseligkeiten erst mit aller Kraft ausbrachen, und gerade das machte ihm den Krieg so verhasst. Wenn er nur etwas tun könnte, um ihn wenigstens hinauszuzögern! Ganz verhindern konnte er ihn nicht, das wusste er. *Wenn es einen friedlichen Pfad gibt, Großer Geist, führe mich zu ihm und hilf mir, ihn zu gehen, damit viele Leben gerettet werden und sowohl dem Volk meines Vaters als auch dem Volk meiner Mutter viele Leiden erspart bleiben.*

»Wollten Sie auch Briefpapier und Siegelwachs?«, fragte Ben.

Die Stimme des Mannes holte Chase wieder in die Wirklichkeit zurück. Er hatte die Dinge, von denen der Händler sprach, nicht verlangt und fragte sich, warum der Mann einen solchen Fehler beging. Dann verstand er plötzlich, dass der Große Geist sich mit großer List und in Windeseile seiner Bitte angenommen hatte. »Ja, Ben, ich will ein paar Freunden in St. Louis schreiben, damit sie wissen, wo ich bin und dass es mir gut geht. Danke.« *Und auch Dir vielen Dank, Großer Geist, für Deinen Rat.*

Nachdem Chase die Erlaubnis erhalten hatte, im Stall der Armee zu übernachten, spazierte er durch das Fort, um mit einigen Soldaten zu sprechen und so viel wie möglich über Vorbereitungen und Pläne des Militärs zu erfahren.

Als Chase schließlich unter dem finsteren Neumond im Schlafsack lag, war er sich fast sicher, dass die Armee keinen Krieg mit den Lakota beginnen würde, bis die zusätzlichen Waffen und Truppen im nächsten Frühling eingetroffen waren, so lange es nicht zu einem größeren Zwischenfall kam, den sie nicht ignorieren konnten.

Das wiederum, schloss Chase, lag in den Händen von Gefleckter Schwanz, denn der Häuptling der Brule war für die meisten Überfälle verantwortlich, mit denen er Soldaten und Siedler gegen alle indianischen Stämme aufbrachte. Dabei hatten seine Krieger bereits ausreichend Vergeltung für Mutiger Bärs Tod und Grattans Angriff verübt. Gab es einen Weg, überlegte Chase, den Häuptling davon zu überzeugen, die Überfälle und das Töten einzustellen, damit die Dinge sich zumindest eine Zeit lang beruhigen konnten? Da der Neffe von Gefleckter Schwanz – Crazy Horse – ebenso weiß oder halbblütig aussah wie er selbst, würde er Gefleckter Schwanz vielleicht nicht verdächtig erscheinen, wenn er ihn aufsuchte. Doch das war nicht das einzige Problem: Er wusste weder, wo die Brule ihr Lager hatten oder ob sie umherzogen, um ihren Aufenthaltsort vor der Armee geheim zu halten, noch glaubte er daran, dass Gefleckter Schwanz seine Bitte erhören und die Angriffe einstellen würde, denn sie verhalfen ihm zu ruhmreichen Siegen.

Am Sonntag setzte Chase einen Plan in die Tat um, durch den sich ein Krieg vielleicht hinauszögern ließ, falls man ihm glaubte und seinem Rat folgte. Er schrieb lange, detaillierte Briefe an den Präsidenten und den Kriegsminister der Vereinigten Staaten von Amerika und an Major Hoffman. In diesen Schreiben berichtete er ausführlich über die Schlacht gegen Grattan und seine Soldaten und forderte die drei Männer dazu auf, Cuddys Angaben zu prüfen und Auskünfte von vertrauenswürdigen Leuten wie Bordeau und anderen ehrlichen Händlern einzuholen. Er nannte die Beweggründe der Brule für die Überfalle auf die Handelsposten, in denen die jährlichen Zahlungen gelagert wurden, die man den Indianern verweigert hatte, obwohl sie ihrer Meinung nach ein Recht darauf besaßen. Er erklärte, dass die Diebstähle der Pferde und Maultiere und die Überfälle auf die Postkutschen als Entschädigung für die Opfer und Verluste durch Grattans Angriff betrachtet wurden. Dann berichtete er von den Weißen, die sich als Indianer ausgegeben und Waffen geraubt hatten, und verwies auf den Bericht der Armee über diesen Vorfall, der in Fort Laramie erstellt worden war. Er erzählte von den falschen Händlern, die den Crow Whiskey und Waffen liefern wollten, nannte ihre Namen und gab eine Beschreibung der vier Männer.

Chase erläuterte die Lebensweisen der Lakota, ihren Glauben an einen Schöpfer, ihre starken Familienbande, ihre Bräuche, die herrschenden Stammesunterschiede, die Gründe für frühere Auseinandersetzungen zwischen verfeindeten Stämmen und ihre Abhängigkeit von Büffelherden und Prärien. Dann verwies er auf die harten Forderungen der Regierung an alle Indianer und darauf, wie drastisch die Weißen durch Grenzübertretungen ihr Leben verändert hatten. Er schrieb auch über die verheerenden Folgen des Whiskeys und verschiedener Krankheiten, die es vor Ankunft der Weißen nicht gegeben hatte; wie die Indianer von Fellhändlern betrogen wurden und dass die lebenswichtigen Büffelherden und andere Tiere vom Aussterben bedroht waren. Er schrieb über die Habgier und die Betrügereien bei der Verteilung der jährlichen Zahlungen, berichtete von der minderen Qualität der Waren, den zu geringen Mengen und davon, wie die Indianer gezwungen waren, stundenlang Schlange zu stehen und fast zu betteln, um die Güter zu erhalten.

Dann fügte Chase hinzu, dass die meisten Stämme der Lakota in Frieden mit den Weißen leben wollten, ihre Krieger jedoch zu den Waffen greifen würden, wenn man sie herausforderte. Er bat die Zuständigen zu verhindern, dass falsche Anschuldigungen, Lügen und das provozierende Verhalten der Brule einen verheerenden Krieg auslösten, der auf beiden Seiten zu großem Blutvergießen und zahlreichen Toten führen würde. Des Weiteren bat er den Kriegsminister, davon abzusehen, General Harney mit weiteren Truppen und furchtbaren Waffen zu schicken, da die Indianer dieses Vorgehen als unmittelbare Bedrohung auffassen würden. Viele unzufriedene Krieger würden sofort auf diese Kampfansage eingehen, was die hoch geachteten und mächtigen Häuptlinge, die sich noch kürzlich während eines großen Kriegsrats für Frieden ausgesprochen hatten, in einen tödlichen und unkontrollierbaren Konflikt stürzen würde.

Alle Stämme vom Volk der Dakota – warnte Chase –, *von Ihnen als »Sioux« bezeichnet, werden sich vereinen und als eine geschlossene und mächtige Kraft gegen die Armee und die weißen Siedler reiten. Wenn Sie wirklich an Frieden in diesem Land interessiert sind, sollten Sie sich schnell um ernsthafte Verhandlungen bemühen und Verständnis für die Indianer zeigen, deren jetziges und zukünftiges Leben sich durch das Vordringen der Weißen völlig verändert hat und die enttäuscht und zornig darüber sind, dass man sie beleidigt und betrogen hat. Ich kann diesen Brief aus verschiedenen Gründen nicht mit meinem Namen unterzeichnen, aber ich schwöre, dass alles, was ich hier berichte, der Wahrheit entspricht und sich in den meisten Fällen durch die Befragung zuverlässiger Zeugen nachprüfen lässt. Ich fordere Sie auf, von einem militärischen Eingriff in diesem Gebiet abzusehen, oder das Blut vieler Menschen – Weißer und Indianer – wird für immer an Ihren Händen haften. Wenn Sie den Indianern einen ehrlichen und respektvollen Vertrag anbieten, dessen Abmachungen und Zahlungen von vertrauenswürdigen Männern kontrolliert und ausgeführt werden, ist ein lang anhaltender Friede möglich.*

Nachdem Chase diese mühsame und erschöpfende Aufgabe erledigt hatte, las er die Briefe noch einmal durch, um sich zu vergewissern, dass er in seinem Appell um Verständnis, Frieden und Mitgefühl nichts vergessen hatte. Er schloss die Augen und betete: *Mehr kann ich nicht tun, Großer Geist; alles andere liegt bei Dir.*

Am Montag wartete Chase, bis die Postkutsche gegen Mittag das Fort erreichte und ungefähr eine Stunde später wieder bereit war zur Abfahrt, bevor er dem Fahrer die Briefe übergab, der sie in einen großen Lederbeutel mit der Aufschrift »U.S. Post«

steckte. Bald würden sich die Schreiben auf der dreieinhalbtägigen Reise nach Fort Kearny befinden und dann ihren Weg zu den beiden einflussreichen Männern in Washington fortsetzen. Nun konnte er nur noch beten, dass die Botschaften ihren Bestimmungsort sicher erreichten und erhört würden.

* * *

Chase wartete, bis schon fast der Morgen dämmerte, bevor er sich an den Wachen vorbei zum Quartier von Major Hoffman schlich, vorsichtig die Tür öffnete und den dritten Brief dort gut sichtbar platzierte. Dann kehrte er zu den Ställen zurück, sattelte leise sein Pferd, saß auf und ließ Fort Laramie ein letztes Mal hinter sich. Bald würde er in Begleitung seiner Gefährten nach Hause zu seiner geliebten Frau eilen.

Trotz der Probleme, die auf sein Volk und dessen Verbündete warteten, konnte er sich glücklich schätzen, denn er hatte ein schönes Zuhause und eine wunderhübsche und großartige Frau, die ein Kind erwartete. Er nahm einen besonderen Platz im Schoße seiner Familie und seines Volkes ein, und der Schöpfer hatte ihn zum Werkzeug des Friedens auserkoren. Vor nur sechs Monaten hätte er sich diese Veränderungen in seinem Leben nicht einmal vorstellen können. Mit ein bisschen Glück – nein, göttlicher Führung – würden sich die dunklen Wolken des drohenden Krieges auch noch verflüchtigen.

Drei Tage nach Chase' Aufbruch aus Fort Laramie trafen er und seine beiden Begleiter auf Tatanka Yotanka und fünf weitere Hunkpapa Lakota. Die beiden kleinen Gruppen hielten an und begrüßten sich. Chase, den Sitting Bull noch von dem großen Kriegsrat kannte, stellte Gespannter Bogen und Gebrochener Speer vor: Sohn des Schlachtenführers Blaue Eule und Sohn von Schöne Wiese, Schwester von Großer Bär. Nachdem Sitting Bull die Namen seiner Begleiter genannt hatte, stiegen alle von den Pferden, um sich zu unterhalten, auszuruhen und gemeinsam zu essen.

Als man ihn fragte, aus welchem Grund sie sich mitten im Winter in dieser Gegend befanden, erzählte Chase, wo er gewesen war, was er beobachtet und was er getan hatte. Er war hoch erfreut, als die Verbündeten ihn lobten und ihm für seine Neuigkeiten dankten.

»Wir waren im Lager von Gefleckter Schwanz und Red Leaf, denn wir wollten sie dazu bringen, die Angriffe auf Blaumäntel und Weiße einzustellen, damit sich die Dinge auf beiden Seiten beruhigen können«, erklärte Sitting Bull. »Es ist schwer, in der kalten Jahreszeit Krieg zu führen, denn zerstörte Tipis und Vorräte können nicht ersetzt werden. Gefleckter Schwanz erklärte sich einverstanden, bis zum Frühling keine weiteren Überfälle zu verüben und nur zu kämpfen, wenn man ihn herausforderte. Wenn es wahr ist, was du gesehen und gehört hast, wird das erst in vielen Vollmonden der Fall sein. Genau so sah ich es in meiner letzten Vision, wegen der ich mich zu Gefleckter Schwanz und Red Leaf begab.«

»Es ist gut, dass der Große Geist dir diese Botschaft schickte und unsere Verbündeten sich bereit erklärten, sie in Ehren zu halten«, entgegnete Chase. Er war froh, dass er sich im Lager seiner beiden Freunde umgezogen hatte und nun Oglala-Kleidung trug. Außerdem sprach er inzwischen wieder fließend Lakota. Er war hoch erfreut, dass der Schamane, den er und viele andere wegen seiner hellsichtigen Visionen verehrten, sich an ihn erinnerte. Eine unleugbare Aura mystischer Kraft, Weisheit und durchdringender Intelligenz umgab den jungen Häuptling. Er war ein bedeutender Mann, der Achtung und Bewunderung verdiente und dessen Ratschläge große Weisheit bargen. Er stand in direktem Kontakt mit dem Großen Geheimnisvollen. Er war ein Mann, der sein Volk und seine Verbündeten niemals verraten würde und den der Feind meiden und fürchten sollte. Chase fühlte sich geehrt, dass Sitting Bull ihn wiedererkannt hatte und ihn respektierte. Er war sich sicher, dass sein Vater sich ebenfalls darüber freuen würde.

Nachdem sie sich noch eine Weile unterhalten und weitere Speisen zu sich genommen hatten, brachen die beiden Gruppen in verschiedene Richtungen auf, denn Chase wollte so schnell wie möglich nach Hause zu Macha.

Sechs Tage später kurz vor Einbruch der Dunkelheit stieg Chase vor seinem Tipi vom Pferd, um Macha wissen zu lassen, dass er wieder da war. Obwohl er müde war von dem langen Ritt, wollte er nichts lieber, als mit seiner Frau allein zu sein. Er strahlte vor Glück und lachte leise, als sie hastig an den Bändern der Eingangsklappe zog und zerrte, nachdem er sie gerufen hatte, denn viele Leute hatten ihre Behausungen um diese Tageszeit bereits verschlossen. Endlich hatte sie die Knoten gelöst, schlug die Klappe beiseite und stürzte hinaus. Ungeachtet dessen, dass alle Red Shield sie sehen konnten, umarmte er sie, hob sie hoch, wirbelte sie herum und küsste sie. »Ich habe dich vermisst, Sonnenschein meines Herzens«, flüsterte er ihr ins Ohr, »und ich bin glücklich, wieder zu Hause zu sein. Mein Leben ist kalt und leer ohne dich an meiner Seite.«

Macha lachte und umarmte ihn, überrascht und erfreut über die liebevolle Begrüßung in aller Öffentlichkeit. Es war ihr egal, ob jemand sie sah. Sie lehnte sich zurück und blickte ihm in die leuchtenden hellbraunen Augen. »Ich danke dem Großen Geist, dass Er dich beschützt hat und dich wohlbehalten zu mir zurückschickt. Wie war deine Reise? Ist sie gut verlaufen?«

Damit sie nicht fror, hielt er sie weiter eng umschlugen und presste sie an seinen sich vor Leidenschaft verzehrenden Körper. »Ja, ich war erfolgreich, aber ich werde dir später alles erzählen. Zuerst muss ich mit Vater sprechen, und mit dem Rat, falls dieser es wünscht. Wenn ich wiederkomme, essen wir und ruhen uns aus, denn danach verlangt es mich am meisten.«

Macha verstand, was er mit »ausruhen« meinte. Sie nickte und blickte noch einmal in sein schönes Gesicht, um sich zu vergewissern, dass sie nicht träumte, sondern dass er wirklich und wahrhaftig vor ihr stand. Sie lächelte und sagte: »Geh und erstatte deinen Bericht. Ich warte auf dich. Komm bald wieder.«

Chase umarmte sie abermals und ging dann zum Tipi seines Vaters, nicht ohne sich nach einigen Schritten noch einmal lächelnd umzudrehen.

Kriegerischer Adler, Gespannter Bogen und Gebrochener Speer liefen durch das ausgedehnte Lager, um den Rat, die Hemdträger und die Anführer der Kriegergruppen zusammenzurufen. Windtänzer eilte zur Versammlungshütte, die aus großen Pinienstämmen und Büffelhäuten bestand, um ein Feuer zu machen. Außerdem entzündete er zwei Fackeln, die schon im Boden steckten und genügend Licht spendeten.

Als sich alle Männer um das große Feuer versammelt hatten, erstattete Chase einen vollständigen Bericht über alles, was er herausgefunden und unternommen hatte sowie über die Begegnung mit Sitting Bull und den Hunkpapas. Die Anführer der einzelnen Kriegervereinigungen würden ihren Mitgliedern am nächsten Tag diese Neuigkeiten übermitteln, denn die Hütte war nicht groß genug, um allen Red Shield Platz zu bieten.

Der Häuptling und die Ratsmitglieder nickten und lobten murmelnd die von Chase getroffenen Maßnahmen, dann wurden Einzelheiten besprochen. Nachdem alle Fragen beantwortet waren, glaubten die meisten Krieger, dass es in diesem Winter nicht mehr zu einem Krieg kommen würde. Einige waren sogar der Meinung, dass Chase' und Sitting Bulls Einsatz einen neuen Friedensvertrag nach sich ziehen könnte.

»Ich bin stolz auf dich, mein Sohn«, sagte Großer Bär. »Du hast viel für das Überleben unseres Volkes getan, so wie Windtänzer und seine Gefährten vor drei Sommern.«

»So wie in meinem heiligen Traum, den ich vor langer Zeit in Long Meadow träumte, als wir uns für den ersten Vertrag versammelt hatten, wurde er uns zurückgesandt, um die dunklen Wolken zu verjagen, die uns in dieser und der letzten Jahreszeit bedrohten«, meldete Nahemana sich zu Wort. »Die Botschaft der heiligen Eule hat sich als richtig erwiesen. Alles ist gut. Morgen soll zu Ehren Wolkenjägers ein Fest veranstaltet werden, bei dem wir die Heldentaten dieses großen Kriegers der Red Shield besingen. Außerdem wollen wir Wakantanka für seine vielen Wohltaten und für Wolkenjägers Rückkehr vor vielen Vollmonden danken.«

Die Männer nickten und ein zustimmendes Geraune ging durch die Menge.

»Meine Brüder und Gefährten sollen mit mir singen und tanzen, Vater und Großvater«, verkündete Chase, »denn sie halfen mir bei meinen Siegen: Windtänzer, Kriegerischer Adler, Flussufer, Flinker Otter, Rote Feder, Gespannter Bogen und Gebrochener Speer. Auch sie müssen geehrt werden.«

»Dein Herz ist großzügig und dein Geist ist weise, mein Enkelsohn«, entgegnete Nahemana bewegt. »So soll es sein.«

Man erzählte Chase, dass es während seiner langen Abwesenheit keine weiteren Zwischenfälle gegeben hatte. Die Männer unterhielten sich noch ein wenig über vergangene Jagden und große Siege, und als die Menge sich langsam auflöste, verließ Chase die Hütte. Aus dem Augenwinkel nahm er Zwei Federn wahr, der als Bogenträger an der Versammlung teilgenommen hatte, so wie Kriegerischer Adler und Flinker Otter. Während der Besprechung hatte sein Cousin sich in Acht genommen, denn er wagte es nicht, etwas gegen Chase zu sagen oder zu unternehmen, solange diesem die Wertschätzung des gesamten Stammes galt. Aber eines Tages, dachte Chase, würde er die Wahrheit aus dem verbitterten Mann herauskitzeln müssen, denn es war der einzige Weg, um den schwelenden Konflikt zwischen ihnen zu beenden. Zumindest herrschte im Moment ein argwöhnischer Waffenstillstand. Rotkehlchens Tod wurde allgemein als tragischer Unfall betrachtet, und Chase musste sich eingestehen, dass diese Möglichkeit zutreffen konnte.

Und im Augenblick wollte er nichts anderes, als seine geliebte Frau in die Arme schließen.

* * *

Zwölf Tage später schmiegten Chase und Macha sich in ihrem Tipi aneinander. Ein gemütliches Feuer wärmte die stabile Behausung und erhitzte ihre nackten Körper, während sie sich leidenschaftlich küssten und streichelten. Am Eingang war weiteres Holz aufgestapelt und neben ihnen lag ein Büffelfell, das sie gegen die Kälte der Nacht schützen würde.

Draußen lag eine dicke Schneedecke über dem harten Boden und den schwarzen Felsen. Der Halbmond schien und zahlreiche Sterne waren zu sehen. Bäche und Flüsse waren gefroren, so dass Vögel und andere Kreaturen ihren Durst an Orten stillen mussten, in denen heiße Quellen aus dem Boden sprudelten oder eine starke Strömung das Frieren des Wassers verhinderte. Die Pferde der Red Shield grasten behaglich in einem geschützten Cañon. Die wilden Tiere ernährten sich von ihren Vorräten, leichter Beute oder immergrünen Pflanzen. Einige hielten Winterschlaf, andere hatten sich in Erdlöchern, Höhlen, Felsspalten oder Nestern verkrochen. Zugvögel, Schmetterlinge und andere Insekten waren ebenso wie die Wildblumen verschwunden. Frost und Schnee hatten schließlich doch noch Einzug gehalten in den Jagdgründen der Lakota und stellten zweifellos für den Rest des Winters ein kaum zu überwindendes Hindernis dar, das sowohl die Armee als auch feindliche Stämme vom Krieg abhalten würde.

Diese Umstände kamen Chase und Macha sehr gelegen, besonders in diesem wunderbaren Augenblick, in dem sie sich völlig den Gefühlen hingaben, die durch sie hindurchströmten, und alles andere auf der Welt vergaßen.

Chase lag neben seiner Frau, sah ihr in die Augen und sagte mit rauer Stimme: »Du bist schön wie der Regenbogen. Du bist zärtlich und stark, mutig und weise. Du schenkst mir herrliche Freuden auf der Schlafmatte und machst mich glücklich und stolz. Du hast meinen unruhigen Geist gezähmt und das Lächeln auf meine Lippen zurückgebracht. Für mich gibt es keine bessere Frau als dich. Endlich habe ich die Erfüllung gefunden. Du bist der Sonnenschein, der mein Herz erwärmt. Ich liebe dich.«

Macha hob die Hand und strich mit den Fingerkuppen zuerst langsam über sein Kinn mit dem kleinen Grübchen, dann über seine kräftigen Wangenknochen und die vollen Lippen. Dabei flüsterte sie: »Du bist so schön, dass es mir den Atem verschlägt und mein Körper brennt wie Holz in einem Feuer. Du bist ein großer Krieger und stark und liebevoll zugleich. Du machst mich so glücklich, wie ich es nie für möglich gehalten hätte. Wo ich auch bin und was ich auch tue, die Freude und der Stolz darüber, deine Frau zu sein, verlassen mich nie. Auch für mich gibt es keinen besseren Mann als dich und auch ich bin gesegnet und habe die Erfüllung gefunden. Ich liebe dich, Wolkenjäger, und werde für immer dein sein.«

Ihre Münder trafen sich zu einem langsamen, bedächtigen Kuss, dem sie sich einen Augenblick lang völlig hingaben, bevor sie sich ihrer wachsenden Begierde überließen. Mit forschenden Händen streichelten und liebkosten sie einander in höchste Höhen und vereinten sich schließlich, um den Gipfel ihrer Leidenschaft zu erkunden, der ihnen himmlische Wonnen bescherte.

Während sie von Zufriedenheit umhüllt nebeneinander lagen, wurde Chase bewusst, dass bei den *wasicun* heute Weihnachten war. Er musste an vergangene Festtage mit Tom und Lucy Martin in Oregon denken. Sie waren ihm gute und liebevolle Pflegeeltern gewesen, trotz ihrer Fehler und

Schwächen und ihrer in gewisser Weise eigennützigen Lüge. Aber schließlich und endlich hatte die Wahrheit gesiegt und ihn an den Ort zurückgebracht, an den er gehörte. Er dachte an seine Mutter und hatte das Gefühl, als würde sie auf ihn hinablächeln.

An diesem Abend kamen ihm statt der Unterschiede die vielen Gemeinsamkeiten zwischen den meisten Weißen und Indianern in den Sinn, besonders was ihren Glauben an einen alleinigen Schöpfer betraf, ihre Liebe und Treue zu ihren Familien und Völkern und die menschlichen Gefühle – Liebe, Hass, Freude, Trauer –, die ihre Herzen füllten und ihr Verhalten bestimmten. Obwohl er alle Verbindungen zu der Welt der *wasicun* gekappt hatte, dankte er dem weißen Schöpfer dafür, dass er vor langer Zeit seinen Sohn geschickt hatte, und bat Ihn in diesen dunklen Tagen um Hilfe für beide Seiten. Wer konnte besser für Eintracht in diesem Land sorgen als gleich zwei Schöpfer auf einmal – oder einer in zwei verschiedenen Gestalten?

Er glaubte fest daran, dass zumindest einige Monate lang Friede herrschen würde, und er erhoffte sich eine Zeit voller Liebe und Glück für sich und seine Frau. Ende Juni würden er und Macha einen Sohn haben, einen Spielgefährten für Tokapa, oder eine Tochter, die mit Cikala spielen konnte, dem Kind von Rote Feder und Zitkala.

Ja, stellte Chase fest, er war dort, wo er hingehörte; er war Teil einer wirklichen Familie und eines wahrhaftigen Volkes. Wie in den Offenbarungen seines Vaters und des Schamanen hatte er dieses

Land von zahlreichen dunklen Wolken befreit, auch wenn erst die Zukunft zeigen würde, wie viele noch über den Himmel der Lakota ziehen würden. Aber er sorgte sich nicht um das, was da kommen würde, dazu war die Gegenwart zu herrlich.

Chase betrachtete seine wunderschöne Frau, die schlafend in seinen Armen lag. Er lächelte und gab ihr einen sanften Kuss auf die Stirn, um sie nicht zu wecken. Sie waren dazu bestimmt, ihr Leben miteinander zu teilen, sowohl gute als auch schlechte Zeiten. Was, außer Frieden, konnte er sich mehr wünschen, als diese Schönheit an seiner Seite und alles, was sie ihm gegeben hatte? Nichts.

Feuer der Leidenschaft
Große Liebesromane

Von der Autorin Delia Parr sind folgende Titel in unserem Haus erschienen

Die Elfenbeinprinzessin
328 Seiten
Die Liebe zur Musik hat sie in die Gewalt eines Betrügers getrieben – aus der sie nur die Kraft ihrer wahren Liebe befreien kann.

Gefangene des Herzens
384 Seiten
Der Hölle des Gefängnisses entkommen, lernt die schöne Moriah die Kraft der Liebe kennen, die stärker ist als alle Fesseln und Mauern.

Am Abgrund der Liebe
424 Seiten
In der scheinbar friedlichen Gemeinschaft der Shaker wächst die Waise JoHannah zu einer schönen Frau heran. Als ihr Vormund sie an den meistbietenden Anwärter verschachern will, bricht eine Welt zusammen.

Ein Himmel voller Rosen
344 Seiten
Konkurrenten im Kampf um die Liebe eines Kindes, werden sie zu Verbündeten in der Suche nach Liebe und Vertrauen.
Ein anrührender Liebesroman um die Gefahren der Lüge und die Macht der Liebe.

Econ | Ullstein | List